"十四五"职业教育国家规划教材

高等职业教育财务会计类富媒体智能型·精品系列教材

经济法基础与实务

JINGJIFA JICHU YU SHIWU

（第四版）

陈强　郑军剑　陈美丽　主编

东北财经大学出版社　大连
Dongbei University of Finance & Economics Press

图书在版编目（CIP）数据

经济法基础与实务 / 陈强，郑军剑，陈美丽主编. —4版. —大连：东北财经大学出版社，2025.8. —（高等职业教育财务会计类富媒体智能型·精品系列教材）. —ISBN 978-7-5654-5716-6

Ⅰ. D922.29

中国国家版本馆CIP数据核字第2025S82205号

经济法基础与实务

JINGJIFA JICHU YU SHIWU

东北财经大学出版社出版

（大连市黑石礁尖山街217号　邮政编码　116025）

网　　址：http://www.dufep.cn

读者信箱：dufep@dufe.edu.cn

大连金华光彩色印刷有限公司印刷　　东北财经大学出版社发行

幅面尺寸：185mm×260mm　　　字数：580千字　　　印张：25.75

2025年8月第4版　　　　　　　2025年8月第1次印刷

责任编辑：王天华　　　　　　　　　责任校对：刘贤恩

封面设计：原　皓　　　　　　　　　版式设计：原　皓

书号：ISBN 978-7-5654-5716-6　　　定价：59.80元

第四版前言

2022年10月，习近平总书记在党的二十大报告中明确指出："我们要坚持走中国特色社会主义法治道路，建设中国特色社会主义法治体系、建设社会主义法治国家，围绕保障和促进社会公平正义，坚持依法治国、依法执政、依法行政共同推进，坚持法治国家、法治政府、法治社会一体建设，全面推进科学立法、严格执法、公正司法、全民守法，全面推进国家各方面工作法治化。""经济法基础"是我国初级会计专业技术资格考试的考试科目之一。为了更好地落实中央精神，我们组织编写并修订了本教材，目的就是希望提高学生的基本法律素质和涉税能力，并有助于学生考取初级会计专业技术资格证书。教材的主要内容就是最新经济法律技能知识和系统化的考证知识，构建"课、岗、证"融合模式，体现"教、学、做"一体化。教材既能解决学生"如何学"，又能解决教师"如何教"；既能让学生学知识、学技能，更能让学生学会做人。

本次修订依据党的二十大精神进行编写，除了修改部分表述，使教材更加准确、严谨、规范外，还根据最新法律法规（截至2025年3月）作了相应修改，同时更新了"价值引领"、案例及历年考证典型真题同步练习。

本教材的主要特点可概括为以下几个方面：

1. "思政育人"与专业教育的有机融合。习近平总书记在党的二十大报告中明确指出："育人的根本在于立德。全面贯彻党的教育方针，落实立德树人根本任务，培养德智体美劳全面发展的社会主义建设者和接班人。"本教材结合实践案例，很好地做到了税收知识与思政内容的有机结合，寓价值观引导于知识传授之中，如所得税的累进税率和起征点的调整凸显全面建成小康社会后的收入分配结构性调整，推进"精准扶贫"落实到位，是平等、公正、友善社会主义核心价值观的充分体现，使学生对我国社会主义制度的优越性在税制层面有了更深刻的认识，并有效地将立德树人的教育理念贯穿于课堂教育之中。税收课程与思想政治理论课同向同行，形成协同效应，不仅引导学生学习专业知识，更让他们明白为什么而学。

2. 符合职业教育特点，突出考证需要。一改传统考证教材知识罗列、高度概括、举例阐述不够、难以理解的局限和缺陷，本教材内容与初级会计专业技术资格考试内容完全融合，创新教材设计，通过引入历年考证典型真题突出和落实考证重难点，满足学生理解需要，并为各项目配备了历年考题同步练习以巩固所学，有效弥补了以往考证教材的不足。

3. 兼顾涉税岗位工作内容的学习需要。不仅可满足初级会计专业技术资格考试的需要，还兼顾了税法课程应纳税额计算和纳税申报等职业技能培养的需求，采用项目任务驱动法设计安排学习，每个项目开篇均设有知识目标、能力目标、素质目标、价值引领；每个任务均包含任务布置、知识准备和任务实施三个部分，其中适当穿插注意、即问即答等小栏目，让学生在完成任务的驱动下学习相关知识，以任务实施方式检验和巩固所学知识，各任务间环环相扣，完成各项目任务就完成了各税种的职业技能学习操作过程。

4. 充分吸收最新的法律法规要求。根据经济法律政策变化较快的特点，结合《中华人民共和国增值税法》（2026年1月1日生效）、新修订的《中华人民共和国会计法》、金税四期、推广应用全面数字化电子发票、《水资源税改革试点实施办法》、《中华人民共和国关税法》、新修订的《中华人民共和国发票管理办法》及其实施细则、新修订的《中华人民共和国行政复议法》等最新财税会计政策对教材内容进行修订，充分体现教材的前瞻性和时效性。

5. 数智赋能引导学生自主学习。凭借大数据、云计算等人工智能先进技术，数智赋能为教育教学方式的创新提供无限可能。对教材中相关知识点配备了二维码数字化资源，从实务知识延伸阅读方面收集和设计了相关学习资源，通过扫描二维码就可获取更多自主学习资源进行移动课堂学习。配套教材《经济法基础与实务学习指导与同步训练》以及在线开放课程等更多资源既有助于学生主动参与、深度思考，培养其自主学习、团队协作与创新思维能力，推动教育从传统知识传授迈向能力培养新纪元。读者可以登录正保云课堂平台（https：//edu.netinnet.cn/s/qzzyjjfjc），获取更多与本教材配套的"经济法基础"在线开放课程资源。

本教材由浙江商业职业技术学院陈强教授总负责。陈强教授和温州科技职业学院郑军剑副教授、浙江金融职业学院陈美丽副教授担任主编，温州科技职业学院严瑾教授、泉州职业技术大学段芳明副教授（律师、会计师）、浙江经济职业技术学院杨婷婷老师、山西财贸职业技术学院吴征副教授、浙江金融职业学院张惠君教授、泉州经贸职业技术学院吴秋红副教授，以及杭氧集团股份有限公司奚碧月正高级会计师（浙江省高端会计人才）等参加了教材的编写工作。编写团队具有丰富的企业工作经验，坚持产教融合，校企双元开发。深化"三教"改革，指导教师如何使用教材、配套资源及配套平台，指导教师上好课程第一课，指导教师参加教学能力比赛及申报课题，以提升教师综合能力。本教材既可以作为普通高等教育、高等职业教育、中等职业教育经济法基础课程的教材，也可以作为财会人员的考证教材，还可以作为财会工作者和经营管理人员的培训教材。

本教材在编写过程中参考了诸多专家学者的资料，得到了有关专家学者和东北财经大学出版社的大力支持，在此一并感谢！由于编者理论知识和实践能力有限，教材中疏漏之处在所难免，敬请专家学者、使用本教材的老师和同学批评指正，非常感谢。

编　者

2025年7月

目　录

项目一　认识经济法基础 / 1

任务一　了解法律基础 / 3
任务二　认识法律主体 / 8
任务三　明确法律责任 / 14

项目二　认识会计法律制度 / 17

任务一　了解会计法律制度的构成 / 19
任务二　掌握会计核算与监督知识 / 20
任务三　认识会计机构和会计人员 / 30
任务四　明确会计法律责任 / 37

项目三　认识支付结算法律制度 / 41

任务一　认识支付结算 / 42
任务二　明确银行结算账户管理 / 45
任务三　掌握银行非现金支付业务 / 52
任务四　认识支付机构非现金支付业务 / 71
任务五　明确结算纪律与法律责任 / 76

项目四　认识税收相关法律制度 / 79

任务一　介绍税收相关法律制度 / 81
任务二　把握税收征收管理制度 / 86
任务三　认识税务行政复议 / 101
任务四　明确税收法律责任 / 104

项目五　解读增值税法律制度 / 109

任务一　认识增值税基本纳税规定 / 111
任务二　掌握一般计税方法应纳税额的计算 / 130

任务三　掌握简易计税方法和进口货物应纳税额的计算 / 141
任务四　认识增值税发票使用规定 / 144
任务五　明确增值税征收管理 / 148

项目六　解读消费税法律制度 / 153

任务一　认识消费税基本纳税规定 / 154
任务二　掌握消费税应纳税额的计算 / 162
任务三　明确消费税征收管理 / 174

项目七　解读企业所得税法律制度 / 177

任务一　认识企业所得税基本纳税规定 / 178
任务二　掌握居民企业企业所得税应纳税所得额的确定 / 190
任务三　掌握企业所得税应纳税额的计算 / 208
任务四　明确企业所得税征收管理 / 214

项目八　解读个人所得税法律制度 / 220

任务一　认识个人所得税基本纳税规定 / 222
任务二　掌握个人所得税应纳税额的计算 / 233
任务三　明确个人所得税征收管理 / 251

项目九　解读其他流转税法律制度 / 256

任务一　认识关税 / 258
任务二　认识船舶吨税 / 264

项目十　解读财产税类法律制度 / 268

任务一　认识房产税 / 269
任务二　认识契税 / 277
任务三　认识车船税 / 285

项目十一　解读资源税类法律制度 / 294

任务一　认识资源税 / 295
任务二　认识土地增值税 / 304
任务三　认识城镇土地使用税 / 314
任务四　认识耕地占用税和烟叶税 / 323

项目十二　解读行为税类法律制度 / 331

任务一　认识印花税 / 333

任务二　认识城市维护建设税和教育费附加 / 345

任务三　认识车辆购置税 / 350

任务四　认识环境保护税 / 353

项目十三　解读劳动合同法与社会保险法 / 358

任务一　认识劳动合同法律制度 / 360

任务二　认识社会保险法律制度 / 385

参考文献 / 403

项目一
认识经济法基础

知识目标	1. 掌握法的本质与特征
	2. 掌握法的分类与渊源
	3. 掌握法律部门与法律体系
	4. 掌握法律关系及法律事实
	5. 掌握法律主体的分类和资格
	6. 熟悉法和法律的概念
	7. 熟悉法律责任的概念与分类

能力目标	1. 能运用经济法基本原则分析简单案例
	2. 能初步判断经济行为的法律性质
	3. 能区分不同主体的法律地位

素质目标	1. 树立市场经济是法治经济的基本理念，培养尊重法律、遵守规则的法律意识
	2. 深刻理解经济法作为市场规则体系的核心地位及其对秩序的保障功能，强化市场法治观念和规则意识
	3. 培养严谨规范的法律思维方式，提升法律风险的防范意识

价值引领

迈向更高水平的法治中国

2025年1月12日至13日召开的中央政法工作会议在总结2024年政法工作和深入分析当前形势的基础上，围绕努力建设更高水平的平安中国和法治中国作出具体部署。其中"建设更高水平的法治中国"是深入领会和贯彻落实中央政法工作会议关于法治领域的工作部署的关键点，因此，对此进行理论层面的解读就显得非常必要。

"建设更高水平的法治中国"是党中央在全面推进中国式现代化新征程上提出的一个新的重大法治命题，是新时代全面依法治国实践的又一次理论升华，蕴含着深刻而隽永的政理、法理、哲理。2024年7月，党的二十届三中全会通过《中共中央关于进一步全面深化改革 推进中国式现代化的决定》，首次提出"社会主义法治国家建设达到更高水平"，以"更高水平"定位法治建设和法治改革新的目标任务。

从理论和实践相结合的角度来看，建设更高水平的法治中国，必须抓住以下四个重要着力点：

一是在更高水平上推进依法治国、依法执政、依法行政，建成法治国家、法治政府、法治社会。《法治中国建设规划（2020—2025年）》把"法治国家、法治政府、法治社会基本建成"作为2035年的法治中国建设目标，党的二十大报告、二十届三中全会通过的《中共中央关于进一步全面深化改革 推进中国式现代化的决定》亦把"共同推进""一体建设"作为法治中国建设布局和部署的逻辑主线。

二是在更高质量上全面推进国家各项工作法治化。党的二十大报告、二十届三中全会通过的《中共中央关于进一步全面深化改革 推进中国式现代化的决定》均强调"全面推进国家各方面工作法治化"，实质上就是要把国家各方面工作纳入法治轨道。

三是在更高境界上建设良法善治的法治中国。"更高水平"不只体现在"看得见"的具体实际层面，而且体现在"看不见"的抽象价值层面，意味着对良法善治的更高追求。

四是在更高维度上统筹法治中国和平安中国建设。法治中国和平安中国不是彼此分离的，而是相互依存的。

综观本次中央政法工作会议精神，无论是要求善于通过科学立法解决新问题，通过严格执法解决现实问题，通过公正司法维护社会公平正义，还是通过全民守法夯实法治根基，通过深化改革提升政法工作现代化水平，无一不是围绕"建设更高水平的法治中国"而展开。"更高水平的法治中国"宛若一艘巨轮，必须掌好"党的领导"之"舵"、造好"法治体系"之"身"，划好"良法善治"之"桨"，扬起"中国式现代化"之"帆"，与"更高水平的平安中国"并驾齐驱，向着全面推进强国建设、民族复兴伟业而乘风破浪、奋楫向前！

资料来源：梁迎修. 迈向更高水平的法治中国 ［EB/OL］. ［2025-01-23］. https://www.moj.gov.cn/pub/sfbgw/zwgkztzl/xxxcgcxjpfzsx/fzsxllqy/202501/t20250123_513520.html.

请思考：建设更高水平的法治中国有哪些着力点？

任务一 了解法律基础

任务布置 ●●●

王某在学习了法律课程后感到疑惑：法是统治阶级意志的体现，那是不是说统治阶级想制定什么样的法律就制定什么样的法律，被统治阶级在法律的制定方面是无能为力的？

任务：请解答王某的疑惑。

知识准备 ●●●

一、法和法律

（一）法和法律的概念

1.法的概念

法是由国家制定或认可，以权利义务为主要内容，并由国家强制力保证实施的社会行为规范及其相应的规范性文件等的总称。

2.法律的概念

狭义的法律专指拥有立法权的国家机关（国家立法机关）依照法定权限和程序制定和颁布的规范性文件；广义的法律是指法的整体，即国家制定或认可，并由国家强制力保证实施的各种行为规范的总和。

（二）法的本质与特征

1.法的本质

法是统治阶级的国家意志的体现，但法所体现的"统治阶级"的意志，不是随心所欲、凭空产生的，而是由统治阶级的物质生活条件决定的，是社会客观需要的反映。

【注意】（1）法体现的是统治阶级的共同意志和根本利益，而不是统治阶级每个成员个人意志的简单相加。（2）法律反映统治阶级的意志，并不意味着法律完全不顾及被统治阶级的愿望和要求，法律也会在一定程度上照顾被统治阶级的利益。

2.法的特征

（1）**具有国家意志性**。制定、认可，是国家创制法的两种方式，也是统治阶级把自己的意志变为国家意志的两条途径。法是通过国家制定和发布的，但并不是说国家发布的任何文件都是法。

（2）**具有国家强制性**。法是由国家强制力保障其实施的规范。国家强制力以国家的强制机构（如警察、法庭、监狱）为后盾，与国家制裁相联系，表现为对违法者采取国家强制措施。法是最具有强制力的规范。

（3）**具有概括性和利导性**。法律通过规定人们的权利和义务来分配利益，从而影响人们的动机和行为，进而影响社会关系，实现统治阶级的意志和要求，维持社会秩序。

（4）**具有明确公开性和普遍约束性**。法具有明确的内容，能使人们预知自己或他人一定行为的法律后果（法的可预测性）。法具有普遍适用性，凡是在国家权力管辖和法律调整的范围、期限内，其对所有社会成员及其活动都普遍适用。

【AI应用】请使用国产AI大模型DeepSeek（网页版或者手机下载App），搜索"法的特征"。看看你搜到的答案是不是和上面的内容基本一样。（搜到的内容仅供参考，请仔细甄别哦）

二、法的分类和渊源

（一）法的分类

根据不同的标准，可以对法进行不同的分类。具体见表1-1。

表1-1   法的分类

序号	划分标准	法的分类
1	根据法的内容、效力和制定程序划分	根本法和普通法
2	根据法的空间效力、时间效力或对人的效力划分	一般法和特别法
3	根据法的内容划分	实体法和程序法
4	根据法的主体、调整对象和渊源划分	国际法和国内法
5	根据法律运用的目的划分	公法和私法
6	根据法的创制方式和发布形式划分	成文法和不成文法

（二）法的渊源

法的渊源也称为法的形式，是指法具体的表现形态，其主要是依据创制法的国家机关的不同、创制方式的不同而进行划分的，具体渊源见表1-2。

表1-2   我国法的主要渊源

法的形式		制定机关	效力等级	名称规律
宪法		全国人大	根本大法，具有最高法律效力	宪法
法律		全国人大——基本法律	仅次于宪法	诉讼法、刑法
		全国人大常委会——其他法律		会计法、公司法
法规	行政法规	国务院	地位次于宪法和法律，高于地方性法规、规章	××条例、××办法、××规定等
	地方性法规	省、自治区、直辖市人大及其常委会	不得与宪法、法律、行政法规相抵触，效力高于本级和下级地方政府规章	××地方××条例
规章	部门规章	国务院各部委等	规章在法院审理行政案件时"仅起参照作用"	××办法、××条例实施细则
	地方政府规章	地方人民政府（设区的市、自治州）	政府规章除不得与宪法、法律和行政法规相抵触外，还不得与上级和同级地方性法规相抵触	××地方××办法
效力排序：宪法>法律>行政法规>地方性法规>同级和下级地方政府规章				
【提示】	自治区法规、特别行政区基本法、国际条约也属于法的形式			

【即问即答】（2024年单选题）下列主体中，有权制定部门规章的是（　　）。

A.民族自治地方的人民代表大会　　　B.中国人民银行

C.设区的市人民政府　　　D.省级人民政府财政部门

【答案】B。

【AI应用】请使用DeepSeek，搜索上面的题目（不含前面括号）。看看搜到的答案是不是和上面答案一样。（搜到的内容仅供参考，请仔细甄别哦）

（三）法的效力范围

法的效力范围又称法的生效范围，是指法在什么时间和什么空间对什么人有效。

法的效力冲突及其解决方式

1.时间效力

（1）法的效力的起始和终止的时限。法的生效和终止方式见表1-3。

表1-3　　　　　　　　　　法的生效和终止方式

方式	具体内容
生效方式	（1）明确规定具体生效时间
	（2）明确规定具体生效条件
终止方式	（1）由新法明确规定旧法废止
	（2）在完成一定的历史任务后不再适用
	（3）由有权的国家机关发布专门的决议、决定，废除
	（4）根据新法优于旧法原则，旧法自动终止

（2）对该法实施以前的事件和行为有无溯及力——法从旧兼从轻原则。法律、行政法规、地方性法规、自治条例和单行条例、规章"不溯及既往"，但为了"更好地保护"公民、法人和其他组织的权利和利益而作的特别规定除外。

2.空间效力——法发生效力的空间范围和地域范围

（1）法适用于国家主权所及一切领域，包括领陆、领水及其底土和领空、驻外使馆、境外飞行器、停泊在境外的船舶。

（2）域内效力与域外效力（见表1-4）。

表1-4　　　　　　　　　　域内效力与域外效力

分类		具体要求
域内效力	全国范围适用	由全国人大及其常委会、国务院制定的规范性法律文件（除法律有特别规定的外）
	局部地区适用	由地方人大及其常委会、人民政府制定的地方性法规及地方政府规章，民族自治地方制定的自治条例与单行条例
域外效力	原则	（1）互相尊重领土主权
		（2）保护本国利益和公民权益

3.对人的效力——法的适用主体

（1）属人原则。凡本国人，无论在国内、国外，均受本国法的约束。凡是中国公民，在中国领域内一律适用中国法律，平等地享有权利和承担义务。中国公民在国外的，仍然受中国法律的保护，也有遵守中国法律的义务。

（2）属地原则。凡属本国管辖范围内，无论本国人、外国人，均受本国法的约束。凡在中国领域内的外国人均应遵守中国法律。中国法律保护外国人的人身权利、财产权利、受教育权利和其他合法权利。

（3）保护原则。凡损害本国利益，无论侵犯者地域、国籍，均受本国法的约束。

三、法律部门和法律体系

法律部门又称部门法，是指根据一定标准和原则所划定的同类法律规范的总称。法律部门划分的标准首先是法律调整的对象，即法律调整的社会关系；其次是法律调整的方法。不过法律部门的划分也不是绝对的，其可以有不同的标准，可以交叉、重合，没有对错之分，只有方便与不方便、合理与不合理之分。

我国现行的法律部门和法律体系

一个国家现行的法律规范分类组合为若干法律部门，由这些法律部门组成的具有内在联系的、互相协调的统一整体即为法律体系。

四、法律关系

（一）法律关系的概念

法律关系是法律规范在调整人们行为的过程中所形成的一种社会关系，即法律上的权利与义务关系。

（二）法律关系的要素

法律关系是由主体、内容和客体三个要素构成的，三者缺一不可。

1.法律关系的主体

法律关系主体，是指参加法律关系，依法享有权利和承担义务的当事人。（详见本项目任务二）

2.法律关系的内容

法律关系的内容，是指法律关系主体所享有的权利和承担的义务。

3.法律关系的客体

法律权利和义务的联系和区别

（1）**法律关系客体的概念。**法律关系客体，是指法律关系主体的权利和义务所指向的对象。权利和义务只有通过客体才能得到体现和落实。

（2）**法律关系客体的种类**（见表1-5）。

表1-5   法律关系的客体

分类	具体内容		举例
物	分类1	自然物	土地、矿藏等
		人造物	建筑、机器等
		一般等价物	货币和有价证券
	分类2	有体物　有固体形态	铁矿石、设备
		有体物　无固体形态	天然气、电力等
		无体物	权利等
	【提示】物可以有固定形态，也可以没有固定形态		

续表

分类	具体内容	举例
人身、人格	生命权、身体权、健康权、姓名权、肖像权、名誉权、荣誉权、隐私权、婚姻自主权等	禁止非法拘禁、禁止刑讯逼供、禁止侮辱诽谤他人、禁止卖身为奴、禁止卖淫
	【提示】"人的整体"只能是法律关系的主体，不能作为法律关系的客体；"人的部分"（比如头发、血液、骨髓、精子和其他器官）在某些情况下也可视为法律上的"物"，成为法律关系的客体	
智力成果	作品、发明、实用新型、外观设计、商标等	
信息、数据、网络虚拟财产	矿产情报、产业情报、国家机密、商业秘密、个人隐私等	
行为	生产经营行为、经济管理行为、提供一定劳务的行为、完成一定工作的行为	

【即问即答】（2024年多选题）下列选项中，属于法律关系客体的有（ ）。

A.商标   B.人格   C.网络虚拟财产   D.行为

【答案】ABCD。

【AI应用】请使用 DeepSeek，搜索整个题目（不含前面括号）。看看搜到的答案是不是和上面答案一样。（搜到的内容仅供参考，请仔细甄别哦）

五、法律事实

法律事实，是由法律规范所确定的，能够产生法律后果，即指能够直接引起法律关系发生、变更或者消灭的情况。**法律事实是法律关系发生、变更和消灭的直接原因。**

将是否以当事人的意志为转移作为标准，将法律事实划分为三大类：法律事件、法律行为和事实行为（见表1-6）。

表1-6   法律事实的划分

项目	核心特征	细化阐述	
法律事件	不以当事人的主观意志为转移	绝对事件	如地震、洪水、台风、生老病死等（自然现象）
		相对事件	如爆发战争、重大政策的改变等（社会现象）
法律行为	法律关系主体通过意思表示设立、变更、终止法律关系的行为	根据行为是否符合法律规范的要求分类	合法行为
			违法行为
		根据行为的表现形式不同分类	积极行为（又称作为，如签发支票）
			消极行为（又称不作为，如竞业限制）
		根据行为人取得权利是否需要支付对价分类	有偿行为（如买卖）
			无偿行为（如赠与）
		根据作出意思表示的主体数量分类	单方行为（如遗嘱、行政命令）
			多方行为（如合同行为）
		根据行为是否需要特定形式或实质要件分类	要式行为（如票据行为）
			非要式行为（如口头订立的合同）
		根据主体实际参与行为的状态分类	自主行为
			代理行为
事实行为	与法律主体的意思表示无关，由法律直接规定法律后果的行为	无因管理行为、正当防卫行为、紧急避险行为、侵权行为、违约行为、遗失物的拾得行为、埋藏物的发现行为等	

【提示】人的行为并非都是法律行为。

【即问即答】（2024年多选题）引起法律关系发生、变更和消灭的下列法律事实中，属于法律事件的有（   ）。

A.拾得遗失物　　　　B.台风登陆　　　　C.人的出生　　　　D.缴纳税款

【答案】BC。

【解析】选项A，属于事实行为；选项D，属于法律行为。

任务实施

针对"任务布置"中的经济业务，相关解析如下：

法是统治阶级意志的体现，并不是说统治阶级的所有意志都能上升为法，或者统治阶级中任何人都可以随心所欲地制定法。这个意志的内容归根到底是由统治阶级的物质生活条件所决定的。例如，奴隶制法确认奴隶主对奴隶的人身占有，封建制法确认对农奴的半占有，资本主义法确认人身自由、契约自由等，都不是任何人的主观好恶所决定的，而是统治阶级赖以存在的物质生活条件的客观要求。法反映统治阶级的意志，并不意味着法就完全不顾及被统治阶级的愿望和要求，法也会在一定程度上反映被统治阶级的利益，这往往是被统治阶级进行反抗斗争的结果。统治阶级出于缓和阶级矛盾的考虑，会在不得已的情况下作出一定的让步。但这种让步只能是非根本利益上的让步。目的是实现统治阶级更为重要的、更为根本的利益。

任务二　认识法律主体

任务布置

1.2025年1月10日，王某（16周岁）到工艺美术公司以3 000元购买了项链，她的父母认为她尚未成年，没有征得家长同意，不能进行价款较高的买卖行为，要求公司退款。王某认为，她是靠做临时工而自食其力的待业青年，不愿退货。

2.甲某（17周岁）经人介绍，在某厂做搬运工，每月有6 000元收入，平时住在工厂的宿舍里。由于工作原因，加之宿舍离厂较远，甲某打算从乙某处花4 000元购买一辆摩托车。虽然此事遭到甲某父母的强烈反对，但甲某还是将摩托车买了下来。几个月后，甲某患精神分裂症，无法工作和独立生活。甲某父母找到乙某，提出他们之间的买卖无效，要求乙某返还钱款，并将摩托车拿走。

任务：请分别判断，上述行为是否有效？父母要求退款是否符合有关法律规定？

知识准备 ●●●

一、法律主体的分类

法律主体是指参加法律关系，依法享有权利和承担义务的当事人。主要有以下四类：

（一）自然人

1.概念

自然人，是指具有生命的个体的人，即生物学上的人，是基于出生而取得主体资格的人，包括中国公民，也包括在中国境内的外国公民和无国籍人。其中公民是指具有一国国籍的自然人。

2.自然人的出生时间和死亡时间

出生证明、死亡证明记载的时间，户籍登记或者其他有效身份登记记载的时间。

【提示】有其他证据足以推翻以上记载时间的，以该证据证明的时间为准。

自然人在出生之前也可以成为特殊法律关系的主体。例如，《中华人民共和国民法典》规定，涉及遗产继承、接受赠与等胎儿利益保护的，胎儿视为具有民事权利能力。但是，胎儿娩出时为死体的，其民事权利能力自始不存在。

3.自然人的住所

一般情况：户籍登记或其他有效身份登记记载的居所为住所。

特殊情况：经常居所与住所不一致的，以经常居所为住所。

（二）法人

1.法人制度概述

（1）法人的概念与成立

法人是具有民事权利能力和民事行为能力，依法独立享有民事权利和承担民事义务的组织。设立人依照法定程序出资设立并登记为法人组织，法人依法成立后，即以独立的名称作为其虚拟人格化标志（人格独立）、独立的物质财产作为其参与法律关系基础（财产独立）、以其全部财产独立承担民事责任（责任独立）。

（2）法人的分类

法人的分类见表1-7。

表1-7　　　　　　　　　　法人的分类

分类		具体内容
营利法人	公司制	有限责任公司、股份有限公司
	非公司制	没有采取公司制的全民所有制企业、集体所有制企业等
非营利法人	事业单位法人	公办医院、学校等
	社会团体法人	各类协会、学会等
	捐助法人和宗教活动场所	基金会、社会服务机构、寺院、宫观、清真寺、教堂等

续表

分类		具体内容
特别法人	机关法人	各国家机关
	农村集体经济组织法人	生产队
	城镇农村的合作经济组织法人	农民合作社
	基层群众性自治组织法人	居委会、村委会

（3）法人的法定代表人

① 依照法律或者法人章程的规定，代表法人从事民事活动的负责人，为法人的法定代表人。

② 法定代表人以法人名义从事的民事活动，其法律后果由法人承受。

③ 法人章程或者法人权力机构对法定代表人代表权的限制，不得对抗善意相对人。

④ 法定代表人因执行职务造成他人损害的，由法人承担民事责任。法人承担民事责任后，依照法律或者法人章程的规定，可以向有过错的法定代表人追偿。

【AI应用】请使用 DeepSeek，搜索"法定代表人"和"法人代表"。好好学习一下相关知识。（搜到的内容仅供参考，请仔细甄别哦）

（4）法人的设立及责任承担

法人的组成部分见表1-8。

表1-8   法人的组成部分

知识点	具体内容	
名称	区别于其他法人的标志	
组织机构	意思机关（股东会）、执行机关（董事会）、代表机关（法定代表人）、监督机关（监事会）	
住所	依法需要办理法人登记的，应当将主要办事机构所在地登记为住所	
财产、经费	法人以其全部财产独立承担民事责任	
分类：	责任承担：	
设立人为设立法人从事民事活动	法人成立	法人承担
	法人未成立	设立人承担，设立人为2人以上，承担连带责任
设立人为设立法人"以自己的名义"从事民事活动	第三人有权选择请求法人或者设立人承担	

（5）法人合并、分立后的义务承担

①合并：法人合并的，其义务由合并后的法人继承。

②分立：法人分立的，其义务由分立后的法人承担连带责任，但是债权人和债务人另有约定的除外。

（6）法人解散和终止

法人解散和终止的情形见右侧二维码。

法人解散和
终止的情形

（7）法人的清算

① 法人解散的，除合并或者分立的情形外，清算义务人应当及时组成清算组进行清算。法人的董事、理事等为清算义务人，法律另有规定除外。

② 清算义务人未及时清算，主管机关或利害关系人可以申请人民法院指定有关人员组成清算组。

③ 清算期间法人存续，但是不得从事与清算无关的活动。

④ 清算后的剩余财产，按照法人章程的规定或者法人权力机构的决议处理，法律另有规定除外。

（8）法人的分支机构

① 法律、行政法规规定分支机构应当登记的，依照其规定。

② 分支机构以"自己"的名义从事民事活动，产生的"民事责任"由法人承担；也可以先以该分支机构管理的财产承担，不足以承担的，由法人承担。

2.营利法人

（1）营利法人的概念与成立

营利法人是指以取得利润并分配给股东等出资人为目的的成立的法人。营利法人包括公司制营利法人（指有限责任公司和股份有限公司）和非公司制营利法人（指没有采用公司制的全民所有制企业、集体所有制企业等）。营利法人经依法登记成立，营业执照的签发日期为营利法人的成立日期。

（2）营利法人的组织机构

设立营利法人应当依法制定法人章程。

营利法人应当设权力机构。

营利法人应当设执行机构。执行机构为董事会或者执行董事的，董事长、执行董事或者经理按照法人章程的规定担任法定代表人；未设董事会或者执行董事的，法人章程规定的主要负责人为其执行机构和法定代表人。

营利法人设监事会或者监事等监督机构的，监督机构依法行使检查法人财务，监督执行机构成员、高级管理人员执行法人职务的行为，以及法人章程规定的其他职权。

（3）营利法人的出资人

营利法人的出资人不得滥用出资人权利损害法人或者其他出资人的利益；滥用出资人权利造成法人或者其他出资人损失的，应当依法承担民事责任。

营利法人的出资人不得滥用法人独立地位和出资人有限责任损害法人债权人的利益；滥用法人独立地位和出资人有限责任，逃避债务，严重损害法人债权人的利益的，应当对法人债务承担连带责任。

营利法人的权力机构、执行机构作出决议的会议召集程序、表决方式违反法律、行政法规、法人章程，或者决议内容违反法人章程的，营利法人的出资人可以请求人民法院撤销该决议。但是，营利法人依据该决议与善意相对人形成的民事法律关系不受影响。

3.非营利法人

非营利法人，是指为公益目的或者其他非营利目的成立，不向出资人、设立人或者会员分配所取得利润的法人。非营利法人包括事业单位、社会团体、基金会、社会服务机构等。

4.特别法人

特别法人，是指我国现实生活中存在的，既不属于营利法人，也不属于非营利法人，具有民事权利能力和民事行为能力，依法独立享有民事权利和承担民事义务的组织。特别法人包括机关法人、农村集体经济组织法人、城镇农村的合作经济组织法人、基层群众性自治组织法人。

（三）非法人组织

1.概念。非法人组织是指不具有法人资格，但是能够依法以自己的名义从事民事活动的组织，包括个人独资企业、合伙企业、不具有法人资格的专业服务机构。

非法人组织的财产不足以清偿债务的，其出资人或者设立人承担无限责任，法律另有规定的，依照其规定。

2.非法人组织可以确定一人或者数人代表该组织从事民事活动。

3.非法人组织的解散原因。

（1）章程规定的存续期间届满或者章程规定的其他解散事由出现；

（2）出资人或者设立人决定解散；

（3）法律规定的其他情形。

4.非法人组织解散的，应当依法进行清算。

（四）国家

在特殊情况下，国家可以作为一个整体成为法律主体。在国内，国家是国家财产所有权唯一和统一的主体；在国际上，国家作为主权者，是国际公法关系的主体，也可以成为对外贸易关系中的债权人或债务人。

【即问即答】（2024年单选题）会计师事务所属于（　　　）。

A.营利法人　　　　B.非营利法人　　　　C.非法人组织　　　　D.特别法人

【答案】C。

【AI应用】请使用DeepSeek，搜索整个题目（不含前面括号）。看看你搜到的答案是不是和上面的答案一样。（搜到的内容仅供参考，请仔细甄别哦）

二、法律主体资格

法律主体资格包括权利能力和行为能力两个方面。

（一）权利能力

权利能力，是指法律主体能够参加某种法律关系，依法享有一定权利和承担一定义务的法律资格。它是任何自然人或组织参加法律关系的前提条件。

（二）行为能力

行为能力，是指法律主体能够通过自己的行为实际取得权利和履行义务的能力。

自然人与法人民事权利能力、民事行为能力简要比较见表1-9。

表1-9　　　　　　　　自然人与法人民事权利能力、民事行为能力简要比较

比较	自然人		法人
民事权利能力	（人皆有）所有自然人权利能力均相同		由法人成立宗旨和业务范围决定
	始于出生，终于死亡		始于成立，终于消灭
民事行为能力	①完全行为能力；②限制行为能力；③无行为能力		均具备完全民事行为能力
	（人或有）取决于某人的年龄和心智辨认能力		始于成立，终于消灭

1.自然人的民事行为能力

我国将自然人按其民事行为能力划分为三类（见表1-10）。

表1-10　　　　　　　　　　自然人民事行为能力分类

分类	年龄	行为后果
无民事行为能力人	不满8周岁	由法定代理人代理民事活动
	"完全不能"辨认自己行为的精神病人	
限制民事行为能力人	8周岁以上不满18周岁	可以进行纯获益或者与其年龄、智力、精神健康状况相适应的法律行为
	"不能完全"辨认自己行为的精神病人	
完全民事行为能力人	年满18周岁，精神正常	可以独立进行民事活动
	16周岁以上不满18周岁，以自己的劳动收入为主要生活来源，且精神正常	

【注意】《中华人民共和国民法典》规定，"以上""以下"均包括本数，"超过""不满"均不包括本数。

2.自然人的刑事责任能力

刑事责任能力是指行为人构成犯罪和承担刑事责任所必须具备刑法意义上辨认和控制自己行为的能力。自然人刑事责任年龄（见表1-11）。

表1-11　　　　　　　　　　自然人刑事责任年龄

年龄	犯罪
年满16周岁（≥16）	全部
年满14周岁不满16周岁（14≤且<16）	故意杀人、故意伤害致人重伤或者死亡、强奸、抢劫、贩卖毒品、放火、爆炸、投放危险物质罪
年满12周岁不满14周岁（12≤且<14）	故意杀人、故意伤害罪，致人死亡或者以特别残忍手段致人重伤造成严重残疾，情节恶劣，经最高人民检察院核准追诉

【即问即答】（2024年单选题）下列自然人中，视为完全民事行为能力人的是（　　）。

A.23周岁的吴某，不能辨认自己的行为

B.6周岁的李某，系某幼儿园小朋友

C.15周岁的王某，系某中学初三学生

从轻、减轻、免除处罚的具体规定

D.17周岁的马某，以自己的劳动收入为主要生活来源

【答案】D。

任务实施

针对"任务布置"中的经济业务，相关解析如下：

本案例1、2中，王某和甲某的买卖行为合法有效，其父母的主张没有法律依据。

1. 王某和甲某均已年满16周岁，且以自己工资收入为主要生活来源，属于"完全民事行为能力人"，虽然几个月后甲某患精神分裂症，但进行买卖时，其并没有发病，故当时其无须征得父母的同意，可以独立作出民事行为。

2. 两项买卖均符合三个实质要件：第一，行为人具有相应的民事行为能力；第二，是双方真实意思的表示，不存在欺诈行为；第三，没有违反法律或社会公共利益。因此，王某和甲某的买卖行为有效，他们的父母以其未成年、未征得家长同意为由要求退款，不符合有关法律的规定。

任务三　明确法律责任

任务布置

2024年12月19日，贵州省高级人民法院对上诉人余华英拐卖17名儿童案作出二审宣判，驳回上诉，维持原判，判处余华英死刑，剥夺政治权利终身。这次判决，彰显着我国司法机关保护未成年人的决心和捍卫社会文明的千钧之力。

虽然判决都是死刑，但余华英案曾被重审。究其原因，即在于发现了新的漏罪——被拐儿童人数从11人增至17人。重审纵然增加了时间成本，但一方面给了所有被害人及其家庭以正义，方便其实现对自身权利的救济；另一方面也体现了司法的精细化，只有把案件的事实查得清清楚楚、明明白白，才能真正实现实体正义和程序正义。

每一个孩子都是民族的希望、国家的未来。未成年人保护工作是一项系统性工程，家庭、学校、社会、司法机关应该承担各自的责任。

任务：请问"剥夺政治权利"中所剥夺的政治权利主要包括哪些权利?

●● 知识准备 ●●●

一、法律责任的概念

法律责任，是指因违反了法定义务或契约义务，或不当行使法律权利、权力所产生的，由行为人承担的不利后果。

二、法律责任的种类

根据我国法律的有关规定，**可以将法律责任分为民事责任、行政责任和刑事责任三种**（见表1-12）。

表1-12　　　　　　　　　　　　　法律责任的种类

民事责任	1.停止侵害；2.排除妨碍；3.消除危险；4.返还财产；5.恢复原状；6.修理、重作、更换；7.继续履行；8.赔偿损失；9.支付违约金；10.消除影响、恢复名誉；11.赔礼道歉			
行政责任	行政处罚	（对外）1.警告、通报批评；2.罚款、没收违法所得、没收非法财物；3.暂扣许可证件、降低资质等级、吊销许可证件；4.限制开展生产经营活动、责令停产停业、责令关闭、限制从业；5.行政拘留；6.其他行政处罚		
	行政处分	（对内）1.警告；2.记过；3.记大过；4.降级；5.撤职；6.开除		
刑事责任	主刑	主刑种类	期限	数罪并罚
		1.管制	3个月以上2年以下	最高不超过3年
		2.拘役	1个月以上6个月以下	最高不超过1年
		3.有期徒刑	6个月以上15年以下	总和刑期不满35年的，最高不能超过20年；总和刑期在35年以上的，最高不能超过25年
		4.无期徒刑		
		5.死刑（包括死刑立即执行和死刑缓期2年执行）		
	附加刑	罚金、剥夺政治权利、没收财产、驱逐出境		

【提示】（1）罚款属于行政责任；罚金属于刑事责任。（2）"没收违法所得、没收非法财物"属于行政责任；"没收财产"属于刑事责任。（3）拘留属于行政责任；拘役属于刑事责任；（4）附加刑可与主刑一并适用，也可独立适用。

【即问即答】（2024年单选题）甲个体工商户因违规使用食品添加剂，被市场监督管理局限制开展生产经营活动。甲个体工商户承担的该项法律责任属于（　　）。

A.行政处分　　　　B.行政处罚　　　　C.民事责任　　　　D.刑事责任

【答案】B。

【AI应用】请使用 DeepSeek，搜索整个题目（不含前面括号）。看看你搜到的答案是不是和上面的答案一样。（搜到的内容仅供参考，请仔细甄别哦）

任务实施

针对"任务布置"中的经济业务，相关解析如下：

本案例中，"剥夺政治权利"中所剥夺的政治权利包括：（1）选举权和被选举权；（2）言论、出版、集会、结社、游行、示威自由的权利；（3）担任国家机关职务的权利；（4）担任国有公司、企业、事业单位和人民团体领导职务的权利。

项目二

认识会计法律制度

知识目标

1. 掌握会计法的适用范围
2. 掌握会计工作管理体制
3. 掌握会计核算的法律规定
4. 掌握会计档案管理的规定
5. 掌握会计监督的规定
6. 掌握会计机构与会计岗位设置的规定
7. 掌握会计人员的规定
8. 掌握会计工作交接的规定
9. 掌握会计法律责任的具体规定
10. 熟悉会计法律制度的构成
11. 熟悉代理记账的规定

能力目标

1. 能识别常见的会计违法行为
2. 能发现会计基础工作中的法律风险点
3. 能采取有效措施防范会计法律风险
4. 能正确处理会计职业中的道德困境

素质目标

1. 树立"不做假账"的职业底线意识，培养严格遵守会计法律法规的职业操守
2. 坚守会计职业道德，抵制会计造假行为
3. 深悟会计护经济秩序促公平，笃信信息优配置控风险利决策

价值引领

贯彻落实党和国家路线方针政策   发挥会计服务经济社会发展作用
——新会计法系列解读之一

会计法是规范会计工作的基础性法律。2024年6月28日，第十四届全国人民代表大会常务委员会第十次会议通过《全国人民代表大会常务委员会关于修改〈中华人民共和国会计法〉的决定》，以中华人民共和国主席令第28号公布，自2024年7月1日起施行。此次修改的会计法，在第二条中增加"会计工作应当贯彻落实党和国家路线方针政策、决策部署，维护社会公共利益，为国民经济和社会发展服务"，进一步明确了会计工作应遵循的基本原则、应发挥的基础作用，这既是对党领导会计事业具体实践的历史性总结，也为我国未来持续推进会计改革与发展明确了根本方向。

一、坚决贯彻落实党和国家路线方针政策，是我国会计事业不断发展的坚强保证

党的二十大报告指出，"中国式现代化，是中国共产党领导的社会主义现代化"，坚持党的领导是全面建设社会主义现代化国家的根本保证。坚持党对会计工作的领导，关键在于会计各项工作要坚决贯彻落实党和国家路线方针政策，这是我国会计工作有效发挥作用的基本前提，也是我国会计事业行稳致远、蓬勃发展的坚强保证。

二、会计法的制定和历次修改，是贯彻落实党和国家路线方针政策的具体举措

新中国成立以来，我国会计工作在党中央的领导下，逐步建立全国统一的会计核算和会计报告制度，形成统一的会计管理体系，建立适应社会主义市场经济要求的会计法规制度体系，实现了会计工作有法可依、有章可循。特别是，我国会计法从1985年制定发布，历经1993年、1999年、2017年和2024年四次修改，通过会计立法，党中央加强对我国会计工作的领导，指明我国会计事业发展的方向。

三、贯彻实施新会计法，要与落实党中央重大决策部署结合起来

要把贯彻实施新会计法与全面依法治国结合起来，与健全党和国家监督体系结合起来，与严肃财经纪律结合起来，与建设社会诚信体系结合起来，与推动高质量发展结合起来。

会计工作是社会主义市场经济建设的重要基础性工作。贯彻实施会计法，是发挥会计工作基础性作用的重要保障，是建设社会主义市场经济的客观要求，也是一项长期的重要任务，需要各级领导的重视、社会各界的支持和广大会计人员的共同努力。各地区、各部门、各单位应当广泛宣传、深入学习、认真落实新会计法，为进一步规范会计秩序、提高会计信息质量、维护社会公共利益、促进国民经济和社会发展创造良好环境。

资料来源：财政部会计司. 贯彻落实党和国家路线方针政策 发挥会计服务经济社会发展作用：新会计法系列解读之一［EB/OL］.［2024-07-19］. http://kjs.mof.gov.cn/zhengcejiedu/202407/t20240712_3939304.htm.

请思考：你知道新修订的会计法发生了哪些变化吗？

任务一　了解会计法律制度的构成

任务布置

甲公司是一家国有大型企业。2024年12月，公司召开董事会。公司法定代表人、董事长兼总经理胡某提出，财务会计报告专业性很强，其并非会计人员且精力有限，以前在财务会计报告上签字盖章，也只是履行程序而已，建议从2025年以后公司对外报送的财务会计报告一律改由公司总会计师范某一人签字盖章后报出。

任务：根据《中华人民共和国会计法》分析胡某的观点有无不妥之处，并简要说明理由。

知识准备

一、会计法律制度的概念

会计法律制度（会计法律体系），是指国家权力机关和行政机关制定的，用于调整会计关系的各种法律、法规、规章和规范性文件的总称。

制定者：国家权力机关和行政机关。

【注意】

会计机构和会计人员→办理会计实务

国家→管理会计工作　　　　　　　会计关系

我国会计法律制度主要包括会计法律、会计行政法规、国家统一的会计制度，具体见表2-1。

表2-1　　　　　　　　　　会计法律制度的构成

内容	制定机关	主要表现形式
会计法律	全国人大及其常务委员会	《中华人民共和国会计法》《中华人民共和国注册会计师法》
会计行政法规	国务院制定，或者国务院有关部门拟定，经国务院批准发布	《总会计师条例》《企业财务会计报告条例》
国家统一的会计制度	国务院财政部门	《财政部门实施会计监督办法》《会计基础工作规范》《会计档案管理办法》，以及企业会计准则等

二、会计法律制度的适用范围

国家机关、社会团体、企业、事业单位和其他组织都必须依照《中华人民共和国会计法》办理会计事务。

国家统一的会计制度由国务院财政部门根据《中华人民共和国会计法》制定并公布。

三、会计工作管理体制

（一）会计工作的行政管理

总原则：统一领导，分级管理。

国务院财政部门主管全国的会计工作——统一领导；县级以上地方各级人民政府财政部门管理本行政区域内的会计工作——分级管理。

（二）单位内部的会计工作管理

单位负责人对本单位的会计工作和会计资料的真实性、完整性负责。

单位负责人，是指单位法定代表人或者法律、行政法规规定代表单位行使职权的主要负责人。单位负责人应当保证会计机构、会计人员依法履行职权，不得授意、指使、强令会计机构和会计人员违法办理会计事项。

【即问即答】（2024年单选题）根据会计工作管理体制的相关规定，代表国家对会计工作行使管理职能的政府部门是（　　）。

A.市场监督管理部门　　　　　　　B.财政部门

C.审计部门　　　　　　　　　　　D.税务部门

【答案】B。

　　🍃　　**任务实施**　🌱🌱🌱

针对"任务布置"中的经济业务，相关解析如下：

胡某的观点不符合《中华人民共和国会计法》的规定。《中华人民共和国会计法》规定，单位负责人对本单位的会计工作和会计资料的真实性、完整性负责。财务会计报告应当由单位负责人和主管会计工作的负责人、会计机构负责人（会计主管人员）签名并盖章；设置总会计师的单位，还须由总会计师签名并盖章。胡某作为单位法定代表人、董事长兼总经理，应当依法在本单位对外出具的财务会计报告上签名并盖章。

任务二　掌握会计核算与监督知识

　　🍃　　**任务布置**　🌱🌱🌱

2024年12月，某财政部门在对某国有企业进行检查时，发现下列情况：

（1）该国有企业会计人员李某在审核某文员提交的原始凭证时，发现有一张发票记载的事项不完整，另有一张发票不属于该交易事项，但未提出异议；

（2）该企业采用会计电算化，生成的会计凭证与国家统一的会计制度的规定有部分不一致；

（3）该企业的会计年度自公历4月1日起至次年3月31日止。

任务：根据上述情况，请分析每项业务是否正确，并说明理由。

知识准备

一、会计核算

会计核算是会计工作的基本职能之一，是会计工作的重要环节。

（一）会计核算的基本要求

会计核算的具体要求见表2-2。

表2-2　　　　　　　　　　　　会计核算的具体要求

核算依据	实际发生的经济业务事项		
会计资料的基本要求	种类	凭证、账簿、报告、其他	
	要求	保证会计资料的真实性和完整性	
	区别	伪造	以虚假的经济业务为前提（无中生有）
		变造	在原有基础上改变，手段是涂改、拼接、挖补等
	会计电算化	使用电子计算机进行会计核算，其软件及生成的会计资料也必须符合国家统一的会计制度的规定	

（二）会计核算的内容

根据《中华人民共和国会计法》的规定，下列经济业务事项应当办理会计手续，进行会计核算：

1. 资产的增减和使用；

2. 负债的增减；

3. 净资产（所有者权益）的增减；

4. 收入、支出、费用、成本的增减；

5. 财务成果的计算和处理；

6. 需要办理会计手续、进行会计核算的其他事项。

【即问即答】（2024年多选题）下列经济业务事项中，应办理会计手续、进行会计核算的有（　　）。

A.买卖合同的签订　B.资金计划的制订　C.无形资产的购入　D.所得税的计提

【答案】CD。

（三）会计年度

根据《中华人民共和国会计法》的规定，我国会计年度采用公历制，即会计年度自公历1月1日起至12月31日止。每一会计年度还具体划分为半年度、季度和月度。

（四）记账本位币

根据《中华人民共和国会计法》的规定，**会计核算以人民币为记账本位币**。业务收支以人民币以外的货币为主的单位，可以选定其中一种货币作为记账本位币，但是编报的财务会计报告应当折算为人民币。记账本位币一经确定，不得随意变动。

（五）会计凭证

1. 会计凭证

会计凭证是会计核算的重要会计资料，填制和审核会计凭证是会计核算的首要环节。**会计凭证按其用途和填制程序的不同，可分为原始凭证和记账凭证两类。**

2. 原始凭证

原始凭证审核有哪些要求？

原始凭证又称单据，是指在经济业务发生时，由业务经办人员直接取得或者填制，用以表明某项经济业务已经发生或完成情况并明确有关经济责任的一种原始凭据。原始凭证是会计核算的原始依据，来源于实际发生的经济业务事项。

原始凭证举例如图2-1所示。

						发票代码：044001600111
机器编号：499099714542		广东增值税电子普通发票				发票号码：79110021
						开票日期：2025 年 08 月 14 日
						校验码：17948 56472 87497 65217

购买方	名　　　称：				密码区	0367<8>>*05-4-96972*-5*><28*4<<*-1782/67<8>>+05-4-96>1/79777*-/02*18-29*<4*40>427/1<>0*73/-08*01/<30192/2+858/6<
	纳税人识别号：12345678912345678M					
	地址、电话：					
	开户行及账号：建行6685857653217653					

货物或应税劳务、服务名称	规格型号	单位	数量	单价	金额	税率	税额
*餐饮服务*餐费			1	1 200.00	1 200.00	6%	72.00
合　计					￥1 200.00		￥72.00
价税合计（大写）	⊗壹仟贰佰柒拾贰元整					（小写）￥1 272.00	

销售方	名　　　称：广东联合电子服务股份有限公司	备注	91440000740846765M 发票专用章
	纳税人识别号：91440000740846765M		
	地址、电话：		
	开户行及账号：工行广州市白云路支行3602008276557676		

| 收款人：李双鲜 | 复核：常水清 | 开票人：黄娟 | 销售方：（章） |

图2-1　原始凭证

原始凭证不得外借。其他单位如因特殊原因需要使用原始凭证时，经本单位会计机构负责人（会计主管人员）批准，可以复制。向外单位提供的原始凭证复制件，应当在专设的登记簿上登记，并由提供人员和收取人员共同签名或盖章。

原始凭证的遗失。①能取得原出具单位盖有公章的证明，并注明原凭证号码、金额和内容的，由经办单位会计机构负责人（会计主管人员）和单位负责人批准后，代作原始凭证。②确实无法取得证明的（如火车、轮船、飞机票等凭证），由当事人写出详细情况，由经办单位会计机构负责人（会计主管人员）和单位负责人批准后，代作原始凭证。

3.记账凭证

记账凭证，亦称传票，是指对经济业务事项按其性质加以归类，确定会计分录，并据以登记会计账簿的凭证。它具有分类归纳原始凭证和满足登记会计账簿需要的作用。**记账凭证应当根据经过审核的原始凭证及有关资料编制**。记账凭证可以分为收款凭证、付款凭证和转账凭证，也可以使用通用记账凭证。

记账凭证举例如图2-2所示。

浙江迪丰服饰有限公司

记账凭证

参考信息：序号：68　2025年第5期		日期：2025-05-30	附件数：1　凭证号：记账-1（1/1）	
摘要	科目		借方	贷方
2025.5.30	银行存款－农行		1 475 160.00	
2025.5.30	应收账款－雅戈尔服装控股有限公司			1 475 160.00
合计：壹佰肆拾柒万伍仟壹佰陆拾元整			1 475 160.00	1 475 160.00
经办：何广平　审核：吉艳　过账：吉艳　出纳：张龙英　制单：刘星				

图2-2　记账凭证

【即问即答】（2023年多选题）根据会计法律制度的规定，下列各项中，属于记账凭证必须具备的内容的有（　　　）。

A.金额　　　　　　　　　　　B.会计机构负责人签名

C.单价　　　　　　　　　　　D.数量

【答案】AB。选项CD，属于原始凭证必须具备的内容。

记账凭证的基本要求有哪些？

4.会计凭证的保管

（1）会计凭证登记完毕后，应当按照分类和编号顺序保管；

（2）对于数量过多的原始凭证，可以单独装订保管；

（3）各种经济合同、存出保证金收据及涉外文件等重要原始凭证，应当另编目录，单独登记保管，并在有关的记账凭证和原始凭证上相互注明日期和编号。

（六）会计账簿

1.含义和种类

会计账簿，是指由一定格式的账页组成，以经过审核的会计凭证为依据，全面、系统、连续地记录经济业务的簿籍。任何单位都不得在法定会计账簿之外私设会计账簿。

会计账簿的种类

2.启用会计账簿

启用会计账簿的要求见表2-3。

表2-3   启用会计账簿的要求

要素	基本要求
封面	写明单位名称和账簿名称
扉页	附启用表
启用订本账	从第一页至最后一页顺序编定页数，不得跳页、缺号
使用活页账	按账户顺序编号，并定期装订成册

3.登记会计账簿

登记会计账簿的要求见表2-4。

表2-4   登记会计账簿的要求

内容	基本要求
书写	文字和数字一般应占格距的1/2，不能写满格
使用红字	①按照红字冲账的记账凭证，冲销错误记录 ②在不设借贷等栏的多栏式账页中，登记减少数 ③在三栏式账户的余额栏前未印明余额方向的，在余额栏内登记负数余额
跳行、隔页	应当将空行、空页划线注销，或注明"此行空白""此页空白"字样，并由记账人员签名或盖章
余额	库存现金日记账和银行存款日记账必须逐日结出余额
电算化单位	用计算机打印的会计账簿必须连续编号，经审核无误后装订成册，并由记账人员和会计机构负责人（会计主管人员）签字或盖章

4.会计账簿记录错误的更正

采用划线更正法。

5.结账

各单位应当按照规定定期结账。结账前，必须将本期内所发生的各项经济业务全部登记入账。结账时，应当结出每个账户的期末余额。需要结出当月发生额的，应当在摘要栏内注明"本月合计"字样，并在下面通栏划单红线。需要结出本年累计发生额的，应当在摘要栏内注明"本年累计"字样，并在下面通栏划单红线；12月末的"本年累计"就是全年累计发生额。全年累计发生额下面应当通栏划双红线。年度终了结账时，所有总账账户都应当结出全年发生额和年末余额。

（七）财务会计报告

财务会计报告（财务报告），是指单位对外提供的、反映单位某一特定日期财务状况和某一会计期间经营成果、现金流量等会计信息的文件。

1.企业财务会计报告的构成

财务会计报告由会计报表、会计报表附注和财务情况说明书组成。财务会计报告按编制时间分为年度、半年度、季度和月度财务会计报告。**年度、半年度财务会计报告应当包括会计报表、会计报表附注、财务情况说明书。**会计报表应当包括资产负债表、利润表、现金流量表及相关附表。**季度、月度财务会计报告通常仅指会计报表，会计报表至少应当包括资产负债表和利润表。**

【注意】"凭证、账簿、计划、审计报告"都不属于财务会计报告的组成部分。

2.企业财务会计报告的对外提供

企业依照规定向有关方提供的财务会计报告，其编制基础、编制依据、编制原则和方法应当一致，不得提供编制基础、编制依据、编制原则和方法不同的财务会计报告。财务会计报告须经注册会计师审计的，企业应当将注册会计师及其会计师事务所出具的审计报告随同财务会计报告一并对外提供。

财务会计报告由单位负责人和会计机构负责人（会计主管人员）签名并盖章；设置总会计师的企业，还应由总会计师签名并盖章。单位负责人应当保证财务会计报告真实、完整。

国有企业、国有控股或占有主导地位的企业，应当至少**每年一次**向本企业的职工代表大会公布财务会计报告，并重点说明与职工利益密切相关的和必须接受职工监督的事项。

接受企业财务会计报告的组织或者个人，在企业财务会计报告未正式对外披露前，应当对其内容保密。

（八）账务核对和财产清查

1.账务核对

根据《中华人民共和国会计法》的规定，各单位应当定期将会计账簿记录与实物、款项及有关资料相互核对，保证账证相符、账账相符、账实相符、账表相符。**对账工作每年至少进行一次。**

（1）账证核对。会计账簿记录与会计凭证的有关内容核对。

（2）账账核对。会计账簿之间对应记录核对，以保证账账相符。

（3）账实核对。定期将会计账簿记录与实物、款项实有数相互核对。

（4）账表核对。会计账簿记录与会计报表有关内容核对。

2.财产清查

财产清查，是对各项财产物资进行实物盘点、账面核对，以及对各项往来款项进行查询、核对，以保证账账、账实相符的一种专门方法，是会计核算工作的一项重要程序。各单位应当建立财产清查制度。

在编制年度财务会计报告之前，必须进行财产清查，并对账实不符等问题，根据国家统一的会计制度的规定进行会计处理，以保证会计报告反映的会计信息真实、完整。

二、会计档案管理

（一）会计档案的概念

会计档案，是指单位在进行会计核算等过程中接收或形成的，记录和反映单位经济业务事项的，具有保存价值的文字、图表等各种形式的会计资料，包括通过计算机等电子设备形成、传输和存储的电子会计档案。

【注意】财会部门经办的有关财会工作的方针、政策、制度、预算、预算指标、计划、工作总结、报告及来往文书，不属于会计档案，应按照文书档案管理办法管理。

（二）会计档案的归档

1.会计档案的归档范围

会计档案的归档范围见左侧二维码。

会计档案的
归档范围

2.会计档案的归档要求

【即问即答】（2023年多选题）根据会计法律制度的规定，下列各项中，属于会计档案的有（　　）。

A.记账凭证　　　　B.银行存款余额调节表

C.财务预算表　　　D.财务会计报告

【答案】ABD。

（三）会计档案的移交和利用

1.会计档案的移交

单位会计管理机构在办理会计档案移交时，**应当编制会计档案移交清册**，并按照国家档案管理的有关规定办理移交手续。

纸质会计档案移交时，应当保持原卷的封装。电子会计档案移交时，应当将**电子会计档案**及其**元数据**一并移交，且文件格式应当符合国家档案管理的有关规定。**特殊格式的电子会计档案应当与其读取平台一并移交。**

电子会计档案
的要求有哪些？

单位档案管理机构接收电子会计档案时，应当对电子会计档案的准确性、完整性、可用性、安全性进行检测，符合要求的，才能接收。

2.会计档案的利用

单位应当严格按照相关制度利用会计档案，在进行会计档案查阅、复制、借出时，应履行登记手续，严禁篡改和损坏。

单位保存的会计档案一般不得对外借出。确因工作需要且根据国家有关规定必须借出的，应当严格按照规定办理相关手续。

（四）会计档案的保管期限

会计档案的保管期限分为永久、定期两类。**定期保管期限一般分为10年和30年两种。**会计档案的保管期限，从会计年度终了后的第一天算起。各类会计档案的保管期限原则上应当按照规定执行，规定的会计档案保管期限为最低保管期限。

会计档案的
保管期限

【即问即答】（2024年多选题）下列会计档案中，最低保管期限为30年的有（　　）。

A.银行存款余额调节表　　　　　B.总账

C.会计档案保管清册　　　　　　D.原始凭证

【答案】BD。

【解析】选项A，最低保管期限为10年；选项C，应永久保管。

（五）会计档案的鉴定和销毁

1.会计档案的鉴定

单位应当定期对已到保管期限的会计档案进行鉴定，并形成会计档案鉴定意见书。

经鉴定，仍需继续保存的会计档案，应当重新规划保管期限；对保管期满，确无保存价值的会计档案，可以销毁。会计档案鉴定工作应当由单位档案管理机构牵头，并组织单位会计、审计、纪检监察等机构或人员共同进行。

2.会计档案的销毁

经鉴定可以销毁的会计档案，应当按照以下程序销毁：

（1）单位档案管理机构编制会计档案销毁清册，列明拟销毁会计档案的名称、卷号、册数、起止年度、档案编号、应保管期限、已保管期限和销毁时间等内容。

（2）单位负责人、档案管理机构负责人、会计管理机构负责人、档案管理机构经办人、会计管理机构经办人在会计档案销毁清册上签署意见。

（3）单位档案管理机构负责组织会计档案销毁工作，并与会计管理机构共同派员监销。监销人在会计档案销毁前，应当按照会计档案销毁清册所列内容进行清点核对；在会计档案销毁后，应当在会计档案销毁清册上签名或盖章。

电子会计档案的销毁还应当符合国家有关电子档案的规定，并由单位档案管理机构、会计管理机构和信息系统管理机构共同派员监销。

3.不得销毁的会计档案

保管期满但未结清的债权债务会计凭证和涉及其他未了事项的会计凭证不得销毁，纸质会计档案应当单独抽出立卷，电子会计档案应单独转存，保管到未了事项完结时为止。单独抽出立卷或转存的会计档案，应当在会计档案鉴定意见书、会计档案销毁清册和会计档案保管清册中列明。

特殊情况下的
会计档案处置
要求

【即问即答】（2024年判断题）企业保管期满但未结清的债务会计凭证可以在销毁清册中列明后销毁。（　　　）

【答案】×。

三、会计监督

会计监督是会计的基本职能之一，属于我国经济监督体系中的重要组成部分。

会计监督，是指监督主体对单位的生产经营活动或预算执行情况进行监察和督促的一项管理活动。目前，我国已形成三位一体的会计监督体系，如图2-3所示。

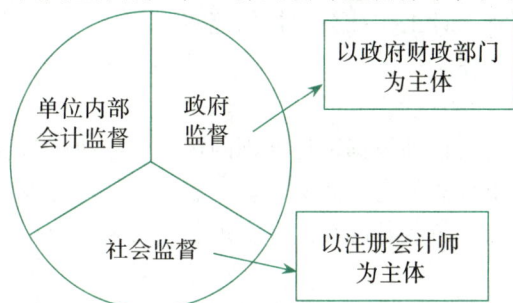

图2-3　三位一体的会计监督体系

（一）单位内部的会计监督

1.概念

单位内部会计监督，是指会计机构、会计人员依照法律的规定，通过会计手段对经济活动的合法性、合理性和有效性进行的一种监督。各单位应当建立、健全本单位内部会计监督制度，**并将其纳入本单位内部控制制度。内部会计监督的对象是单位的经济活动。内部会计监督的主体是各单位的会计机构和会计人员。**

2.基本要求

（1）记账人员与经济业务事项和会计事项的审批人员、经办人员、财物保管人员的职责权限应当明确，并相互分离、相互制约；

（2）重大对外投资、资产处置、资金调度和其他重要经济业务事项的决策和执行的相互监督、相互制约程序应当明确；

（3）财产清查的范围、期限和组织程序应当明确；

（4）对会计资料定期进行内部审计的办法和程序应当明确；

（5）国务院财政部门规定的其他要求。

3.会计机构和会计人员在单位内部会计监督中的职责

（1）对违反《中华人民共和国会计法》和国家统一的会计制度规定的会计事项，有权拒绝办理或按照职权予以纠正。

（2）发现会计账簿记录与实物、款项及有关资料不相符。

① 有权自行处理：应当及时处理。

② 无权处理：立即向单位负责人报告，请求查明原因，作出处理。

（二）会计工作的社会监督

1.会计工作社会监督的概念

单位内部控制知识

会计工作的社会监督，主要是指由注册会计师及其所在的会计师事务所等中介机构接受委托，依法对单位的经济活动进行审计，出具审计报告，发表审计意见的一种监督制度。

有关法律、行政法规规定须经注册会计师进行审计的单位，应当向受委托的会计师事务所如实提供会计凭证、会计账簿、财务会计报告和其他会计资料及有关情况。任何单位或者个人不得以任何方式要求或者示意注册会计师及其所在的会计师事务所出具不实或者不当的审计报告。

任何单位和个人对违反《中华人民共和国会计法》和国家统一的会计制度规定的行为，有权检举。这也属于会计工作社会监督的范畴。

2.注册会计师审计报告

（1）概念

审计报告，是指注册会计师根据审计准则的规定，在执行审计工作的基础上，对被审计单位财务报表发表审计意见的书面文件。注册会计师应当就财务报表是否在所有重大方面按照适用的财务报告编制基础编制并实现公允反映形成审计意见。

（2）要素

审计报告应当包括下列要素：标题；收件人；引言段；管理层对财务报表的责任段；注册会计师的责任段；审计意见段；注册会计师的签名和盖章；会计师事务所的名称、地址及盖章；报告日期。

（3）审计意见的类型

审计意见的类型见右侧二维码。

（三）会计工作的政府监督

1.会计工作政府监督的概念

会计工作的政府监督，主要是指财政部门代表国家对单位和单位中相关人员的会计行为实施的监督检查，以及对发现的违法会计行为实施的行政处罚。这里的财政部门是指国务院财政部门、省级以上人民政府财政部门派出机构和县级以上人民政府财政部门。

审计、税务、金融管理等部门依照有关法律、行政法规规定的职责，可以对有关单位的会计资料实施监督检查，并出具检查结论。

【课外阅读】金融管理部门包括国家金融监督管理总局、中国证券监督管理委员会（简称证监会）和中国人民银行。

财政、审计、税务、金融管理等部门应当加强监督检查协作，有关监督检查部门已经作出的检查结论能够满足其他监督检查部门履行本部门职责需要的，其他部门应当加以利用，避免重复查账。

2.财政部门会计监督的主要内容

财政部门对各单位的下列情况实施监督：

（1）是否依法设置会计账簿。

（2）会计凭证、会计账簿、财务会计报告和其他会计资料是否真实、完整。

（3）会计核算是否符合《中华人民共和国会计法》和国家统一的会计制度的规定。

（4）从事会计工作的人员是否具备专业能力、遵守职业道德。

在对前款第（2）项所列事项实施监督，发现重大违法嫌疑时，国务院财政部门及其派出机构可以向与被监督单位有经济业务往来的单位和被监督单位开立账户的金融机构查询有关情况，有关单位和金融机构应当给予支持。

监督检查部门及其工作人员对在监督检查中知悉的国家秘密、工作秘密、商业秘密、个人隐私、个人信息负有保密的义务。

任务实施

针对"任务布置"中的经济业务，相关解析如下：

关于业务（1），根据规定，对记载不准确、不完整的原始凭证，应予以退回，并要求其按照国家统一的会计制度的规定予以更正、补充。

关于业务（2），根据《中华人民共和国会计法》的规定，使用电子计算机进行会计核算的，其软件及其生成的会计凭证、会计账簿及其他会计资料，也应当符合国家统一会计制度的规定。

关于业务（3），《中华人民共和国会计法》规定，会计年度自公历1月1日起至12月31日止。

任务三　认识会计机构和会计人员

任务布置

甲公司内部机构调整，其会计李某需调离原会计工作岗位，改为负责会计档案保管工作。李某离岗前，与其接替者王某在财务科长的监交下，办妥了会计工作交接手续。李某负责会计档案保管工作后，该公司档案管理部门会同财务科将已到期会计资料编造清册，报请公司负责人批准后，由李某自行销毁。当年年底，有关财政部门对该公司进行检查时，发现该公司原会计李某在担任会计时，曾对有关账目进行会计作假，而接替者王某在会计交接时并未发现。有关财政部门在调查时，原会计李某推脱道，其已经办理会计交接手续，现任会计王某和财务科长均已在移交清册上签了字，自己不再承担任何责任。

任务：请根据会计法律制度的有关规定，回答下列问题：

（1）甲公司销毁档案是否符合规定？

（2）甲公司负责人是否对上述会计作假行为承担责任？简要说明理由。

（3）原会计李某的上述说法是否正确？简要说明理由。

知识准备

一、会计机构的设置

会计机构，是指单位内部设置的办理会计事务的职能部门。各单位应当根据会计业务的需要，依法采取下列**一种方式**组织本单位的会计工作：

（1）设置会计机构；

（2）在有关机构中设置会计岗位并指定会计主管人员；

（3）委托经批准设立从事会计代理记账业务的中介机构代理记账；

（4）国务院财政部门规定的其他方式。

二、代理记账

代理记账，是指代理记账机构接受委托办理会计业务。代理记账机构，是指依法取得代理记账资格，从事代理记账业务的机构。

（一）代理记账机构的审批

除会计师事务所以外的机构从事代理记账业务应当经县级以上地方人民政府财政部门（以下简称审批机关）**批准**，并领取由财政部统一规定样式的代理记账许可证书。具体审批机关由省、自治区、直辖市、计划单列市人民政府财政部门确定。**会计师事务所及其分所可以依法从事代理记账业务。**

申请代理记账机构应当具备下列条件：

（1）为依法设立的企业；

（2）专职从业人员不少于3名；

（3）主管代理记账业务的负责人具有会计师以上专业技术职务资格或者从事会计工作不少于3年，且为专职从业人员；

（4）有健全的代理记账业务内部规范。

（二）代理记账的业务范围

代理记账机构可以接受委托办理下列业务：

（1）根据委托人提供的原始凭证和其他相关资料，按照规定进行会计核算，包括审核原始凭证、填制记账凭证、登记会计账簿、编制财务会计报告等；

（2）对外提供财务会计报告；

（3）向税务机关提供税务资料；

（4）从事委托人委托的其他会计业务。

（三）委托人、代理记账机构及其从业人员各自的义务

1.委托人委托代理记账机构代理记账，应当在相互协商的基础上，订立**书面委托合同。**委托合同除应具备法律规定的基本条款外，应当明确下列内容：

（1）双方对会计资料真实性、完整性各自应当承担的责任；

（2）会计资料传递程序和签收手续；

（3）编制和提供财务会计报告的要求；

（4）会计档案的保管要求及相应的责任；

（5）终止委托合同应当办理的会计业务交接事宜。

2.委托人、代理记账机构及其从业人员的义务（见右侧二维码）。

3.代理记账机构为委托人编制的财务会计报告，**经代理记账机构负责人和委托人负责人签名并盖章后，**按照有关法律、法规和国家统一的会计制度的规定对外提供。

委托人、代理记账机构及其从业人员的义务

（四）对代理记账机构的管理

1.代理记账机构应当于每年4月30日之前，向审批机关报送下列材料：（1）代理记账机构基本情况表；（2）专职从业人员变动情况。

2.**县级以上人民政府财政部门对代理记账机构及其从事代理记账业务情况实施监督，**随机抽取检查对象、随机选派执法检查人员，并将抽查情况及查处结果依法及时向社会公开。对委托代理记账的企业因违反财税法律、法规受到处理处罚的，县级以上人民政府财政部门应当将其委托的代理记账机构列入重点检查对象。

3.代理记账机构有下列情形之一的，审批机关应当办理注销手续，收回代理记账许可证书并予公告：（1）代理记账机构依法终止的；（2）代理记账资格被依法撤销或撤回的；（3）法律、法规规定的应当注销的其他情形。

（五）对从业人员的管理

1.代理记账从业人员资质要求

代理记账从业人员应当具备下列资格条件和专业胜任能力：（1）具有会计类专业基础知识和业务技能，能够独立处理基本会计业务；（2）熟悉国家财经、税收法律、法规、规章和方针、政策，掌握本行业业务管理的有关知识；（3）恪守会计人员职业道德规范；（4）《代理记账管理办法》等规定的其他执业要求。

2.代理记账从业人员工作原则

代理记账从业人员开展代理记账业务时，应当遵循以下原则：（1）遵守法律、法规等有关规定，严格按照委托合同开展代理记账业务；（2）对工作中知悉的商业秘密、个人信息予以保密；（3）对委托人要求其作出不当的会计处理，提供不实的会计资料，以及其他违法违规行为的，应当拒绝办理；（4）依法向财政部门报告委托人的违法违规行为。

3.对代理记账从业人员处理处罚

代理记账机构及其负责人、主管代理记账业务负责人及其从业人员违反规定出具虚假申请材料或者备案材料的，由县级以上人民政府财政部门给予警告，记入会计领域违法失信记录，根据有关规定实施联合惩戒，并向社会公告。

代理记账机构从业人员在办理业务中违反会计法律、法规和国家统一的会计制度的规定，造成委托人会计核算混乱、损害国家和委托人利益的，由县级以上人民政府财政部门依据《中华人民共和国会计法》等有关法律、法规的规定处理。

三、会计岗位设置

（一）会计工作岗位设置要求

各单位应当根据会计业务的需要设置会计机构；不具备单独设置会计机构条件的，应当在有关机构中配备专职会计人员。会计工作岗位一般可分为：**会计机构负责人或者会计主管人员、出纳、财产物资核算、工资核算、成本费用核算、财务成果核算、资金核算、往来结算、总账报表、稽核、档案管理等**。开展会计电算化和管理会计的单位，可以根据需要设置相应工作岗位，也可以与其他工作岗位相结合。**档案管理部门的人员管理会计档案的，其岗位不属于会计岗位。**会计人员的工作岗位应当有计划地进行轮换。

【注意】会计工作岗位，可以一人一岗、一人多岗或者一岗多人。**出纳人员不得兼管稽核、会计档案保管，以及收入、费用、债权债务账目的登记工作。**

（二）会计人员回避制度

国家机关、国有企业、事业单位任用会计人员应当实行回避制度。**单位领导人的直系亲属不得担任本单位的会计机构负责人、会计主管人员。会计机构负责人、会计主管人员的直系亲属不得在本单位会计机构中担任出纳工作。**需要回避的直系亲属主要有：夫妻关系、直系血亲关系、三代以内旁系血亲及近姻亲关系。

【即问即答】（2024年多选题）下列关于会计工作岗位设置的表述中，正确的有（　　　）。

A.档案管理部门的人员管理会计档案属于会计岗位

B.会计人员的工作岗位应当有计划地进行轮换

C.出纳人员不得兼任债权债务账目的登记工作

D.会计工作岗位可以一岗多人

【答案】BCD。

四、会计人员

（一）会计人员的概念和范围

会计人员，是指根据《中华人民共和国会计法》的规定，在国家机关、社会团体、公司、企业、事业单位和其他组织（以下统称单位）中从事会计核算，实行会计监督等会计工作的人员。

会计人员包括从事下列具体会计工作的人员：（1）出纳；（2）稽核；（3）资产、负债和所有者权益（净资产）的核算；（4）收入、费用（支出）的核算；（5）财务成果（政府预算执行结果）的核算；（6）财务会计报告（决算报告）的编制；（7）会计监督；（8）会计机构内的会计档案管理；（9）其他会计工作。单位会计机构负责人（会计主管人员）、总会计师，属于会计人员。

（二）对会计人员的一般要求

会计人员从事会计工作，应当符合下列要求：（1）遵守《中华人民共和国会计法》和国家统一的会计制度等法律、法规；（2）具备良好的职业道德；（3）按照国家有关规定参加继续教育；（4）具备从事会计工作所需要的专业能力。

会计人员具有会计类专业知识，基本掌握会计基础知识和业务技能，能够独立处理基本会计业务，表明其具备从事会计工作所需要的专业能力。会计人员应当遵守职业道德，提高业务素质，严格遵守国家有关保密规定。对会计人员的教育和培训工作应当加强。

会计机构负责人（会计主管人员），是指在一个单位内具体负责会计工作的中层领导人员。担任单位会计机构负责人（会计主管人员）的，应当具备会计师以上专业技术职务资格或者具有从事会计工作3年以上的经历。

（三）会计工作的禁入规定

因有提供虚假财务会计报告，做假账，隐匿或者故意销毁会计凭证、会计账簿、财务会计报告，贪污，挪用公款，职务侵占等与会计职务有关的违法行为被依法追究刑事责任的人员，不得再从事会计工作。（**注：终身不得从事！**）

会计人员伪造、变造会计凭证、会计账簿，编制虚假财务会计报告，隐匿或者故意销毁依法应当保存的会计凭证、会计账簿、财务会计报告，尚不构成犯罪的，5年内不得从事会计工作。

会计人员作出违反国家统一的会计制度的一般违法行为，情节严重的，5年内不得从事会计工作。

（四）会计专业职务与会计专业技术资格

设置会计专业职务、举办会计专业技术资格考试，是考核和确认会计人员的专业知识和业务技能水平、鼓励会计人员不断提高职业道德和专业素质的重要途径。

1.会计专业职务（会计职称）

根据《人力资源社会保障部 财政部关于深化会计人员职称制度改革的指导意见》（人社部发〔2019〕8号），会计人员职称层级分为初级、中级、**副高级和正高级。初级只设助理级；高级职称分设副高级和正高级**。初级、中级、副高级和正高级职称分别对应助理会计师、会计师、高级会计师和正高级会计师。

2.会计专业技术资格

会计专业技术资格，是指担任会计专业职务的任职资格。**会计专业技术资格分为初级会计资格、中级会计资格和高级会计资格**三个级别。初级、中级会计资格的取得实行全国统一考试制度，高级会计资格的取得实行考试与评审相结合的制度。

各级会计专业职务应具备的条件分别是什么？

会计人员通过全国统一考试取得初级或中级会计专业技术资格，表明其已具备担任相应级别会计专业技术职务的任职资格。用人单位可根据工作需要和德才兼备的原则，从获得会计专业技术资格的会计人员中择优录用。

（五）会计专业技术人员继续教育

1.参加继续教育的人员范围

（1）国家机关、企业、事业单位及社会团体等组织具有会计专业技术资格的人员。

（2）不具有会计专业技术资格但从事会计工作的人员。

2.开始参加继续教育的时间

（1）具有会计专业技术资格的人员应当自取得会计专业技术资格的次年开始参加继续教育，并在规定时间内取得规定学分。

（2）不具有会计专业技术资格但从事会计工作的人员应当自从事会计工作的次年开始参加继续教育，并在规定时间内取得规定学分。

3.参加继续教育的内容

继续教育内容包括公需科目和专业科目。公需科目包括专业技术人员应当普遍掌握的法律法规、政策理论、职业道德、技术信息等基本知识，专业科目包括会计专业技术人员从事会计工作应当掌握的财务会计、管理会计、财务管理、内部控制与风险管理、会计信息化、会计职业道德、财税金融、会计法律法规等专业知识。

4.继续教育实行学分制管理

会计专业技术人员每年参加继续教育取得的学分不少于90学分。其中，**专业科目学分与总学分占比一般不小于2/3。**会计专业技术人员参加继续教育取得的学分，在全国范围内当年有效，**不得结转以后年度**。

5.继续教育成绩的应用

（1）用人单位应当建立本单位会计专业技术人员继续教育与使用、晋升相衔接的激励机制，将参加继续教育情况作为会计专业技术人员考核评价、岗位聘用的重要依据。

（2）会计专业技术人员参加继续教育情况，应当作为聘任会计专业技术职务或者申报评定上一级资格的重要条件。

（六）总会计师

总会计师是主管本单位会计工作的行政领导，是单位行政领导成员，是单位会计工作的主要负责人，负责组织领导本单位的财务管理、成本管理、预算管理、会计核算和会计监督等方面的工作，参与本单位重要经济问题的分析和决策，是单位主要行政领导人的参谋和助手。

【注意】（1）国有的和国有资产占控股地位或者主导地位的大中型企业**必须设置总会计师**。（2）其他单位可以根据业务需要，**自行决定**是否设置总会计师。（3）总会计师不是一种专业技术职务，也不是会计机构的负责人或会计主管人员，而是一种行政职务。（4）凡设置总会计师的单位，在单位行政领导成员中，不设与总会计师职权重叠的副职。

【即问即答】（2023年单选题）下列关于总会计师的表述中，正确的是（　　）。

A.总会计师是单位负责人

B.所有大、中型企业必须设置总会计师

C.总会计师由具有会计师以上专业技术资格的人员担任

D.总会计师直接对单位审计机构负责

【答案】C。

五、会计工作交接

（一）会计工作交接的概念和责任

总原则：交接清楚，分清责任，谁的责任谁承担。

适用情形：换人来做。

1.会计人员工作调动或者因故离职。

2.会计人员临时离职或者因病不能工作且需要接替或者代理。

3.临时离职或者因病不能工作的会计人员恢复工作。

【提示】移交人员因病或者其他特殊原因不能亲自办理移交的，经单位负责人批准，可由移交人员委托他人代办移交，但委托人应当对所移交的会计资料的合法性、真实性负责。

单位撤销时，必须留有必要的会计人员，会同有关人员办理清理工作，编制决算。未移交前，其不得离职。单位合并、分立的，其会计工作交接手续比照上述有关规定办理。

（二）会计工作移交前的准备工作

1.已经受理的经济业务尚未填制会计凭证的，应当填制完毕。

2.尚未登记的账目，应当登记完毕，并在最后一笔余额后加盖经办人员印章。

3.整理应该移交的各项资料，对未了事项写出书面材料。

4.编制移交清册，列明应当移交的会计资料和物品等内容；实行会计电算化的单位，还应当列明会计软件及密码、会计软件数据及有关资料、实物等内容。

（三）会计工作交接——逐项移交、逐项核对点收

1.库存现金、有价证券必须与会计账簿记录保持一致。不一致时，移交人员应当限

期查清。

2. 会计资料必须完整无缺。如有短缺，移交人员应当查清原因，并在移交清册中注明。

3. 银行存款账户余额要与银行对账单核对，如不一致，应编制银行存款余额调节表，各种财产物资和债权债务的明细账户余额要与总账有关账户余额核对相符。

4. 移交人员经管的票据、印章和其他实物等，必须交接清楚。

5. 移交人员从事会计电算化工作的，要对有关电子数据在"实际操作"状态下进行交接。

6. 会计机构负责人（会计主管人员）移交时，还应当将全部财务会计工作、重大财务收支和会计人员的情况等，向接替人员详细介绍。对需要移交的遗留问题，应当写出书面材料。

（四）监交——直接上级

1. 一般会计人员办理交接手续，由会计机构负责人（会计主管人员）监交。

2. 会计机构负责人（会计主管人员）办理交接手续，由单位负责人负责监交，必要时主管单位可以派人会同监交。

（五）交接后的有关事宜

1. 交接完毕后，交接双方和监交人要在移交清册上签名或盖章。

2. 移交清册应当一式三份，交接双方各执一份、存档一份。

3. 接替人员应当继续使用移交的会计账簿，不得自行另立新账，以保持会计记录的连续性。

（六）交接责任

"移交人员"对所移交的会计凭证、会计账簿、会计报表和其他有关资料的合法性、真实性承担法律责任。

【即问即答】（2024年单选题）会计人员冯某将所经管的全部会计资料移交给接替人员李某，会计机构负责人朱某监交。事后李某发现该会计资料的真实性、合法性存在问题。下列人员中，应对该会计资料的真实性、合法性承担法律责任的是（　　　）。

A.冯某　　　　　　B.李某　　　　　C.冯某和李某　　　　D.朱某

【答案】A。

🍃 任务实施 🍃🍃

针对"任务布置"中的经济业务，相关解析如下：

（1）公司销毁档案不符合会计法律制度的规定。根据《会计档案管理办法》的规定，保管期满的会计档案，应由单位档案管理机构提出销毁意见，会同会计机构共同签订会计档案鉴定意见书，报单位负责人批准后，由单位档案管理机构和会计机构共同派员监销。

（2）公司负责人应当对会计作假行为承担责任。根据《中华人民共和国会计法》的规定，"单位负责人对本单位的会计工作和会计资料的真实性、完整性负责"，"单位负责人应当保证会计机构、会计人员依法履行职责，不得授意、指使、强令会计机构、会计人员违法办理会计事项"。

（3）李某的说法不正确。根据《中华人民共和国会计法》的规定，交接工作完成后，若移交人员所移交的会计凭证、会计账簿、财务会计报告和其他会计资料存在会计作假的情况，这是在其经办会计工作期间内发生的，其应对这些会计资料的真实性、完整性负责，即便接替人员在交接时因疏忽没有发现所接会计资料在真实性、完整性方面存在问题，如事后发现仍应由原移交人员负责，原移交人员不应以会计资料已移交而推脱责任。

任务四　明确会计法律责任

任务布置

2024年A公司由于经营管理和市场方面的原因，经营业绩滑坡。为了获得配股资格，A公司的主要负责人张三要求公司财务总监李四对该年度的财务资料进行调整，以保证公司的净资产收益率符合配股条件。李四组织公司会计人员王五以虚增营业额、隐瞒费用和成本开支等方法调整了公司的财务资料。A公司根据调整后的财务资料，于2025年5月申请配股并获批准发行。

任务：请根据上述资料，分析回答下列问题：

（1）哪些当事人存在违法行为？其违反了哪些会计职业道德要求？

（2）哪些单位或部门可以对相关当事人进行处理？其应做何种处理？并说明理由。

知识准备

为了保证《中华人民共和国会计法》的有效实施，《中华人民共和国会计法》主要规定了两种责任形式：一是行政责任；二是刑事责任。

一、违反国家统一会计制度的法律责任

违反《中华人民共和国会计法》规定，有下列行为之一的，由县级以上人民政府财政部门责令限期改正，给予警告、通报批评，对单位可以并处20万元以下的罚款，对**其直接负责的主管人员和其他直接责任人员可以处5万元以下的罚款；情节严重的，对单位可以并处20万元以上100万元以下的罚款，对其直接负责的主管人员和其他直接责任人员可以处5万元以上50万元以下的罚款；属于公职人员的，还应当依法给予处分；**

构成犯罪的，依法追究刑事责任。

1. 不依法设置会计账簿的；

2. 私设会计账簿的；

3. 未按照规定填制、取得原始凭证或者填制、取得的原始凭证不符合规定的；

4. 以未经审核的会计凭证为依据登记会计账簿或者登记会计账簿不符合规定的；

5. 随意变更会计处理方法的；

6. 向不同的会计资料使用者提供的财务会计报告编制依据不一致的；

7. 未按照规定使用会计记录文字或者记账本位币的；

8. 未按照规定保管会计资料，致使会计资料毁损、灭失的；

9. 未按照规定建立并实施单位内部会计监督制度或者拒绝依法实施的监督或者不如实提供有关会计资料及有关情况的；

10. 任用会计人员不符合《中华人民共和国会计法》规定的。

会计人员有上述所列行为之一，情节严重的，5年内不得从事会计工作。有关法律对上述所列行为的处罚另有规定的，依照有关法律的规定办理。

二、伪造、变造会计凭证、会计账簿，编制虚假财务会计报告，隐匿或者故意销毁会计资料的法律责任

伪造、变造会计凭证、会计账簿，编制虚假财务会计报告，隐匿或者故意销毁依法应当保存的会计凭证、会计账簿、财务会计报告的，由县级以上人民政府财政部门责令限期改正，给予警告、通报批评，没收违法所得，违法所得20万元以上的，对单位可以并处违法所得1倍以上10倍以下的罚款，没有违法所得或者违法所得不足20万元的，可以并处20万元以上200万元以下的罚款；对其直接负责的主管人员和其他直接责任人员可以处10万元以上50万元以下的罚款，情节严重的，可以处50万元以上200万元以下的罚款；属于公职人员的，还应当依法给予处分；其中的会计人员，5年内不得从事会计工作；构成犯罪的，依法追究刑事责任。

根据《中华人民共和国刑法》第一百六十二条之一的规定，隐匿或者故意销毁依法应当保存的会计凭证、会计账簿、财务会计报告，情节严重的，处5年以下有期徒刑或者拘役，并处或者单处2万元以上20万元以下罚金。单位犯该罪的，对单位判处罚金，并对其直接负责的主管人员和其他直接责任人员，依照上述规定处罚。

三、授意、指使、强令会计机构及人员从事会计违法行为的法律责任

授意、指使、强令会计机构、会计人员及其他人员伪造、变造会计凭证、会计账簿，编制虚假财务会计报告或者隐匿、故意销毁依法应当保存的会计凭证、会计账簿、财务会计报告的，由县级以上人民政府财政部门给予警告、通报批评，可以并处20万元以上100万元以下的罚款；情节严重的，可以并处100万元以上500万元以下的罚款；属于公职人员的，还应当依法给予处分；构成犯罪的，依法追究刑事责任。

四、单位负责人打击报复会计人员的法律责任

单位负责人对依法履行职责、抵制违反《中华人民共和国会计法》规定行为的会计人员以降级、撤职、调离工作岗位、解聘或者开除等方式实行打击报复的，依法给予处分；构成犯罪的，依法追究刑事责任。对受打击报复的会计人员，应当恢复其名誉和原有职务、级别。

根据《中华人民共和国刑法》规定，公司、企业、事业单位、机关、团体的领导人，对依法履行职责、抵制违反《中华人民共和国会计法》行为的会计人员实行打击报复，情节恶劣的，处3年以下有期徒刑或者拘役。

五、财政部门及有关行政部门工作人员职务违法的法律责任

财政部门及有关行政部门的工作人员在实施监督管理中滥用职权舞弊或者泄露国家秘密、工作秘密、商业秘密、个人隐私、个人信息的构成犯罪的，依法追究刑事责任。

任何单位和个人对违反《中华人民共和国会计法》和国家统一的会计制度规定的行为，有权检举。收到检举的部门有权处理的，应当依法按照职责分工及时处理；无权处理的，移送有权处理的部门处理。收到检举的部门、负责处理的部门应当为检举人保密。不得将检举人姓名和检举材料转给被检举单位和被检举人个人。违反《中华人民共和国会计法》规定，将检举人姓名和检举材料转给被检举单位和被检举人个人的，依法给予处分。

【即问即答】（2024年判断题）提供虚假财务报表并且受到刑事处罚的会计人员田某，可以继续任职财务人员。（　　）

【答案】×。

任务实施

针对"任务布置"中的经济业务，相关解析如下：

（1）A公司张三、李四、王五均存在编制虚假财务会计报告的行为。

（2）张三是单位负责人，存在授意、指使他人编制虚假财务会计报告的行为。根据《中华人民共和国会计法》的规定，由县级以上人民政府财政部门给予警告、通报批评，可以并处20万元以上100万元以下的罚款；情节严重的，可以并处100万元以上500万元以下的罚款；属于公职人员的，还应当依法给予处分；构成犯罪的，依法追究刑事责任。

（3）根据《中华人民共和国会计法》的规定，伪造、变造会计凭证、会计账簿，编制虚假财务会计报告，隐匿或者故意销毁依法应当保存的会计凭证、会计账簿、财务会计报告的，由县级以上人民政府财政部门责令限期改正，给予警告、通报批评，没收违法所得，违法所得20万元以上的，对单位可以并处违法所得1倍以上10倍以下的罚款，

没有违法所得或者违法所得不足20万元的，可以并处20万元以上200万元以下的罚款；对其直接负责的主管人员和其他直接责任人员可以处10万元以上50万元以下的罚款，情节严重的，可以处50万元以上200万元以下的罚款；属于公职人员的，还应当依法给予处分；其中的会计人员，5年内不得从事会计工作；构成犯罪的，依法追究刑事责任。

项目三

认识支付结算法律制度

知识目标	1. 掌握支付结算的基本要求
	2. 掌握银行结算账户的开立、变更和撤销的规定
	3. 掌握各类银行结算账户的开立和使用的具体规定
	4. 掌握银行结算账户的管理
	5. 掌握票据当事人、票据行为、票据权利与责任，以及票据追索的规定
	6. 掌握银行汇票、商业汇票、银行本票和支票的规定
	7. 掌握汇兑和委托收款的规定
	8. 掌握支付结算纪律
	9. 熟悉银行卡的分类、账户和交易、计息与收费、收单的规定
	10. 熟悉银行电子支付的规定
	11. 熟悉网络支付和预付卡的规定
	12. 熟悉违反支付结算法律制度的法律责任
	13. 了解支付结算的概念、支付机构的概念和支付服务的种类

能力目标	1. 能识别支付结算中的常见风险
	2. 能采取有效措施防范票据诈骗
	3. 能正确处理银行账户异常情况
	4. 能保护电子支付账户安全

素质目标	1. 树立依法办理支付结算的观念，培养遵守支付纪律的职业操守
	2. 提高支付安全防范意识，培养谨慎办理结算业务的习惯
	3. 坚守商业信用，维护支付信用，抵制票据欺诈等违法行为

价值引领

2024年我国票据市场承兑贴现规模稳步增长

记者日前从中国人民银行获悉，2024年，我国商业汇票承兑发生额38.3万亿元，贴现发生额30.5万亿元。截至2024年末，商业汇票承兑余额19.8万亿元，同比增长6.5%；贴现余额14.8万亿元，同比增长11.7%。

中国人民银行公布的2024年金融市场运行情况显示，2024年签发票据的中小微企业22.6万家，占全部签票企业的93.8%；中小微企业签票发生额27.4万亿元，占全部签票发生额的71.5%。贴现的中小微企业36.7万家，占全部贴现企业96.5%，贴现发生额23.6万亿元，占全部贴现发生额77.3%。

此外，2024年，银行间本币衍生品市场共成交36.9万亿元，同比增长15.4%。国债期货共成交67.4万亿元，同比增长20.1%。互换利率有所下降，2024年末1年期FR007互换利率收盘价（均值）为1.46%，较2023年末下降53个基点；5年期FR007互换利率收盘价（均值）为1.43%，较2023年末下降89个基点。

资料来源：任军. 2024年我国票据市场承兑贴现规模稳步增长［EB/OL］.［2025-01-30］. https://baijiahao.baidu.com/s?id=1822595120584842435&wfr=spider&for=pc.

请思考：你觉得我国目前的票据承兑是否方便快捷？

任务一　认识支付结算

任务布置

2025年1月，金瑞公司将一批机床销售给了通达贸易公司。按照合同的约定，金瑞公司应于1月5日将货物一次性交付给通达贸易公司，通达贸易公司于接货后5日内付款。1月5日，金瑞公司将货物运往指定地点，通达贸易公司却没有按合同约定履行结算义务。

任务：通达贸易公司在进行支付结算时，违反了什么原则？

知识准备

一、支付结算的概念和支付结算服务组织

（一）支付结算的概念

支付结算，是指单位、个人在社会经济活动中使用票据、银行卡和汇兑、托收承付、委托收款等结算方式进行货币给付及资金清算的行为。支付结算作为社会经济金融

活动的重要组成部分，其主要功能是完成资金从一方当事人向另一方当事人的转移。

【提示】支付结算是指"转账结算"，不包括使用现金。

（二）支付结算服务组织

我国的支付结算服务组织主要有中央银行、银行业金融机构、特许清算机构、非金融支付机构等。其中，中国人民银行作为我国中央银行，负责建设运行支付清算系统，向银行、特许清算机构、支付机构提供账户、清算等服务。银行面向广大单位和个人提供账户、支付工具、结算等服务。特许清算机构主要向其成员机构提供银行卡、电子商业汇票等特定领域的清算服务。支付机构主要为个人和中小微企业提供网络支付、银行卡收单和多用途预付卡发行与受理等支付服务。

二、支付结算的工具

我国目前使用的人民币非现金支付工具主要包括"三票一卡"和结算方式。"三票一卡"是指三种票据（汇票、本票和支票）和银行卡，结算方式包括汇兑、托收承付和委托收款。随着互联网技术的发展，网上银行、条码支付、网络支付等电子支付方式得到了快速发展。目前，我国已形成以票据和银行卡为主体，以电子支付为发展方向的非现金支付工具体系。支付结算工具如图3-1所示。

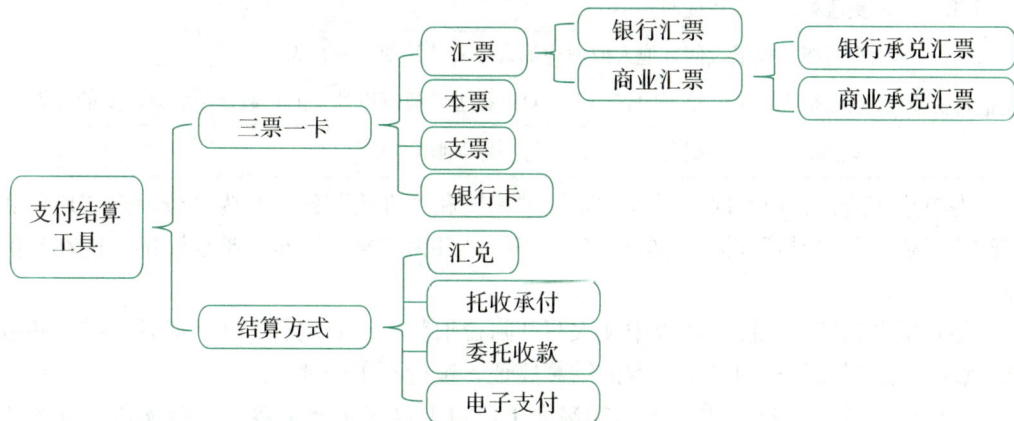

图3-1 支付结算工具

三、办理支付结算的基本要求

（一）支付结算的原则

1.恪守信用、履约付款原则。

2.谁的钱进谁的账、由谁支配原则。

3.银行不垫款原则。

【即问即答】（2023年多选题）根据支付结算法律制度的规定，属于支付结算原则的有（   ）。

A.谁的钱进谁的账、由谁支配 B.恪守信用、履约付款

C.银行不垫款 D.规范高效、安全便捷

【答案】ABC。

（二）支付结算的基本要求

1. 单位、个人和银行办理支付结算，必须使用按中国人民银行统一规定印制的票据凭证和结算凭证。

2. 填写各种票据和结算凭证应当规范。

（1）收款人名称。应当记载全称或者规范化简称。规范化简称应当具有排他性，与全称在实质上具有同一性。例如，"中国证券监督管理委员会"的规范化简称为"证监会"。

（2）出票日期和金额。支付结算的办理要求见表3-1。

表3-1　　　　　　　　　　　　支付结算的办理要求

项目	具体规定
出票日期	（1）必须使用中文大写，小写银行不予受理 （2）日期的中文大写方法：汉语规律、数字构成、防止涂改
签章	（1）单位、银行：单位财务专用章（公章）+法定代表人或授权代理人名章 （2）个人：本人的签名或者盖章
更改	"出票金额、出票日期、收款人名称"不得更改；其他内容"原"记载人可以更改，并在更改处"签章"证明
伪造与变造	伪造是指无权限人假冒他人或虚构他人名义"签章"的行为
	变造是指无权更改票据内容的人，对票据上"签章以外"的记载事项加以改变的行为
	伪造人不承担"票据责任"，而应追究其"刑事责任"

为防止变造，在填写时，月为"壹"、"贰"和"壹拾"的，日为"壹"至"玖"和"壹拾""贰拾""叁拾"的，应在其前加"零"。日为"拾壹"至"拾玖"的，应在其前加"壹"。

（3）票据和结算凭证金额以中文大写和阿拉伯数字同时记载，两者必须一致，两者不一致的，票据无效；两者不一致的结算凭证，银行不予受理。

【即问即答】（2024年单选题）2024年1月11日冯某向王某签发一张支票，该支票出票日期的正确填写方式是（　　　）。

A.贰零贰肆年壹月拾壹日　　　　　　　B.贰零贰肆年零壹月拾壹日

C.贰零贰肆年零壹月壹拾壹日　　　　　D.贰零贰肆年壹月壹拾壹日

【答案】C。

任务实施

针对"任务布置"中的经济业务，相关解析如下：

本案例中，通达贸易公司违反了恪守信用、履约付款原则。其理由为：该原则要求结算当事人必须依照共同约定的民事法律关系内容承担义务，享有权利，严格恪守信用，依约履行付款义务，特别是应当按照约定的付款金额和付款日期进行交易。

任务二　明确银行结算账户管理

任务布置 ◗◗◗

甲公司（从事生产、经营的纳税人）成立于2024年5月18日，法定代表人为李某。6月5日，甲公司财务人员张某持有关资料到中国建设银行开立基本存款账户。9月12日，甲公司向中国建设银行申请贷款，中国建设银行审查其符合贷款条件后向其发放贷款300万元。

任务：根据上述资料，请问甲公司到中国建设银行开立基本存款账户应提供的证明文件有哪些？对其开立基本存款账户予以核准的机构是哪个机构？

知识准备 ◗◗◗

一、银行结算账户的概念和种类

（一）银行结算账户的概念

银行结算账户，是指银行为存款人开立的办理资金收付结算的活期存款账户。

（二）银行结算账户的种类

银行结算账户的种类见表3-2。

表3-2　　　　　　　　　　　　银行结算账户的种类

项目	分类	子类
银行结算账户	单位银行结算账户（含个体户）	基本存款账户
		一般存款账户
		专用存款账户
		临时存款账户
	个人银行结算账户	

银行结算账户是社会资金运动的起点和终点，是支付结算工作开展的基础。

二、银行结算账户的开立、变更和撤销

（一）银行结算账户的开立

银行结算账户的开立如图3-2所示。

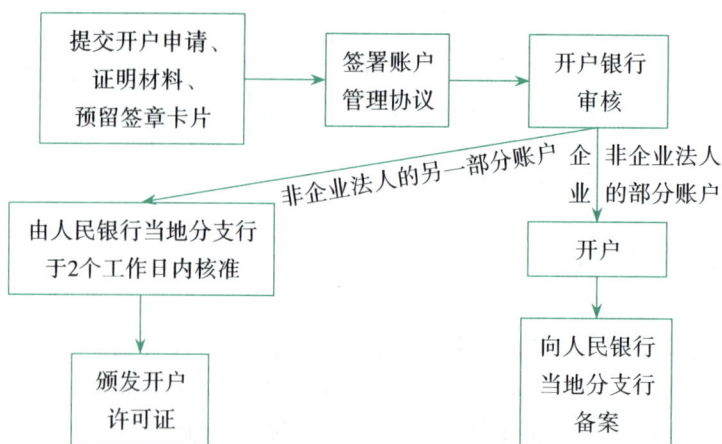

图3-2　银行结算账户的开立

1.存款人自主原则

除国家法律、行政法规和国务院规定外，任何单位和个人不得强令存款人到指定银行开立银行结算账户。

2.开户申请的签章要求

（1）单位：

① 单位公章和法定代表人或其授权代理人的签名或者盖章；

② 存款人有统一社会信用代码、上级法人或主管单位的，应在"开立单位银行结算账户申请书"上如实填写相关信息；

③ 存款人有关联企业的，应填写"关联企业登记表"。

（2）个人：个人本名的签名或盖章。

【注意】单位在开户申请上的签章只能是"公章"而不是"财务专用章"。变更和撤销申请的签章要求与开户申请相同。

3.签订银行结算账户管理协议——明确银企双方的权利与义务

（1）核实开户意愿。

① 企业申请开立基本存款账户的，银行应当向企业法定代表人或单位负责人核实企业开户意愿，并留存相关工作记录；

② 核实开户意愿，可采取"面对面、视频"等方式，具体方式由银行根据客户"风险程度"选择。

（2）异地开户。

对注册地和经营地均在"异地"的单位，银行应当与其法定代表人或者负责人"面签"银行结算账户管理协议。

（3）开通非柜面转账业务。

银行为存款人开通非柜面转账业务时，双方应签订协议，约定非柜面渠道向非同名银行账户和支付账户转账的日累计限额、笔数和年累计限额等，超出限额和笔数的，应到银行柜面办理。

企业与非企业法人在开户制度上的区别

4.预留银行签章

（1）单位：公章或财务专用章加其法定代表人（单位负责人）或其授权的代理人的签名或者盖章。

（2）个人：本人的签名或者盖章。

【即问即答】（2024年单选题）下列银行结算账户中，自开立之日即可办理收付款业务的是（　　）。

A.乙公司的基本存款账户

B.丙市第一中学因其他结算开立的一般存款账户

C.丁武警支队开立的临时存款账户

D.甲市民政局的专用存款账户

【答案】A。

【解析】选项A，企业（在境内设立的企业法人、非法人企业和个体工商户）银行结算账户自开立之日即可办理收付款业务；选项B、C、D，存款人（非企业）开立单位银行结算账户，自正式开立之日起3个工作日后，方可使用该账户办理付款业务。但注册验资的临时存款账户转为基本存款账户和因借款转存开立的一般存款账户除外。

（二）银行结算账户的变更

1.主动变更

存款人变更账户名称、单位的法定代表人或主要负责人、地址等其他开户资料后，应及时（5个工作日内）向开户银行办理变更手续，填写变更银行结算账户申请书。

2.被动变更

（1）银行发现企业名称、法定代表人或单位负责人发生变更的，应及时通知企业办理变更手续；企业自通知送达之日起的合理期限内仍未办理变更手续，且未提出合理理由的，银行有权采取措施适当控制账户交易。

（2）企业营业执照、法定代表人或者单位负责人有效身份证件列明有效期限的，银行应当于到期日前提示企业及时更新，有效期到期后的合理期限内企业仍未更新，且未提出合理理由的，银行应当按规定中止其办理业务。

3.原开户许可证的处理

（1）因办理变更收回企业开户许可证原件，不再换发新的开户许可证。

（2）企业名称、法定代表人或单位负责人变更，账户管理系统重新生成基本存款账户编号，银行应当打印基本存款账户信息并交付企业。

（3）企业遗失或损毁取消许可前基本存款账户开户许可证的，由企业出具说明，中国人民银行分支机构不再补发，企业可以向基本存款账户开户银行申请打印基本存款账户信息。

（三）银行结算账户的撤销

银行结算账户撤销的要求见右侧二维码。

银行结算账户
撤销的要求

三、各类银行结算账户的开立和使用

（一）基本存款账户

1. 概念

基本存款账户，是指存款人因办理日常转账结算和现金收付需要开立的银行结算账户。基本存款账户是存款人的主办账户，一个单位只能开立一个基本存款账户。存款人日常经营活动的资金收付及其工资、奖金和现金的支取，应通过基本存款账户办理。

哪些人可以申请开立基本存款账户？

2. 开户资格

（1）"个人"不能开。

（2）级别不够不能开：只有团级以上军队、武警部队及分散执勤的支（分）队才可以开户。

（3）临时机构不能开：异地常设机构可以开。

（4）非独立核算附属机构不能开：单位设立的独立核算的附属机构可以开。

3. 开户证明文件

开户证明文件包括营业执照或批文或证明或登记证书。此外，还需要提供法定代表人身份证件，如授权他人办理，还需提供授权书、被授权人的身份证件。

（二）一般存款账户

1. 概念

一般存款账户，是指存款人因借款或其他结算需要，在基本存款账户开户银行以外的银行营业机构开立的银行结算账户。

2. 开户证明文件

（1）基本存款账户开户许可证或企业基本存款账户编号；

（2）开立基本存款账户规定的证明文件；

（3）存款人因向银行借款需要，应出具借款合同；

（4）存款人因其他结算需要，应出具有关证明。

3. 使用范围

一般存款账户用于办理存款人借款转存、借款归还和其他结算的资金收付。该账户"可以办理现金缴存"，但不得办理现金支取。

【注意】开立一般存款账户"没有数量限制"。

（三）专用存款账户

专用存款账户的开立范围

1. 概念

专用存款账户，是指存款人按照法律、行政法规和规章，对其特定用途资金进行专项管理和使用而开立的银行结算账户。

2. 开户证明文件

出具其开立基本存款账户规定的证明文件、基本存款账户开户许可证或企业基本存款账户编号和各项专用资金的有关证明文件。

各类专用存款账户的使用规定见表3-3。

表3-3 各类专用存款账户的使用规定

各类专用存款账户	使用规定
单位银行卡账户	资金必须由基本存款账户转入，该账户不得办理现金收付业务
证券交易结算资金账户 期货交易保证金账户 信托基金账户	不得支取现金
基本建设资金账户 更新改造资金账户 政策性房地产开发资金账户	需要支取现金的，应在开户时报中国人民银行当地分支行批准
粮、棉、油收购资金账户 社会保障基金账户 住房基金账户 党、团、工会经费账户	支取现金应按照国家现金管理的规定办理
收入汇缴账户	除向其基本存款账户或预算外资金财政专用存款账户划缴款项外，只收不付，不得支取现金
业务支出账户	除从其基本存款账户拨入款项外，只付不收，可以按规定支取现金

（四）预算单位零余额账户

1.开户程序

（1）预算单位使用财政性资金，应当按照规定的程序和要求，向财政部门提出设立零余额账户的申请，财政部门同意预算单位开设零余额账户后应通知其代理银行。

（2）代理银行具体办理开设零余额账户业务，并将所开账户的开户银行名称、账号等详细情况书面报告财政部门和中国人民银行，并由财政部门通知一级预算单位。

2.开户要求

一个基层预算单位只能开设一个零余额账户。

3.账户管理

（1）预算单位未开立基本存款账户，或者原基本存款账户在国库集中支付改革后已按照财政部门的要求撤销的，其零余额账户作为基本存款账户管理。

（2）除上述情况外，零余额账户作为专用存款账户管理。

4.使用规定

（1）用于财政授权支付；

（2）可以办理转账、提取现金等结算业务；

（3）可以向本单位按账户管理规定保留的相应账户划拨工会经费、住房公积金及提租补贴，以及财政部门批准的特殊款项；

（4）不得违反规定向本单位其他账户、上级主管单位和所属下级单位账户划拨资金。

【即问即答】（2022年单选题）根据支付结算法律制度的规定，下列各项业务中，不得通过预算单位零余额账户办理的是（   ）。

A.划拨本单位工会经费   B.缴存现金

C.转账   D.提取现金

【答案】B。

（五）临时存款账户

1.概念

临时存款账户，是指存款人因临时需要并在规定期限使用而开立的银行结算账户。

2.适用范围

（1）设立临时机构，如工程指挥部、筹备领导小组、摄制组等；

（2）异地临时经营活动，如建筑施工及安装单位等在异地的临时经营活动；

（3）注册验资、增资；

（4）军队、武警单位承担基本建设或者异地执行作战、演习、抢险救灾、应对突发事件等临时任务。

3.使用

临时存款账户应根据有关开户证明文件确定的期限或存款人的需要确定有效期限，**最长不得超过2年**。临时存款账户支取现金，应按照国家现金管理的规定办理。注册验资的临时存款账户在验资期间只收不付。因注册验资和增资验资开立的临时存款账户无须核准。

【注意】（1）异地常设机构可以申请开立基本存款账户；（2）异地临时经营活动可以申请开立临时存款账户。

（六）个人银行结算账户

1.概念与分类

个人银行结算账户，是指存款人因投资、消费、结算等需要而凭个人身份证件以自然人名称开立的银行结算账户。分为Ⅰ类银行账户、Ⅱ类银行账户和Ⅲ类银行账户（以下分别简称"Ⅰ类户"、"Ⅱ类户"和"Ⅲ类户"）。

功能权限为：Ⅰ类户>Ⅱ类户>Ⅲ类户。各账户类型功能权限见表3-4。

表3-4   各账户类型功能权限

项目类型		Ⅰ类	Ⅱ类	Ⅲ类
转账业务	向非绑定账户转出	√	限额	限额
	向非绑定账户转入	√	限额	限额
现金业务	存入	√	限额	经银行工作人员面对面确认身份
	支取	√	限额	
购买投资理财等金融产品		√	√	×
消费和缴费		√	限额	限额
限额		无	日累计≤1万元，年累计≤20万元	任一时点账户余额≤2 000元

【注意】银行通过Ⅱ类账户放贷及个人通过Ⅱ类账户还贷，不受转账限额规定；Ⅲ类账户不得发放实体介质（卡、折）

2.开户方式

（1）柜面开户。通过柜面受理银行账户开户申请的，银行可为开户申请人开立Ⅰ类户、Ⅱ类户或Ⅲ类户。

（2）自助机具开户。通过远程视频柜员机和智能柜员机等自助机具受理银行账户开户申请，银行工作人员现场核验开户申请人身份信息的，银行可为其开立Ⅰ类户；银行工作人员未现场核验开户申请人身份信息的，银行可为其开立Ⅱ类户或Ⅲ类户。

（3）电子渠道开户。通过网上银行和手机银行等电子渠道受理银行账户开户申请的，银行可为开户申请人开立Ⅱ类户或Ⅲ类户。

办理个人银行
结算账户的方
式有哪些？

3.开户证明文件

根据个人银行账户实名制的要求，存款人申请开立个人银行账户时，应向银行提供本人有效身份证件，银行通过有效身份证件仍无法准确判断开户申请人身份的，应要求其出具辅助身份证明材料。

4.使用

个人银行结算账户用于办理个人转账收付和现金存取。单位从其银行结算账户支付给个人银行结算账户的款项，每笔超过5万元（不包含5万元）的，应向其开户银行提供相应的付款依据。付款单位若在付款用途栏或备注栏注明事由，可不再另行出具付款依据，但付款单位应对支付款项事由的真实性、合法性负责。

有效身份证件
有哪些？

【注意】下列款项（个人的合法收入）可以转入个人银行结算账户：（1）工资、奖金收入；（2）稿费、演出费等劳务收入；（3）债券、期货、信托等投资的本金和收益；（4）个人债权或产权转让收益；（5）个人贷款转存；（6）证券交易结算资金和期货交易保证金；（7）继承、赠与款项；（8）保险理赔、保费退还等款项；（9）纳税退还；（10）农、副、矿产品销售收入。

5.可疑交易限制规定

具有下列一种或多种特征的可疑交易：

（1）账户资金集中转入，分散转出，跨区域交易；

（2）账户资金快进快出，不留余额或者留下一定比例余额后转出，过渡性质明显；

（3）拆分交易，故意规避交易限额；

（4）账户资金金额较大，对外收付金额与单位经营规模、经营活动明显不符；

（5）其他可疑情形。

银行的处理措施：银行应关闭单位银行结算账户的网上银行转账功能，要求存款人到银行网点柜台办理转账业务，并出具书面付款依据或相关证明文件。如存款人未提供相关依据或相关依据不符合规定的，银行应拒绝办理转账业务。

（七）异地银行结算账户

1.概念

异地银行结算账户，是指存款人在其注册地或住所地行政区域之外（跨省、市、县）开立的银行结算账户。

2.适用范围

（1）营业执照注册地与经营地不在同一行政区域（跨省、市、县）需要开立基本存款账户的。

（2）办理异地借款和其他结算需要开立一般存款账户的。

（3）存款人因附属的非独立核算单位或派出机构发生的收入汇缴或业务支出需要开立专用存款账户的。

（4）异地临时经营活动需要开立临时存款账户的。

（5）自然人根据需要在异地开立个人银行结算账户的。

3.开户证明文件

存款人需要在异地开立单位银行结算账户的，除出具开立基本存款账户、一般存款账户、专用存款账户和临时存款账户规定的有关证明文件和基本存款账户开户许可证外，还应出具下列证明文件：

（1）异地借款的存款人在异地开立一般存款账户的，应出具在异地取得贷款的借款合同。

（2）因经营需要在异地办理收入汇缴和业务支出的存款人在异地开立专用存款账户的，应出具隶属单位的证明。存款人需要在异地开立个人银行结算账户的，应出具在住所地开立账户所需的证明文件。

【即问即答】（2024年多选题）甲公司的财务专用章不慎遗失，会计人员郑某向P银行申请变更预留签章。下列资料中，郑某应向P银行提供的有（   ）。

A.郑某的身份证件   B.委托授权书

C.甲公司的营业执照正本   D.原印鉴卡片

【答案】ABCD。

银行结算账户
的管理要求

任务实施

针对"任务布置"中的经济业务，相关解析如下：

本案例中，企业法人开立基本存款账户的，应出具企业法人营业执照；符合开立核准类账户条件的，银行应将开户资料报送"中国人民银行当地分支行"，经其核准后办理开户手续。

任务三 掌握银行非现金支付业务

任务布置

2024年6月20日，甲向乙购买一批原材料，价款为30万元。因乙欠丙30万元，故甲与乙约定由乙签发一张甲为付款人、丙为收款人的商业汇票。乙于当日依约签发汇票并将其交付给丙。2024 年 9 月 15 日，丙向甲提示付款时，甲以乙交货不符合合同约定为由拒绝付款。

　　任务：请问甲以乙交货不符合约定为由拒绝付款的理由是否成立？简要说明理由。

知识准备 ●●●

一、票据

（一）票据的概念和种类

票据（狭义），是指由出票人签发的、约定自己或者委托付款人在见票时或指定的日期向收款人或持票人无条件支付一定金额的有价证券。《中华人民共和国票据法》中规定的"票据"，包括汇票、支票和本票。我国票据的分类如图 3-3 所示。

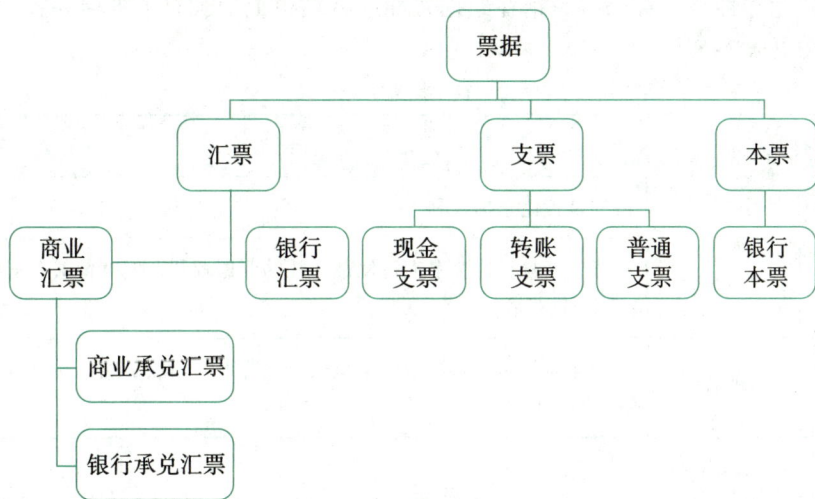

图3-3　我国票据的分类

（二）票据当事人

票据当事人，是指在票据法律关系中，享有票据权利、承担票据义务的主体。

票据当事人的分类

（三）票据行为

票据行为，是指票据当事人以发生票据债务为目的、以在票据上签名或盖章为权利义务成立要件的法律行为。**票据行为包括出票、背书、承兑和保证。**

1.出票

（1）概念。出票，是指出票人签发票据并将其交付给收款人的票据行为。出票包括两个行为：一是出票人依照规定制作票据；二是交付票据。这两者缺一不可。

（2）基本要求。出票人必须与付款人具有真实的委托付款关系，并且具有支付票据

金额的可靠资金来源，不得签发无对价的票据用以骗取银行或者其他票据当事人的资金。

（3）记载事项。

① 必须记载事项，也称必要记载事项，如不记载，票据行为即为无效的事项。

② 相对记载事项，是指规定的其他应记载的事项，如果未记载，由法律另作相应规定予以明确，并不影响票据的效力。例如，《中华人民共和国票据法》规定背书由背书人签章并记载背书日期，背书未记载日期的，视为在票据到期日前背书。

③ 任意记载事项，是指不记载时不影响票据效力、记载时产生票据效力的事项。

④ 记载不产生票据法上效力的事项，是指除了绝对记载事项、相对记载事项、任意记载事项外，票据上还可以记载其他一些事项，**但这些事项不具有票据效力**，银行不负审查责任。

（4）出票的效力。票据出票人制作票据，应当按照法定条件在票据上签章，并按照所记载的事项承担票据责任。出票人签发票据后，即承担该票据承兑或付款的责任。

2. 背书

（1）概念和种类。背书，是指在票据背面或者粘单上记载有关事项并签章的行为。**背书的种类见表3-5。**

表3-5   背书的种类

种类		注意事项
转让背书		目的是转让票据权利
非转让背书	委托收款背书	被背书人有权代背书人行使被委托的票据权利，但被背书人不得再背书转让票据权利
	质押背书	为担保债务而在票据上设定质权，被背书人依法实现其质权时，可以行使票据权利

（2）背书记载事项。

① 必须记载事项（未记载背书行为无效）：背书人签章，委托收款背书和质押背书还应当记载"委托收款""质押"字样。

② 相对记载事项（未记载适用法律推定）：背书日期；背书未记载日期的，视为在票据到期日前背书。

③ 可以补记事项：被背书人名称；背书人未记载被背书人名称即将票据交付他人的，持票人在票据被背书人栏内记载自己的名称与背书人记载具有同等法律效力。

【注意】票据凭证不能满足背书人记载事项的需要，可以加附粘单，粘附于票据凭证上。粘单上的第一记载人，应当在票据和粘单的粘接处签章。

（3）背书连续及其效力。**已背书转让的票据，背书应当连续**。非经背书转让，而以其他合法方式取得票据的，应依法举证，证明其票据权利（如继承）。

背书连续及其效力如图3-4所示。

粘　单

被背书人：甲公司	被背书人：乙公司	被背书人：丙公司
A公司 财务专用章　印张三 背书人签章 年　月　日	甲公司 财务专用章　印李四 背书人签章 年　月　日	乙公司 财务专用章　印王五 背书人签章 年　月　日

图3-4　背书连续及其效力

（4）不得进行的背书。不得进行的背书包括条件背书、部分背书、限制背书和期后背书。**背书不得附有条件，背书时附有条件的，所附条件不具有票据上的效力（背书依然是有效的）。**

【注意】①部分背书属于无效背书。②限制背书，是指票据上记载了"不得转让"。背书人在票据上记载"不得转让"字样，其后手再背书转让的，原背书人对后手的被背书人不承担保证责任。③期后背书，是指票据被拒绝承兑、被拒绝付款或者超过付款提示期限的，不得背书转让；背书转让的，背书人应当承担票据责任。

（5）背书效力。背书人背书后，即承担保证其后手所持票据承兑和付款的责任。

【即问即答】（2024年单选题）下列各项中，属于无效背书的是（　　）。

A. 未记载背书日期

B. 转让票据金额50%的背书

C. 背书时在票据上记载"不得转让"

D. 背书时在票据上记载"违约金10 000元"

【答案】B。

3.承兑

（1）概念。承兑，是指汇票付款人承诺在汇票到期日支付汇票金额并签章的行为，仅适用于商业汇票。**见票即付的票据，无须提示承兑。**

（2）程序。

①提示承兑。定日付款或者出票后定期付款的汇票，持票人应当在汇票**到期日前**向付款人提示承兑；见票后定期付款的汇票，持票人应当自**出票日起1个月内**向付款人提示承兑。

【提示】汇票未按照规定期限提示承兑的，持票人丧失对其前手的追索权，但不丧失对出票人的票据权利。

②受理承兑。付款人收到提示承兑的汇票时，应当向持票人签发收到汇票的回单。回单上应当记明汇票提示承兑日期并签章。付款人对向其提示承兑的汇票，应当自收到提示承兑的汇票之日起3日内承兑或者拒绝承兑。

（3）记载事项。

① 必须记载事项："承兑"字样、签章。

② 相对记载事项：承兑日期（汇票上未记载承兑日期的，应当以收到提示承兑的汇票之日起3日内的最后1日为承兑日期）。

③ 见票后定期付款的汇票，应当在承兑时记载付款日期。

（4）承兑效力。**付款人承兑汇票，不得附有条件；承兑附有条件的，视为拒绝承兑**。付款人承兑汇票后，应当承担到期付款的责任。

4.保证

（1）概念。保证，是指票据债务人以外的人，为担保特定债务人履行票据债务而在票据上记载有关事项并签章的行为。国家机关、以公益为目的的事业单位、社会团体作为票据保证人的，票据保证无效。经国务院批准为使用外国政府或者国际经济组织贷款进行转贷，国家机关提供票据保证的除外。

（2）记载事项。

① **必须记载事项："保证"字样、保证人签章。**

② 相对记载事项。

a. 保证人在票据或者粘单上未记载"被保证人名称"的：已承兑的票据，承兑人为被保证人；未承兑的票据，出票人为被保证人。

b. 保证人在票据或者粘单上未记载"保证日期"的，出票日期为保证日期。

【提示】保证人未在票据或者粘单上记载"保证"字样而另行签订保证合同或者保证条款的，不属于票据保证。

（3）保证责任的承担。被保证的汇票，保证人应当与被保证人对持票人承担"连带责任"。保证人为两人以上的，保证人之间承担连带责任。

（4）保证效力。保证人对合法取得票据的持票人所享有的票据权利，承担保证责任。但是，被保证人的债务因票据记载事项欠缺而无效的除外。**保证不得附有条件；附有条件的，不影响对票据的保证责任（保证是有效的）**。保证人清偿票据债务后，可以行使持票人对被保证人及其前手的追索权。

（四）票据权利与责任

1.概念和分类

票据权利，是指票据持票人向票据债务人请求支付票据金额的权利，包括付款请求权和票据追索权。

付款请求权，是指持票人向汇票的承兑人、本票的出票人、支票的付款人出示票据要求其付款的权利，是第一顺序权利。

票据追索权，是指票据当事人行使付款请求权遭到拒绝或有其他法定原因存在时，向其前手请求偿还票据金额及其他法定费用的权利，是第二顺序权利。

2.票据权利的取得

（1）签发、取得和转让票据。应当遵守诚实信用的原则，具有真实的交易关系和债权债务关系。票据的取得，必须给付对价。

（2）取得票据享有票据权利的情形。①依法接受出票人签发的票据；②依法接受背书转让的票据；③因税收、继承、赠与可以依法无偿取得的票据。

（3）取得票据不享有票据权利的情形。①以欺诈、偷盗或者胁迫等手段取得票据的，或者明知有上述情形，出于恶意取得票据的；②持票人因重大过失取得不符合《中华人民共和国票据法》规定的票据的。

【注意】如果是因为税收、继承、赠与可以依法无偿取得票据，则不受给付对价的限制，但是所享有的票据权利不得优于其前手的权利。

3.票据权利的行使与保全

票据权利行使和保全的方法通常包括"按期提示"和"依法证明"两种。按期提示，是指要按照规定的期限向票据债务人提示票据，包括提示承兑或提示付款，以及时保全或行使追索权。依法证明，是指持票人为了证明自己曾经依法行使票据权利而遭拒绝或者根本无法行使票据权利而以法律规定的时间和方式取得相关的证据。

《中华人民共和国票据法》规定，持票人对票据债务人行使票据权利，或者保全票据权利，应当在票据当事人的营业场所和营业时间内进行，票据当事人无营业场所的，应当在其住所进行。

票据权利丧失
如何补救？

4.票据权利时效

票据权利的时效见表3-6。

表3-6　　　　　　　　　　　　　　票据权利的时效

对象	票据	起算点	期限
对出票人或承兑人	商业汇票	自票据"到期日"起	2年
	银行汇票、本票	自出票日起	2年
	支票	自出票日起	6个月
追索与再追索	追索	自被拒绝承兑或者被拒绝付款之日起	6个月
	再追索	自清偿或者被提起诉讼之日起	3个月

【提示】（1）票据权利丧失但仍然享有民事权利；（2）追索权和再追索权时效的适用对象，不包括追索"出票人、承兑人"。

5.票据责任

票据责任，是指票据债务人向持票人支付票据金额的义务。

（1）提示付款（见表3-7）。

表3-7　　　　　　　　　　　　　　票据提示付款期限

票据种类	提示付款期限
支票	自出票日起10天
银行汇票	自出票日起1个月
银行本票	自出票日起最长不超过2个月
商业汇票	自票据到期日起10天

（2）付款人付款。持票人依照规定提示付款的，付款人必须在当日足额付款。

（3）拒绝付款。如果存在背书不连续等合理事由，票据债务人可以对票据债权人拒绝履行义务，这就是所谓的票据"抗辩"。

（4）获得付款。持票人获得付款的，应当在票据上签收，并将票据交给付款人。

（5）相关银行的责任。付款人及其代理付款人以恶意或者有重大过失付款的，应当自行承担责任。

（6）票据责任解除。付款人依法足额付款后，全体票据债务人的责任解除。

【注意】票据债务人可以对不履行约定义务的与自己有直接债权债务关系的持票人，进行抗辩，但不得以自己与出票人或者与持票人的前手之间的抗辩事由，对抗持票人。

（五）票据追索

1.票据追索适用的情形

（1）到期后追索，是指票据到期被拒绝付款的，持票人对背书人、出票人及票据的其他债务人行使的追索。

（2）到期前追索，是指票据到期日前，持票人对下列情形之一行使的追索：①汇票被拒绝承兑的；②承兑人或者付款人死亡、逃匿的；③承兑人或者付款人被依法宣告破产的或者因违法被责令终止业务活动的。

2.追索对象及追索顺序

（1）可以作为追索对象的包括：出票人、背书人、承兑人和保证人。

（2）追索顺序：**持票人行使追索权，可以不按照票据债务人的先后顺序，对其中任何一人、数人或者全体行使追索权。**持票人对票据债务人中的一人或者数人已经进行追索的，对其他票据债务人仍可以行使追索权。

3.追索的内容

（1）持票人行使追索权，可以请求被追索人支付下列款项和费用：①被拒绝付款的**票据金额**；②票据金额自到期日或者提示付款日起至清偿日止，按照中国人民银行规定的利率计算的利息；③取得有关拒绝证明和发出通知书的**费用**。

（2）被追索人依照前条规定清偿后，可以向其他票据债务人行使再追索权，请求其他票据债务人支付下列款项和费用：①已清偿的全部金额；②前项金额自清偿日起至再追索清偿日止，按照中国人民银行规定的利率计算的利息；③发出通知书的费用。

4.追索权的行使

（1）获得有关证明。持票人行使追索权时，应当提供被拒绝承兑或者拒绝付款的有关证明；持票人不能出示拒绝证明、退票理由书或者未按照规定期限提供其他合法证明的，丧失对其前手的追索权。但是，承兑人或者付款人仍应当对持票人承担责任。

【注意】拒绝证明的种类：①承兑人或者付款人的拒绝证明或退票理由书；②医院或者有关单位出具的承兑人、付款人的死亡证明；③司法机关出具的承兑人、付款人的逃匿证明；④公证机关出具的具有拒绝证明效力的文书；⑤人民法院出具的承兑人或者付款人依法宣告破产的司法文书；⑥行政部门对因违法被责令终止业务活动的承兑人或者付款人的处罚决定。⑦承兑人自己作出并发布的表明其没有支付票款能力的公告。

（2）行使追索。

①持票人应当自收到被拒绝承兑或者被拒绝付款的有关证明之日起3日内，将被拒绝事由书面通知其前手；其前手应当自收到通知之日起3日内书面通知其再前手。持票人也可以同时向各票据债务人发出书面通知，说明该汇票已被退票。

②持票人未按照规定期限（3日）发出追索通知的，持票人仍可以行使追索权。因延期通知给其前手或者出票人造成损失的，由其承担该损失的赔偿责任，但所赔偿的金额以汇票金额为限。在规定期限将通知按照法定地址或者约定的地址邮寄的，视为已经发出通知。

5.追索的效力

被追索人依照规定清偿债务后，其责任解除，与持票人享有同一权利。

【即问即答】（2023年单选题）根据支付结算法律制度的规定，持票人对前手的再追索权，自清偿日或者被提起诉讼之日起（　　）。

A.9个月　　　　　　B.3个月　　　　　　C.2个月　　　　　　D.6个月

【答案】B。

（六）银行汇票

1.概念和适用范围

银行汇票是出票银行签发的，由其在见票时按照实际结算金额无条件支付给收款人或者持票人的票据。出票银行为银行汇票的付款人。银行汇票可以用于转账，填明"现金"字样的银行汇票也可以用于支取现金。"单位和个人"各种款项结算，均可使用银行汇票。

2.出票

（1）**申请**。申请人使用银行汇票，应向出票银行填写"银行汇票申请书"。

（2）**签发并交付**。出票银行受理银行汇票申请书，收妥款项后签发银行汇票，并将银行汇票和解讫通知一并交给申请人。

①签发银行汇票必须记载下列事项：注明"银行汇票"的字样；无条件支付的承诺；出票金额；付款人名称；收款人名称；出票日期；出票人签章。

②签发现金银行汇票，申请人和收款人必须为个人。申请人或者收款人为单位的，银行不得为其签发现金银行汇票。

申请人应将银行汇票和解讫通知一并交付给汇票上记明的收款人。

3.填写实际结算金额

收款人受理申请人交付的银行汇票时，应在出票金额以内，根据实际需要的款项办理结算，并将实际结算金额和多余金额填入银行汇票和解讫通知的有关栏内。

（1）实际结算金额低于出票金额的，其多余金额由出票银行退交申请人。

（2）未填明实际结算金额和多余金额或实际结算金额超过出票金额的，银行不予受理。

（3）实际结算金额一经填写不得更改，更改实际结算金额的银行汇票无效。

4.背书

银行汇票的背书转让以不超过出票金额的实际结算金额为准。**未填写实际结算金额或实际结算金额超过出票金额的银行汇票不得背书转让。**

5.提示付款

（1）持票人向银行提示付款时，须同时提交银行汇票和解讫通知，缺少任何一联，银行不予受理。

（2）提示付款期限。

① **银行汇票限于见票即付，提示付款期限自出票日起1个月；**

② 持票人超过付款期限提示付款的，代理付款人不予受理；

③ 持票人超过付款期限向代理付款银行提示付款不获付款的，须在票据权利时效内向出票银行作出说明，并提供本人身份证件或单位证明，持银行汇票和解讫通知向出票银行请求付款。

6.银行汇票退款和丧失

申请人因银行汇票超过付款提示期限或其他原因要求退款时，应将银行汇票和解讫通知同时提交给出票银行。出票银行对于转账银行汇票的退款，只能转入原申请人账户；对于符合规定填明"现金"字样银行汇票的退款，才能退付现金。申请人缺少解讫通知要求退款的，出票银行应于银行汇票提示付款期满1个月后办理。

银行汇票丧失，失票人可以凭人民法院出具的其享有票据权利的证明，向出票银行请求付款或退款。

【即问即答】（2024年单选题）甲银行收到一张出票金额为100万元，实际结算金额为90万元的银行汇票，下列关于该汇票实际结算金额填写的表述中，正确的是（   ）。

A.在汇票上填写实际结算金额90万元，填写多余金额10万元

B.在汇票上填写实际结算金额100万元，填写多余金额10万元

C.在汇票上填写实际结算金额90万元，不填写多余金额

D.在汇票上填写实际结算金额100万元，不填写多余金额

【答案】A。

（七）商业汇票

1.概念、种类和适用范围

商业汇票，是指出票人签发的、委托付款人在指定日期无条件支付确定金额给收款人或者持票人的票据。出票人也可以依法使用电子商业汇票。此外，由中国人民银行筹建的上海票据交易所于2016年12月8日正式运行，标志着我国票据业务进入规范统一、透明高效的电子交易时代。

商业汇票按照承兑人的不同分为商业承兑汇票和银行承兑汇票。

在银行开立账户的法人和其他组织之间，必须具有真实的交易关系或债权债务关系，才能使用商业汇票。

2. 出票

（1）出票人的资格条件

① 商业承兑汇票的出票人，为在银行开立存款账户的法人及其他组织，其与付款人具有真实的委托付款关系，具有支付汇票金额的可靠资金来源。

② 银行承兑汇票的出票人，必须是在承兑银行开立存款账户的法人及其他组织，并与承兑银行具有真实的委托付款关系，资信良好，具有支付汇票金额的可靠资金来源。

出票人办理电子商业汇票业务，还应同时具备签约开办对公业务的企业网银等电子服务渠道，并与银行签订"电子商业汇票业务服务协议"。**单张出票金额在100万元以上的商业汇票原则上应全部通过电子商业汇票办理；单张出票金额在300万元以上的商业汇票应全部通过电子商业汇票办理。**

（2）出票人的确定

商业承兑汇票可以由付款人签发并承兑，也可以由收款人签发交由付款人承兑。银行承兑汇票应由在承兑银行开立存款账户的存款人签发。

（3）记载事项

签发商业汇票必须记载下列事项：注明"商业承兑汇票"或"银行承兑汇票"的字样；无条件支付的委托；确定的金额；付款人名称；收款人名称；出票日期；出票人签章。欠缺记载上述事项之一的，商业汇票无效。电子商业汇票出票必须记载下列事项：注明"电子银行承兑汇票"或"电子商业承兑汇票"的字样、无条件支付的委托、确定的金额、**出票人名称**、付款人名称、收款人名称、出票日期、**票据到期日**、出票人签章。

商业汇票的付款期限记载有三种形式：①定日付款，付款期限在汇票上记载具体的到期日；②出票后定期付款，付款期限自出票日起按月计算，并在汇票上记载；③见票后定期付款，付款期限自承兑或拒绝承兑日起按月计算，并在汇票上记载。**电子商业汇票的付款期限只允许作定日付款的记载。**

商业汇票的付款期限应当与真实交易的履行期限相匹配，自出票日起至到期日止，最长不得超过6个月。

3. 商业汇票的承兑

商业汇票可以在出票时向付款人提示承兑后使用，也可以在出票后先使用再向付款人提示承兑。付款人拒绝承兑的，必须出具拒绝承兑的证明。付款人承兑汇票后，应当承担到期付款的责任。

对电子商务企业申请电子商业汇票承兑的，金融机构可通过审查电子订单或电子发票的方式，对电子商业汇票的真实交易关系和债权债务关系进行在线审核。符合规定和承兑条件的，与出票人签订承兑协议。**银行承兑汇票的承兑银行，应按票面金额的一定比例向出票人收取手续费，银行承兑汇票手续费为市场调节价。**

银行承兑汇票票样如图3-5所示。

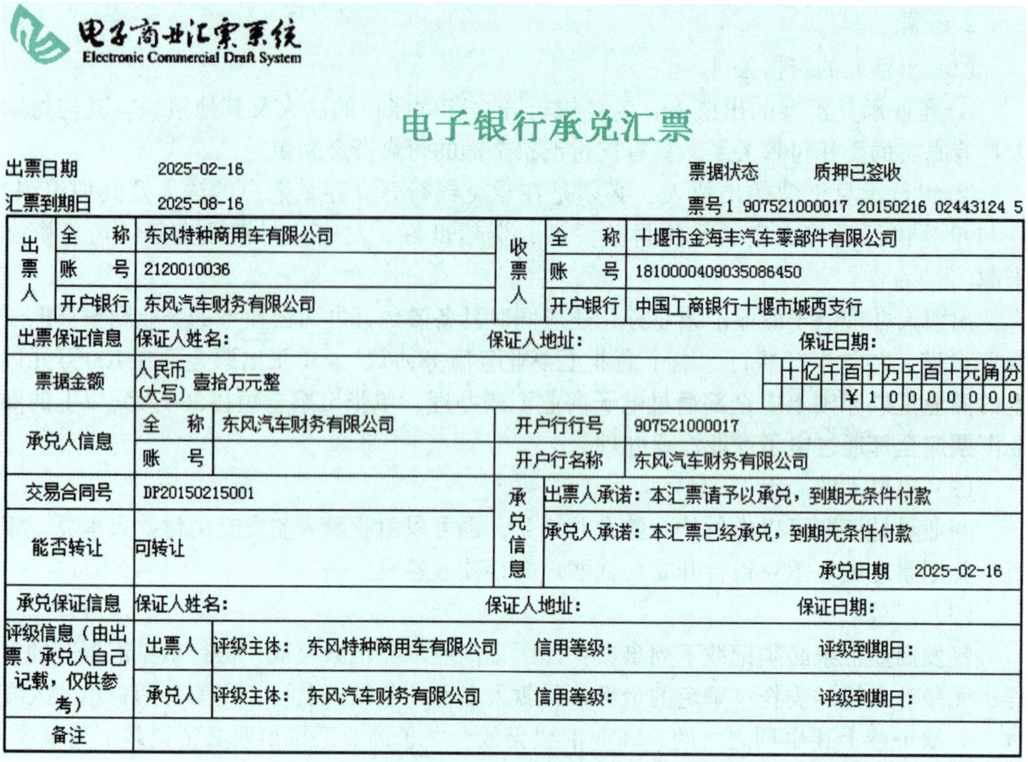
电子商业汇票系统
Electronic Commercial Draft System

电子银行承兑汇票

出票日期 2025-02-16　　票据状态 质押已签收
汇票到期日 2025-08-16　　票号 1 907521000017 20150216 02443124 5

出票人	全　称	东风特种商用车有限公司	收票人	全　称	十堰市金海丰汽车零部件有限公司
	账　号	2120010036		账　号	1810000409035086450
	开户银行	东风汽车财务有限公司		开户银行	中国工商银行十堰市城西支行
出票保证信息	保证人姓名：		保证人地址：		保证日期：
票据金额	人民币（大写）壹拾万元整			十亿千百十万千百十元角分	¥ 1 0 0 0 0 0 0 0
承兑人信息	全　称	东风汽车财务有限公司	开户行行号	907521000017	
	账　号		开户行名称	东风汽车财务有限公司	
交易合同号	DP20150215001		承兑信息	出票人承诺：本汇票请予以承兑，到期无条件付款	
能否转让	可转让			承兑人承诺：本汇票已经承兑，到期无条件付款	
				承兑日期 2025-02-16	
承兑保证信息	保证人姓名：		保证人地址：		保证日期：
评级信息（由出票、承兑人自己记载，仅供参考）	出票人	评级主体：东风特种商用车有限公司	信用等级：		评级到期日：
	承兑人	评级主体：东风汽车财务有限公司	信用等级：		评级到期日：
备注					

图3-5 银行承兑汇票

4. 商业汇票的信息登记

纸质票据贴现前，金融机构办理承兑、质押、保证等业务，应当不晚于业务办理的次一工作日在上海票据交易所完成相关信息登记工作。纸质商业承兑汇票完成承兑后，承兑人开户行应当根据承兑人委托代其进行承兑信息登记。承兑信息未能及时登记的，持票人有权要求承兑人补充登记承兑信息。纸质票据票面信息与登记信息不一致的，以纸质票据票面信息为准。**电子商业汇票签发、承兑、质押、保证、贴现等信息应当通过电子商业汇票系统同步传送至票据市场基础设施。**

5. 商业汇票的信息披露

（1）首次披露

① 披露时间。承兑人应当于承兑完成日次一个工作日内，在中国人民银行认可的票据信息披露平台披露每张票据的承兑相关信息。

② 披露内容。出票日期、承兑日期、票据号码、出票人名称、承兑人名称、承兑人社会信用代码、票面金额、票据到期日等。

（2）持续披露

① 披露时间。承兑人应当于每月前 10 日内披露承兑信用信息。

② 披露内容。累计承兑发生额、承兑余额、累计逾期发生额、逾期余额等。

6.商业汇票的贴现

（1）概念

贴现，是指票据持票人在票据未到期前为获得现金向银行贴付一定利息而发生的票据转让行为。贴现按照交易方式，分为买断式和回购式。

买断式贴现和回购式贴现

【注意】①贴现是将商业汇票转让给银行，本质上是一种票据背书转让行为，贴现银行获得票据的所有权。转让票据的为贴出人，受让票据的为贴入人。②银行汇票等见票即付的票据无须（也不能）办理贴现。

（2）贴现的基本规定

①贴现条件。

票据未到期；票据未记载"不得转让"事项；持票人是在银行开立存款账户的企业法人以及其他组织；与出票人或者直接前手之间具有真实的商品交易关系；提供与其直接前手之间进行商品交易的增值税发票和商品发运单据复印件。

电子商业汇票贴现必须记载：贴出人名称、贴入人名称、贴现日期、贴现类型、贴现利率、实付金额、贴出人签章。

②贴现方式。

电子商业汇票回购式贴现赎回应作成背书，并记载原贴出人名称、原贴入人名称、赎回日期、赎回利率、赎回金额、原贴入人签章。

贴现人办理**纸质票据贴现**时，应当通过票据市场基础设施查询票据承兑信息，并在确认纸质票据必须记载事项与已登记承兑信息一致后，为贴现申请人办理贴现，贴现申请人无须提供合同、发票等资料；信息不存在或者纸质票据必须记载事项与已登记承兑信息不一致的，不得办理贴现。贴现人办理纸质票据贴现后，应当在票据上记载"已电子登记权属"字样，该票据不再以纸质形式进行背书转让、设立质押或者其他交易行为。贴现人应当对纸质票据妥善保管。已贴现票据应当通过票据市场基础设施办理背书转让、质押、保证、提示付款等票据业务。

贴现人可以按市场化原则选择商业银行对纸质票据进行保证增信。保证增信行对纸质票据进行保管并为贴现人的偿付责任进行先行偿付。

纸质票据贴现后，其保管人可以向承兑人发起付款确认。付款确认可以采用实物确认或者影像确认，两者具有同等效力。承兑人收到票据影像确认请求或者票据实物后，应当在3个工作日内作出或者委托其开户行作出同意或者拒绝到期付款的应答。拒绝到期付款的，应当说明理由。电子商业汇票一经承兑即视同承兑人已进行付款确认。

承兑人或者承兑人开户行进行付款确认后，除挂失止付、公示催告等合法抗辩情形外，应当在持票人提示付款后付款。

③贴现利息的计算。

贴现的期限从其贴现之日起至汇票到期日止。实付贴现金额按票面金额扣除贴现日至汇票到期前1日的利息计算。承兑人在异地的纸质商业汇票，贴现的期限及贴现利息的计算应另加3日的划款日期。

④贴现的收款。

贴现到期，贴现银行应向付款人收取票款。不获付款的，贴现银行应向其前手追索票款。贴现银行追索票款时可从申请人的存款账户直接收取票款。办理电子商业汇票贴现及提示付款业务，可选择票款对付方式或同城票据交换、通存通兑、汇兑等方式清算票据资金。

7.商业汇票的到期处理

（1）票据到期后偿付顺序

① 票据未经承兑人付款确认和保证增信即交易的，若承兑人未付款，则应当由贴现人先行偿付。该票据在交易后又经承兑人付款确认的，应当由承兑人付款；若承兑人未付款，则应当由贴现人先行偿付。

② 票据经承兑人付款确认且未保证增信即交易的，应当由承兑人付款；若承兑人未付款，则应当由贴现人先行偿付。

③ 票据保证增信后即交易且未经承兑人付款确认的，若承兑人未付款，则应当由保证增信行先行偿付；保证增信行未偿付的，应当由贴现人先行偿付。

④ 票据保证增信后且经承兑人付款确认的，应当由承兑人付款；若承兑人未付款，则应当由保证增信行先行偿付；保证增信行未偿付的，应当由贴现人先行偿付。

（2）提示付款

商业汇票的提示付款期限，自汇票到期日起10日，持票人应在提示付款期内向付款人提示付款。

①持票人在提示付款期内通过票据市场基础设施提示付款的，承兑人应当在提示付款当日进行应答或者委托其开户行进行应答。承兑人存在合法抗辩事由拒绝付款的，应当在提示付款当日出具或者委托其开户行出具拒绝付款证明，并通过票据市场基础设施通知持票人。承兑人或者承兑人开户行在提示付款当日未作出应答的，视为拒绝付款，票据市场基础设施提供拒绝付款证明并通知持票人。

商业承兑汇票承兑人在提示付款当日同意付款，且承兑人账户余额足够支付票款的，承兑人开户行应当代承兑人作出同意付款应答，并于提示付款日向持票人付款。若承兑人账户余额不足以支付票款，则视同承兑人拒绝付款。承兑人开户行应当于提示付款日代承兑人作出拒付应答并说明理由，同时通过票据市场基础设施通知持票人。

②超过提示付款期限提示付款的，持票人开户银行不予受理，但在作出说明后，承兑人或者付款人仍应当继续对持票人承担付款责任。付款人在接到通知日的次日起3日内（遇法定休假日顺延，下同）未通知银行付款的，视同付款人承诺付款。**付款人提前收到由其承兑的商业汇票，应通知银行于汇票到期日付款。**付款人存在合法抗辩事由拒绝付款的，应自接到通知的次日起3日内，作成拒绝付款证明送交开户银行，银行将拒绝付款证明和商业承兑汇票邮寄持票人开户银行转交持票人。

③银行承兑汇票的出票人应于汇票到期前将票款足额交存其开户银行，**银行承兑汇票的出票人于汇票到期日未能足额交存票款时，承兑银行付款后，对出票人尚未支付的汇票金额按照每天5‰计收利息。**

【即问即答】（2024年多选题）2024年12月26日，甲公司持一张纸质商业汇票向乙公司提示承兑。下列关于乙公司受理并承兑该汇票的表述中，正确的有（   ）。

A.在签发收到汇票的回单上记明汇票提示承兑日期并签章

B.在承兑后披露承兑相关信息

C.承兑时在汇票上记载承兑日期并签章

D.在2024年12月31日后承兑

【答案】ABC。选项D，付款人对向其提示承兑的汇票，应当自收到提示承兑的汇票之日起3日内承兑或拒绝承兑。

（八）银行本票

1.概念和适用范围

本票，是指出票人签发的，承诺自己在见票时无条件支付确定的金额给收款人或者持票人的票据。**在我国，本票仅限于银行本票，其基本当事人只有出票人和收款人。**

单位和个人在同一票据交换区域需要支付各种款项的，均可以使用银行本票。银行本票可以用于转账，注明"现金"字样的银行本票可以用于支取现金。

2.出票

（1）申请。申请人使用银行本票，应向银行填写"银行本票申请书"。申请人和收款人均为个人需要支取现金的，应在"金额"栏先填写"现金"字样，然后填写支付金额。**申请人或收款人为单位的，银行不得为其签发现金银行本票。**

（2）受理。出票银行受理"银行本票申请书"，收妥款项，签发银行本票。签发**银行本票必须记载下列事项：**注明"银行本票"的字样；无条件支付的承诺；确定的金额；收款人名称；出票日期；出票人签章。

（3）交付。申请人应将银行本票交付给本票上记明的收款人。收款人可以将银行本票背书转让给被背书人。

3.付款

（1）**银行本票见票即付，付款提示期限自出票日起最长不得超过2个月。**

（2）持票人超过提示付款期限不获付款的，在票据权利时效内向出票银行作出说明，并提供本人身份证件或单位证明，可持银行本票**向出票银行**请求付款。

4. 银行本票的退款和丧失

申请人因银行本票超过提示付款期限或其他原因要求退款时，应将银行本票提交到出票银行。申请人为单位的，应出具该单位的证明；申请人为个人的，应出具本人的身份证件。**出票银行对在本行开立存款账户的申请人，只能将款项转入原申请人账户；**对现金银行本票和未在本行开立存款账户的申请人，才能退付现金。

银行本票丧失，失票人可以凭人民法院出具的其享有票据权利的证明，向出票银行请求付款或退款。

（九）支票

1.概念、种类和适用范围

（1）概念

支票，是指出票人签发的、委托办理支票存款业务的银行在见票时无条件支付确定的金额给收款人或者持票人的票据。

【注意】支票的基本当事人包括出票人、付款人和收款人。出票人即存款人，是在批准办理支票业务的银行机构开立可以使用支票的存款账户的单位和个人；付款人是出票人的开户银行；持票人是票面上填明的收款人，也可以是经背书转让的被背书人。

（2）种类

① **转账支票只能用于转账；现金支票只能用于支取现金；普通支票既可用于转账，也可用于支取现金。**

② 在普通支票左上角划两条平行线的，为划线支票，划线支票只能用于转账，不得支取现金。现金支票票样如图3-6所示。

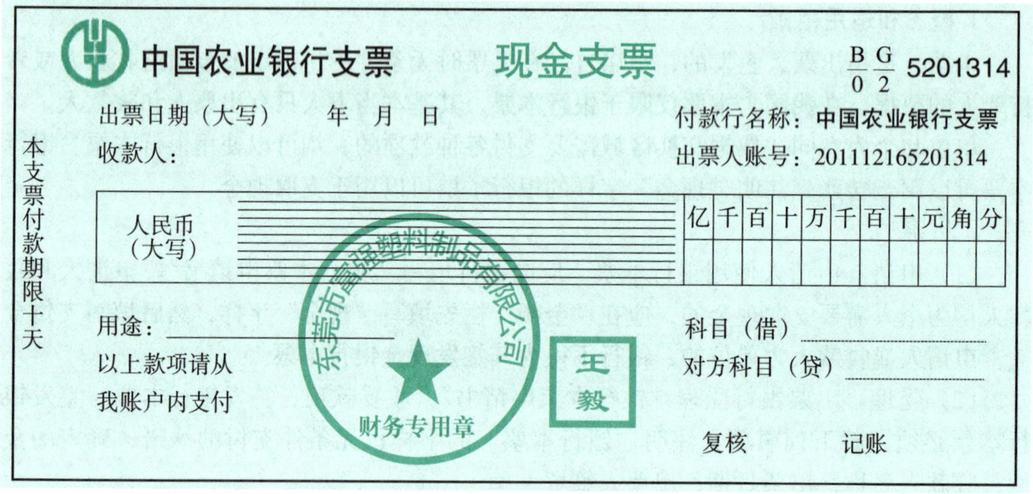
中国农业银行支票 现金支票
BG 02 5201314
本支票付款期限十天
出票日期（大写） 年 月 日
付款行名称：中国农业银行支票
收款人：
出票人账号：201112165201314
人民币（大写）
亿 千 百 十 万 千 百 十 元 角 分
用途：
以上款项请从我账户内支付
东莞市富强塑料制品有限公司 财务专用章
王毅
科目（借）
对方科目（贷）
复核 记账

图3-6 现金支票票样

（3）适用范围

单位和个人在同一票据交换区域的各种款项结算，均可以使用支票。全国支票影像交换系统保障支票全国通用。

2. 出票

（1）开立支票存款账户。开立支票存款账户，申请人必须使用本名，提交证明其身份的合法证件，并应当预留其本名的签名式样和印鉴。

（2）出票。

①支票的记载事项。**签发支票必须记载下列事项：**注明“支票”的字样；无条件支付的委托；确定的金额；付款人名称；出票日期；出票人签章。**支票的金额、收款人名称，可以由出票人授权补记**，未补记前不得背书转让和提示付款。

【提示】出票人可以在支票上记载自己为收款人。

②签发支票的注意事项。禁止签发空头支票。支票的出票人不得签发与其预留本名的签名式样或者印鉴不符的支票。

3. 支票付款

（1）提示付款。**支票的提示付款期限自出票日起10日。**持票人可以委托开户银行收款（应制作委托收款背书）或直接向付款人提示付款。用于支取现金的支票仅限于收款人向付款人提示付款（现金支票不能背书）。

（2）付款。出票人必须按照签发的支票金额承担保证向该持票人付款的责任。出票人在付款人处的存款足以支付支票金额时，付款人应当在见票当日足额付款。

付款人依法支付支票金额的，对出票人不再承担受委托付款的责任，对持票人不再承担付款的责任，但付款人以恶意或者有重大过失付款的除外。

【即问即答】（2024年单选题）支票的下列记载事项中，可由出票人授权补记的是（　　）。

A.收款人名称　　　　B.付款行名称　　　　C.出票日期　　　　D.出票人账号

【答案】A。

二、其他结算方式

（一）汇兑

1.汇兑的概念和种类

汇兑，是指汇款人委托银行将其款项支付给收款人的结算方式。汇兑分为信汇、电汇两种。单位和个人的各种款项的结算，均可使用汇兑结算方式。

2.办理汇兑的程序

（1）签发汇兑凭证。

（2）银行受理。汇出银行受理汇款人签发的汇兑凭证，经审查无误后，应及时向汇入银行办理汇款，并向汇款人签发汇款回单。

（3）汇入处理。汇入银行对开立存款账户的收款人，应将汇入的款项直接转入收款人账户，并向其发出收账通知。

【注意】汇款回单只能作为汇出银行受理汇款的依据，不能作为该笔汇款已转入收款人账户的证明。收账通知是银行将款项确已收入收款人账户的凭据。

3.汇兑的撤销

汇款人对汇出银行尚未汇出的款项可以申请撤销。

（二）委托收款

1.概念及适用范围

委托收款，是指收款人委托银行向付款人收取款项的结算方式。

2.适用范围

委托收款的适用范围：（1）单位和个人凭已承兑商业汇票、债券、存单等付款人债务证明办理款项的结算，均可以使用委托收款结算方式；（2）委托收款在同城、异地均可以使用。

办理委托收款
的程序

三、银行卡

（一）银行卡的概念与分类

1.概念

银行卡，是指经批准由商业银行向社会发行的具有消费信用、转账结算、存取现金等全部或部分功能的信用支付工具。

2.分类

银行卡的分类具体见表3-8。

表3-8   银行卡的分类

分类标准	类别	
是否可以透支	信用卡	按是否向发卡银行交存备用金，分为贷记卡、准贷记卡
	借记卡	按功能分为转账卡、专用卡、储值卡
币种	人民币卡	
	外币卡：国内商户可受理的，如维萨、万事达、美国运通、大来	
信息载体	磁条卡、芯片卡	
发行对象	单位卡、个人卡	
联名（认同）卡是商业银行与营利性机构/非营利性机构合作发行的银行卡附属产品		

（二）银行卡账户和交易

1.银行卡申领、注销和丧失

单位或个人申领信用卡，应按规定填制申请表，发卡银行可根据申请人的资信程度，要求其提供担保。担保的方式可采用**保证**、**抵押或质押**。

（1）个人贷记卡的申领条件。①年满18周岁；②有固定职业和稳定收入；③工作单位和户口在常住地；④填写申请表，并在持卡人处亲笔签字；⑤提供本人及附属卡持卡人、担保人的身份证复印件。

（2）注销。持卡人在还清全部交易款项、透支本息和有关费用后，可申请办理销户。发卡行受理注销之日起45天后，被注销信用卡账户方能清户。

（3）挂失。向发卡银行或代办银行申请挂失。

2.银行卡交易的基本规定

（1）信用卡预借现金业务。

① 现金提取：持卡人通过柜面和自动柜员机等自助机具，以现钞形式获得信用卡预借现金额度内资金。

② 现金转账：持卡人将信用卡预借现金额度内资金划转到本人银行结算账户。

③ 现金充值：持卡人将信用卡预借现金额度内资金划转到本人在非银行支付机构开立的支付账户。

【提示】发卡机构不得将持卡人信用卡预借现金额度内资金划转至其他信用卡，以及非持卡人的银行结算账户或支付账户。

持卡人通过"柜面"办理现金提取业务，通过各类渠道办理"现金转账业务"的每卡每日限额，由发卡机构与持卡人通过"协议约定"。

信用卡持卡人通过ATM等自助机具办理现金提取业务，每卡每日累计不得超过人民币1万元。借记卡持卡人通过ATM等自助机具办理现金提取业务，每卡每日累计不得超过人民币2万元。储值卡面值或卡内币值不得超过1 000元。

（2）贷记卡持卡人待遇。**贷记卡持卡人非现金交易可享受免息还款期和最低还款额待遇**，银行记账日至发卡银行规定的到期还款日之间为免息还款期。持卡人在到期还款日前偿还所使用全部银行款项有困难的，可按照发卡银行规定的最低还款额还款。持卡人透支消费享受免息还款期和最低还款额待遇的条件和标准等，由发卡机构自主确定。

（3）发卡银行追偿途径。发卡银行通过下列途径追偿透支款项和诈骗款项：扣减持卡人保证金，依法处理抵押物和质物；向保证人追索透支款项；通过司法机关的诉讼程序进行追偿。

（三）银行卡计息与收费

发卡银行对准贷记卡及借记卡（不含储值卡）账户内的存款，按照中国人民银行规定的同期同档次存款利率及计息办法计付利息。**信用卡透支的计结息方式，以及对信用卡溢缴款是否计付利息及其利率标准，由发卡机构自主确定。自2021年1月1日起，信用卡透支利率取消上下限管理，由发卡机构与持卡人"自主协商"确定。**

对于信用卡利率标准，应注明日利率和年利率。发卡机构调整信用卡利率标准的，应至少提前45个自然日按照约定方式通知持卡人。持卡人有权在新利率标准生效之日前选择销户，并按照已签订的协议偿还相关款项。

取消信用卡滞纳金，对于持卡人违约逾期未还款的行为，发卡机构应与持卡人通过协议约定是否收取违约金，以及相关收取方式和标准。**发卡机构向持卡人提供超过授信额度用卡服务的，不得收取超限费。**

发卡机构对向持卡人收取的违约金和年费、取现手续费、货币兑换费等服务费用不得计收利息。

你知道什么是银行卡收单吗？

【即问即答】（2023年多选题）收单机构应当强化业务和风险管理措施，建立对特约商户的风险评级制度，对于风险等级较高的特约商户，收单机构应当采取的措施有（　　）。

A.强化交易监测　　　　　　　　B.建立特约商户风险准备金

C.设置交易限额　　　　　　　　D.延迟结算

【答案】ABCD。

四、银行电子支付

电子支付是指单位、个人通过计算机、手机等电子终端发出支付指令，依托网络系统以电子信息传递形式进行的货币支付与资金转移。**电子支付服务的主要提供方有银行和支付机构**，银行的电子支付方式主要有网上银行、手机银行和条码支付等，支付机构的电子支付方式主要有网络支付、条码支付等。

（一）网上银行

1.网上银行的概念

网上银行就是银行在互联网上设立虚拟银行柜台，使传统的银行服务不再通过物理的银行分支机构来实现，而是借助于网络与信息技术手段在互联网上实现，因此网上银行也称网络银行。

传统的网上银行主要通过计算机终端银行网站进行操作，受到互联网设施的限制。

随着移动通信技术的发展和智能手机的普及，网上银行的另一种形式——手机银行逐渐兴起。**手机银行又称为移动银行**，是指利用手机、平板电脑和其他移动设备等实现客户与银行的对接，为客户办理相关银行业务或提供金融服务。

我国的手机银行主要经历了短信、WAP、App三个发展阶段，目前主要是银行App方式。手机银行与网上银行一样，都是通过互联网实现银行柜面业务的延伸，功能基本一致，不再单独讲述。

2.分类

（1）按主要服务对象，分为企业网上银行和个人网上银行。

（2）按经营组织，分为分支型网上银行和纯网上银行。

3.网上银行的主要功能

目前，网上银行能够为客户提供对私、对公的全方位银行业务，还可以为客户提供跨国的支付与清算等其他贸易和非贸易的银行业务服务。

（1）企业网上银行子系统。企业网上银行子系统目前能够服务所有的对公企业客户，其主要业务功能包括：①账户信息查询；②支付指令；③批量支付；④B2B网上支付。

（2）个人网上银行子系统。个人网上银行子系统主要提供银行卡、本外币活期一本通客户账务管理、信息管理、网上支付等功能，是网上银行对个人客户服务的窗口。个人网上银行子系统具体业务功能包括：①账户信息查询；②人民币转账业务；③银证转账业务；④外汇买卖业务；⑤账户管理业务；⑥B2C网上支付。

（二）条码支付

1.概念

条码支付业务是指银行、支付机构应用条码技术，实现收付款人之间货币资金转移的业务活动。**条码支付业务包括付款扫码和收款扫码**。其中，支付机构向客户提供基于条码技术付款服务的，应当取得网络支付业务许可；支付机构为实体特约商户和网络特约商户提供条码支付收单服务的，应当分别取得银行卡收单业务许可和网络支付业务许可。

2.条码支付的交易验证

条码支付业务可以组合选用下列三种要素进行交易验证：①仅客户本人知悉的要素（如静态密码等）；②仅客户本人持有并特有的，不可复制或者不可重复利用的要素（如经过安全认证的数字证书、电子签名，以及通过安全渠道生成和传输的一次性密码等）；③客户本人生物特征要素（如指纹、面部识别等）。

【提示】银行、支付机构提供收款扫码服务，应当使用"动态条码"，设置条码有效期、使用次数等方式，防止条码被重复使用导致重复扣款，确保条码真实有效。

3.商户管理

（1）实名制管理。

（2）审核资料及交易限额。

①一般企业：营业执照、法定代表人或负责人的有效身份证件。

【提示】应当留存申请材料的复印件。

②小微商户（免于办理工商注册登记的实体特约商户）：主要负责人身份证明文件和辅助证明材料（营业场所租赁协议或者产权证明、集中经营场所管理方出具的证明文件）。以同一个身份证件在同一家银行、支付机构办理的全部小微商户基于"信用卡"的条码支付收款金额日累计不超过1 000元、月累计不超过1万元。

4.风险管理

银行、支付机构应提升风险识别能力，采取有效措施防范风险，及时发现、处理可疑交易信息及风险事件；**对风险等级较高的特约商户，应采用强化交易监测、建立特约商户风险准备金、延迟清算等风险管理措施**；确保客户身份或账户信息安全，防止泄露，并根据收付款不同业务场景设置条码有效性和使用次数；充分披露条码支付业务产品类型、办理流程、操作规程、收费标准等信息，明确业务风险点及相关责任承担机制、风险损失赔付方式及操作方式。

银行、支付机构应建立条码支付交易风险监测体系，及时发现可疑交易，并采取阻断交易、联系客户核实交易等方式防范交易风险。**银行、支付机构发现特约商户发生疑似套现、洗钱、恐怖融资、欺诈、留存或泄露账户信息等风险事件的，应对特约商户采取延迟资金结算、暂停交易、冻结账户等措施，并承担因未采取措施导致的风险损失责任；发现涉嫌违法犯罪活动的，应及时向公安机关报案。**

【即问即答】（2024年判断题）条码支付业务分为付款扫码和收款扫码。（ ）

【答案】√。

任务实施

针对"任务布置"中的经济业务，相关解析如下：

本案例中，甲以乙交货不符合合同约定为由拒绝付款的理由不成立。因为根据有关规定，票据债务人（甲）不得以自己与出票人（乙）之间的抗辩事由对抗持票人（丙）。

任务四 认识支付机构非现金支付业务

任务布置

近年来，预付式消费领域违法行为呈增长趋势，预付卡成为消费者投诉的重灾区，关门歇业、商家跑路……各种预付卡余额打水漂现象频出。近日，武汉市商务局和武汉市金融局联合发布《单用途商业预付卡风险防范案例及指南》，提醒消费者注意防范。选取其中一个案例如下：

蔬菜配送：女士，您好！我们是一家新开设的蔬菜配送店，可以提供线上下单、配送上门服务哦，快来体验一下吧！

贺女士：好的。如果真能送货上门，那就太方便了，每天的买菜时间都节省了。

蔬菜配送：我们店刚推出一项优惠活动，在我们这里办一张卡，存5 000元送5 000元，相当于您一段时间买菜不用花钱啦。

贺女士：啊！有这么好的事情啊？

蔬菜配送：对啊，我们现在是开业优惠，只对前100名客户推出这项活动，真的是机会难得，存满1年，全额返还。我们是完全不赚钱，就是赚个口碑，您用得好可以推荐给邻居和朋友。您小区里的李大姐、张大爷等都已经参加了这个活动，名额很紧俏哦。

贺女士：原来这样啊，那我就存5 000元吧。

半个月后，贺女士登录该公司网站下单，发现系统正在维护，无法正常买菜。她多次拨打售后电话，工作人员回应系统需要升级，暂停营业。

两个月后，该公司网站关闭，售后电话也无人接听。

任务：请问借用预付形式进行非法集资具有哪些特征？

知识准备 ●●● ◗ ◗

一、支付机构的概念和支付业务的种类

（一）支付机构的概念

支付机构是指在中国境内依法设立，除银行业金融机构外取得支付业务许可，从事根据收款人或者付款人提交的电子支付指令转移货币资金等支付业务的有限责任公司或者股份有限公司。

中国人民银行依法对支付机构实施监督管理。设立支付机构应当经中国人民银行批准，取得支付业务许可，由中国人民银行颁发支付业务许可证并予以公告。**未经依法批准，任何单位或个人不得从事或变相从事支付业务。**支付机构拟终止支付业务的，应当向中国人民银行申请注销支付业务许可。

（二）支付业务的类型

支付机构支付业务根据能否接收付款人预付资金，分为储值账户运营和支付交易处理两种类型。

1.储值账户运营

（1）储值账户运营 I 类：互联网支付，或者同时开展互联网支付和移动电话支付（固定电话支付、数字电视支付）的，归入储值账户运营 I 类，支付业务许可证登记的业务类型为储值账户运营 I 类。

（2）储值账户运营 II 类：预付卡发行与受理、预付卡受理归入储值账户运营 II 类，支付业务许可证登记的业务类型为储值账户运营 II 类（经营地域范围）、储值账户运营

Ⅱ类（仅限于线上实名支付账户充值）、储值账户运营Ⅱ类（仅限于经营地域范围预付卡受理）。

2.支付交易处理

（1）支付交易处理Ⅰ类：银行卡收单归入支付交易处理Ⅰ类，支付业务许可证登记的业务类型为支付交易处理Ⅰ类（经营地域范围）。

（2）支付交易处理Ⅱ类：仅开展移动电话支付、固定电话支付、数字电视支付，不开展互联网支付的，归入支付交易处理Ⅱ类，支付业务许可证登记的业务类型为支付交易处理Ⅱ类。

二、网络支付

（一）网络支付的概念

网络支付是指收款人或付款人通过计算机、移动终端等电子设备，依托公共网络信息系统远程发起支付指令，且付款人电子设备不与收款人特定专属设备交互，由支付机构为收付款人提供货币资金转移服务的活动。

网络支付的
相关规定

（二）网络支付机构

依法取得"支付业务许可证"，获准办理互联网支付、移动电话支付、固定电话支付、数字电视支付等网络支付业务的支付机构可以办理网络支付业务。

两类网络支付机构比较见表3-9。

表3-9 两类网络支付机构比较

分类	具体规定
金融型	独立第三方支付模式，不负有担保功能，仅仅为用户提供支付产品和支付系统解决方案 【注意】①无担保功能；②侧重服务于企业端
互联网型	依托于自有的电子商务网站并提供担保功能的第三方支付模式，以在线支付为主 【注意】①有担保功能；②侧重服务于个人消费端

（三）支付账户

1.支付账户的概念

支付账户是指支付机构根据用户真实意愿为其开立的，用于发起支付指令、反映交易明细、记录资金余额的电子簿记载体。

任何单位和个人不得非法买卖、出租、出借支付账户。支付机构处理用户信息应当遵循合法、正当、必要和诚信的原则，公开用户信息处理规则，明示处理用户信息的目的、方式和范围，并取得用户同意，法律、行政法规另有规定的除外。支付机构应当对用户信息严格保密，采取有效措施防止未经授权的访问，以及用户信息泄露、篡改、丢失，不得非法买卖、提供或者公开用户信息。

支付机构应当建立健全支付账户开立、使用、变更和撤销等业务管理和风险管理制度，防止开立匿名、假名支付账户，并采取有效措施保障支付账户安全，开展异常账户风险监测，防范支付账户被用于违法犯罪活动。

2.支付账户的开户要求

支付机构为客户开立支付账户的，应当对客户实行实名制管理，登记并采取有效措施验证客户身份基本信息，按规定核对有效身份证件并留存有效身份证件复印件或者影印件，**建立客户唯一识别编码，**并在与客户业务关系存续期间采取持续的身份识别措施，确保有效核实客户身份及其真实意愿。支付机构在为单位和个人开立支付账户时，应当与单位和个人签订协议，约定支付账户与支付账户、支付账户与银行账户之间的日累计转账限额和笔数，超出限额和笔数的，不得再办理转账业务。

支付机构为单位开立支付账户，应当要求单位提供相关证明文件，并自主或者委托合作机构以面对面的方式核实客户身份，或者以非面对面方式通过至少3个合法安全的外部渠道对单位基本信息进行多重交叉验证。

个人开户比较见表3-10。

表3-10   个人开户比较

分类		Ⅰ类户	Ⅱ类户	Ⅲ类户
验证	面对面	—	自主或委托合作机构核实	自主或委托合作机构核实
	非面对面	至少一个外部渠道验证，且首次在该支付机构开立支付账户	至少三个外部渠道多重交叉验证	至少五个外部渠道多重交叉验证
交易	消费	√	√	√
	转账	√	√	√
	理财	—	—	√
	余额付款交易	自账户开立起累计不超过1 000元（包括支付账户向客户本人同名银行账户转账）	所有支付账户的年累计不超过10万元（不包括支付账户向客户本人同名银行账户转账）	所有支付账户的年累计不超过20万元（不包括支付账户向客户本人同名银行账户转账）

【说明】客户身份基本信息外部验证渠道包括但不限于政府部门数据库、商业银行信息系统、商业化数据库等。其中，通过商业银行验证个人客户身份基本信息的，应为Ⅰ类银行账户或信用卡。

三、预付卡

（一）预付卡的概念和分类

预付卡是指发卡机构以特定载体和形式发行的、可在发卡机构之外购买商品或服务的预付价值。

目前市场上**预付卡有两类：**一类是专营发卡机构发行，可跨地区、跨行业、跨法人使用的多用途预付卡，**多用途预付卡的发卡机构必须取得中国人民银行颁发的支付业务许可证，在核准地域范围内开展业务，**中国人民银行对多用途预付卡备付金实行集中存管。另一类是商业企业发行，只在本企业或同一品牌连锁商业企业购买商品、服务的单用途预付卡。**单用途预付卡的发卡企业应在开展单用途预付卡业务之日起30日内向工商登记注册地人民政府商务主管部门进行备案。**本任务所讲述的预付卡为多用途预付卡。

按是否记载持卡人身份信息，分为记名预付卡和不记名预付卡。

（二）预付卡的有关规定

1.预付卡的限额

预付卡以人民币计价，不具有透支功能。单张记名预付卡资金限额不得超过5 000元，单张不记名预付卡资金限额不得超过1 000元。

2.预付卡的期限

预付卡卡面记载有效期限或有效期截止日。记名预付卡可挂失，可赎回，不得设置有效期；不记名预付卡不挂失，不赎回，有效期不得低于3年。**超过有效期尚有资金余额的预付卡，可通过延期、激活、换卡等方式继续使用。**

3.预付卡的办理

个人或单位购买记名预付卡或一次性购买不记名预付卡1万元以上的，应当使用实名并向发卡机构提供有效身份证件。发卡机构应留存有效身份证件的复印件或影印件。

单位一次性购买预付卡5 000元以上，个人一次性购买预付卡5万元以上的，应通过银行转账等非现金结算方式购买，不得使用现金。**购卡人不得使用信用卡购买预付卡。**

4.预付卡的充值

预付卡通过现金或银行转账方式进行充值，**不得使用信用卡为预付卡充值。一次性充值金额5 000元以上的，不得使用现金。**单张预付卡充值后的资金余额不得超过规定限额。预付卡现金充值通过发卡机构网点进行，单张预付卡日累计现金充值200元以下的，可通过自助充值终端、销售合作机构代理等方式充值。

5.预付卡的使用

预付卡在发卡机构拓展、签约的特约商户中使用，不得用于或变相用于提取现金，不得用于购买、交换非本发卡机构发行的预付卡、单一行业卡及其他商业预付卡或向其充值，卡内资金不得向银行账户或向非本发卡机构开立的网络支付账户转移。

6.预付卡的赎回

记名预付卡可在购卡3个月后办理赎回，赎回时，持卡人应当出示预付卡及持卡人和购卡人的有效身份证件。单位购买的记名预付卡，只能由单位办理赎回。

7.预付卡的发卡机构

预付卡发卡机构必须是经中国人民银行核准，取得"支付业务许可证"的支付机构。发卡机构接受的、客户用于未来支付需要的预付卡资金，不属于发卡机构的自有财产，发卡机构不得挪用、挤占。**发卡机构对客户备付金需100%集中交存中国人民银行。**

预付卡的种类及比较

【即问即答】（2024年多选题）下列关于单位购买5 000元预付卡的说法中，正确的有（　　）。

A. 可通过银行转账方式购买

B. 可使用信用卡购买

C. 可购买 1 张额度为 5 000 元的记名预付卡

D. 可购买 5 张额度为 1 000 元的不记名预付卡

【答案】ACD。选项 B,购卡人不得使用信用卡购买预付卡。

任务实施

针对"任务布置"中的经济业务,相关解析如下:

贺女士的蔬菜卡运作模式实际上是变相承诺高额回报,违背消费服务的价值规律,资金运转难以长期维系,一旦资金链断裂,参与者将面临严重损失。

借用预付形式进行非法集资具有以下特征:

(1)通过传单、广告、业务员推广、购卡人员推荐等各种途径公开宣传;

(2)不以真实消费为目的,承诺在一定期限返还购卡资金或支付一定利息;

(3)以购买预付卡、购物卡、预付消费等名义向社会公众吸收资金。

任务五   明确结算纪律与法律责任

任务布置

某国有企业 2025 年 1 月因产品转型急需外购一批材料,供货方提出先预付材料款30 万元。因该国有企业资金周转困难,其会计科长张某命令会计人员向供货方开出一张 30 万元的空头转账支票。

任务:如何处理该企业签发空头转账支票的行为?

知识准备

一、结算纪律

单位和个人办理支付结算,不准签发没有资金保障的票据或远期支票,套取银行信用;不准签发、取得和转让没有真实交易和债权债务的票据,套取银行和他人资金;不准无理拒绝付款,任意占用他人资金;不准违反规定开立和使用账户。

银行办理支付结算,不准以任何理由压票、任意退票、截留挪用客户和他行资金;不准无理拒绝支付应由银行支付的票据款项;不准受理无理拒付、不扣少扣滞纳金;不准违章签发、承兑、贴现票据，套取银行资金；不准签发空头银行汇票、银行本票和办理空头汇款；不准在支付结算制度之外规定附加条件，影响汇路畅通；不准违反规定为单位和个人开立账户；不准拒绝受理、代理他行正常结算业务。**支付机构不得伪造、变造电子支付指令，不得以任何形式挪用、占用、借用用户备付金，不得以用户备付金为自己或他人提供担保。**

二、法律责任

银行、单位和个人违反结算纪律，应分别承担相应的法律责任。根据目前的法律、法规和规章的规定，对于下列行为，其应依法分别承担民事、行政和刑事责任：

（一）无理拒付，占用他人资金的行为的法律责任

票据的付款人对见票即付或者到期的票据，故意压票、拖延支付的，银行机构违反票据承兑等结算业务规定，不予兑现，不予收付入账，压单、压票或者违反规定退票的，由国家金融监督管理机构责令其改正，有违法所得的，没收违法所得。违法所得5万元以上的，并处违法所得1倍以上5倍以下罚款；没有违法所得或者违法所得不足5万元的，处5万元以上50万元以下罚款。

违反账户规定的行为的法律责任

（二）票据欺诈等行为的法律责任

票据欺诈等行为的法律责任见表3-11。

表3-11　　　　　　　　　　票据欺诈等行为的法律责任

伪造、变造票据、托收凭证、汇款凭证、信用证、伪造信用卡的	处5年以下有期徒刑或拘役，并处或单处2万元以上20万元以下罚金	
	情节严重的	处5年以上10年以下有期徒刑，并处5万元以上50万元以下罚金
	情节特别严重的	处10年以上有期徒刑或无期徒刑，并处5万元以上50万元以下罚金或者没收财产
妨碍信用卡管理的	处3年以下有期徒刑或拘役，并处或单处1万元以上10万元以下罚金	
	数量巨大或者有其他严重情节的	处3年以上10年以下有期徒刑，并处2万元以上20万元以下罚金
进行信用卡诈骗活动的	数额较大的	处5年以下有期徒刑或拘役，并处2万元以上20万元以下罚金
	数额巨大或者有其他严重情节的	处5年以上10年以下有期徒刑，并处5万元以上50万元以下罚金
	数额特别巨大或者有其他特别严重情节的	处10年以上有期徒刑或无期徒刑，并处5万元以上50万元以下罚金

（三）非法出租、出借、出售、购买银行结算账户或支付账户行为的法律责任

银行和支付机构对经公安机关认定的出租、出借、出售、购买银行结算账户（含银行卡）或者支付账户的单位和个人及相关组织者，假冒他人身份或者虚构代理关系开立银行结算账户或者支付账户的单位和个人，**5年内暂停其银行账户非柜面业务、支付账户所有业务，并不得为其新开立账户。** 惩戒期满后，受惩戒的单位和个人办理新开立账户业务的，银行和支付机构应加大审核力度。中国人民银行将上述单位和个人信息移送金融信用信息基础数据库并向社会公布。

任务实施

针对"任务布置"中的经济业务，相关解析如下：

根据《支付结算办法》的规定，银行和供货方有权对该企业签发空头支票的行为提出赔偿要求。银行处罚的金额为15 000元（300 000×5%），供货方要求赔偿的金额为6 000元（300 000×2%）。

项目四

认识税收相关法律制度

知识目标	1. 掌握现行税种与征收机关
	2. 掌握税收征收管理法的适用范围和适用对象
	3. 掌握税务登记管理的规定、账簿和凭证管理的规定、发票管理的规定和纳税申报管理的规定
	4. 掌握应纳税额的核定和调整、税款征收的保障措施
	5. 掌握被检查人的义务和纳税信用管理
	6. 掌握税务行政复议的范围和税务行政复议管辖
	7. 熟悉税收与税法、税收法律关系
	8. 熟悉税法要素
	9. 熟悉征纳双方的权利和义务
	10. 熟悉税款征收方式和税款征收的其他措施
	11. 熟悉税务机关的职权和职责
	12. 熟悉税收违法行为检举管理和重大税收违法失信案件信息公布管理
	13. 熟悉税务行政复议申请、受理、审查和决定
	14. 了解税款征收主体
	15. 了解税务管理相对人和税务行政主体违法行为的法律责任

能力目标	1. 在商业活动中倡导诚信纳税，拒绝虚开、代开发票等违法行为
	2. 能识别企业经济活动中的涉税风险点
	3. 能运用税收法律知识分析典型税收争议案例

素质目标	1. 培养税务合规意识，避免因无知或疏忽导致法律风险
	2. 深悟纳税法定义务，认同税收支撑治理与服务，增强公共责任意识
	3. 提升对税收政策的敏感度，关注政策动态

价值引领

税收征收管理法修订稿向社会公开征求意见

根据十四届全国人大常委会立法规划部署，国家税务总局会同财政部研究形成了《中华人民共和国税收征收管理法（修订征求意见稿）》，于2025年3月28日向社会公开征求意见。修订征求意见稿进一步落实税收法定原则，巩固和拓展税收改革成果，更好维护纳税人合法权益和引导税法遵从，为广大经营主体特别是合规经营的纳税人营造更加法治公平的税收营商环境。

《中华人民共和国税收征收管理法》（以下简称税收征收管理法）是我国税收法律体系中法律级次最高的程序法。现行税收征收管理法最近一次大幅修订是在2001年，距今已有24年。随着经济社会快速发展和新业态新技术不断涌现，税收领域改革和相关法律制度建设不断推进，现行税收征收管理法与征纳实践不适应的问题日益凸显，亟须进行修订。特别是这些年刑法、民法典、行政强制法等相关法律陆续修订或出台，现行税收征收管理法有关规定与之存在一定的脱节，且主要侧重于企业纳税人，难以适应个人所得税等税制改革后优化完善自然人管理服务措施的要求。

国家税务总局相关负责人介绍，修订征求意见稿共106条，较现行税收征收管理法新增16条、删除4条、修改69条。章节设置保持现行税收征收管理法基本架构，修订主要聚焦于贯彻落实党中央、国务院有关决策部署，以及更好适应新经济新业态发展、对接个人所得税等新税制改革、加强与现行法律的衔接等方面，进一步营造法治公平的经济税收秩序。

修订征求意见稿更加注重对纳税人合法权益的保护，其中体现营造公平竞争税收秩序的条款有31条、保护纳税人合法权益的条款有21条，特别是增加为纳税人提供便利化办税等规定，优化完善保障纳税人权利等条款，减轻办税负担，进一步优化营商环境。比如，明确纳税人办理设立登记后，原则上由登记机关与税务部门实时共享登记信息，纳税人无须单独办理税务登记；取消对纳税争议提起复议需清税的前置条件，更好地保障纳税人行使行政救济权；对主动纠正或者配合税务机关查处税收违法行为的，视情节从轻、减轻或不予行政处罚等。

资料来源：王雨萧，申铖. 税收征收管理法修订稿向社会公开征求意见［EB/OL］.［2025-03-28］. https://www.chinatax.gov.cn/chinatax/n810219/n810724/c5239276/content.html.

请思考：《中华人民共和国税收征收管理法》修订会给我们带来哪些影响？

任务一　介绍税收相关法律制度

任务布置

王某曾设立一家公司，实行核定征收方式，每月应纳增值税1 800元。王某的公司于2023年12月倒闭，当月注销了工商营业执照，却忘记注销税务登记。两年后，王某打算开设新店，到税务机关办理税务登记时，被告知已欠税76 360元。然而，王某在中间两年并未做生意，怎么会产生欠税呢？

任务：

（1）请指出该违法行为中的税收法律关系的主体、内容和客体。

（2）王某两年未经营公司，为什么会欠税76 360元？

知识准备

一、税收及税收法律关系

（一）税收与税法

1.税收的概念与特征

税收是指以国家为主体，为实现国家职能，凭借政治权力，按照法定标准，无偿取得财政收入的一种特定分配形式。税收与其他财政收入形式相比，具有强制性、无偿性和固定性等特征。

2.税法的概念

税法即税收法律制度，是调整税收关系的法律规范的总称，是国家法律的重要组成部分。税法的调整对象是税收分配中形成的权利义务关系。

税收与税法是两个既有联系又有区别的概念。两者的区别在于：税收是经济学概念，侧重解决分配关系；税法是法学概念，侧重解决权利义务关系。

【即问即答】（经典例题–单选题）在税收分配活动中，税法的调整对象是（　　）。

A.税收分配关系　　　　　　　　B.经济利益关系

C.税收权利义务关系　　　　　　D.税收征纳关系

【答案】C。

（二）税收法律关系

1.税收法律关系的概念

税收法律关系是指税法所确认和调整的税收征纳主体之间在税收分配过程中形成的权利和义务关系。税收法律关系由主体、客体和内容三部分组成。

2.税收法律关系的主体

税收法律关系主体，即税收法律关系中享有权利和承担义务的当事人。其分为征税主体和纳税主体。

（1）征税主体，包括各级税务机关、海关等。

（2）纳税主体，包括法人、自然人和其他组织。

在税收法律关系中，双方当事人是行政管理者和被管理者的关系，其权利与义务并不是对等的，但法律地位是平等的。

3.税收法律关系的客体

税收法律关系的客体，是指税收法律关系主体双方的权利和义务所共同指向的对象，也就是征税对象。

4.税收法律关系的内容

税收法律关系的内容，是指税收法律关系主体所享受的权利和应承担的义务，这是税收法律关系中最实质的东西，也是税法的核心。

二、税法要素

税法要素是指各单行税法共同具有的基本要素。税法体系既包括实体法，也包括程序法。税收实体法的主要构成要素有：

（一）纳税人

1.基本概念

纳税人，是税法规定的直接负有纳税义务的单位和个人，包括法人、非法人、自然人。

2.相关概念

（1）**负税人**。负税人，是指实际负担税款的单位和个人。现实中，纳税人与负税人有时一致，有时不一致。

（2）**扣缴义务人**。扣缴义务人，是税法规定的，在其经营活动中负有代扣或者代收税款并向国库缴纳义务的单位。

（二）征税对象

1.概念

征税对象，又称课税对象，是纳税的客体。它是指税收法律关系中权利义务所指向的对象，即对什么征税。**征税对象是区别不同税种的重要标志。**

2.税目

税目是税法中具体规定应当征税的项目，是征税对象的具体化。

【提示】并不是所有的税种都有税目的哦！

（三）税率

1.概念

税率是指应征税额与计税金额（或数量单位）之间的比例，是计算税额的尺度。税率的高低直接体现国家的政策要求，直接关系到国家的收入多少和纳税人的负担程度。

2.税率的形式

（1）**比例税率**。比例税率，是指对同一征税对象，不论其数额大小，均按同一比例征税的税率。我国税收法律制度大量采用比例税率。

（2）**累进税率**。累进税率，是指同一课税对象，随着数量的增大，征收比例也随之增高的税率。累进税率按照累进方式不同，又分为额累和率累，其具体形态及适用范围见表4-1。

表4-1 　　　　　　　　　　　累进税率具体形态及适用范围

累进税率的具体形态	具体税率名称	我国目前适用税种
额累（累进依据是绝对数）	全额累进税率	无
	超额累进税率	个人所得税综合所得等
率累（累进依据是相对数）	全率累进税率	无
	超率累进税率	土地增值税

为了简化超额累进税率计算，税法上采用了"速算扣除数法"，即将全额累进税率计算的税额与超额累进税率计算的税额的差数，直接附在税率表中。

（3）**定额税率**。定额税率又称固定税额，是根据课税对象的一定计量单位（如数量、重量、面积、体积等）直接规定固定的征税数额。目前我国的城镇土地使用税、耕地占用税、车船税等税种采取定额税率。

全额累进税率、超额累进税率计算案例

（四）计税依据

1.基本概念

计税依据，是指计算应纳税额的依据或标准，即根据什么来计算纳税人应缴纳的税额。

2.分类

（1）从价计征，是以计税金额为计税依据，计税金额是指征税对象的数量乘以计税价格的数额。我国税收法律制度大量采取从价计征方式。

（2）从量计征，是以征税对象的重量、体积、数量等为计税依据。我国的车船税、城镇土地使用税、耕地占用税等税种采取从量计征方式。

【提示】我国执行的计税依据中，还包括"复合计征"。如消费税部分应税消费品。

（五）纳税环节

纳税环节，主要是指税法规定的征税对象在从生产到消费的流转过程中应当缴纳税款的环节。例如：我国的增值税对流转的每一个环节都征税；我国的消费税主要在生产销售和进口环节征收，个别应税消费品在批发和零售环节征收。

（六）纳税期限

纳税期限，是指纳税人的纳税义务发生后应依法缴纳税款的期限。包括纳税义务发生时间、纳税期限和缴库期限。规定纳税期限是为了保证国家财政收入的及时实现，也是税收强制性和固定性的体现。

（七）纳税地点

纳税地点，是指税法根据各税种的纳税环节和有利于税款的源泉控制而规定的纳税人（包括代征、代扣、代缴义务人）具体申报缴纳税款的地点。如纳税人住所地、纳税人经营地、不动产所在地等。

（八）税收优惠

1.概念

税收优惠，是指国家对某些纳税人和征税对象给予鼓励和照顾的一种特殊规定。

2.主要形式

（1）减税和免税。减税，是指对应征税款减少征收部分税款。免税，是对按规定应征收的税款给予免除。我国税法大量采用减税和免税的税收优惠形式。

（2）起征点。起征点，也称"征税起点"，是指对征税对象开始征税的数额界限。征税对象的数额没有达到规定起征点的不征税；达到或超过起征点的，就其全部数额征税。例如，我国增值税采取了起征点的税收优惠形式。

（3）免征额。免征额，是指对征税对象总额中免予征税的数额。即对纳税对象中的一部分给予减免，只就减除后的剩余部分计征税款。例如，我国个人所得税采取了免征额的税收优惠形式。

减免税基本形式见表4-2。

表4-2　　　　　　　　　　　　减免税基本形式

基本形式	特点	具体表现
税基式减免	通过直接缩小计税依据的方式实现减税、免税；使用范围最广泛	起征点
		免征额
		项目扣除
		跨期结转
税率式减免	通过直接降低税率的方式实行的减税、免税；适用于对行业、产品等"线"上的减免，在流转税中运用得最多	重新确定税率
		选用其他税率
		零税率
税额式减免	通过直接减少应纳税额的方式实行的减税、免税；一般仅限于解决"点"上的个别问题，在特殊情况下适用	全部免征
		减半征收
		核定减免率
		抵免税额
		另定减征税额

【业务举例4-1】假定甲纳税人应税收入为1 000元，乙纳税人应税收入为2 000元，丙纳税人应税收入为3 000元。假定税率统一为10%，在实行2 000元起征点和2 000元免征额两种情况下，其税额计算见表4-3。

表4-3　　　　　　　　　　　　　　　　　税额计算　　　　　　　　　　　　　　单位：元

纳税人	收入	实行2 000元起征点		实行2 000元免征额	
		计税依据	税额	计税依据	税额
甲	1 000	0	0	0	0
乙	2 000	2 000	200	0	0
丙	3 000	3 000	300	1 000	100

（九）法律责任

法律责任，是指行为人因实施了违反国家税法规定的行为而应承受的不利的法律后果。税法中的法律责任包括行政责任和刑事责任。

三、我国的税收管理体制与现行税种

（一）税务机构设置

2018年3月国税地税机构合并后，实行以国家税务总局为主与省（自治区、直辖市）政府双重领导管理体制。

（二）税收征收管理范围划分

国税地税机构合并后，**我国的税收分别由税务、海关系统负责征收管理。**

1.税务系统负责征收和管理的项目

税务系统负责征收和管理的项目有：增值税、消费税、车辆购置税、企业所得税等、城市维护建设税、教育费附加、地方教育附加、个人所得税、资源税、城镇土地使用税、土地增值税、耕地占用税、房产税、车船税、印花税、契税等。国税地税机构合并完成后，2019年开始，将基本养老保险费、基本医疗保险费、失业保险费等各项社会保险费交由税务部门统一征收。

2.海关系统负责征收和管理的项目

海关系统负责征收和管理的项目有：关税、船舶吨税。另外，进口环节的增值税和消费税由海关代征。

【即问即答】（2022年单选题）下列各项中，不属于税务机关征收的是（　　）。

中央政府和地方政府税收收入划分

A.车辆购置税　　　　　　　　　　B.船舶吨税

C.烟叶税　　　　　　　　　　　　D.车船税

【答案】B。

任务实施

针对"任务布置"中的经济业务，相关解析如下：

本案例中，该违法行为中的税收法律关系的主体为王某和税务机关，税收法律关系的内容是税务机关的征税权和王某注销税务登记和补缴税款的义务；税收法律关系的客体是增值税应税行为。

《中华人民共和国税收征收管理法实施细则》第十五条规定，纳税人在向市场监督管理机关申请办理注销登记之前，应持有关证件向原税务机关申报办理注销税务登记。不办理注销税务登记的，税务机关可以依规定，责令其限期改正，并处相应的罚款。纳税人在办理注销登记前，要缴销发票、税务登记证件和其他税务证件，结清应纳税款、滞纳金和罚款等。

王某的公司由于没有及时注销税务登记，仍然需要每个月按核定的税额纳税，两年多累计欠税 57 600 元，累计拖欠滞纳金 18 760 元，欠税合计数是 76 360 元。

因此，企业终止经营后，切莫忘记及时注销税务登记，否则不但纳税人个人利益受损，还会带来严重的法律后果。

任务二　把握税收征收管理制度

任务布置

2024 年 8 月 5 日，某区税务局根据举报，针对该区某企业开展突击检查。检查中，该企业负责人拒绝提供企业经营账目，后经税务人员再三要求，才提供了企业的经营账目。次日，该区税务局下达了"税务处理决定书"和"税务行政处罚事项告知书"，责令该企业于 8 月 20 日前补缴所偷税款 4 万元及滞纳金 1 万元，对该企业的偷税行为处以8 万元的罚款，并附带向其告知了有关权利。之后区税务局发现该企业有转移财产的行为，于是，经区税务局局长批准，区税务局于 8 月 13 日责成该企业在 8 月 14 日前提供纳税担保，但该企业直至 8 月 15 日仍未提供任何担保。为此，区税务局于 8 月 16 日查封了该企业价值 4 万元的商品，并出具了清单。8 月 18 日，该企业缴清税款。8 月 23 日，区税务局解除查封。8 月 24 日，该企业向区人民法院提起行政诉讼，要求区税务局赔偿因超时解除税收保全措施所导致的经济损失 30 万元。

任务：

（1）请说明税务机关应享有的权利和纳税人要承担的义务。

（2）税务机关采取税收保全措施的行为是否正确？

（3）该企业提起的行政诉讼是否合理？

知识准备

一、税收征收管理法概述

（一）税收征收管理法的概念

《中华人民共和国税收征收管理法》（以下简称税收征收管理法），是指调整税收征收与管理过程中所发生的社会关系的法律规范的总称。**税收征收管理法属于税收程序法**，它是以规定税收实体法中所确定的权利义务的履行程序为主要内容的法律规范，是税法的有机组成部分。税收征收管理法不仅是纳税人全面履行纳税义务必须遵守的法律准则，也是税务机关履行征税职责的法律依据。

（二）税收征收管理法的适用范围

凡依法由税务机关征收的各种税收的征收管理，均适用税收征收管理法。

由海关负责征收的关税和船舶吨税，以及海关代征的进口环节的增值税、消费税，依照法律、行政法规的有关规定执行。

我国同外国缔结的有关税收的条约、协定，与税收征收管理法有不同规定的，依照条约、协定的规定办理。

（三）税收征收管理法的适用对象

1.主体

国务院税务主管部门主管全国税收征收管理工作。税务机关是指各级税务局、税务分局、税务所和省以下税务局的稽查局。稽查局专司偷税（逃税）、逃避追缴欠税、骗税、抗税案件的查处。

税务机关依法执行职务，任何单位和个人不得阻挠。

2.相对人

税收征收管理相对人包括纳税人和扣缴义务人。

3.相关单位和部门

地方各级人民政府应当依法加强对本行政区域内税收征收管理工作的领导或者协调，支持税务机关依法执行职务，依照法定税率计算税额，依法征收税款。

各有关部门和单位应当支持、协助税务机关依法执行职务。

【即问即答】（2023年单选题）根据税收征收管理法律制度的规定，下列各项中，属于纳税主体权利的是（　　）。

A.按期办理纳税申报　　　　　　B.委托税务代理权

C.接受税务检查　　　　　　　　D.代扣、代收税款

【答案】B。

征纳双方的权利和义务有哪些？

二、税务管理

税务管理是税收征收管理的重要内容，是税款征收的前提和基础。税务管理主要包括税务登记管理、账簿和凭证管理、发票管理、纳税申报管理等。

（一）税务登记管理

税务登记是税务机关对纳税人的基本情况及生产经营项目进行登记管理的一项基本制度。税务登记是整个税收征收管理的起点。

1.申请人

（1）从事生产、经营的纳税人。企业在外地设立的分支机构和从事生产、经营的场所，个体工商户和从事生产、经营的事业单位，都应当办理税务登记。

（2）非从事生产经营但依法负有纳税义务的单位和个人。前述规定以外的纳税人，

除国家机关、个人和无固定生产经营场所的流动性农村小商贩外，也应当办理税务登记。

（3）**扣缴义务人**。根据税收法律、行政法规的规定，负有扣缴税款义务的扣缴义务人（国家机关除外），应当办理扣缴税款登记。

【即问即答】（2021年判断题）企业在外地设立从事生产、经营的场所不需要办理税务登记。（   ）

【答案】×。

2.主管机关

县以上（含本级，下同）税务局（分局）是税务登记的主管机关，负责有关登记事项。

县以上税务局（分局）按照规定实施属地管理，办理税务登记。有条件的城市，可以按照"各区分散受理、全市集中处理"的原则办理税务登记。

3.登记类型

（1）设立（开业）税务登记。

设立（开业）税务登记，是指纳税人依法成立并经市场监督管理机关登记后，为确认其纳税人的身份、纳入税务管理体系而到税务机关进行的登记。

设立税务登记的时限和程序有哪些？

① 登记地点。**从事生产、经营的纳税人，向生产、经营所在地税务机关办理税务登记。**非从事生产经营但依照规定负有纳税义务的其他纳税人，向纳税义务发生地税务机关办理税务登记。

② 设立税务登记的时限和程序，见左侧二维码。

【即问即答】（2017年多选题）下列各项属于"五证合一、一照一码"登记制度改革范围的有（   ）。

A.安全生产许可证   B.组织机构代码证

C.税务登记证   D.工商营业执照

【答案】BCD。

（2）变更税务登记。

变更税务登记，是指纳税人办理设立税务登记后，因登记内容发生变化，需要对原有登记内容进行更改，而向主管税务机关申报办理的税务登记。

已在市场监管部门办理变更登记的，自2023年4月1日起无须向税务机关报告登记变更信息；各省税务机关根据市场监管部门共享的变更登记信息，自动同步变更登记信息。

不需要在市场监管部门办理变更登记，或其变更登记的内容与市场主体登记内容无关的，自税务登记内容实际发生变化之日起30日内，或者自有关机关批准或者宣布变更之日起30日内，到原税务登记机关申报办理变更税务登记。

税务机关应当于受理当日办理变更税务登记。纳税人税务登记表和税务登记证中的内容都发生变更的，税务机关按变更后的内容重新发放税务登记证件；纳税人税务登记表的内容发生变更而税务登记证中的内容未发生变更的，税务机关不重新发放税务登记证件。

（3）停业、复业登记。

停业、复业登记，是指**实行定期定额征收方式的纳税人**，因自身经营的需要暂停经营或者恢复经营而向主管税务机关申请办理的税务登记手续。

① 停业登记。实行定期定额征收方式的个体工商户需要停业的，应当在停业前向税务机关申报办理停业登记。纳税人的**停业期限不得超过1年**。

纳税人在申报办理停业登记时，应如实填写停业复业报告书，说明停业理由、停业期限、停业前的纳税情况和发票的领、用、存情况，并结清应纳税款、滞纳金、罚款。税务机关应收存其税务登记证件及副本、发票领购簿、未使用完的发票和其他税务证件。纳税人在停业期间发生纳税义务的，应当按照税收法律、行政法规的规定申报缴纳税款。

② 复业登记。纳税人应当于恢复生产经营之前，向税务机关申报办理复业登记，如实填写停业复业报告书，领回并启用税务登记证件、发票领购簿及其停业前领购的发票。纳税人停业期满不能及时恢复生产经营的，应当在停业期满前到税务机关办理延长停业登记，并如实填写停业复业报告书。

（4）外出经营报验登记。

外出经营报验登记，是指从事生产经营的纳税人到外县（市）进行临时性的生产经营活动时，按规定申报办理的税务登记手续。

纳税人跨省（自治区、直辖市）临时从事生产经营活动的，不再开具"外出经营活动税收管理证明"，改向机构所在地的税务机关填报"跨区域涉税事项报告表"。

纳税人在省（自治区、直辖市）内跨县（市）临时从事生产经营活动的，是否实施跨区域涉税事项报验管理由各省（自治区、直辖市和计划单列市）税务机关自行确定。

税务机关不再按照180天设置报验管理的固定有效期，改按跨区域经营合同执行期限为有效期限。合同延期的，纳税人可向经营地或机构所在地的税务机关办理报验管理有效期限延期手续。

外管证取消了，跨区域经营涉税事项如何管理？

纳税人跨区域经营活动结束后，应当结清经营地的应纳税款及其他涉税事项，向经营地的税务机关填报"经营地涉税事项反馈表"。

经营地的税务机关核对"经营地涉税事项反馈表"后，应当及时将相关信息反馈给机构所在地的税务机关。**纳税人不需要另行向机构所在地的税务机关反馈。**

（5）注销税务登记。

注销税务登记，是指纳税人由于出现法定情形终止纳税义务时，向原税务机关申请办理的取消税务登记的手续。办理注销税务登记后，该当事人不再接受原税务机关的管理。

注销税务登记的有关知识

（6）临时税务登记。

从事生产、经营的个人应办而未办营业执照，但发生纳税义务的，可以按规定申请办理临时税务登记。

（7）非正常户的认定与解除。

已办理税务登记的纳税人未按照规定的期限进行纳税申报，税务机关依法责令其限

期改正。纳税人逾期不改正的，税务机关可以收缴其发票或者停止向其发售发票。

纳税人负有纳税申报义务，但连续3个月所有税种均未进行纳税申报的，税收征管系统自动将其认定为非正常户，并停止其发票领购簿和发票的使用。

对欠税的非正常户，税务机关依照税收征收管理法的规定追征税款及滞纳金。已认定为非正常户的纳税人，就其逾期未申报行为接受处罚、缴纳罚款，并补办纳税申报的，税收征管系统自动解除非正常状态，无须纳税人专门申请解除。

（8）扣缴税款登记。

根据税收法律、行政法规的规定，负有扣缴税款义务的扣缴义务人（国家机关除外），应当办理扣缴税款登记。

已办理税务登记的扣缴义务人应当自扣缴义务发生之日起30日内，向税务登记地税务机关申报办理扣缴税款登记。税务机关在其税务登记证件上登记扣缴税款事项，税务机关不再发放扣缴税款登记证件。

根据税收法律、行政法规的规定可不办理税务登记的扣缴义务人，应当自扣缴义务发生之日起30日内，向机构所在地税务机关申报办理扣缴税款登记，并由税务机关发放扣缴税款登记证件。

【即问即答】（2022年单选题）根据规定，下列各项中，可以不进行税务登记的是（　　）。

A.公立大学　　　　　　　　　　B.企业分支机构

C.公益性社会组织　　　　　　　D.无固定营业场所的流动性农村小商贩

【答案】D。

（二）账簿和凭证管理

账簿和凭证是纳税人进行生产经营活动和核算财务收支的重要资料，也是税务机关对纳税人进行征税、管理、核查的重要依据。账簿和凭证管理是税收管理的基础性工作。

账簿、记账凭证、报表、完税凭证、发票、出口凭证及其他有关涉税资料应当保存10年；但是法律、行政法规另有规定的除外。

账簿、记账凭证、完税凭证及其他有关资料不得伪造、变造或者擅自损毁。

账簿的设置有哪些要求？

【即问即答】（2022年单选题）根据税收征收管理法律制度的规定，除另有规定外、从事生产、经营的纳税人，账簿、记账凭证、报表、完税凭证、发票、出口凭证及其他有关涉税资料应当保存一定期限，该期限为（　　）年。

A.30　　　　　　B.10　　　　　　C.15　　　　　　D.20

【答案】B。

（三）发票管理

发票的领用和开具有哪些要求？

发票，是指在购销商品、提供或者接受服务及从事其他经营活动中，开具、收取的收付款凭证。它是确定经济收支行为发生的法定凭证，是会计核算的原始依据。

1.发票管理机关

税务机关是发票的主管机关，负责发票印制、领购、开具、取得、保管、缴销的管理和监督。国家税务总局统一负责全国发票管理工作。省、自治区、直辖市税务机关依据各自的职责，共同做好本行政区域内的发票管理工作。财政、审计、市场监管、公安等有关部门在各自职责范围内，配合税务机关做好发票管理工作。

2.发票的种类

发票包括纸质发票和电子发票。

纸质发票的基本联次包括存根联、发票联、记账联。存根联由收款方或开票方留存备查；发票联由付款方或受票方作为付款原始凭证；记账联由收款方或开票方作为记账原始凭证。省以上税务机关可根据发票管理情况及纳税人经营业务需要，增减除发票联以外的其他联次，并确定其用途。

电子发票是指在购销商品、提供或者接受服务及从事其他经营活动中，按照税务机关发票管理规定以数据电文形式开具、收取的收付款凭证。税务机关建设电子发票服务平台，为用票单位和个人提供数字化等形态电子发票开具、交付、查验等服务。电子发票与纸质发票的法律效力相同，任何单位和个人不得拒收。

你知道全电发票吗？

用票单位可以书面向税务机关要求使用印有本单位名称的发票，税务机关依法确认印有该单位名称发票的种类和数量。

3.发票的检查

税务机关在发票管理中有权进行下列检查：

（1）检查印制、领购、开具、取得、保管和缴销发票的情况；

（2）调出发票查验；

（3）查阅、复制与发票有关的凭证、资料；

（4）向当事各方询问与发票有关的问题和情况；

（5）在查处发票案件时，对与案件有关的情况和资料，可以记录、录音、录像、照相和复制。

印制、使用发票的单位和个人，必须接受税务机关依法检查，如实反映情况，提供有关资料，不得拒绝、隐瞒。税务人员进行检查时，应当出示税务检查证。

税务机关需要将已开具的发票调出查验时，应当向被查验的单位和个人开具发票换票证。发票换票证与所调出查验的发票有同等的效力。被调出查验发票的单位和个人不得拒绝接受。税务机关需要将空白发票调出查验时，应当开具收据；经查无问题的，应当及时返还。

【即问即答】（2021年判断题）收款方开具发票时，付款方不得要求变更品名和金额。（　　）

【答案】√。

（四）纳税申报管理

纳税申报，是指纳税人按照税法规定，定期就计算缴纳税款的有关事项向税务机关提交书面报告的法定手续。纳税申报是确定纳税人是否履行纳税义务，界定法律责任的主要依据。

1.纳税申报内容

纳税人、扣缴义务人的纳税申报或者代扣代缴、代收代缴税款报告表的主要内容包括：税种、税目；应纳税项目或者应代扣代缴、代收代缴税款项目；计税依据；扣除项目及标准；适用税率或者单位税额；应退税项目及税额、应减免税项目及税额；应纳税额或者应代扣代缴、代收代缴额；税款所属期限、延期缴纳税款、欠税、滞纳金等。

2.纳税申报方式

纳税申报方式，是指纳税人和扣缴义务人在纳税申报期限内，依照规定到指定税务机关进行申报纳税的形式。纳税申报的方式主要有以下几种：

（1）**自行申报**。自行申报也称直接申报，是指纳税人、扣缴义务人在规定的申报期限内，自行直接到主管税务机关指定的办税服务场所办理纳税申报手续。这是一种传统的申报方式。

（2）**邮寄申报**。邮寄申报，是指经税务机关批准，纳税人、扣缴义务人使用统一的纳税申报专用信封，通过邮政部门办理交寄手续，并以邮政部门收据作为申报凭据的纳税申报方式。**邮寄申报以寄出的邮戳日期为实际申报日期。**

（3）**数据电文申报**。数据电文申报，是指经税务机关批准，纳税人、扣缴义务人以税务机关确定的电话语音、电子数据交换和网络传输等电子方式进行的纳税申报。这种方式运用了新的电子信息技术，代表着纳税申报方式的发展方向，使用范围逐渐扩大。**纳税人、扣缴义务人采取数据电文方式办理纳税申报的，其申报日期以税务机关计算机网络系统收到该数据电文的时间为准，**与数据电文相对应的纸质申报资料的报送期限由税务机关确定。

（4）**其他方式**。实行定期定额缴纳税款的纳税人，可以按照简易申报、简并征期等方式申报纳税。

【即问即答】（2022年判断题）纳税人在纳税期内没有应纳税款的，不需办理纳税申报。（　　　）

【答案】×。

你知道纳税申报的有关要求吗？

三、税款征收

税款征收是税收征收管理工作的中心环节，是全部税收征管工作的目的和归宿。

（一）税款征收主体

除税务机关、税务人员，以及经税务机关依照法律、行政法规委托的单位和人员外，任何单位和个人不得进行税款征收活动。税务机关依照法律、行政法规的规定征收税款，不得违反法律、行政法规的规定开征、停征、多征、少征、提前征收、延缓征收或者摊派税款。

税务机关应当将各种税收的税款、滞纳金、罚款，按照国家规定的预算科目和预算级次及时缴入国库，税务机关不得占压、挪用、截留，不得缴入国库以外或者国家规定的税款账户以外的任何账户。

（二）税款征收方式

我国现行税收征收管理法及其实施细则未对税款征收方式作出具体规定，只是明确税务机关要根据保证国家税款及时足额入库、方便纳税人、降低税收成本的原则，确定税款征收方式（见表4-4）。

表4-4　　　　　　　　　　　税款征收方式

征收方式	适用范围
查账征收	适用于财务会计制度健全，能够如实核算和提供生产经营情况，并能正确计算应纳税额和如实履行纳税义务的纳税人
查定征收	适用于生产经营规模较小、产品零星、税源分散、会计账册不健全，但能控制原材料或进销货的小型厂矿和作坊
查验征收	适用于纳税人财务制度不健全，生产经营不固定，零星分散、流动性大的税源
定期定额征收	适用于经主管税务机关认定和县以上税务机关（含县级）批准的生产经营规模小、达不到规定设置账簿标准、难以查账征收、不能准确计算计税依据的个体工商户（包括个人独资企业）
代扣代缴、代收代缴	扣缴义务人依法履行代扣、代收税款的义务。税务机关按照规定付给扣缴义务人代扣、代收"手续费"
委托代征	受托代征单位或个人按照税务机关发放的代征证书的要求，"以税务机关的名义"依法征收税款，适用于零星分散和异地缴纳的税收

【即问即答】（2018年单选题）根据税收征收管理法律制度的规定，纳税人财务制度不健全，生产经营不固定，税源零星分散、流动性大，适合采用的征收方式是（　　）。

A.查账征收　　　　　　　　　　B.查定征收

C.查验征收　　　　　　　　　　D.定期定额征收

【答案】C。

应纳税额的核定与调整是什么意思？

（三）应纳税款的缴纳

1.应纳税款的当期缴纳

应纳税款的当期缴纳是指纳税人、扣缴义务人按照法律、行政法规规定或者税务机关依照法律、行政法规的规定确定的期限，缴纳或者解缴税款。

税务机关收到税款后，应当向纳税人开具完税凭证。扣缴义务人代扣、代收税款时，纳税人要求扣缴义务人开具代扣、代收税款凭证的，扣缴义务人应当开具。纳税人通过银行缴纳税款的，税务机关可以委托银行开具完税凭证。**完税凭证，是指各种完税证、缴款书、印花税票、扣（收）税凭证及其他完税证明。**完税凭证不得转借、倒卖、变造或者伪造。

2.应纳税款的延期缴纳

纳税人因有特殊困难，不能按期缴纳税款的，**经省、自治区、直辖市税务局批准，可以延期缴纳税款，但是最长不得超过3个月。**特殊困难是指因不可抗力，导致纳税人发生较大损失，正常生产经营活动受到较大影响的；当期货币资金在扣除应付职工工资、社会保险费后，不足以缴纳税款的。

　　纳税人需要延期缴纳税款的，应当在缴纳税款期限届满前提出申请，税务机关应当自收到申请延期缴纳税款报告之日起20日内作出批准或者不予批准的决定；不予批准的，从缴纳税款期限届满之日起加收滞纳金。

（四）税款征收的保障措施

1.责令缴纳

　　（1）对纳税人、扣缴义务人、纳税担保人应缴纳的欠税，税务机关可责令其限期缴纳。逾期仍未缴纳的，税务机关可以采取税收强制执行措施。欠税，是指纳税人、扣缴义务人、纳税担保人超过税收法律、行政法规规定的期限或者超过税务机关依照税收法律、行政法规规定确定的纳税期限未缴纳的税款。

　　从事生产、经营的纳税人、扣缴义务人未按照规定的期限缴纳或者解缴税款的，纳税担保人未按照规定的期限缴纳所担保的税款的，由税务机关发出限期缴纳税款通知书，**责令缴纳或者解缴税款的最长期限不得超过15日**。对存在欠税行为的纳税人、扣缴义务人、纳税担保人，税务机关可责令其先行缴纳欠税，再依法缴纳滞纳金。逾期仍未缴纳的，税务机关可以采取税收强制执行措施。

　　滞纳金按日加收，日收取标准为滞纳税款的万分之五。加收滞纳金的起止时间，为法律、行政法规规定或者税务机关依照法律、行政法规的规定确定的税款缴纳期限届满次日起至纳税人、扣缴义务人实际缴纳或者解缴税款之日止。

　　（2）对未按照规定办理税务登记的从事生产、经营的纳税人，以及临时从事经营的纳税人，税务机关核定其应纳税额，责令其缴纳应纳税款。

　　纳税人不缴纳的，税务机关可以扣押其价值相当于应纳税款的商品、货物。扣押后缴纳应纳税款的，税务机关必须立即解除扣押，并归还所扣押的商品、货物；扣押后仍不缴纳应纳税款的，经县以上税务局（分局）局长批准，依法拍卖或者变卖所扣押的商品、货物，以拍卖或者变卖所得抵缴税款。

　　（3）税务机关有根据认为从事生产、经营的纳税人有逃避纳税义务行为的，可在规定的纳税期之前责令其限期缴纳应纳税款。逾期仍未缴纳的，税务机关有权采取其他税款征收措施。

　　（4）纳税担保人未按照规定的期限缴纳所担保的税款，税务机关可责令其限期缴纳应纳税款。逾期仍未缴纳的，税务机关有权采取其他税款征收措施。

　　【即问即答】（2023年单选题）甲公司按规定最晚应于3月15日缴纳税款400 000元，但其迟迟未缴。税务机关责令其于3月30日前缴纳并加收滞纳金，甲公司直至当年4月25日才缴纳税款。已知滞纳金按日收取标准为滞纳税款的0.5‰，甲公司应缴纳的滞纳金为（　　）元。

　　A.5 400　　　　　　　B.8 400　　　　　　　C.5 200　　　　　　　D.8 200

　　【答案】D。本题中，加收滞纳金的时间为3月16日至4月25日，共计41天。应缴纳的滞纳金= 400 000 × 0.5‰ × 41 = 8 200（元）。

2.责令提供纳税担保

　　纳税担保，是指经税务机关同意或确认，纳税人或其他自然人、法人、经济组织以保证、抵押、质押的方式，为纳税人应当缴纳的税款及滞纳金提供担保的行为。它包括经税务机关认可的有纳税担保能力的保证人为纳税人提供的纳税保证，以及纳税人或者第三人以其未设置或者未全部设置担保物权的财产提供的担保。

（1）适用纳税担保的情形。

① 税务机关有根据认为从事生产、经营的纳税人有逃避纳税义务行为，在规定的纳税期之前责令其限期缴纳应纳税款，在限期内发现纳税人有明显的转移、隐匿其应纳税的商品、货物，以及其他财产或者应纳税收入的迹象，责成纳税人提供纳税担保的。

② 欠缴税款、滞纳金的纳税人或者其法定代表人需要出境的。

③ 纳税人同税务机关在纳税事项上发生争议而未缴清税款，需要申请行政复议的。

④ 税收法律、行政法规规定可以提供纳税担保的其他情形。

（2）纳税担保范围。**纳税担保范围包括税款、滞纳金和实现税款、滞纳金的费用。**费用包括抵押、质押登记费用，质押保管费用，以及保管、拍卖、变卖担保财产等相关费用支出。

用于纳税担保的财产、权利的价值不得低于应当缴纳的税款、滞纳金，并考虑相关的费用。纳税担保的财产价值不足以抵缴税款、滞纳金的，税务机关应当向提供担保的纳税人或纳税担保人继续追缴。用于纳税担保的财产、权利的价格，除法律、行政法规另有规定外，参照同类商品的市场价、出厂价或者评估价估算。

纳税担保的
方式有哪些？

【即问即答】（2022年单选题）根据税收征收管理法律制度的规定，关于税务机关在保证期间内要求纳税保证人承担保证责任的下列表述中，正确的是（　　）。

A.税务机关可以直接要求纳税保证人缴纳税款，但不包括滞纳金

B.税务机关可以直接要求纳税保证人缴纳税款和滞纳金

C.税务机关应先对纳税人采取强制执行措施，不足部分才可要求纳税保证人缴纳税款和滞纳金

D.税务机关应先对纳税人采取强制执行措施，不足部分才可要求纳税保证人缴纳税款，但不包括滞纳金

【答案】B。

3.采取税收保全措施

税务机关认为有逃避纳税义务行为的纳税人具有税法规定的情形，责令其提供纳税担保而纳税人不能提供纳税担保的，经县以上税务局（分局）局长批准，税务机关可以采取税收保全措施。

（1）适用税收保全的前提条件。

① 税务机关有根据认为从事生产、经营的纳税人有逃避纳税义务行为。

② 纳税人逃避纳税义务的行为发生在规定的纳税期之前，以及在责令限期缴纳应纳税款的限期内。

③ 税务机关责成纳税人提供纳税担保后，纳税人不能提供纳税担保。

④ 经县以上税务局（分局）局长批准。

（2）税收保全的措施。

① 书面通知纳税人开户银行或者其他金融机构冻结纳税人的金额相当于应纳税款

的存款。

②扣押、查封纳税人的价值相当于应纳税款的**商品、货物或者其他财产**。其他财产包括纳税人的房地产、现金、有价证券等不动产和动产。

（3）不适用税收保全的财产。

个人及其所扶养家属维持生活必需的住房和用品，不在税收保全措施的范围之内。需要注意的是，个人及其所扶养家属维持生活必需的住房和用品**不包括**机动车辆、金银饰品、古玩字画、豪华住宅或者一处以外的住房。个人所扶养家属，是指与纳税人共同居住生活的配偶、直系亲属及无生活来源并由纳税人扶养的其他亲属。

税务机关对**单价5 000元以下的其他生活用品，不采取税收保全措施。**

（4）税收保全措施的期限。

税务机关采取税收保全措施的期限一般不得超过6个月；重大案件需要延长的，应当报国家税务总局批准。

（5）税收保全措施的解除。

① 纳税人在规定期限内缴纳了应纳税款的，税务机关必须立即解除税收保全措施。

② 纳税人在规定的限期期满仍未缴纳税款的，经县以上税务局（分局）局长批准，终止保全措施，转入强制执行措施。

4.采取强制执行措施

从事生产、经营的纳税人、扣缴义务人未按照规定的期限缴纳或者解缴税款，纳税担保人未按照规定的期限缴纳所担保的税款，由税务机关责令限期缴纳，逾期仍未缴纳的，经县以上税务局（分局）局长批准，税务机关可以采取强制执行措施。

（1）适用强制执行的对象。

① 未按照规定的期限缴纳或者解缴税款，经税务机关责令限期缴纳，逾期仍未缴纳税款的从事生产、经营的纳税人、扣缴义务人。

② 未按照规定的期限缴纳所担保的税款，经税务机关责令限期缴纳，逾期仍未缴纳税款的纳税担保人。

（2）强制执行的措施。

经县以上税务局（分局）局长批准，税务机关可以采取下列强制执行措施：

① **强制扣款**，即书面通知其开户银行或者其他金融机构从其存款中扣缴税款。

② **拍卖变卖**，即扣押、查封、依法拍卖或者变卖其价值相当于应纳税款的商品货物或者其他财产，以拍卖或者变卖所得抵缴税款。

个人及其所扶养家属维持生活必需的住房和用品，不在强制执行措施的范围之内。税务机关对单价5 000元以下的其他生活用品，不采取强制执行措施。

（3）滞纳金的执行。

税务机关采取强制执行措施时，对纳税人、扣缴义务人、纳税担保人未缴纳的滞纳金同时强制执行。对纳税人已缴纳税款，但拒不缴纳滞纳金的，税务机关可以单独对纳税人应缴未缴的滞纳金采取强制措施。

【即问即答】（2022年单选题）根据税收征收管理法律制度的规定，纳税人的下列财产中，不适用税收保全措施的是（   ）。

A.金银饰品   B.用于日常上下班的小汽车

C.家庭唯一一套普通住房   D.古玩字画

【答案】C。

5.欠税清缴

（1）离境清缴。

欠缴税款的纳税人或其法定代表人需要出境的，应当在出境前向税务机关结清应纳税款、滞纳金或者提供担保。

（2）税收代位权和撤销权。

欠缴税款的纳税人因怠于行使到期债权，或者放弃到期债权，或者无偿转让财产，或者以明显不合理的低价转让财产而受让人知道该情形，对国家税收造成损害的，税务机关可以依法行使代位权、撤销权。税务机关依法行使代位权、撤销权的，不免除欠缴税款的纳税人尚未履行的纳税义务和应承担的法律责任。

（3）欠税报告。

纳税人有欠税情形而以其财产设定抵押、质押的，应当向抵押权人、质权人说明其欠税情况。抵押权人、质权人可以请求税务机关提供有关的欠税情况。

纳税人有解散、撤销、破产情形的，在清算前应当向其主管税务机关报告；未结清税款的，由其主管税务机关参加清算。

纳税人有合并、分立情形的，应当向税务机关报告，并依法缴清税款。纳税人合并时未缴清税款的，应当由合并后的纳税人继续履行未履行的纳税义务；纳税人分立时未缴清税款的，分立后的纳税人对未履行的纳税义务应当承担连带责任。

欠缴税款5万元以上的纳税人在处分其不动产或者大额资产之前，应当向税务机关报告。

（4）欠税公告。

县级以上各级税务机关应当将纳税人的欠税情况，在办税场所或者广播、电视、报纸、期刊、网络等新闻媒体上定期公告。对纳税人欠缴税款的情况实行定期公告的办法，由国家税务总局制定。

6.税收优先权

税务机关征收税款，税收优先于无担保债权，法律另有规定的除外。纳税人欠缴的税款发生在纳税人以其财产设定抵押、质押或者纳税人的财产被留置之前的，税收应当先于抵押权、质权、留置权执行。

纳税人欠缴税款，同时又被行政机关决定处以罚款、没收违法所得的，税收优先于罚款、没收违法所得。

【即问即答】（2021年多选题）下列关于税款优先权的说法中，正确的有（   ）。

A.税款优先于无担保债权   B.税款优先于罚款

C.税款优先于没收违法所得   D.税款优先于抵押权

【答案】ABC。

7.阻止出境

欠缴税款的纳税人或者其法定代表人在出境前未按规定结清应纳税款、滞纳金或者提供纳税担保的，税务机关可以通知出入境管理机关阻止其出境。

（五）税款征收的其他规定

1.税收减免

纳税人依照法律、行政法规的规定办理减税、免税。地方各级人民政府、各级人民政府主管部门、单位和个人违反法律、行政法规规定，擅自作出的减税、免税决定无效，税务机关不得执行，并向上级税务机关报告。

享受减税、免税优惠的纳税人，减税、免税期满，应当自期满次日起恢复纳税；减税、免税条件发生变化的，应当在纳税申报时向税务机关报告；不再符合减税、免税条件的，应当依法履行纳税义务；未依法纳税的，税务机关应当予以追缴。

2.税款的退还

（1）税务机关主动退还。

纳税人超过应纳税额缴纳的税款，税务机关发现后，应当自发现之日起"10日"内办理退还手续。

（2）纳税人要求退还。

①**纳税人自结算缴纳税款之日起"3年"内发现多缴税款的，可以向税务机关要求退还多缴的税款并加算银行同期存款利息。**

②税务机关应当自接到纳税人退还申请之日起"30日"内查实并办理退还手续。

③加算银行同期存款利息的多缴税款退税，不包括依法预缴税款形成的结算退税、出口退税和各种减免退税。

④退税利息按照税务机关办理退税手续当天中国人民银行规定的活期存款利率计算。

⑤纳税人既有应退税款又有欠缴税款的，税务机关可以将应退税款和利息先抵扣欠缴税款。

3.税款的补缴与追缴

税款的补缴与追缴见表4-5。

表4-5　　　　　　　　　　　税款的补缴与追缴

责任方及原因			补缴、追缴时间	是否加收滞纳金
税务机关			3年	否
纳税人、扣缴义务人	计算错误等失误导致	一般情况	3年	是
		累计数额在10万元以上	5年	是
	逃税、抗税、骗税		无限期追征	是

【提示】补缴和追缴税款、滞纳金的期限，自纳税人、扣缴义务人应缴未缴或者少缴税款之起计算。

【即问即答】（2023年单选题）根据税收征收管理法律制度的规定，因税务机关的责任致使纳税人未缴纳或少缴纳税款的，税务机关在一定期限内，可要求纳税人补缴税款，该期限为（　　）年。

A.3　　　　　　　　B.5　　　　　　　　C.10　　　　　　　　D.6

【答案】**A**。

四、税务检查

税务检查又称纳税检查，是指税务机关根据税收法律、行政法规的规定，对纳税人、扣缴义务人履行纳税义务、扣缴义务及其他有关税务事项进行审查、核实、监督活动的总称。它是税收征收管理工作的一项重要内容，是确保国家财政收入和税收法律法规贯彻落实的重要手段。

如何开具无欠税证明？

（一）税务机关在税务检查中的职权和职责

1.税务检查的范围

税务机关有权进行下列税务检查：

（1）查账权。检查纳税人的账簿、记账凭证、报表和有关资料，检查扣缴义务人代扣代缴、代收代缴税款账簿、记账凭证和有关资料。

（2）场地检查权。到纳税人的生产、经营场所和货物存放地检查纳税人应纳税的商品、货物或者其他财产，检查扣缴义务人与代扣代缴、代收代缴税款有关的经营情况。

（3）责成提供资料权。责成纳税人、扣缴义务人提供与纳税或者代扣代缴、代收代缴税款有关的文件、证明材料和相关资料。

（4）询问权。询问纳税人、扣缴义务人与纳税或者代扣代缴、代收代缴税款有关的问题和情况。

（5）交通邮政检查权。到车站、码头、机场、邮政企业及其分支机构检查纳税人托运、邮寄应纳税商品、货物或者其他财产的有关单据、凭证和相关资料。

（6）存款账户查询权。经县以上税务局（分局）局长批准，指定专人负责，凭全国统一格式的检查存款账户许可证明，查询从事生产、经营的纳税人、扣缴义务人在银行或者其他金融机构的存款账户，并有责任为被检查人保守秘密。税务机关在调查税收违法案件时，经设区的市、自治州以上税务局（分局）局长批准，可以查询案件涉嫌人员的储蓄存款。税务机关查询所获得的资料，不得用于税收以外的用途。

2.税务检查的措施与手段

税务机关对从事生产、经营的纳税人以前纳税期的纳税情况依法进行税务检查时，发现纳税人有逃避纳税义务行为，并有明显的转移、隐匿其应纳税的商品、货物及其他财产或者应纳税的收入的迹象的，可以按照税收征收管理法规定的批准权限采取税收保全措施或者强制执行措施。

税务机关调查税务违法案件时，对与案件有关的情况和资料，可以记录、录音、录像、照相和复制。税务机关依法进行税务检查时，有权向有关单位和个人调查纳税人、扣缴义务人和其他当事人与纳税或者代扣代缴、代收代缴税款有关的情况。

3.税务机关在税务检查中的职责

税务机关派出的人员进行税务检查时，应当出示税务检查证和税务检查通知书，并有责任为被检查人保守秘密；未出示税务检查证和税务检查通知书的，被检查人有权拒绝检查。

【即问即答】（2021年多选题）根据税收征收管理法律制度的规定，下列各项中，属于税务机关派出人员在税务检查中应履行的职责有（   ）。

A.出示税务检查通知书   B.出示税务机关组织机构代码证

C.为被检查人保守秘密   D.出示税务检查证

【答案】ACD。

（二）被检查人的义务

纳税人、扣缴义务人必须接受税务机关依法进行的税务检查，如实反映情况，提供有关资料，不得拒绝、隐瞒。

税务机关依法进行税务检查，向有关单位和个人调查纳税人、扣缴义务人和其他当事人与纳税或者代扣代缴、代收代缴税款有关的情况时，有关单位和个人有义务向税务机关如实提供有关资料及证明材料。

你知道纳税信用等级吗？

你知道税收违法行为检举吗？

哪些重大税收违法失信案件信息要公布？

任务实施

针对"任务布置"中的经济业务，相关解析如下：

第一步，判断税务机关行使的权利和纳税人应履行的义务。

本案中，区税务局要求该企业提供企业经营账簿，属于依法行使查账权，该企业负责人应当主动履行纳税人接受检查的义务，配合区税务局的检查，并积极提供经营账簿，如实向税务机关反映自己的生产经营情况。该企业负责人最终还是履行了自己接受检查的义务，否则将依法由税务机关责令改正，可以处10 000元以下的罚款，情节严重的，处10 000元以上50 000元以下的罚款。

第二步，判断区税务局采取税收保全措施的行为是否得当。

本案中，该企业在税务机关规定的纳税期限内存在转移财产的行为，税务机关依法有权责令其提供纳税担保，该企业却未提供纳税担保，故税务机关可以采取进一步的税收保全措施，区税务局行为得当。

第三步，判断该企业提起行政诉讼的行为是否合理。

本案中，该企业在税务机关依法采取税收保全措施后，及时清缴了税款，其纳税义务已经履行完毕，税务机关不需要采取进一步的税收强制执行措施，应该及时解除税收保全措施，但区税务局未能及时解除保全措施，因此给纳税人造成了损失，故纳税人有权提起行政诉讼要求赔偿。

任务三　认识税务行政复议

🟢 任务布置 ◗◗◗

李某于2024年10月7日被某县的税务局罚款2 000元，王某是李某的好朋友，他认为税务局的处罚过重，遂于同年11月14日以自己的名义，向该县政府邮寄了行政复议申请书。由于邮局的原因，该县政府在2025年1月14日才收到上述行政复议申请书，该县政府在2025年1月24日以超过复议申请期限为由作出不予受理决定，并电话通知了王某。

任务：请根据《中华人民共和国行政复议法》的规定，回答下列问题：

（1）王某能否作为申请人申请行政复议？为什么？

（2）本案申请人的申请期限是否超期？为什么？

（3）县政府对王某的行政复议申请作出不予受理决定的期限是否符合《中华人民共和国行政复议法》的规定？如果不符合，县政府应在几日内作出？

（4）县政府电话通知王某不予受理的做法是否符合《中华人民共和国行政复议法》的规定？如果不符合，其应当采用什么方式？

（5）如果李某申请行政复议，县政府能否受理？如果不能，李某应当向哪个机关提出申请？

🟢 知识准备 ◗◗◗

一、税务行政复议的概念

税务行政复议，是指纳税人和其他税务当事人对税务机关的税务行政行为不服，依法向上级税务机关提出申诉，请求上一级税务机关对原具体行政行为的合理性、合法性作出审议；复议机关依法对原行政行为的合理性、合法性作出裁决的行政司法活动。2010年2月10日，国家税务总局令第21号公布了《税务行政复议规则》，有效地防止和纠正了违法的或者不当的行政行为，监督和保障了税务机关依法行使职权，保护公民、法人和其他组织的合法权益。

二、税务行政复议管辖

（一）复议管辖的一般规定

1. 对各级税务局的行政行为不服的，向其上一级税务局申请行政复议。

你知道税务行政复议的范围有哪些吗？

2. 对计划单列市税务局的行政行为不服的，向国家税务总局申请行政复议。

3. 对税务所（分局）、各级税务局的稽查局的行政行为不服的，向其所属税务局申请行政复议。

4. 对国家税务总局的行政行为不服的，向国家税务总局申请行政复议。对行政复议决定不服，申请人可以向人民法院提起行政诉讼，也可以向国务院申请裁决。国务院的裁决为最终裁决。

（二）复议管辖的特殊规定

1. 对两个以上税务机关以共同的名义作出的行政行为不服的，向共同上一级税务机关申请行政复议；对税务机关与其他行政机关以共同的名义作出的具体行政行为不服的，向其共同上一级行政机关申请行政复议。

2. 对被撤销的税务机关在撤销以前所作出的行政行为不服的，向继续行使其职权的税务机关的上一级税务机关申请行政复议。

3. 对税务机关作出逾期不缴纳罚款加处罚款的决定不服的，向作出行政处罚决定的税务机关申请行政复议。但对已处罚款和加处罚款都不服的，应一并向作出行政处罚决定的税务机关的上一级税务机关申请行政复议。

【即问即答】（2023年单选题）高某因税务违法行为被 M 市 N 县税务局处以罚款，逾期未缴纳罚款又被 N 县税务局加处罚款。高某对罚款和加处罚款的决定均不服，欲申请行政复议，下列机关中，有权受理该税务行政复议申请的是（　　　）。

A.M 市税务局　　　　B.N 县税务局　　　　C.N 县人民政府　　　　D.M 市人民政府

【答案】A。

三、税务行政复议申请与受理

（一）税务行政复议申请

申请人可以自知道税务机关作出行政行为之日起60日内提出行政复议申请。因不可抗力或者被申请人设置障碍等原因耽误法定申请期限的，申请期限的计算应当扣除被耽误时间。

申请人对复议范围中征税行为不服的，应当先向复议机关申请行政复议，对行政复议决定不服的，可以再向人民法院提起行政诉讼。

申请人按前述规定申请行政复议的，必须依照税务机关根据法律、行政法规确定的税额、期限，先缴纳或者解缴税款及滞纳金，或者提供相应的担保，方可自实际缴清税款和滞纳金后或者所提供的担保得到作出行政行为的税务机关确认之日起60日内提出行政复议申请。

申请人对复议范围中税务机关作出的征税行为以外的其他行政行为不服的，可以申请行政复议，也可以直接向人民法院提起行政诉讼。

申请人对税务机关作出逾期不缴纳罚款加处罚款的决定不服的，应当先缴纳罚款和加处罚款，再申请行政复议。

申请人申请行政复议，可以书面申请，也可以口头申请。书面申请的，可以采取当面递交、邮寄、传真或者电子邮件等方式。口头申请的，复议机关应当当场制作行政复议申请笔录，交申请人核对或者向申请人宣读，并由申请人确认。

【即问即答】（2023年单选题）纳税人对税务机关作出的下列行政行为不服的，应当先向复议机关申请行政复议，对行政复议决定不服的，可以再向人民法院提起行政诉讼的是（　　）。

A.没收违法所得　　　　　　　　B.停止出口退税权

C.加收滞纳金　　　　　　　　　D.税收强制执行措施

【答案】C。

（二）税务行政复议受理

行政复议机关收到行政复议申请后，应当在5日内进行审查，决定是否受理。对符合规定的行政复议申请，自行政复议机关收到之日起即开始受理，并应当书面告知申请人。对不符合规定的行政复议申请，决定不予受理，并书面告知申请人。对不属于本机关受理的行政复议申请，应当告知申请人向有关行政复议机关提出。**行政复议机关收到行政复议申请以后未按照规定期限审查并作出不予受理决定的，视为受理。**

对应当先向行政复议机关申请行政复议，对行政复议决定不服再向人民法院提起行政诉讼的具体行政行为，行政复议机关决定不予受理或者受理以后超过行政复议期限不作答复的，申请人可以自收到不予受理决定书之日起或者行政复议期满之日起15日内，依法向人民法院提起行政诉讼。

申请人向行政复议机关申请行政复议，复议机关已经受理的，在法定行政复议期限内申请人不得向人民法院提起行政诉讼；申请人向人民法院提起行政诉讼，人民法院已经依法受理的，不得申请行政复议。

行政复议期间具体行政行为不停止执行，但有下列情形之一的，可以停止执行：①被申请人认为需要停止执行的；②行政复议机关认为需要停止执行的；③申请人申请停止执行，行政复议机关认为其要求合理，决定停止执行的；④法律、法规、规章规定停止执行的。

四、税务行政复议审查和决定

（一）税务行政复议审查

行政复议机关审理行政复议案件，应当由2名以上行政复议工作人员参加。行政复议工作人员应当具备与履行行政复议职责相适应的品行、专业知识和业务能力。税务机关中初次从事行政复议的人员，应当通过国家统一法律职业资格考试取得法律职业资格。

行政复议原则上采用当面或者通过互联网、电话等方式听取当事人的意见，并将听取的意见记录在案；因当事人原因不能听取意见的，可以书面审理。对重大、疑难、复杂的案件应当组织听证；行政复议机关认为有必要听证时，或者申请人请求听证的，行政复议机关可以组织听证。听证由1名行政复议人员任主持人，2名以上行政复议人员任听证员，1名记录员制作听证笔录。

行政复议机关应当全面审查被申请人的具体行政行为所依据的事实证据、法律程序、法律依据和设定的权利义务内容的合法性、适当性。

行政复议机关审查被申请人的行政行为时，认为其依据不合法，本机关有权处理的，应当在30日内依法处理；无权处理的，应当在7个工作日内按照法定程序逐级转送有权处理的国家机关依法处理。处理期间，中止对具体行政行为的审查。

（二）税务行政复议决定

行政复议机关审理税务行政复议案件，由行政复议机关对行政行为进行审查，提出意见，经行政复议机关的负责人同意或者集体讨论通过后，以行政复议机关的名义作出行政复议决定。经过听证的税务行政复议案件，行政复议机关应当根据听证笔录、审查认定的事实和证据，作出行政复议决定。

行政复议机关应当**自受理申请之日起60日内作出行政复议决定**。情况复杂、不能在规定期限内作出行政复议决定的，经行政复议机关负责人批准，可以适当延期，并告知申请人和被申请人，但延长期限不得超过30日。

行政复议机关作出行政复议决定，应当制作行政复议决定书，并加盖印章。**行政复议决定书一经送达，即发生法律效力。**

任务实施

针对"任务布置"中的经济业务，相关解析如下：

（1）王某不能作为申请人申请行政复议。因为只有被具体行政行为侵犯其合法权益的公民、法人和其他组织，才能作为申请人申请行政复议，本案中的王某与县税务局的具体行政行为没有利害关系，所以王某不能申请复议。

（2）没有超过期限。因为以邮寄方式申请行政复议的，以邮寄的邮戳日期为准，邮寄在途期间不计算期限，本案中的申请人没有超过法定申请期限。

（3）县政府作出不予受理决定的期限不符合《中华人民共和国行政复议法》的规定，县政府应当在5日内作出是否受理的决定。

（4）县政府电话通知不予受理的做法不符合《中华人民共和国行政复议法》的规定。县政府应当采用书面方式告知申请人。

（5）县政府不能受理。根据《中华人民共和国行政复议法》的规定，李某应当向县税务局的上一级主管部门（市税务局）申请行政复议。

任务四　明确税收法律责任

任务布置

据浙江省税务局官网消息，2021年12月20日，浙江省杭州市税务部门经税收大数据分析发现网络主播黄某涉嫌偷逃税款。经查，黄某在2019年至2020年期间，通过隐匿个人收入、虚构业务转换收入性质虚假申报等方式偷逃税款6.43亿元，其他少缴税款0.6亿元。在税务调查过程中，黄某能够配合并主动补缴税款5亿元，同时主动报告税务机关尚未掌握的涉税违法行为。综合考虑上述情况，国家税务总局杭州市税务局稽查局依据《中华人民共和国个人所得税法》《中华人民共和国税收征收管理法》《中华人民共和国行政处罚法》等相关法律法规规定，按照《浙江省税务行政处罚裁量基准》，对黄某追缴税款、加收滞纳金并处罚款，共计13.41亿元。其中，对隐匿收入偷税但主动补缴的5亿元和主动报告的少缴税款0.31亿元，处0.6倍罚款计3.19亿元；对隐匿收入偷税但未主动补缴的0.27亿元，处4倍罚款计1.09亿元；对虚构业务转换收入性质偷税少缴的1.16亿元，处1倍罚款计1.16亿元。

任务：你觉得是否应该对黄某追究刑事责任？

知识准备

一、税务管理相对人实施税收违反行为的法律责任

（一）违反税务管理规定的法律责任

1.纳税人有下列行为之一的，由税务机关责令限期改正，可以处2 000元以下的罚款；情节严重的，处2 000元以上1万元以下的罚款：

（1）未按照规定设置、保管账簿或者保管记账凭证和有关资料的。

（2）未按照规定将财务、会计制度或者财务、会计处理办法和会计核算软件报送税务机关备查的。

（3）未按照规定将其全部银行账号向税务机关报告的。

（4）未按照规定安装、使用税控装置，或者损毁或者擅自改动税控装置的。

2.扣缴义务人未按照规定设置、保管代扣代缴、代收代缴税款账簿或者保管代扣代缴、代收代缴税款记账凭证及有关资料的，由税务机关责令限期改正，可以处2 000元以下的罚款；情节严重的，处2 000元以上5 000元以下的罚款。

3.纳税人未按照规定的期限办理纳税申报和报送纳税资料，或者扣缴义务人未按照规定的期限向税务机关报送代扣代缴、代收代缴税款报告表和有关资料的，由税务机关责令限期改正，可以处2 000元以下的罚款；情节严重的，处2 000元以上1万元以下的罚款。

4.纳税人、扣缴义务人编造虚假计税依据的，由税务机关责令限期改正，并处5万元以下的罚款。

5.非法印制、转借、倒卖、变造或者伪造完税凭证的，由税务机关责令改正，处2 000元以上1万元以下的罚款；情节严重的，处1万元以上5万元以下的罚款；构成犯罪的，依法追究刑事责任。

6.银行和其他金融机构未依照税收征收管理法的规定在从事生产、经营的纳税人的账户中登录税务登记证件号码，或者未按规定在税务登记证件中登录从事生产、经营的纳税人的账户账号的，由税务机关责令其限期改正，处2 000元以上2万元以下的罚款；情节严重的，处2万元以上5万元以下的罚款。

7.扣缴义务人应扣未扣、应收而不收税款的，由税务机关向纳税人追缴税款，对扣缴义务人处应扣未扣、应收未收税款50%以上3倍以下的罚款。

8.税务代理人违反税收法律、行政法规，造成纳税人未缴或者少缴税款的，除由纳税人缴纳或者补缴应纳税款、滞纳金外，对税务代理人处纳税人未缴或者少缴税款50%以上3倍以下的罚款。

【即问即答】（2022年判断题）扣缴义务人首次未按照规定开具税收票证的，考虑其后果轻微，不予行政处罚。（　　）

【答案】×。上述情形危害后果轻微，在税务机关发现前主动改正或者在税务机关责令限期改正的期限内改正的，不予行政处罚。

你知道什么是首违不罚吗？

（二）偷税（逃税）行为的法律责任

偷税（逃税）行为，是指纳税人采取欺骗、隐瞒手段进行虚假纳税申报或者不申报，逃避缴纳税款的行为。

纳税人采取伪造、变造、隐匿、擅自销毁账簿、记账凭证，或者在账簿上多列支出或者不列、少列收入，或者经税务机关通知申报而拒不申报或者进行虚假的纳税申报，不缴或者少缴应纳税款的，由税务机关追缴其不缴或者少缴的税款、滞纳金，并处不缴或者少缴的税款50%以上5倍以下的罚款。

纳税人采取欺骗、隐瞒手段进行虚假纳税申报或者不申报，逃避缴纳税款数额较大并且占应纳税额10%以上的，处3年以下有期徒刑或者拘役，并处罚金；数额巨大并且占应纳税额30%以上的，处3年以上7年以下有期徒刑，并处罚金。对多次实施前述行为，未经处理的，按照累计数额计算。

有上述行为，经税务机关依法下达追缴通知后，补缴应纳税款，缴纳滞纳金，已受行政处罚的，不予追究刑事责任；但是，5年内因逃避缴纳税款受过刑事处罚或者被税务机关给予2次以上行政处罚的除外。

扣缴义务人采取上述手段，不缴或者少缴已扣、已收税款，由税务机关追缴其不缴或者少缴的税款、滞纳金，并处不缴或者少缴的税款50%以上5倍以下的罚款；构成犯罪的，依法追究刑事责任。

【即问即答】（2021年单选题）根据税收征收管理法律制度的规定，纳税人发生的下列行为中，属于逃税行为的是（　　　）。

A.以暴力、威胁方法，拒不缴纳税款的

B.在账簿上多列支出、少列收入，少缴应纳税款的

C.未按照规定的期限办理纳税申报和报送纳税资料的

D.假报出口，骗取国家出口退税款的

【答案】B。

（三）欠税行为的法律责任

税务局翻旧账可以向前翻几年？

欠税行为，是指纳税人欠缴应纳税款，采取转移或者隐匿财产的手段，妨碍税务机关追缴欠缴的税款的行为。

纳税人欠税的,由税务机关追缴欠缴的税款、滞纳金,并处欠缴税款50%以上5倍以下的罚款;构成犯罪的,依法追究刑事责任。

(四)抗税行为的法律责任

抗税行为,是指纳税人、扣缴义务人以暴力、威胁方法拒不缴纳税款的行为。

对抗税行为,除由税务机关追缴其拒缴的税款、滞纳金外,应依法追究刑事责任。情节轻微,未构成犯罪的,由税务机关追缴其拒缴的税款、滞纳金,并处拒缴税款1倍以上5倍以下的罚款。

(五)骗税行为的法律责任

骗税行为,是指纳税人以假报出口或者其他欺骗手段,骗取国家出口退税款的行为。

纳税人有骗税行为,由税务机关追缴其骗取的退税款,并处骗取税款1倍以上5倍以下的罚款;构成犯罪的,依法追究刑事责任。

对骗取国家出口退税款的,税务机关可以在规定期间停止为其办理出口退税。

为纳税人、扣缴义务人非法提供银行账户、发票、证明或者其他方便,导致未缴、少缴税款或者骗取国家出口退税款的,税务机关除没收其违法所得外,可以处未缴、少缴或者骗取的税款1倍以下的罚款。

(六)纳税人、扣缴义务人不配合税务机关进行税务检查的法律责任

税务检查期间,纳税人、扣缴义务人发生不配合税务机关进行税务检查的下列行为,由税务机关责令改正,可以处1万元以下的罚款;情节严重的,处1万元以上5万元以下的罚款:

1.逃避、拒绝或者以其他方式阻挠税务机关检查的。

2.提供虚假资料,不如实反映情况,或者拒绝提供有关资料的。

3.拒绝或者阻止税务机关记录、录音、录像、照相和复制与案件有关的情况和资料的。

4.转移、隐匿、销毁有关资料的。

5.有不依法接受税务检查的其他情形的。

二、税务行政主体实施税收违法行为的法律责任

(一)渎职行为的法律责任

1.税务人员徇私舞弊,对依法应当移交司法机关追究刑事责任的不移交,情节严重的,依法追究刑事责任。

2.税务人员利用职务上的便利,收受或者索取纳税人、扣缴义务人财物或者牟取其他不正当利益,构成犯罪的,依法追究刑事责任;未构成犯罪的,依法给予行政处分。

3.税务人员徇私舞弊或者玩忽职守,不征或者少征应征税款,致使国家税收遭受重大损失,构成犯罪的,依法追究刑事责任;未构成犯罪的,依法给予行政处分。

4.税务人员滥用职权,故意刁难纳税人、扣缴义务人的,调离税收工作岗位,并依法给予行政处分。

5.税务人员对控告、检举税收违法行为的纳税人、扣缴义务人及其他检举人进行打

击报复的，依法给予行政处分；构成犯罪的，依法追究刑事责任。

（二）其他违法行为的法律责任

1. 税务机关违反规定擅自改变税收征收管理范围和税款入库预算级次的，责令限期改正，对直接负责的主管人员和其他直接责任人员依法给予降级或者撤职的行政处分。

2. 税务人员在征收税款或者查处税收违法案件时，未按照税收征收管理法的规定进行回避的，对直接负责的主管人员和其他直接责任人员，依法给予行政处分；未按照税收征收管理法的规定为纳税人、扣缴义务人、检举人保密的，对直接负责的主管人员和其他直接责任人员，由所在单位或者有关单位依法给予行政处分。

3. 税务人员与纳税人、扣缴义务人勾结，唆使或者协助纳税人、扣缴义务人实施税收违法行为，构成犯罪的，依法追究刑事责任；未构成犯罪的，依法给予行政处分。

4. 税务人员私分扣押、查封的商品、货物或者其他财产，情节严重，构成犯罪的，依法追究刑事责任；未构成犯罪的，依法给予行政处分。

5. 违反法律、行政法规的规定提前征收、延缓征收或者摊派税款的，由其上级机关或者行政监察机关责令改正，对直接负责的主管人员和其他直接责任人员依法给予行政处分。

6. 违反法律、行政法规的规定，擅自作出税收的开征、停征或者减税、免税、退税、补税及其他同税收法律、行政法规相抵触的决定的，除按照税收征收管理法的规定撤销其擅自作出的决定外，补征应征未征税款，退还不应征收而征收的税款，并由上级机关追究直接负责的主管人员和其他直接责任人员的行政责任；构成犯罪的，依法追究刑事责任。

任务实施

针对"任务布置"中的经济业务，相关解析如下：

《中华人民共和国刑法》第二百零一条规定，纳税人有逃避缴纳税款行为的，经税务机关依法下达追缴通知后，补缴应纳税款，缴纳滞纳金，已受到行政处罚的，不予追究刑事责任；但是，5年内因逃避缴纳税款受过刑事处罚或者被税务机关给予2次以上行政处罚的除外。本案中，黄薇首次被税务机关按偷税予以行政处罚且此前未因逃避缴纳税款受过刑事处罚，若其能在规定期限内缴清税款、滞纳金和罚款，则依法不予追究刑事责任；若其在规定期限内未缴清税款、滞纳金和罚款，税务机关将依法移送公安机关处理。

项目五

解读增值税法律制度

知识目标

1. 掌握增值税的纳税人和扣缴义务人
2. 掌握增值税征税范围
3. 掌握增值税应纳税额的计算
4. 掌握增值税专用发票使用规定
5. 熟悉增值税税收优惠和征收管理
6. 熟悉全面数字化电子发票
7. 了解增值税税率、征收率和纳税申报表
8. 了解增值税出口退税

能力目标

1. 能运用增值税法律知识分析典型税务案例
2. 能解读增值税优惠政策并判断适用条件
3. 能识别企业增值税管理中的常见风险点

素质目标

1. 强化对增值税法律规范的敬畏心，杜绝虚开发票、骗税等违法行为
2. 培养税务筹划的合规意识，避免激进的避税行为
3. 提升增值税政策敏感度，增强本质及影响理解力，养成主动适应习惯

价值引领

我国第一大税种增值税有了专门法律　现行18个税种已有14个完成立法

2024年12月25日，十四届全国人大常委会第十三次会议通过了《中华人民共和国增值税法》，自2026年1月1日起施行。围绕增值税法制定的背景、主要内容及下一步税收立法工作安排，记者采访了全国人大常委会法工委经济法室主任杨合庆。

增值税是我国第一大税种。2023年国内增值税收入6.93万亿元，进口环节增值税收入1.84万亿元，出口退税1.71万亿元，增值税收入合计7.06万亿元，约占全部税收收入的39%。

杨合庆指出，增值税作为流转税、价外税，对货物、服务、无形资产、不动产在流转过程中产生的增值额予以征税，采用"上征下抵"的征收机制，在保障税款征收的同时，可有效避免重复征税，体现了税收中性。

"增值税法保持增值税税制基本稳定、税负水平总体不变，同时，总结实践经验、体现改革成果，对于健全有利于高质量发展的增值税制度，规范增值税的征收和缴纳，保护纳税人的合法权益，具有重要意义。"杨合庆说。

增值税法共6章38条。其中明确税率和应纳税额，即维持现行13%、9%、6%三档税率不变，对部分货物、服务出口适用零税率。

在规范征收管理方面，增值税法明确增值税由税务机关征收，进口货物的增值税由海关代征，并对增值税的纳税义务发生时间、纳税地点、计税期间、扣缴义务人等作了规定。

党的二十届三中全会对深化财税体制改革作出全面部署，对优化税制结构、规范税收优惠政策、完善增值税留抵退税政策和抵扣链条等提出明确要求。

随着增值税法制定出台，我国现行18个税种中已经有14个完成立法，涵盖了大部分的税收收入，全面落实税收法定原则取得重要进展。

杨合庆表示，全国人大常委会法工委将会同有关方面按照党中央决策部署，加快推进有关税收立法进程，为在法治轨道上推动高质量发展提供坚实保障；同时坚持在法治下推进改革、在改革中完善法治，实现税收立法与改革决策相衔接、相统一，根据深化税制改革需要，推动及时制定、修改相关税收法律。

资料来源：李万祥. 我国第一大税种增值税有了专门法律 现行18个税种已有14个完成立法［EB/OL］.［2024-12-26］. http://czj.zjtz.gov.cn/art/2024/12/26/art_1229046408_58935202.html.

请思考： 随着增值税立法的不断推进，会给我们带来哪些影响？

任务一　认识增值税基本纳税规定

任务布置

广州市宏伟机械制造有限责任公司为一般纳税人，2025年3月发生以下经济业务：

（1）向天天商场销售复印机产品100台，该商场在当月20天内付清货款，遂给予了5%的销售折扣。

（2）销售给某小规模纳税人一台复印机，售价为1 755元。

（3）上门为已过保修期的客户修理复印机，收到修理费8 000元。

（4）销售200台复印机给北京立津百货公司，收到款项351 000元；由公司车队提供运输和装卸服务，分别收取款项5 550元和1 060元。

（5）外购一批食用油，发放给职工作为第四季度的福利。

（6）从境外进口原材料用于晶片周转设备的生产，于3月22日报关进口。

（7）将自产的复印机10台捐赠给某小学。

（8）销售公司自用3年的小汽车一辆，当初购入时未抵扣进项税额。

任务：请判断，该公司上述经济业务是否属于增值税征税范围，并应按何种税率、何种税目征税？

知识准备

增值税是对在流转交易环节实现的增值额征收的一种税。增值税是我国现阶段税收收入规模最大的税种。2016年5月1日，我国全面实施"营改增"。2024年12月25日第十四届全国人民代表大会常务委员会第十三次会议通过《中华人民共和国增值税法》，自2026年1月1日起施行。

【说明】由于实施细则等配套文件尚未出台，本任务将以备注的方式对新增值税法的内容进行说明、提示。

一、增值税概念及特点

（一）增值税概念

增值税是对在我国境内销售货物、服务、无形资产、不动产，以及进口货物的单位和个人（包括个体工商户），就其取得的增值额为征税对象征收的一种流转税。

（二）增值税特点

1.不重复征税

增值税实行税款抵扣制度，在计算应纳税款时已扣除以前环节已负担的增值税税款，避免了重复征税。

2.道道征税、税基广

从生产到批发和零售的各个环节都要征收增值税，使得增值税税基较其他间接税都要广泛。

3.税负公平

就同一商品而言，无论环节多少，只要增值额相同，税负就相等，以体现公平税负。

4.价外征收

增值税实行价税分离，即作为计税依据的销售额中不包含增值税税额。

二、增值税纳税人

（一）纳税人及扣缴义务人

在中华人民共和国境内（以下称境内）销售货物、服务、无形资产、不动产（以下称应税交易），以及进口货物的单位和个人（包括个体工商户），为增值税的纳税人。

单位，是指企业、行政单位、事业单位、军事单位、社会团体及其他单位；个人，是指个体户和其他个人。单位以承包、承租、挂靠方式经营的，承包人、承租人、挂靠人（以下简称承包人）以发包人、出租人、被挂靠人（以下简称发包人）名义对外经营并由发包人承担相关法律责任的，以该发包人为纳税人；否则，以承包人为纳税人。

资管产品运营过程中发生的增值税应税行为，以资管产品管理人为增值税纳税人。

（二）纳税人分类及区分标准

根据纳税人的经营规模和会计核算健全程度不同，将增值税纳税人**划分为小规模纳税人和一般纳税人**。

1.小规模纳税人

小规模纳税人，是指年应征增值税销售额未超过500万元的纳税人。年销售额是指连续12个月或者连续4个季度累计应征增值税销售额，包括纳税申报的销售额、稽查查补销售额、纳税评估调整销售额。

小规模纳税人会计核算健全，能够提供准确税务资料的，可以向主管税务机关办理登记，按照税法规定的一般计税方法计算缴纳增值税。

根据国民经济和社会发展的需要，国务院可以对小规模纳税人的标准作出调整，报全国人民代表大会常务委员会备案。

自2020年2月1日起，增值税小规模纳税人（其他个人除外）发生增值税应税行为，需要开具增值税专用发票的，可以自愿使用增值税发票管理系统自行开具。

2.一般纳税人

一般纳税人，是指年应税销售额超过财政部、国家税务总局规定的小规模纳税人标准的企业和企业性单位。

一般纳税人实行登记制，除另有规定外，应当向税务机关办理登记手续。

下列纳税人不办理一般纳税人登记：

（1）按照政策规定，选择按照小规模纳税人纳税的；

（2）年应税销售额超过规定标准的其他个人。

纳税人自一般纳税人生效之日起，按照增值税一般计税方法计算应纳税额，并可以按照规定领用增值税专用发票，财政部、国家税务总局另有规定的除外。

纳税人登记为一般纳税人后，不得转为小规模纳税人，国家税务总局另有规定的除外。

3.扣缴义务人

境外单位和个人在境内发生应税交易，以购买方为扣缴义务人；按照国务院的规定委托境内代理人申报缴纳税款的除外。

【即问即答】（2023年单选题）根据增值税法律制度的规定，建筑企业年应税销售额超过一定金额的可以申请登记为一般纳税人，该金额是（　　）万元。

A.300　　　　　　　B.500　　　　　　　C.200　　　　　　　D.1 000

【答案】B。

三、增值税征税范围

增值税征税范围包括在中国境内销售货物、服务、无形资产、不动产（以下称应税交易），以及进口货物。

销售货物、服务、无形资产、不动产，是指有偿转让货物、不动产的所有权，有偿提供服务，有偿转让无形资产的所有权或者使用权。

（一）应税交易

1.销售货物

销售货物，是指在中国境内有偿转让货物的所有权的行为。

货物，是指有形动产，包括电力、热力、气体等在内。有偿，是指从购买方取得货币、货物或者其他经济利益。

2销售服务

销售服务的范围及释义见表5-1。

表5-1　　　　　　　　　　　　　　销售服务的范围及释义

销售服务名称	项目范围	释义
加工、修理修配服务	是指有偿提供加工、修理修配服务，加工、修理修配服务的对象是商品	加工，是指受托加工货物，即委托方提供原料及主要材料，受托方按照委托方的要求，制造货物并收取加工费的业务；修理修配，是指受托对损伤和丧失功能的货物进行修复，使其恢复原状和功能的业务。 单位或者个体工商户聘用的员工为本单位或者雇主提供加工、修理修配服务，不缴纳增值税
交通运输服务	包括铁路运输服务、陆路旅客运输服务、陆路货物运输服务、水路运输服务、航空运输服务、管道运输服务	是指利用交通工具将货物或旅客送达目的地的业务活动。 出租车公司向使用本公司自有出租车的出租车司机收取的管理费，按照陆路运输服务缴纳增值税。 水路运输的程租、期租业务，属于水路运输服务。 无运输工具承运业务，按照交通运输服务缴纳增值税

销售服务名称	项目范围	释义
邮政服务	邮政普遍服务	是指函件、包裹等邮件寄递，以及邮票发行、报刊发行和邮政汇兑等业务活动
	邮政特殊服务	是指义务兵平常信函、机要通信、盲人读物和革命烈士遗物的寄递等业务活动
	其他邮政业务	是指邮册等邮品销售、邮政代理等业务活动
电信服务	基础电信服务	利用固网、移动网、卫星、互联网，提供语音通话服务的业务活动，以及出租或出售带宽、波长等网络元素的业务活动
	增值电信服务、卫星电视信号落地转接服务	是指利用固网、移动网、卫星、互联网、有线电视网络，提供短信和彩信服务、电子数据和信息的传输及应用服务、互联网接入服务等业务活动
现代服务	研发和技术服务	包括研发服务、合同能源管理服务、工程勘察勘探服务、专业技术服务
	信息技术服务	包括软件服务、电路设计及测试服务、信息系统服务、业务流程管理服务和信息系统增值服务
	文化创意服务	包括设计服务、知识产权服务、广告服务和会议展览服务
	物流辅助服务	包括航空服务、港口码头服务、货运客运场站服务、打捞救助服务、装卸搬运服务、仓储服务和收派服务
	租赁服务	包括融资租赁服务和经营租赁服务，但融资性售后回租按金融服务征收增值税。 将建筑物、构筑物等不动产或者飞机、车辆等有形动产的广告位出租给其他单位或者个人用于发布广告，按照经营租赁服务缴纳增值税。车辆停放服务、道路通行服务（包括过路、过桥费、过闸费等）等按照不动产经营租赁服务缴纳增值税
	鉴证咨询服务	包括认证服务、鉴证服务和咨询服务，翻译服务和市场调查服务也按照咨询服务缴纳增值税
	广播影视服务	包括广播影视节目的制作服务、发行服务和播映（含放映）服务
	商务辅助服务	包括企业管理服务、经纪代理服务、人力资源服务、安全保护服务
	其他现代服务	除上述之外的其他服务活动

续表

销售服务名称	项目范围	释义
建筑服务	工程服务	是指新建、改建各种建筑物、构筑物的工程作业
	安装服务	是指生产设备、动力设备、起重设备、运输设备、传动设备、医疗实验设备，以及其他各种设备、设施的装配、安置工程作业。固定电话、有线电视、宽带、水、电、燃气、暖气等经营者向用户收取的安装费、初装费、开户费、扩容费及类似收费，按照安装服务缴纳增值税
建筑服务	修缮服务	是指对建筑物、构筑物进行修补、加固、养护、改善，使之恢复原来的使用价值或延长使用期限的工程作业
	装饰服务	是指对建筑物、构筑物进行修饰装修，使之美观或者具有特定用途的工程作业
	其他建筑服务	是指上述工程作业之外的各种工程作业服务，如钻井（打井）、拆除建筑物、平整土地、园林绿化、疏浚（不包括航道疏浚）、搭脚手架、爆破等工程作业
金融服务	贷款服务	①各种占用、拆借资金取得的收入，包括金融商品持有期间利息收入、信用卡透支利息收入、买入返售金融商品利息收入、融资融券收取的利息收入，以及融资性售后回租、押汇、罚息、票据贴现、转贷等业务取得的利息收入；②以货币资金投资收取的固定利润或保底利润
	直接收费金融服务	包括提供货币兑换、账户管理、电子银行、信用卡、信用证、财务担保、资产管理、信托管理、基金管理、金融交易场所管理、资金结算、资金清算、金融支付等服务
	保险服务	包括人身保险服务和财产保险服务
	金融商品转让	是指转让外汇、有价证券、非货物期货和其他金融商品所有权的业务活动
生活服务	文化体育服务	是指文化业和体育业提供的服务
	教育医疗服务	是指教育行业和医疗行业提供的服务
	旅游娱乐服务	是指旅游业和娱乐业提供的服务
	餐饮住宿服务	是指餐饮业和住宿业提供的服务
	居民日常服务	包括市容市政管理、家政、婚庆、养老、殡葬、照料和护理、救助救济、美容美发、按摩、桑拿、氧吧、足疗、沐浴、洗染、摄影扩印等服务
	其他生活服务	除上述以外的其他生活服务

【备注】增值税法中"销售服务"包括了原《中华人民共和国增值税暂行条例》"加工、修理修配劳务和销售服务"，都属于服务范畴，语义更加清楚，避免混淆。

3.销售无形资产

销售无形资产的内容及释义见表5-2。

表5-2　　　　　　　　　　　　　　销售无形资产的内容及释义

序号	应税项目内容	释义
1	专利或非专利技术	转让专利技术和非专利技术的所有权或使用权的业务活动
2	商标和著作权	转让商标和著作权的所有权或使用权的业务活动
3	土地使用权	转让土地使用权的业务活动
4	其他自然资源使用权	转让除土地使用权以外的自然资源使用权的活动，包括海域使用权、探矿权、采矿权、取水权和其他自然资源使用权
5	其他权益性无形资产	转让除上述内容以外的其他权益性无形资产的所有权或使用权的活动，包括基础设施资产经营权、公共事业特许权、配额、经营权（含特许经营权、连锁经营管理权、其他经营权）、经销权、分销权、代理权、会员权、席位权、网络游戏虚拟道具、域名、名称权、肖像权、冠名权、转会费等

4.销售不动产

销售不动产，是指有偿转让不动产所有权的业务活动。不动产，是指不能移动或移动会引起性质、形状改变的建筑物、构筑物，不包括土地使用权。

建筑物包括住宅、商业营业用房、办公楼等建造物，构筑物包括道路、桥梁、隧道、水坝等建造物。

转让建筑物或构筑物有限产权或永久使用权，转让在建的建筑物或构筑物所有权，以及在转让建筑物或构筑物时一并转让其所占土地的使用权的，按照销售不动产缴纳增值税。

【即问即答】（2023年单选题）根据增值税法律制度的规定，下列各项中，应按照"销售不动产"税目计缴增值税的是（　　）。

A.将建筑物广告位出租给其他单位用于发布广告

B.自有厂房出租

C.提供车辆停放服务

D.转让建筑物永久使用权

【答案】D。

易错易混点：销售服务税目辨析

（二）进口货物

进口货物，是指申报进入中国海关境内的货物。凡报关进口的应税货物，无论进口后是自用还是销售，除享受免税政策外，在进口环节需要缴纳增值税。

（三）非应税交易的界定

1.增值税法第六条规定，有下列情形之一的，不属于应税交易，不征收增值税：

（1）员工为受雇单位或者雇主提供取得工资、薪金的服务。

（2）收取行政事业性收费、政府性基金。

（3）依照法律规定被征收、征用而取得补偿。

（4）取得存款利息收入。

2.目前不征收增值税项目主要有：

（1）根据国家指令无偿提供的铁路运输服务、航空运输服务，属于《营业税改征增值税试点实施办法》规定的用于公益事业的服务。

（2）被保险人获得的保险赔付。

（3）房地产主管部门或者其指定机构、公积金管理中心、开发企业，以及物业管理单位代收的住宅专项维修资金。

（4）在资产重组过程中，通过合并、分立、出售、置换等方式，将全部或者部分实物资产以及与其相关联的债权、负债和劳动力一并转让给其他单位和个人，其中涉及的不动产、土地使用权转让行为。

（5）在资产重组过程中，通过合并、分立、出售、置换等方式，将全部或者部分实物资产以及与其相关联的债权、负债和劳动力一并转让给其他单位和个人，不属于增值税的征税范围，其中涉及的货物转让，不征收增值税。

如何界定境内增值税征税范围？

（四）视同应税交易行为

增值税法第五条规定，有下列情形之一的，视同应税交易，应当依照规定缴纳增值税：

1.单位和个体工商户将自产或者委托加工的货物用于集体福利或者个人消费。

2.单位和个体工商户无偿转让货物。

3.单位和个人无偿转让无形资产、不动产或者金融商品。

【注意】相比增值税暂行条例，增值税法精简了很多，删除了"货物代销、销售代销货物、货物在总分机构之间移送、将货物进行投资、将货物分配给股东视同销售货物"。增加了"无偿转让金融商品"作为视同销售（视同应税交易）行为，对企业的纳税影响还是不小的。

【即问即答】（2022年单选题，改）甲家具厂的下列业务中，应视同应税交易征收增值税的是（ ）。

A.将自产的家具用于办公　　　　　B.将自产的家具用于食堂

C.外购钢材用于扩建厂房　　　　　D.外购大米用于集体福利

【答案】B。

（五）混合销售和兼营行为

1.混合销售行为

根据增值税法律制度的规定，一项销售行为既涉及服务又涉及货物的，为混合销售行为，两项业务必须发生在同一销售行为之中，两者之间存在直接联系或从属关系。比如，商场销售空调并负责安装；娱乐场所提供娱乐服务的同时销售烟酒、零食。

混合销售行为税务处理规定，增值税法第十三条规定，纳税人发生一项应税交易涉及两个以上税率、征收率的，按照应税交易的主要业务适用税率、征收率。

自2017年5月1日起，纳税人销售活动板房、机器设备、钢结构件等自产货物的同时，提供建筑、安装服务，不属于混合销售，应分别核算货物和建筑服务的销售额，分别适用不同的税率或者征收率。

一般纳税人销售电梯的同时提供安装服务，其安装服务可以按照甲供工程选择适用简易计税方法计税。纳税人对安装运行后的电梯提供的维护保养服务，按照"其他现代服务"缴纳增值税。

2.兼营行为

纳税人在从事货物销售、提供应税劳务的同时，还提供应税服务或转让无形资产或销售不动产的，为兼营行为，两项业务不属于同一销售行为，而且两者之间无直接的联系和从属关系。比如，某大型商场既从事商品销售，又从事餐饮服务，则该商场的经营行为就属于兼营行为。

兼营行为的税务处理规定，增值税法第十二条规定，纳税人发生两项以上应税交易涉及不同税率、征收率的，应当分别核算适用不同税率、征收率的销售额；未分别核算的，从高适用税率。

【注意】混合销售行为和兼营行为的共同点与不同点见表5-3。

表5-3　　　　　　　混合销售行为和兼营行为的共同点与不同点

特殊行为	共同点	不同点
混合销售行为	既涉及货物或应税劳务，又涉及应税服务	①属于同一销售行为 ②两项业务之间有直接联系或从属关系
兼营行为		①不属于同一销售行为 ②两项业务之间无直接联系或从属关系

【即问即答】（2023年单选题）根据增值税法律制度的规定，下列各项中，属于增值税混合销售行为的是（　　）。

A.超市既销售货物又提供快餐服务

B.药材厂既销售药材又提供研磨加工劳务

C.建筑公司向客户销售自产钢结构件的同时又为其提供安装服务

D.歌舞厅向客户提供娱乐服务的同时又向其销售食品

【答案】D。

四、增值税税率与征收率

我国增值税采用比例税率，分为基本税率、低税率和零税率三档，适用于一般纳税人；小规模纳税人和一般纳税人简易计税项目，适用征收率。

（一）税率

增值税税率种类及具体范围见表5-4。

表5-4　　　　　　　　　　　　　增值税税率种类及具体范围

种类		具体范围
基本税率	13%	(1) 销售货物 (2) 加工、修理修配服务 (3) 有形动产租赁服务 (4) 进口货物 除适用低税率和零税率规定外
低税率	9%	销售交通运输、邮政、基础电信、建筑、不动产租赁服务，销售不动产，转让土地使用权，销售或进口下列货物，除另有规定外： (1) 农产品、食用植物油、食用盐 (2) 自来水、暖气、冷气、热水、煤气、石油液化气、天然气、二甲醚、沼气、居民用煤炭制品 (3) 图书、报纸、杂志、音像制品、电子出版物 (4) 饲料、化肥、农药、农机、农膜
	6%	(1) 提供金融服务、增值电信服务、生活服务 (2) 提供除租赁服务外的现代服务 (3) 转让除土地使用权外的其他无形资产 除另有规定外
零税率		(1) 纳税人出口货物，适用零税率，但国务院另有规定的除外 (2) 境内单位和个人提供的国际运输服务、航天运输服务、向境外单位提供的完全在境外消费的下列服务，适用零税率：①研发服务；②合同能源管理服务。 (3) 设计服务 (4) 广播影视节目（作品）的制作和发行服务 (5) 软件服务 (6) 电路设计及测试服务 (7) 信息系统服务 (8) 业务流程管理服务 (9) 离岸服务外包业务 (10) 技术转让服务以及国务院规定的其他服务 【提示】零税率不同于免税。出口货物免税仅指在出口环节不征收增值税，而零税率是指对出口货物除了在出口环节不征增值税外，还要对该产品在出口前已缴纳的增值税进行退税，使该出口产品在出口时完全不含增值税税款，从而以无税产品进入国际市场

（二）征收率

1.小规模纳税人适用的征收率

（1）小规模纳税人增值税征收率为3%。

（2）小规模纳税人销售自己使用过的物品或旧货，应区别不同情形征收增值税（见表5-5）。

表5-5　　　　　　　　　　　　小规模纳税人销售自己使用过的物品或旧货的税务处理

情形		税务处理
其他个人		免征增值税
其他小规模纳税人	销售自己使用过的固定资产	应纳增值税 = 含税售价 ÷（1 + 3%）× 2%
	销售旧货	
	销售自己使用过的固定资产以外的其他物品	应纳增值税 = 含税售价 ÷（1 + 3%）× 3%

（3）小规模纳税人转让其取得的不动产、出租其取得的不动产（不含个人出租住房），按照5%的征收率征收增值税。

（4）房地产开发企业（小规模纳税人）销售自行开发的房地产项目，按照5%的征收率征收增值税。

（5）自2021年10月1日起，住房租赁企业中的增值税一般纳税人向个人出租住房取得的全部出租收入，可以选择适用简易计税方法，按照5%的征收率减按1.5%计算缴纳增值税，或适用一般计税方法计算缴纳增值税。住房租赁企业中的增值税小规模纳税人向个人出租住房，按照5%的征收率减按1.5%计算缴纳增值税。

【注意】小规模纳税人销售自己使用过的固定资产只能开具增值税普通发票，不得由税务机关代开增值税专用发票。

2.一般纳税人简易计税项目适用的征收率

（1）自2014年7月1日起，一般纳税人销售自己使用过的物品或旧货，应区分不同情形征收增值税（见表5-6），且只能开具增值税普通发票。

表5-6　　　　　　　　　　一般纳税人销售自己使用过的物品和旧货的征税规定

情形	时限规定	征收率	计税公式
销售自己使用过的固定资产	属于不得抵扣且未抵扣进项税额	按简易办法依3%的征收率减按2%征收	应纳税额 = 含税售价 ÷（1 + 3%）× 2%
	按规定可以抵扣进项税额	按适用税率征收	应纳税额 = 含税售价 ÷（1 + 13%）× 13%
	除固定资产以外的其他物品		
销售旧货		按简易办法依3%的征收率减按2%征收	应纳税额 = 含税售价 ÷（1 + 3%）× 2%

【业务举例5-1】甲企业为增值税一般纳税人，2025年5月对外转让一台其使用过的按固定资产核算的生产设备。该设备为甲企业于2007年4月购进（购进时不得抵扣进项税额），含税转让价格为41 200元。

要求：请计算该项销售业务应纳增值税。

【解析】该生产设备属于一般纳税人销售自己使用过的按规定不得抵扣且未抵扣过

进项税额的固定资产，故该笔业务应纳增值税800元［41 200÷（1＋3%）×2%］。

【业务举例5-2】甲企业为增值税一般纳税人，2025年5月对外转让一台其使用过的按固定资产核算的生产设备。该设备为甲企业于2016年4月购进（购进时可以抵扣进项税额），含税转让价格为45 200元。

要求：请计算该项销售业务应纳增值税。

【解析】该生产设备属于一般纳税人销售自己使用过的按规定可以抵扣进项税额的固定资产，故该笔业务应纳增值税5 200元［45 200÷（1＋13%）×13%］。

（2）一般纳税人销售自产的下列货物，可选择按照简易办法依照3%的征收率计算缴纳增值税，选择简易办法计算缴纳增值税后，36个月内不得变更：

① 县级及县级以下小型水力发电单位生产的电力；

② 建筑用和生产建筑材料所用的砂、土、石料；

③ 以自己采掘的砂、土、石料或其他矿物连续生产的砖、瓦、石灰（不含黏土实心砖、瓦）；

④ 用微生物、微生物代谢产物、动物毒素、人或动物的血液或组织制成的生物制品；

⑤ 自来水（对属于一般纳税人的自来水公司销售自来水选择按简易办法依照3%的征收率征收增值税，不得抵扣其购进自来水取得的增值税扣税凭证上注明的增值税税款）；

⑥ 商品混凝土（仅限于以水泥为原料生产的水泥混凝土）。

【业务举例5-3】某自来水公司为增值税一般纳税人，2025年3月销售自来水取得含税收入1 000万元，购进自来水取得的增值税专用发票上注明的税额为300万元。假设该公司选择简易计税。

要求：请计算本月自来水公司应纳增值税。

【解析】自来水公司销售自来水选择简易计税办法征收增值税，故其3月应纳增值税＝1 000÷（1＋3%）×3%＝29.13（万元）。（注：简易计税不得抵扣进项税额。）

（3）一般纳税人销售货物属于下列情形之一的，暂按简易办法依照3%的征收率计算缴纳增值税：① 寄售商店代销寄售物品（包括居民个人寄售的物品在内）；② 典当业销售死当物品。

（4）建筑企业一般纳税人提供建筑服务属于老项目的，可以选择简易办法依照3%的征收率征收增值税。

【业务举例5-4】某典当行是增值税一般纳税人，2025年3月销售死当物品，取得含税收入300万元。

要求：请计算本月典当行应纳增值税。

【解析】典当行销售死当物品按简易计税办法征收增值税，故其3月应纳增值税＝300÷（1＋3%）×3%＝8.74（万元）。

（5）一般纳税人提供下列应税服务，可按3%的征收率简易征收增值税：

①公共交通运输服务。

②电影放映服务、仓储服务、装卸搬运服务、收派服务和文化体育服务。

③经认定的动漫企业为开发动漫产品提供的动漫脚本编撰、形象设计、背景设计、动画设计、分镜、动画制作、摄制、描线、上色、画面合成、配音、配乐、音效合成、剪辑、字幕制作、压缩转码（面向网络动漫、手机动漫格式适配）服务，以及在境内转让动漫版权（包括动漫品牌、形象或者内容的授权及再授权）。

④以纳入营改增试点之日前取得的有形动产为标的物提供的经营租赁服务。

⑤在纳入营改增试点之日前签订的尚未执行完毕的有形动产租赁合同。

⑥一般纳税人以清包工方式提供的建筑服务，可以选择适用简易计税方法计税。

以清包工方式提供建筑服务，是指施工方不采购建筑工程所需的材料或只采购辅助材料，并收取人工费、管理费或者其他费用的建筑服务。

⑦一般纳税人为甲供工程提供的建筑服务，可以选择适用简易计税方法计税。

甲供工程，是指全部或部分设备、材料、动力由工程发包方自行采购的建筑工程。

（6）一般纳税人转让其2016年4月30日前取得的不动产，选择简易计税方法计税的，按照5%的征收率征收增值税。

（7）一般纳税人出租其2016年4月30日前取得的不动产，选择简易计税方法计税的，按照5%的征收率征收增值税。

（8）房地产开发企业（一般纳税人）销售自行开发的房地产老项目，选择简易计税方法计税的，按照5%的征收率征收增值税。

（9）纳税人提供劳务派遣服务等，选择差额纳税的，按照5%的征收率征收增值税。

（10）从事再生资源回收的增值税一般纳税人销售其收购的再生资源，可以选择适用简易计税方法依照3%征收率计算缴纳增值税，或适用一般计税方法计算缴纳增值税。【摘自：财政部 税务总局公告2021年第40号】

【即问即答】（2022年多选题）根据增值税法律制度的规定，下列各项中，一般纳税人可选择适用简易计税方法的有（　　　）。

A.仓储服务　　　　B.收派服务　　　　C.劳务派遣服务　　　D.餐饮服务

【答案】ABC。

五、增值税税收优惠

（一）免税项目

1.增值税法规定的免税项目

第二十四条规定，下列项目免征增值税：

（1）农业生产者销售的自产农产品，农业机耕、排灌、病虫害防治、植物保护、农牧保险以及相关技术培训业务，家禽、牲畜、水生动物的配种和疾病防治；

（2）医疗机构提供的医疗服务；

（3）古旧图书，自然人销售的自己使用过的物品；

（4）直接用于科学研究、科学试验和教学的进口仪器、设备；

（5）外国政府、国际组织无偿援助的进口物资和设备；

（6）由残疾人的组织直接进口供残疾人专用的物品，残疾人个人提供的服务；

（7）托儿所、幼儿园、养老机构、残疾人服务机构提供的育养服务，婚姻介绍服务，殡葬服务；

（8）学校提供的学历教育服务，学生勤工俭学提供的服务；

（9）纪念馆、博物馆、文化馆、文物保护单位管理机构、美术馆、展览馆、书画院、图书馆举办文化活动的门票收入，宗教场所举办文化、宗教活动的门票收入。

上述规定的免税项目具体标准由国务院规定。

【提示】根据增值税法，原来免税项目中的避孕药品和用具将在2026年1月1日起不再纳入增值税免税范围。这一调整是为了更好地适应经济社会发展的需要，同时也体现了税收政策的公平性和合理性。

2.下列项目目前免征增值税

（1）个人转让著作权。

（2）个人销售自建自用住房。

（3）至2025年12月31日，对经营公租房所取得的租金收入。【摘自：财政部 税务总局公告2023年第33号】

（4）中国台湾航运公司、航空公司从事海峡两岸海上直航、空中直航业务在大陆取得的运输收入。

（5）纳税人提供的直接或者间接国际货物运输代理服务。

（6）符合规定条件的贷款、债券利息收入。

（7）被撤销金融机构以货物、不动产、无形资产、有价证券、票据等财产清偿债务。

（8）保险公司开办的1年期以上人身保险产品取得的保费收入。

（9）符合规定条件的金融商品转让收入。

（10）金融同业往来利息收入。

（11）符合条件的担保机构从事中小企业信用担保或者再担保业务取得的收入（不含信用评级、咨询、培训等收入）3年内免征增值税。

（12）国家商品储备管理单位及其直属企业承担商品储备任务，从中央或者地方财政取得的利息补贴收入和价差补贴收入。

（13）纳税人提供技术转让、技术开发和与之相关的技术咨询、技术服务。

（14）符合条件的合同能源管理服务。

（15）2027年12月31日前，对科普单位的门票收入，以及县级及以上党政部门和科协开展科普活动的门票收入免征增值税。【摘自：财政部 税务总局公告2023年第60号】

（16）政府举办的从事学历教育的高等、中等和初等学校（不含下属单位），举办进修班、培训班取得的全部归该学校所有的收入。

（17）政府举办的职业学校设立的主要为在校学生提供实习场所，并由学校出资自办，由学校负责经营管理，经营收入归学校所有的企业，从事《销售服务、无形资产或者不动产注释》中"现代服务"（不含融资租赁服务、广告服务和其他现代服务）、"生活服务"（不含文化体育服务、其他生活服务和桑拿、氧吧）业务活动取得的收入。

（18）家政服务企业由员工制家政服务员提供家政服务取得的收入。

（19）福利彩票、体育彩票的发行收入。

（20）军队空余房产租赁收入。

（21）为了配合国家住房制度改革，企业、行政事业单位按房改成本价、标准价出售住房取得的收入。

（22）将土地使用权转让给农业生产者用于农业生产。

（23）涉及家庭财产分割的个人无偿转让不动产、土地使用权。

（24）土地所有者出让土地使用权和土地使用者将土地使用权归还给土地所有者。

（25）县级以上地方人民政府或自然资源行政主管部门出让、转让或收回自然资源使用权（不含土地使用权）。

（26）随军家属就业。

（27）军队转业干部就业。

（28）提供社区养老、托育、家政等服务取得的收入。

【即问即答】（2021年多选题）根据增值税法律制度的规定，纳税人发生的下列业务中，免征增值税的有（　　　）。

A.其他个人销售自己使用过的物品　　　B.提供婚姻介绍服务

C.提供技术开发　　　　　　　　　　　D.进口直接用于科学研究的设备

【答案】ABCD。

3.增值税即征即退

（1）一般纳税人提供管道运输服务，对其增值税实际税负超过3%的部分实行增值税即征即退政策。

（2）经人民银行、银保监会或者商务部批准从事融资租赁业务的试点纳税人中的一般纳税人，提供有形动产融资租赁服务和有形动产融资性售后回租服务，对其增值税实际税负超过3%的部分实行增值税即征即退政策。

（3）增值税一般纳税人销售自产的资源综合利用产品和提供资源综合利用劳务，可享受增值税即征即退政策。

4.扣减增值税的规定

自2023年1月1日至2027年12月31日，自主就业退役士兵、脱贫人口（含防止返贫监测对象，下同）、持《就业创业证》（注明"自主创业税收政策"或"毕业年度内自主创业税收政策"）或《就业失业登记证》（注明"自主创业税收政策"）的人员，从事个体经营的，自办理个体工商户登记当月起，在3年（36个月，下同）内按每户每年20 000元为限额依次扣减其当年实际应缴纳的增值税、城市维护建设税、教育费附加、地方教育附加和个人所得税。限额标准最高可上浮20%，各省、自治区、直辖市人民政府可根据本地区实际情况在此幅度内确定具体限额标准。

自2023年1月1日至2027年12月31日，企业招用自主就业退役士兵、脱贫人口，以及在人力资源社会保障部门公共就业服务机构登记失业半年以上且持《就业创业证》或《就业失业登记证》（注明"企业吸纳税收政策"）的人员，与其签订1年以上期限劳动合同并依法缴纳社会保险费的，自签订劳动合同并缴纳社会保险当月起，在3年内按实际招用人数予以定额依次扣减增值税、城市维护建设税、教育费附加、地方教育附加和企业所得税优惠。定额标准为每人每年6 000元，最高可上浮30%，各省、自治区、直辖市人民政府可根据本地区实际情况在此幅度内确定具体定额标准。【摘自：财政部　税务总局　人力资源社会保障部　农业农村部公告2023年第14号、第15号】

5.支持小微企业融资担保的增值税政策

对金融机构向小型企业、微型企业及个体工商户发放小额贷款取得的利息收入，免征增值税。金融机构应将相关免税证明材料留存备查，单独核算符合免税条件的小额贷款利息收入，按现行规定向主管税务机关办理纳税申报；未单独核算的，不得免征增值税。【摘自：财政部　税务总局公告2023年第13号、第16号】

纳税人为农户、小型企业、微型企业及个体工商户借款、发行债券提供融资担保取得的担保费收入，以及为上述融资担保（以下称原担保）提供再担保取得的再担保费收入，免征增值税。再担保合同对应多个原担保合同的，原担保合同应全部适用免征增值税政策。否则，再担保合同应按规定缴纳增值税。【摘自：财政部　税务总局公告2023年第18号】

6.个人购买住房对外销售的规定

自2024年12月1日起，个人将购买不足2年的住房对外销售的，按照5%的征收率全额缴纳增值税；个人将购买2年以上（含2年）的住房对外销售的，免征增值税。【摘自：财政部　税务总局　住房城乡建设部公告2024年第16号】

7.从事二手车经销的纳税人销售其收购的二手车的规定

至2027年12月31日，对从事二手车经销的纳税人销售其收购的二手车，按照简易办法依3%征收率减按0.5%征收增值税。【摘自：财政部　税务总局公告2023年第63号】

8.科技企业孵化器、大学科技园和众创空间的增值税优惠

自2024年1月1日至2027年12月31日，对国家级、省级科技企业孵化器、大学科技园和国家备案众创空间向在孵对象提供孵化服务取得的收入，免征增值税。

所称孵化服务是指为在孵对象提供的经纪代理、经营租赁、研发和技术、信息技术、鉴证咨询服务。【摘自：财政部　税务总局　科技部　教育部公告2023年第42号】

9.支持货物期货市场对外开放有关增值税政策

至2027年12月31日，对经国务院批准对外开放的货物期货品种保税交割业务，暂免征收增值税。【摘自：财政部　税务总局公告2023年第21号】

10.银行业金融机构、金融资产管理公司不良债权以物抵债有关税收政策

自2023年8月1日至2027年12月31日，银行业金融机构、金融资产管理公司中的增值税一般纳税人处置抵债不动产，可选择以取得的全部价款和价外费用扣除取得该抵债不动产时的作价为销售额，适用9%税率计算缴纳增值税。按照上述规定从全部价款和价外费用中扣除抵债不动产的作价，应当取得人民法院、仲裁机构生效的法律文书。【摘自：财政部　税务总局公告2023年第35号】

11.延续实施供热企业有关税收政策

至2027年供暖期结束，对供热企业向居民个人供热取得的采暖费收入免征增值税。

【摘自：财政部 税务总局公告2023年第56号】

12. 农村饮水安全工程税收优惠政策

至2027年12月31日，对饮水工程运营管理单位向农村居民提供生活用水取得的自来水销售收入，免征增值税。【摘自：财政部 税务总局公告2023年第58号】

13. 延续实施边销茶增值税政策

至2027年12月31日，对边销茶生产企业销售自产的边销茶及经销企业销售的边销茶免征增值税。【摘自：财政部 税务总局公告2023年第59号】

14. 延续实施宣传文化增值税优惠政策

2027年12月31日前，免征图书批发、零售环节增值税。【摘自：财政部 税务总局公告2023年第60号】

15. 延续实施支持文化企业发展增值税政策

至2027年12月31日，对电影主管部门（包括中央、省、地市及县级）按照职能权限批准从事电影制片、发行、放映的电影集团公司（含成员企业）、电影制片厂及其他电影企业取得的销售电影拷贝（含数字拷贝）收入、转让电影版权（包括转让和许可使用）收入、电影发行收入以及在农村取得的电影放映收入，免征增值税。一般纳税人提供的城市电影放映服务，可以按现行政策规定，选择按照简易计税办法计算缴纳增值税。

至2027年12月31日，对广播电视运营服务企业收取的有线数字电视基本收视维护费和农村有线电视基本收视费，免征增值税。【摘自：财政部 税务总局公告2023年第61号】

16. 延续免征国产抗艾滋病病毒药品增值税政策

至2027年12月31日，继续对国产抗艾滋病病毒药品免征生产环节和流通环节增值税。【摘自：财政部 税务总局公告2023年第62号】

17. 延续实施小额贷款公司有关税收优惠政策

至2027年12月31日，对经省级地方金融监督管理部门批准成立的**小额贷款公司**取得的农户小额贷款利息收入，免征增值税。【摘自：财政部 税务总局公告2023年第54号】

18. 延续金融机构有关税收优惠政策

至2027年12月31日，对**金融机构**向农户发放小额贷款取得的利息收入，免征增值税。金融机构应将相关免税证明材料留存备查，单独核算符合免税条件的小额贷款利息收入，按现行规定向主管税务机关办理纳税申报；未单独核算的，不得免征增值税。【摘自：财政部 税务总局公告2023年第67号】

19. 延续实施医疗服务免征增值税等政策

至2027年12月31日，医疗机构接受其他医疗机构委托，按照不高于地（市）级以上价格主管部门会同同级卫生主管部门及其他相关部门制定的医疗服务指导价格，提供《全国医疗服务价格项目规范》所列的各项服务，可适用规定的免征增值税政策。

至2027年12月31日，对企业集团内单位（含企业集团）之间的资金无偿借贷行为，免征增值税。【摘自：财政部 税务总局公告2023年第68号】

20.延续实施文化体制改革中经营性文化事业单位转制为企业有关税收政策

至2027年12月31日，党报、党刊将其发行、印刷业务及相应的经营性资产剥离组建的文化企业，自注册之日起所取得的党报、党刊发行收入和印刷收入免征增值税。【摘自：财政部 税务总局 中央宣传部公告2023年第71号】

（二）起征点规定

增值税法第二十三条规定，小规模纳税人发生应税交易，销售额未达到起征点的，免征增值税；达到起征点的，依照本法规定全额计算缴纳增值税。起征点标准由国务院规定，报全国人民代表大会常务委员会备案。

目前增值税起征点规定如下：

1.按期纳税的，为月销售额5 000元~20 000元（含）。

2.按次纳税的，为每次（日）销售额300元~500元（含）。

【即问即答】（2021年判断题）增值税起征点适用于登记为一般纳税人的个体工商户。（　　）

【答案】×。

（三）小规模纳税人优惠

自2023年1月1日至2027年12月31日，对月销售额10万元以下（含本数）的增值税小规模纳税人，免征增值税。增值税小规模纳税人适用3%征收率的应税销售收入，减按1%征收率征收增值税；适用3%预征率的预缴增值税项目，减按1%预征率预缴增值税。

（四）增值税加计抵减政策

1.自2023年1月1日至2027年12月31日，允许先进制造业企业按照当期可抵扣进项税额加计5%抵减应纳增值税税额。先进制造业企业是指高新技术企业（国科发火〔2016〕32号，含所属的非法人分支机构）中的制造业一般纳税人，具体名单由相关部门确定。【摘自：财政部 税务总局公告2023年第43号】

2.自2023年1月1日至2027年12月31日，允许集成电路设计、生产、封测、装备、材料企业按照当期可抵扣进项税额加计15%抵减应纳增值税税额。【摘自：财税〔2023〕17号】

3.自2023年1月1日至2027年12月31日，对生产销售先进工业母机主机、关键功能部件、数控系统的增值税一般纳税人，允许按当期可抵扣进项税额加计15%抵减企业应纳增值税税额。【摘自：财税〔2023〕25号】

（五）增值税期末留抵退税

1.试行增值税期末留抵税额退税

自2019年4月1日起，试行增值税期末留抵税额退税制度。同时符合以下条件的纳税人，可以向主管税务机关申请退还增量留抵税额：

（1）自2019年4月税款所属期起，连续6个月（按季纳税的，连续两个季度）增量留抵税额均大于零，且第6个月增量留抵税额不低于50万元；

（2）纳税信用等级为A级或者B级；

（3）申请退税前36个月未发生骗取留抵退税、出口退税或虚开增值税专用发票情形的；

（4）申请退税前36个月未因偷税被税务机关处罚两次及以上的；

（5）自2019年4月1日起未享受即征即退、先征后返（退）政策的。

增量留抵税额，是指与2019年3月底相比新增加的期末留抵税额。

纳税人当期允许退还的增量留抵税额，按照以下公式计算：

$$允许退还的增量留抵税额 = 增量留抵税额 × 进项构成比例 × 60\%$$

进项构成比例，为2019年4月至申请退税前一税款所属期内已抵扣的增值税专用发票（含税控机动车销售统一发票）、海关进口增值税专用缴款书、解缴税款完税凭证注明的增值税占同期全部已抵扣进项税额的比重。

2.先进制造业期末留抵退税

自2019年6月1日起，同时符合以下条件的部分先进制造业纳税人，可以自2019年7月及以后纳税申报期向主管税务机关申请退还增量留抵税额：

（1）增量留抵税额大于零；

（2）纳税信用等级为A级或者B级；

（3）申请退税前36个月未发生骗取留抵退税、出口退税或虚开增值税专用发票情形；

（4）申请退税前36个月未因偷税被税务机关处罚两次及以上；

（5）自2019年4月1日起未享受即征即退、先征后返（退）政策。

部分先进制造业纳税人，是指按照《国民经济行业分类》，生产并销售非金属矿物制品、通用设备、专用设备及计算机、通信和其他电子设备销售额占全部销售额的比重超过50%的纳税人。

销售额比重根据纳税人申请退税前连续12个月的销售额计算确定；申请退税前经营期不满12个月但满3个月的，按照实际经营期的销售额计算确定。

增量留抵税额，是指与2019年3月31日相比新增加的期末留抵税额。

部分先进制造业纳税人当期允许退还的增量留抵税额，按照以下公式计算：

$$允许退还的增量留抵税额 = 增量留抵税额 × 进项构成比例$$

进项构成比例，为2019年4月至申请退税前一税款所属期内已抵扣的增值税专用发票（含税控机动车销售统一发票）、海关进口增值税专用缴款书、解缴税款完税凭证注明的增值税额占同期全部已抵扣进项税额的比重。

自2021年4月1日起，将部分先进制造业纳税人退还增量留抵税额有关政策扩大至先进制造业，增加医药、化学纤维、铁路、船舶、航空航天和其他运输设备、电气机械和器材、仪器仪表销售额占全部销售额的比重超过50%的纳税人。

3.小微企业和制造业等行业期末留抵退税

（1）自2021年4月1日起，加大小微企业增值税期末留抵退税政策力度，将先进制造业按月全额退还增值税增量留抵税额政策范围扩大至符合条件的小微企业（含个体工商户，下同），并一次性退还小微企业存量留抵税额。

（2）自2021年4月1日起，加大"制造业""科学研究和技术服务业""电力、热力、燃气及水生产和供应业""软件和信息技术服务业""生态保护和环境治理业"和"交通运输、仓储和邮政业"（以下简称制造业等行业）增值税期末留抵退税政策力度，将先进制造业按月全额退还增值税增量留抵税额政策范围扩大至符合条件的制造业等行业企业（含个体工商户，下同），并一次性退还制造业等行业企业存量留抵税额。

（3）小微企业和制造业等行业纳税人办理期末留抵退税，需同时符合以下条件：

① 纳税信用等级为 A 级或者 B 级；

② 申请退税前 36 个月未发生骗取留抵退税、骗取出口退税或虚开增值税专用发票情形；

③ 申请退税前 36 个月未因偷税被税务机关处罚两次及以上；

④ 2019 年 4 月 1 日起未享受即征即退、先征后返（退）政策。

（4）增量留抵税额，区分以下情形确定：

纳税人获得一次性存量留抵退税前，增量留抵税额为当期期末留抵税额与 2019 年 3 月 31 日相比新增加的留抵税额。

纳税人获得一次性存量留抵退税后，增量留抵税额为当期期末留抵税额。

（5）存量留抵税额，区分以下情形确定：

纳税人获得一次性存量留抵退税前，当期期末留抵税额大于或等于 2019 年 3 月 31 日期末留抵税额的，存量留抵税额为 2019 年 3 月 31 日期末留抵税额；当期期末留抵税额小于 2019 年 3 月 31 日期末留抵税额的，存量留抵税额为当期期末留抵税额。纳税人获得一次性存量留抵退税后，存量留抵税额为零。

（6）纳税人按照以下公式计算允许退还的留抵税额：

允许退还的增量留抵税额 = 增量留抵税额 × 进项构成比例 × 100%

允许退还的存量留抵税额 = 存量留抵税额 × 进项构成比例 × 100%

进项构成比例，为 2019 年 4 月至申请退税前一税款所属期已抵扣的增值税专用发票（含带有"增值税专用发票"字样全面数字化的电子发票、税控机动车销售统一发票）、收费公路通行费增值税电子普通发票、海关进口增值税专用缴款书、解缴税款完税凭证注明的增值税额占同期全部已抵扣进项税额的比重。

（7）自 2022 年 7 月 1 日起，将制造业等行业按月全额退还增值税增量留抵税额、一次性退还存量留抵税额的政策范围，扩大至"批发和零售业""农、林、牧、渔业""住宿和餐饮业""居民服务、修理和其他服务业""教育""卫生和社会工作""文化、体育和娱乐业"。

（六）其他减免税规定

1. 纳税人兼营增值税优惠项目的，应当单独核算增值税优惠项目的销售额；未单独核算的项目，不得享受税收优惠。

2. 纳税人可以放弃增值税优惠；放弃优惠的，在 36 个月内不得享受该项税收优惠，小规模纳税人除外。

3. 纳税人发生应税行为同时适用免税和零税率规定的，纳税人可以选择适用免税或者零税率。

4. 根据国民经济和社会发展的需要，国务院对支持小微企业发展、扶持重点产业、鼓励创新创业就业、公益事业捐赠等情形可以制定增值税专项优惠政策，报全国人民代表大会常务委员会备案。

任务实施 ◖◖◖

针对"任务布置"中的经济业务，相关解析如下：

（1）和（2）均属于销售货物，应按13%的税率缴纳增值税；

（3）属于提供加工、修理修配服务，应按13%的税率缴纳增值税；

（4）分别属于销售货物、提供交通运输服务和物流辅助服务，应分别按13%、9%和6%的税率缴纳增值税；

（5）将外购的货物用于集体福利，不属于视同销售，不缴纳增值税；

（6）属于进口货物，应按13%的税率缴纳增值税；

（7）将自产的货物无偿赠送他人，属于视同销售，应按13%的税率缴纳增值税；

（8）属于销售自己使用过的固定资产，且该固定资产购入时未抵扣进项税额，应按3%的征收率减按2%征收增值税。

任务二　掌握一般计税方法应纳税额的计算

任务布置 ◖◖◖

东海市丰收计算机有限公司（纳税人识别号：92345670567856785G，以下简称丰收公司）是增值税一般纳税人，主要从事计算机的生产和销售业务、技术服务，还兼营运输业务。2025年3月，丰收公司发生如下增值税业务：

（1）丰收公司购入用于生产电脑的原材料，取得增值税专用发票40份，增值税专用发票上注明的金额为2 900万元、税额为377万元；取得货物运输增值税专用发票9份，增值税专用发票上注明的金额为20万元、税额为1.8万元。以银行存款支付货款和运费，材料已运达并验收入库。

（2）丰收公司购入生产用设备一台，取得增值税专用发票1份，增值税专用发票上注明的金额为50 000元、税额为6 500元。款项均以银行存款支付。

（3）丰收公司以直接销售方式将6 000台电脑按6 000元/台的不含税价格销售给代理商，已经全部开具增值税专用发票，共计40份，其不含税金额为3 600万元，税额为468万元。截至3月底，其已经收到货款4 000万元，尚有68万元货款未收到。

（4）丰收公司与乙公司签订委托代销协议，按照协议的约定，乙公司应按不含税销售价格6 000元/台进行销售，丰收公司按照200元/台向乙公司支付手续费。2025年1月，丰收公司发出电脑1 300台，电脑实际成本为5 000元/台。至3月底结账时，收到乙公司的代销清单，该代销清单显示乙公司销售1 000台，丰收公司按销售清单确认销售数量1 000台和不含税销售金额600万元，并开具增值税专用发票7份。

（5）丰收公司直接向个人销售电脑20台，取得不含税销售收入12万元，开具增值税普通发票20份，收入已通过银行存款收取。

（6）将自产电脑10台无偿赠送给B市的一所中学，电脑实际成本为5 000元/台，同期销售价格为6 000元/台。

（7）丰收公司提供电脑修理修配劳务，开具增值税专用发票10份，不含税金额为12万元。

（8）丰收公司取得技术服务费收入106万元，开具增值税专用发票20份，销售额为100万元，销项税额为6万元。

（9）丰收公司取得运输收入76.3万元，开具货物运输增值税专用发票9份，销售额为70万元，销项税额为6.3万元。

（10）外购自来水、电力，支付的含税价款共计4.52万元，取得增值税普通发票2份。外购低值易耗品，支付的含税价款共计3.39万元，取得增值税专用发票5份。

（11）公司管理部门领用生产用原材料一批用于集体福利和个人消费，实际成本为20 000元。

（12）由于保管不善，原材料发生非常损失，其实际成本为8 000元。

（13）期初未缴税额2 165 266元，3月缴纳上期税款2 165 266元。

已知当月收到的增值税专用发票均已通过税务机关认证且当月申报抵扣。

任务：请计算该公司2025年3月份应纳增值税税额，并进行期末结转账务处理。

知识准备

按照一般计税方法计算缴纳增值税的，应纳税额为当期销项税额抵扣当期进项税额后的余额。其计算公式为：

$$应纳税额 = 当期销项税额 - 当期进项税额$$

当期进项税额大于当期销项税额的部分，纳税人可以按照国务院的规定选择结转下期继续抵扣或者申请退还。

销项税额，是指纳税人发生应税交易，按照销售额乘以增值税法规定的税率计算的增值税税额。其计算公式为：

$$销项税额 = 销售额 \times 适用税率$$

可见，一般计税方法下计算增值税应纳税额时，关键是确定以下两个因素：一是销售额；二是进项税额。

一、销售额的确定

（一）一般情况下销售额的确定

1.销售额的概念和内容

销售额，是指纳税人发生应税交易取得的与之相关的价款，包括货币和非货币形式的经济利益对应的全部价款，不包括按照一般计税方法计算的销项税额和按照简易计税方法计算的应纳税额。其中，全部价款包括价外费用。

价外费用包括价外向购买方收取的手续费、补贴、基金、集资费、返还利润、奖励费、违约金、滞纳金、延期付款利息、赔偿金、代收款项、代垫款项、包装费、包装物租金、储备费、优质费、运输装卸费，以及其他各种性质的价外收费。上述价外费用无论其会计上如何核算，均应并入销售额计算销项税额，但下列项目不包括在销售额内：

（1）受托加工应征消费税的消费品所代收代缴的消费税。

（2）同时符合以下条件代为收取的政府性基金或者行政事业性收费：由国务院或者财政部批准设立的政府性基金，由国务院或者省级人民政府及其财政、价格主管部门批准设立的行政事业性收费；收取时，开具省级以上财政部门印制的财政票据；所收款项全额上缴财政。

（3）销售货物的同时代办保险等而向购买方收取的保险费，以及向购买方收取的代购买方缴纳的车辆购置税、车辆牌照费。

（4）以委托方名义开具发票代委托方收取的款项。

2. 含税销售额的换算

增值税实行价外税，因此销售额中不应含有增值税税款。如果销售额中包含增值税税款即销项税额，则应将含税销售额换算成不含税销售额。其计算公式为：

$$不含税销售额 = 含税销售额 ÷ （1 + 增值税税率）$$

【注意】下列金额是含税的：①价外费用属于含税收入；②商业企业零售价属于含税价；③需要并入销售额一并计税的包装物押金属于含税收入；④普通发票上注明的价款金额属于含税收入；⑤除非特别指明为"价税合计"，否则增值税专用发票上注明的"金额"为不含税金额。

【业务举例5-5】（2023年不定项节选，改）甲公司为增值税一般纳税人，主要生产和销售洗衣机，2025年3月销售A型洗衣机1 000台，含税销售单价为3 390元/台；另收取优质费508 500元、包装物租金169 500元。已知洗衣机适用的增值税税率为13%。

要求：请计算甲公司该笔销售的计税销售额和销项税额。

【解析】销售洗衣机同时收取的优质费、包装物租金属于价外费用，价外费用应并入销售额计税。

计税销售额 = （1 000 × 3 390 + 508 500 + 169 500）÷（1 + 13%）= 3 600 000（元）

销项税额 = 3 600 000 × 13% = 468 000（元）

【业务举例5-6】某百货公司有运输部和家电部，运输业务与家电销售业务分别核算，2025年3月运输部取得的运费收入共计109万元（含税），家电部取得的零售收入共计1 695万元。已知交通运输服务增值税税率为9%，家电增值税税率为13%。

要求：请计算该百货公司本月销项税额。

【解析】该百货公司既提供交通运输服务又销售家电货物，应分别核算计税。

运输计税销售额 = 109 ÷（1 + 9%）= 100（万元）

家电计税销售额 = 1 695 ÷（1 + 13%）= 1 500（万元）

销项税额 = 100 × 9% + 1 500 × 13% = 9 + 195 = 204（万元）

（二）特殊销售情况下销售额的确定

1.商业折扣（折扣销售）

纳税人采取给予商业折扣方式销售货物，如果销售额和折扣额在同一张发票的"金额"栏分别注明，可以按折扣后的销售额征收增值税；如果将折扣额另开发票（或者将折扣额在同一张发票的"备注"栏分别注明），不论其在财务上如何处理，均不得从销售额中减除折扣额。

【业务举例5-7】甲商场为增值税一般纳税人，其销售的钢笔标明的零售价为20元/支，2025年3月乙学校将其作为教师节礼物购进100支。甲商场同意给予其8折优惠，已知销售钢笔的增值税税率为13%。

要求：请计算两种不同开票方式下的计税销售额和销项税额。

【解析】（1）若销售额与折扣额在同一张发票上的"金额"栏分别注明，则计税销售额 = 100 × 20 × 80% ÷（1 + 13%）= 1 415.93（元），销项税额 = 1 415.93 × 13% = 184.07（元）。

（2）若将折扣额另开发票，则计税销售额 = 100 × 20 ÷（1+13%）= 1 769.91（元），销项税额 = 1 769.91 × 13% = 230.09（元）。

2.以旧换新

（1）"一般货物"以旧换新业务，应按**"新货物"的同期销售价格**确定销售额，不得扣减旧货物的收购价格；

（2）"金银首饰"以旧换新业务，可以按销售方**实际收取的不含增值税的全部价款**征收增值税。

【业务举例5-8】某商场为增值税一般纳税人，采取"以旧换新"方式销售电冰箱，2025年5月该商场销售新冰箱100台，每台零售价为3 000元，旧冰箱每台收购价为200元，已知销售电冰箱的增值税税率为13%。

要求：请计算该商场"以旧换新"业务的计税销售额和销项税额。

【解析】电冰箱以旧换新属于"一般货物"以旧换新业务。

计税销售额 = 100 × 3 000 ÷（1 + 13%）= 265 486.73（元）

销项税额 = 265 486.73 × 13% = 34 513.27（元）

【业务举例5-9】某金店为增值税一般纳税人，2025年5月采取"以旧换新"方式销售金项链100条，新项链每条零售价为3 000元，旧项链每条作价1 000元，每条项链实际取得差价款2 000元，已知销售金项链的增值税税率为13%。

要求：请计算该金店"以旧换新"业务的计税销售额和销项税额。

【解析】金项链以旧换新属于"金银首饰"以旧换新业务。

计税销售额 = 100 × 2 000 ÷（1 + 13%）=176 991.15（元）

销项税额 = 176 991.15 × 13% = 23 008.85（元）

3.包装物押金

包装物，是指纳税人包装本单位货物的各种物品。纳税人连同包装物销售的，无论包装物是否单独计价，也不论会计上如何核算，均应并入销售额中缴纳增值税。若包装物不作价随同产品销售，而是收取押金，则包装物押金的处理见表5-7。

表5-7   包装物押金的增值税处理规定

一般货物、啤酒、黄酒			酒类产品（白酒、其他酒）的包装物押金
包装物押金单独核算		包装物押金不单独核算	
尚未逾期	逾期未收回的包装物押金		
不并入销售额	并入销售额	直接计入销售额	一律并入销售额

实践中，应注意以下具体规定：

（1）"逾期"是指按合同约定实际逾期或以1年为期限，对收取1年以上的押金，无论是否退还均并入销售额征税。

（2）包装物押金是含税收入，在并入销售额征税时，需要先将该押金换算为不含税收入，再计算应纳增值税税款。

（3）包装物押金不同于包装物租金，包装物租金属于价外费用，在销售货物时随同货款一并计算增值税税款。

【业务举例5-10】甲企业为增值税一般纳税人，2025年3月份销售黄酒，不含增值税售价为100万元，收取包装物押金13万元，没收逾期包装物押金2.26万元。已知甲企业收取包装物押金单独记账，并规定包装物应当于提货之日起3个月内返还，逾期未归还者没收押金。已知黄酒适用的增值税税率为13%。

要求：请计算甲企业3月份销售黄酒的计税销售额和销项税额。

【解析】单独记账收取的包装物押金不作销售处理；逾期没收的包装物押金应并入销售额计税，计税销售额 = 100 + 2.26 ÷ (1 + 13%) =102（万元），销项税额 = 102 × 13% = 13.26（万元）。

【业务举例5-11】甲白酒厂为增值税一般纳税人，2025年3月份销售白酒，不含增值税售价为10万元，收取包装物押金1.13万元，约定包装物应当在3个月内返还。已知白酒适用的增值税税率为13%。

要求：请计算甲白酒厂3月份销售白酒的计税销售额和销项税额。

【解析】不论白酒的包装物押金是否单独记账核算和是否逾期，白酒的包装物押金均应并入销售额计税，其计税销售额 = 10 + 1.13 ÷ (1 + 13%) = 11（万元），销项税额 =11 × 13% = 1.43（万元）。

4.还本销售

纳税人采取还本销售方式销售货物，其销售额就是货物的销售价格，不得从销售额中减除还本支出。

5.以物易物

以物易物，是指购销双方不是以货币结算，而是以有着同等价格的货物相互结算，实现货物购销的一种方式。以物易物双方都应作购销处理，以各自发出的货物核算销售额并计算销项税额，以各自收到的货物按规定核算购货额并计算进项税额。在以物易物活动中，应分别开具合法的票据，如收到的货物不能取得相应的增值税专用发票或其他合法票据，不能抵扣进项税额。

6.直销方式

（1）直销企业先将货物销售给直销员，直销员再将货物销售给消费者。直销企业的销售额为其向直销员收取的全部价款和价外费用。直销员将货物销售给消费者时，也应按照现行规定缴纳增值税。

（2）直销企业通过直销员向消费者销售货物，直接向消费者收取货款，直销企业的销售额为其向消费者收取的全部价款和价外费用。

7.混合销售行为

按增值税法律制度的规定，混合销售行为应当按销售货物或提供应税服务项目缴纳增值税的，其销售额为货物的销售额与应税服务的营业额的合计数额。

8.兼营行为

纳税人兼营不同税率的货物或者应税服务，应当分别核算不同税率货物或者应税服务的销售额；未分别核算销售额的，从高适用税率。

9.销售退回或折让

一般纳税人因销售退回或者折让而退还给购买方的增值税税额，应从发生销售退回或者折让当期的销项税额中扣减。

一般纳税人销售货物或者应税劳务，开具增值税专用发票后，发生销售退回或者折让、开票有误等情形的，应按国家税务总局的规定开具红字增值税专用发票。未按规定开具红字增值税专用发票的，增值税税额不得从销项税额中扣减。

10.外币销售额的折算

销售额以人民币计算。纳税人以人民币以外的货币结算销售额的，应当折合成人民币计算。其人民币折合率可以选择销售额发生的当天或者当月1日的人民币外汇中间价。纳税人应事先确定采用何种折合率，确定后在1年内不得变更。

（三）"营改增"后有关行业销售额的特殊规定

"营改增"后有关行业销售额的特殊规定见表5-8。

表5-8　　　　　　　　　　全额计税与差额计税

类型	业务种类	销售额的确定
全额计税	贷款服务	全部利息及利息性质的收入
	直接收费金融服务	收取的手续费、佣金、酬金、管理费、服务费、经手费、开户费、过户费、结算费、转托管费等各类费用
差额计税	金融商品转让	卖出价扣除买入价的余额。金融商品转让，不得开具增值税专用发票
	经纪代理服务	全部价款和价外费用扣除向委托方收取并代为支付的政府性基金或行政事业性收费后的余额
	航空运输企业的销售额	不包括代收的机场建设费和代售其他航空运输企业客票而代收转付的价款
	一般纳税人提供客运场站服务	全部价款和价外费用扣除支付给承运方运费后的余额
	旅游服务	全部价款和价外费用扣除向旅游服务购买方收取并支付给其他单位或个人的住宿费、餐饮费、交通费、签证费、门票费和支付给其他接团旅游企业的旅游费用后的余额
	提供建筑服务适用简易计税方法的	以取得的全部价款和价外费用扣除支付的分包款后的余额为销售额
	房地产开发企业中一般纳税人销售其开发的房地产项目的（选择简易计税方法的房地产老项目除外）	全部价款和价外费用扣除受让土地时向政府部门支付的土地价款后的余额

（四）视同应税交易销售额的核定

根据增值税法规定，发生规定的视同应税交易以及销售额为非货币形式的，纳税人应当按照市场价格确定销售额。

销售额明显偏低或者偏高且无正当理由的，税务机关可以依照《中华人民共和国税收征收管理法》和有关行政法规的规定核定销售额。应按下列顺序核定其销售额：

1. 按纳税人最近时期同类应税交易的平均销售价格确定。

2. 按其他纳税人最近时期应税交易的平均销售价格确定。

3. 按组成计税价格确定。其计算公式为：

$$组成计税价格 = 成本 + 利润 = 成本 × （1 + 成本利润率）$$

征收增值税的货物，同时又征收消费税的，其组成计税价格中还应包含消费税税额。其计算公式为：

$$组成计税价格 = 成本 + 利润 + 消费税税额$$
$$= 成本 × （1 + 成本利润率） + 消费税税额$$
$$= 成本 × （1 + 成本利润率） ÷ （1 - 消费税税率）$$

公式中的成本分两种情况：一是销售自产货物的，为实际生产成本；二是销售外购货物的，为实际采购成本。公式中的成本利润率通常为10%，但属于应纳消费税的货物，其组成计税价格公式中的成本利润率，为国家税务总局规定的成本利润率。

【业务举例5-12】甲商店为增值税一般纳税人，将一批自制糕点作为职工福利，成本为7 020元。已知增值税税率为13%，成本利润率为10%。

要求：请判断并计算该项行为的计税销售额和销项税额。

【解析】将自产糕点作为职工福利属于视同销售行为，应缴纳增值税，其计税销售额 = 7 020 × （1 + 10%） = 7 722（元），销项税额 = 7 722 × 13% = 1 003.86（元）。

【业务举例5-13】甲企业为增值税一般纳税人，主要从事小汽车的制造和销售业务，其将20辆小汽车对外投资，小汽车生产成本为10万元/辆，甲企业同类小汽车不含增值税最高销售价格为16万元/辆，平均销售价格为15万元/辆，最低销售价格为14万元/辆。已知增值税税率为13%，消费税税率为5%。

要求：请判断并计算该项行为的计税销售额和销项税额。

【解析】将自产小汽车对外投资属于视同销售行为，应缴纳增值税，其计税销售额 = 20 × 15 = 300（万元），销项税额 = 300 × 13% = 39（万元）。

二、进项税额的抵扣

进项税额，是指纳税人购进货物、服务、无形资产、不动产支付或者负担的增值税税额。纳税人应当凭法律、行政法规或者国务院规定的增值税扣税凭证从销项税额中抵扣进项税额。

（一）准予从销项税额中抵扣的进项税额

1. 从销售方取得的增值税专用发票（含税控机动车销售统一发票）上注明的增值税税额。

2. 从海关取得的海关进口增值税专用缴款书上注明的增值税税额。

3.购进农产品：取得一般纳税人开具的增值税专用发票或者海关进口增值税专用缴款书的，以增值税专用发票或海关进口增值税专用缴款书上注明的增值税额为进项税额；从按照简易计税方法依照3%征收率计算缴纳增值税的小规模纳税人取得增值税专用发票的，以增值税专用发票上注明的金额和9%的扣除率计算进项税额；取得（开具）农产品销售发票或收购发票的，以农产品收购发票或销售发票上注明的农产品买价和9%的扣除率计算进项税额；**纳税人购进用于生产或者委托加工13%税率货物的农产品，按照10%的扣除率计算进项税额**。其计算公式为：

$$进项税额 = 买价 \times 扣除率$$

式中：买价包括纳税人购进农产品在农产品收购发票或者销售发票上注明的价款和按规定缴纳的烟叶税。

购进农产品，按照《农产品增值税进项税额核定扣除试点实施办法》抵扣进项税额的除外。

4.纳税人购进国内旅客运输服务，其进项税额允许从销项税额中抵扣。纳税人未取得增值税专用发票的，暂按照以下规定确定进项税额：

（1）取得增值税电子普通发票的，为发票上注明的税额；

（2）取得注明旅客身份信息的航空运输电子客票行程单的，为按照下列公式计算的进项税额：

$$航空旅客运输进项税额 = （票价 + 燃油附加费） \div （1 + 9\%） \times 9\%$$

（3）取得注明旅客身份信息的铁路车票的，为按照下列公式计算的进项税额：

$$铁路旅客运输进项税额 = 票面金额 \div （1 + 9\%） \times 9\%$$

（4）取得注明旅客身份信息的公路、水路等其他客票的，为按照下列公式计算的进项税额：

$$公路、水路等其他旅客运输进项税额 = 票面金额 \div （1 + 3\%） \times 3\%$$

【业务举例5-14】2025年6月，某一般纳税人购进某国营农场自产玉米，收购凭证上注明的价款为60 000元；从某供销社（一般纳税人）购进玉米，增值税专用发票上注明的销售额为300 000元。已知玉米的增值税税率为9%，购进玉米将用于生产销售13%税率的杂粮食品。

要求：请计算可以抵扣的进项税额。

【解析】从某国营农场购进玉米，只有收购凭证，可以计算抵扣进项税额；从某供销社购进玉米，取得增值税专用发票，可以凭票抵扣进项税额。因此，可以抵扣的进项税额 = 60 000 × 9% + 300 000 × 9% = 5 400 + 27 000 = 32 400（元）。另外，由于将购进的农产品用于生产销售13%税率的货物，为维持原农产品扣除力度不变，可以加计扣除的进项税额 = 360 000 × 1% = 3 600（元）。

5.自境外单位或者个人购进劳务、服务、无形资产或者境内的不动产，从税务机关或者扣缴义务人取得的代扣代缴税款的完税凭证上注明的增值税额。

增值税扣税凭证，是指增值税专用发票、海关进口增值税专用缴款书、农产品收购发票、农产品销售发票、完税凭证和符合规定的国内旅客运输发票。

纳税人凭完税凭证抵扣进项税额的，应当具备书面合同、付款证明和境外单位的对账单或者发票。资料不全的，其进项税额不得从销项税额中抵扣。

【即问即答】（2022年单选题）甲公司销售部李某国内出差，取得注明李某身份信息的航空运输电子客票行程单，记载往返票价和燃油附加费合计3 270元、机场建设费（民航发展基金）100元。计算甲公司当月取得航空运输电子客票行程单准予抵扣进项税额的下列算式中，正确的是（　　）。

A. 3 270÷（1＋9%）×9%＝270（元）

B. 3 270÷（1＋9%）×9%＋100×9%＝279（元）

C. 3 270×9%＝294.3（元）

D.（3 270＋100）×9%＝303.3（元）

【答案】A。

（二）不得从销项税额中抵扣的进项税额

增值税法第二十二条规定，纳税人的下列进项税额不得从其销项税额中抵扣：

1.适用简易计税方法计税项目对应的进项税额。

2.免征增值税项目对应的进项税额。

其中涉及的固定资产、无形资产、不动产，仅指专用于上述项目的固定资产、无形资产（不包括其他权益性无形资产）、不动产。

自2018年1月1日起，纳税人租入固定资产、不动产，既用于一般计税方法计税项目，又用于简易计税方法计税项目、免征增值税项目、集体福利或者个人消费的，其进项税额准予从销项税额中全额抵扣。

3.非正常损失项目对应的进项税额。

非正常损失，是指因"管理不善"造成被盗、丢失、霉烂变质，以及因违反法律法规造成货物或者不动产被依法没收、销毁、拆除的情形。

4.购进并用于集体福利或者个人消费的货物、服务、无形资产、不动产对应的进项税额。

纳税人的交际应酬消费属于个人消费。

5.购进并直接用于消费的餐饮服务、居民日常服务和娱乐服务对应的进项税额。

6.国务院规定的其他进项税额。

【注意】增值税法没有规定接受贷款服务不得抵扣进项税额。

（三）进项税额抵扣的特殊规定

1.适用一般计税方法的纳税人，兼营简易计税方法计税项目、免征增值税项目而无法划分不得抵扣的进项税额，按照下列公式计算不得抵扣的进项税额：

$$\text{不得抵扣的进项税额} = \text{当期无法划分的全部进项税额} \times \left(\text{当期简易计税方法计税项目销售额} + \text{免征增值税项目销售额} \right) \div \text{当期全部销售额}$$

税务机关可以按照上述公式依据年度数据对不得抵扣的进项税额进行清算。

2.一般纳税人当期购进的货物或劳务用于生产经营，其进项税额在当期销项税额中予以抵扣。但已抵扣进项税额的购进货物或劳务如果事后改变用途，用于集体福利或者个人消费、购进货物发生非正常损失、在产品或产成品发生非正常损失等，应当将该项

增值税法定扣税凭证有哪些？

购进货物或者劳务的进项税额从当期的进项税额中扣减；无法确定该项进项税额的，按当期外购项目的实际成本计算应扣减的进项税额。

3.已抵扣进项税额的固定资产，发生不得从销项税额中抵扣情形的，应在当月按下列公式计算不得抵扣的进项税额：

不得抵扣的进项税额 = 固定资产净值 × 适用税率

式中：固定资产净值，是指纳税人按照财务会计制度计提折旧后计算的固定资产净值。

4.已抵扣进项税额的购进服务，发生不得从销项税额中抵扣情形（简易计税方法计税项目、免征增值税项目除外）的，应当将该进项税额从当期进项税额中扣减；无法确定该进项税额的，按照当期实际成本计算应扣减的进项税额。

5.已抵扣进项税额的无形资产、发生不得从销项税额中抵扣情形的，按照下列公式计算不得抵扣的进项税额：

不得抵扣的进项税额 = 无形资产净值 × 适用税率

式中：无形资产净值，是指纳税人根据财务会计制度摊销后的余额。

6.已抵扣进项税额的不动产，发生非正常损失，或者改变用途，专用于简易计税方法计税项目、免征增值税项目、集体福利或者个人消费的，按照下列公式计算不得抵扣的进项税额，并从当期进项税额中扣减：

不得抵扣的进项税额 = 已抵扣进项税额 × 不动产净值率

不动产净值率 = （不动产净值 ÷ 不动产原值） × 100%

7.纳税人适用一般计税方法计税的，因销售折让、中止或者退回而退还给购买方的增值税额，应当从当期的销项税额中扣减；因销售折让、中止或者退回而收回的增值税额，应当从当期的进项税额中扣减。

8.不得抵扣且未抵扣进项税额的固定资产、无形资产，发生用途改变，用于允许抵扣进项税额的应税项目，可在用途改变的次月按照下列公式，计算可以抵扣的进项税额：

可以抵扣的进项税额 = 固定资产、无形资产净值 ÷ （1 + 适用税率） × 适用税率

上述可以抵扣的进项税额应取得合法有效的增值税扣税凭证。

按照规定不得抵扣进项税额的不动产，发生改变用途，用于允许抵扣进项税额项目的，按照下列公式在改变用途的次月计算可抵扣进项税额：

可抵扣进项税额 = 增值税扣税凭证注明或计算的进项税额 × 不动产净值率

9.纳税人取得的财政补贴收入，与其销售货物、劳务、服务、无形资产、不动产的收入或者数量直接挂钩的，应按规定计算缴纳增值税。纳税人取得的其他情形的财政补贴收入，不属于增值税应税收入，不征收增值税。

【业务举例5-15】甲企业为增值税一般纳税人，2025年6月份外购一批涂料拟用于销售，取得的增值税专用发票上注明的金额为100万元、税额为13万元，当月通过税务机关认证并抵扣了进项税额。7月份，甲企业将该批涂料的50%用于免税项目。

要求：请计算甲企业7月份应转出的进项税额。

【解析】甲企业将该批涂料的50%用于免税项目，该部分进项税额需要转出，甲企

业7月份应当转出的进项税额 = 100 × 13% × 50% = 6.5（万元）。

【业务举例5-16】甲企业为增值税一般纳税人，2025年3月末盘点库存时发现，因管理不善，上月已抵扣进项税额的外购国内原木被盗，该批原木的账面成本为101万元（含支付给增值税一般纳税人的运费10万元）。已知原木的增值税税率为9%，运费的增值税税率为9%。

要求：请计算甲企业外购原木被盗需转出的进项税额。

【解析】外购国内原木被盗，甲企业4月份就该批外购原木应当转出的进项税额 = （101 − 10）÷（1 − 9%）× 9% + 10 × 9% = 9.9（万元）。

三、一般纳税人一般计算方法举例

【业务举例5-17】某小五金制造企业为增值税一般纳税人，2025年3月发生经济业务如下：

（1）购进一批原材料，取得的增值税专用发票上注明的金额为50万元、税额为6.5万元。支付运费，取得的增值税普通发票上注明的金额为2万元、税额为0.18万元。

（2）接受其他企业投资转入材料一批，取得的增值税专用发票上注明的金额为100万元、税额为13万元。

（3）购进低值易耗品，取得的增值税专用发票上注明的金额为6万元、税额为0.78万元。

（4）销售产品一批，取得不含税销售额200万元，另外收取包装物租金1.13万元。

（5）采取以旧换新方式销售产品，新产品含税售价为7.91万元，旧产品作价2万元。

（6）因仓库管理不善，上月购进的一批工具被盗，该批工具的采购成本为8万元（购进工具的进项税额在上月已按13%抵扣）。

已知该企业取得的增值税专用发票均符合规定，并已认证；购进和销售产品适用的增值税税率为13%。

要求：请计算该企业当月应纳增值税税额。

【解析】（1）进项税额 = 6.5 + 13 + 0.78 = 20.28（万元）

（2）销项税额 = 200 × 13% + 1.13 ÷（1 + 13%）× 13% + 7.91 ÷（1 + 13%）× 13% = 26 + 0.13 + 0.91 = 27.04（万元）

（3）进项税额转出 = 8 × 13% = 1.04（万元）

（4）应纳增值税税额 = 27.04 −（20.28 − 1.04）= 7.8（万元）

【业务举例5-18】北京市某公司为增值税一般纳税人，专门从事认证服务，2025年5月发生经济业务如下：

（1）16日，取得某项认证服务收入106万元，开具增值税专用发票，价税合计106万元。

（2）18日，购进一台经营用设备，取得的增值税专用发票上注明的金额为20万元、税额为2.6万元；支付运输费用，取得的增值税专用发票上注明的金额为2万元、税额为0.18万元。

（3）20日，支付广告服务费，取得的增值税专用发票上注明的金额为5万元、税额为0.3万元。

已知本业务中涉及的部分现代服务的增值税税率为6%。

要求：请计算该公司本月应纳增值税税额。

【解析】（1）销项税额 = 106 ÷（1 + 6%）× 6% = 6（万元）

进项税额 = 2.6 + 0.18 + 0.3 = 3.08（万元）

（2）该公司本月应纳税额 = 6 - 3.08 = 2.92（万元）

任务实施

针对"任务布置"中的经济业务，相关解析如下：

销项税额 = 4 680 000 + 780 000 + 15 600 + 7 800 + 15 600 + 60 000 + 63 000

　　　　 = 5 622 000（元）

进项税额 = 3 770 000 + 18 000 + 6 500 + 3 900 = 3 798 400（元）

进项税额转出 = 2 600 + 1 040 = 3 640（元）

丰收公司3月份应纳增值税 = 5 622 000 -（3 798 400 - 3 640）= 1 827 240（元）

借：应交税费——应交增值税（转出未交增值税）　　　　1 827 240

　　贷：应交税费——未交增值税　　　　　　　　　　　　　　　1 827 240

任务三　掌握简易计税方法和进口货物应纳税额的计算

任务布置

青岛嘉乐食品有限责任公司为增值税小规模纳税人，2025年3月发生经济业务如下：

（1）3日，购进面粉一批，共支付35 000元，取得普通发票，款项已转账支付，材料已验收入库。

（2）4日，销售给商场饼干一批，取得收入378 000元，利用税控器具开具普通发票，款项已存入银行。

（3）10日，购进食品添加剂，增值税专用发票上注明的金额为50 000元、税额为6 500元，款项尚未支付，材料已验收入库。

（4）23日，销售蛋糕一批，利用税控器具开具普通发票一张，取得含税销售收入12 000元，款项已存入银行。

任务：请计算青岛嘉乐食品有限责任公司2025年3月应纳增值税税额。

知识准备

按照简易计税方法计算缴纳增值税的，应纳税额为当期销售额乘以征收率。

一、小规模纳税人采用简易计税方法

小规模纳税人销售货物或者应税劳务或应税服务，按简易计税办法计算应纳增值税税额，并不得抵扣进项税额。其应纳税额计算公式为：

$$应纳税额 = 销售额 \times 征收率$$

（一）含税销售额的换算

简易计税的销售额不包括增值税税款，纳税人采用销售额和应纳税额合并定价的，按照下列公式计算销售额：

$$不含税销售额 = 含税销售额 \div （1 + 征收率）$$

纳税人提供的适用简易计税办法计税的应税服务，因服务中止或折让而退还给接受方的销售额，应当从当期销售额中扣减；扣减当期销售额后仍有余额造成多缴的税款，可以从以后的应纳税额中扣减。

【即问即答】（2023年单选题，改）甲设计公司为增值税小规模纳税人，2025年3月提供设计服务取得含税价款206 000元，因服务中止退还给客户含税价款10 300元。已知小规模纳税人的征收率为3%。甲设计公司当月应纳增值税的下列计算中，正确的是（　　　）。

A. 206 000 ÷ （1 + 3%）× 3% = 6 000（元）

B. 206 000 × 3% = 6 180（元）

C. （206 000 − 10 300）÷ （1 + 3%）× 3% = 5 700（元）

D. （206 000 − 10 300）× 3% = 5 871（元）

【答案】C。

（二）特殊事项简易计税方法

1.纳税人销售旧货和使用过的固定资产，按照简易计税方法计税的，其计算公式为：

$$销售额 = 含税销售额 \div （1 + 3\%）$$
$$应纳税额 = 销售额 \times 2\%$$

2.从事二手车经销业务的纳税人，销售其收购的二手车，按照简易计税方法计税的，其计算公式为：

$$销售额 = 含税销售额 \div （1 + 0.5\%）$$
$$应纳税额 = 销售额 \times 0.5\%$$

（三）小规模纳税人简易计算举例

【业务举例5-19】某商店为增值税小规模纳税人，2025年3月销售商品取得含税收入20.6万元；将外购的一批商品无偿捐赠给某慈善机构，该批商品的含税价格为5.15万

元；购进商品取得的增值税普通发票上注明的金额为2万元、税额为0.26万元。已知小规模纳税人的征收率为1%（不考虑小规模纳税人的税收优惠）。

要求：请计算该商店当月应纳增值税税额。

【解析】（1）商品销售应纳增值税税额 = 20.6 ÷（1 + 3%）× 3% = 0.6（万元）；

（2）商品捐赠应纳增值税税额 = 5.15 ÷（1 + 3%）× 3% = 0.15（万元）；

（3）小规模纳税人购进货物支付的增值税税款不允许抵扣；

（4）应纳增值税税额 = 0.6 + 0.15 = 0.75（万元）。

二、一般纳税人简易计税方法

详见本教材第120页"2.一般纳税人简易计税项目适用的征收率"。

三、进口货物应纳增值税计算

进口货物，按照规定的组成计税价格乘以适用税率计算缴纳增值税。组成计税价格，为关税计税价格加上关税和消费税；国务院另有规定的，从其规定。其计算公式为：

$$应纳税额 = 组成计税价格 × 税率$$

（一）进口非应税消费品

$$组成计税价格 = 关税完税价格 + 关税$$

（二）进口应税消费品

$$组成计税价格 = 关税完税价格 + 关税 + 消费税税率$$
$$=（关税完税价格 + 关税）÷（1 - 消费税税率）$$

【注意】进口货物，无论是一般纳税人还是小规模纳税人，均应按照组成计税价格和规定的税率（不能是征收率）计算应纳税额。

（三）进口货物应纳税额计算举例

【业务举例5-20】某公司为增值税一般纳税人，2025年3月从国外进口一批高档化妆品，海关核定的关税完税价格为100万元。已知进口关税税率为10%，消费税税率为15%，增值税税率为13%。

要求：请计算该公司进口环节应纳增值税税额。

【解析】根据增值税法律制度的规定，进口货物如果缴纳消费税，则计算增值税应纳税额时，组成的计税价格中含有消费税税款。

（1）进口环节应纳关税税额 = 100 × 10% = 10（万元）；

（2）进口环节应纳消费税税额 =（100 + 10）÷（1 - 15%）× 15% = 19.41（万元）；

（3）组成计税价格 = 100 + 10 + 19.41 = 129.41（万元）；

（4）进口环节应纳增值税税额 = 129.41 × 13% = 16.82（万元）。

四、扣缴计税方法

扣缴义务人依照规定代扣代缴税款的，按照销售额乘以税率计算应扣缴税额。其计算公式为：

$$应扣缴税额 = 购买方支付的价款 ÷（1 + 税率）× 税率$$

你知道增值税出口退税吗？

任务实施 ◖◗◖◗◖◗

针对"任务布置"中的经济业务，相关解析如下：

应纳增值税税额 =（378 000 + 12 000）÷（1 + 3%）× 3% = 378 640.78 × 3%

= 11 359.22（元）

任务四　认识增值税发票使用规定

任务布置 ◖◗◖◗◖◗

若你是一名税务会计，平时工作跟增值税发票联系密切，请你在了解增值税发票领购、开具等基本规定的基础上，概括一下增值税专用发票与普通发票的联系与区别。

知识准备 ◖◗◖◗◖◗

纳税人应当依法开具和使用增值税发票。增值税发票包括纸质发票和电子发票。电子发票与纸质发票具有同等法律效力。国家积极推广使用电子发票。

一、增值税发票的领购与读入

（一）增值税发票联次及用途

增值税发票分为增值税专用发票和增值税普通发票。增值税普通发票基本联次为2联：发票联和记账联。增值税专用发票基本联次为3联：发票联、抵扣联和记账联。

1. 发票联。作为购买方核算采购成本和增值税进项税额的记账凭证。

2. 抵扣联。作为购买方报送主管税务机关认证和留存备查的凭证。

3. 记账联。作为销售方核算销售收入和增值税销项税额的记账凭证。

（二）增值税发票领购与读入

一般纳税人领购专用设备后，凭最高开票限额申请表、发票领购簿到税务机关办理初始发行。初始发行，是指税务机关将一般纳税人的企业名称、纳税人识别号、开票限额、购票限量、购票人员姓名、密码、开票机数量、国家税务总局规定的其他信息等载入空白金税盘和IC卡的行为。一般纳税人凭发票领购簿、金税盘（或IC卡）和经办人身份证明领购专用发票。

纳税人应通过增值税防伪税控系统使用发票，包括领购、开具、缴销、认证纸质专用发票及其相应的数据电文。

纳税人首次领购发票时，需凭发票领购簿、金税盘或税控盘和经办人身份证明领购增值税发票；以后购买发票，还要加上在开票系统中打印出来的销项情况统计表。

一般纳税人有下列情形之一的，不得领购开具专用发票：

1. 会计核算不健全，不能向税务机关准确提供增值税销项税额、进项税额、应纳税额数据及其他有关增值税税务资料的。

2. 有税收征收管理法规定的税收违法行为，拒不接受税务机关处理的。

3. 有下列行为之一，经税务机关责令限期改正而仍未改正的：

（1）虚开增值税专用发票；

（2）私自印制增值税专用发票；

（3）向税务机关以外的单位和个人买取增值税专用发票；

（4）借用他人增值税专用发票；

（5）未按规定开具增值税专用发票；

（6）未按规定保管增值税专用发票和专用设备；

（7）未按规定申请办理防伪税控系统变更发行；

（8）未按规定接受税务机关检查。

有上述行为的，如已领购增值税专用发票，税务机关应暂扣其结存的增值税专用发票和IC卡。

二、增值税发票的开具

（一）增值税专用发票的开票限额

增值税专用发票实行最高开票限额管理。最高开票限额，是指单份专用发票开具的销售额合计数不得达到的上限额度。

最高开票限额由一般纳税人申请，区县税务机关依法审批。一般纳税人申请最高开票限额时，需填报"增值税专用发票最高开票限额申请单"。主管税务机关受理纳税人申请以后，根据需要进行实地查验，实地查验的范围和方法由各省税务机关确定。自2014年5月1日起，一般纳税人申请增值税专用发票最高开票限额不超过10万元的，主管税务机关不需要事前进行实地查验。

（二）增值税专用发票的开具范围

一般纳税人销售货物、提供应税劳务和应税服务，应向购买方开具增值税专用发票。属于下列情形之一的，不得开具增值税专用发票：

1. 商业企业一般纳税人零售烟、酒、食品、服装、鞋帽（不包括劳保专用部分）、化妆品等消费品的。

2. 销售货物、提供应税劳务和应税服务适用免税规定的（法律、法规及国家税务总局另有规定的除外）。

3. 向消费者个人销售货物、提供应税劳务和应税服务的。

【注意】自2020年2月1日起，增值税小规模纳税人（其他个人除外）发生增值税应税行为，需要开具增值税专用发票的，可以自愿使用增值税发票管理系统自行开具。

4.商业企业向供货方收取的各种收入，一律不得开具增值税专用发票。

5.一般纳税人销售自己使用过的固定资产，适用简易办法按3%征收率减按2%征收的。

6.一般纳税人销售旧货。

【即问即答】（2023年单选题）根据增值税法律制度的规定，一般纳税人发生的下列应税销售行为中，可以开具增值税专用发票的是（　　）。

A.房地产开发公司向演员王某销售住房

B.商场向一般纳税人甲公司销售办公用笔记本电脑

C.金店向消费者李某零售金项链

D.超市向一般纳税人乙公司零售招待客户用的烟酒

【答案】B。

（三）增值税专用发票的开具要求

增值税专用发票应按下列要求开具：

1.项目齐全，与实际交易相符；

2.字迹清楚，不得压线、错格；

3.发票联和抵扣联加盖发票专用章；

4.按照增值税纳税义务的发生时间开具。

三、全面数字化电子发票

自2021年12月1日广东省、上海市和内蒙古自治区试点推行全面数字化电子发票（以下简称数电发票）以来，试点地区已逐步扩大至全国。试点推行工作平稳有序，取得了优化营商环境、提升行政效能、助力经济社会数字化转型的积极效果。国家税务总局决定自2024年12月1日起在全国正式推广应用数电发票。

1.数电发票是《中华人民共和国发票管理办法》中"电子发票"的一种，是将发票的票面要素全面数字化、号码全国统一赋予、开票额度智能授予、信息通过税务数字账户等方式在征纳主体之间自动流转的新型发票。数电发票与纸质发票具有同等法律效力。

2.数电发票为单一联次，以数字化形态存在，类别包括电子发票（增值税专用发票）、电子发票（普通发票）、电子发票（航空运输电子客票行程单）、电子发票（铁路电子客票）、电子发票（机动车销售统一发票）、电子发票（二手车销售统一发票）等。数电发票可以根据特定业务标签生成建筑服务、成品油、报废产品收购等特定业务发票。

电子发票（增值税专用发票）票样如图5-1所示。

3.数电发票的票面基本内容包括：发票名称、发票号码、开票日期、购买方信息、销售方信息、项目名称、规格型号、单位、数量、单价、金额、税率/征收率、税额、合计、价税合计、备注、开票人等。

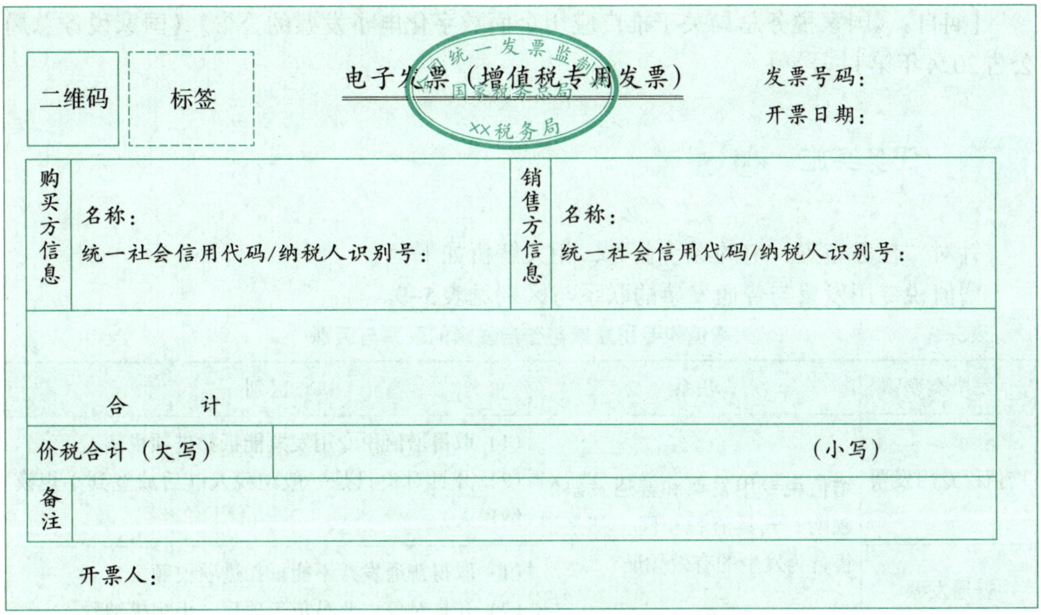
二维码　标签

电子发票（增值税专用发票）

全国统一发票监制 国家税务总局 XX税务局

发票号码：

开票日期：

购买方信息	名称： 统一社会信用代码/纳税人识别号：	销售方信息	名称： 统一社会信用代码/纳税人识别号：
合　计			
价税合计（大写）			（小写）
备注			

开票人：

图5-1　电子发票（增值税专用发票）票样

4.数电发票的号码为20位，其中：第1～2位代表公历年度的后两位，第3～4位代表开票方所在的省级税务局区域代码，第5位代表开具渠道等信息，第6～20位为顺序编码。

5.税务机关建设全国统一的电子发票服务平台，提供免费的数电发票开票、用票服务。对按照规定不使用网络办税、不具备网络条件或者存在重大涉税风险的，可以暂不提供服务，具体情形由省级税务机关确定。

6.税务机关根据纳税人的税收风险程度、纳税信用级别、实际经营情况等因素，通过电子发票服务平台授予发票总额度，并实行动态调整。发票总额度，是指一个自然月内，纳税人发票开具总金额（不含增值税）的上限额度。

纳税人因实际经营情况发生变化需要调整发票总额度的，经主管税务机关确认后予以调整。

7.数电发票的开具需要通过实人认证等方式进行身份验证。

8.已开具的数电发票通过电子发票服务平台自动交付。开票方也可以通过电子邮件、二维码、下载打印等方式交付数电发票。选择下载打印方式交付的，数电发票的票面自动标记并显示“下载次数”“打印次数”。

9.受票方取得数电发票后，如需用于申报抵扣增值税进项税额、成品油消费税或申请出口退税、代办退税、勾选成品油库存的，应当通过税务数字账户确认用途。确认用途有误的，可以向主管税务机关申请更正。

10.单位和个人可以登录自有的税务数字账户、个人所得税App，免费查询、下载、打印、导出已开具或接受的数电发票；可以通过税务数字账户，对数电发票入账与否打上标识；可以通过电子发票服务平台或全国增值税发票查验平台，免费查验数电发票信息。

【摘自：《国家税务总局关于推广应用全面数字化电子发票的公告》（国家税务总局公告2024年第11号）】

任务实施

针对"任务布置"中的经济业务，相关解析如下：

增值税专用发票与普通发票的联系与区别见表5-9。

表5-9　　　　　　　　　增值税专用发票与普通发票的联系与区别

发票类型	联系	区别
增值税专用发票	增值税专用发票和普通发票的领购、开具流程相同，都是销售行为发生的有效凭证	（1）取得增值税专用发票能抵扣进项税额 （2）开具对象只是一般纳税人（后放宽到小规模纳税人）
普通发票		（1）取得普通发票不能抵扣进项税额 （2）开具对象主要是免税项目、小规模纳税人

任务五　明确增值税征收管理

任务布置

东海市丰收计算机有限公司（纳税人识别号：92345670567856785G，以下简称丰收公司）是增值税一般纳税人，主要从事计算机的生产和销售业务、技术服务，还兼营运输业务。2025年3月，丰收公司发生的相关增值税业务如下：

（1）丰收公司以直接销售方式将6 000台电脑按6 000元/台的不含税价格销售给代理商，已经全部开具增值税专用发票，共计40份，不含税金额为3 600万元，税额为468万元。截至3月底，已经收到货款4 000万元，尚有68万元货款未收到。

（2）丰收公司与乙公司签订委托代销协议，按照协议的约定，乙公司应按不含税销售价格6 000元/台进行销售，丰收公司按照200元/台向乙公司支付手续费。2025年1月，丰收公司发出电脑1 300台，电脑实际成本为5 000元/台，至3月底结账时，收到乙公司的代销清单，代销清单显示乙公司销售1 000台，丰收公司按销售清单确认销售数量1 000台和不含税销售金额600万元，并开具增值税专用发票7份。

（3）丰收公司直接向个人销售电脑20台，取得不含税销售收入12万元，开具增值税普通发票20份，收入已通过银行存款收取。

（4）将自产电脑10台无偿赠送给B市的一所中学，电脑实际成本为5 000元/台，同期销售价格为6 000元/台。

（5）丰收公司提供电脑修理修配劳务，开具增值税专用发票10份，不含税金额为12万元。

（6）丰收公司取得技术服务费收入106万元，开具增值税专用发票20份，销售额为100万元，销项税额为6万元。

（7）丰收公司取得运输收入76.3万元，开具货物运输增值税专用发票9份，销售额为70万元，销项税额为6.3万元。

任务：请说明丰收公司2025年3月发生的销售业务的纳税义务发生时间和纳税地点。

● 知识准备 ●●●

增值税由税务机关征收，进口货物的增值税由海关代征。

海关应当将代征增值税和货物出口报关的信息提供给税务机关。

个人携带或者寄递进境物品增值税的计征办法由国务院制定，报全国人民代表大会常务委员会备案。

一、增值税征收管理

（一）纳税义务发生时间

1.发生应税交易，纳税义务发生时间为收讫销售款项或者取得销售款项索取凭据的当日；先开具发票的，为开具发票的当日。

不同销售结算方式下纳税义务发生时间具体规定见表5-10。

表5-10　　　　　　　　不同销售结算方式下纳税义务发生时间具体规定

销售结算方式	纳税义务发生时间
采取赊销和分期收款结算方式的	为书面合同约定的收款日期的当天；书面合同未约定收款日期或无书面合同的，为发出应税消费品的当天
委托其他纳税人代销货物的	为收到代销单位的代销清单或者收到全部或部分货款的当天；未收到代销清单及货款的，为发出代销货物满180天的当天
采取预收款结算方式的	为发出应税消费品的当天
采取托收承付、委托收款结算方式的	为发出应税消费品并办妥托收手续的当天
采取其他结算方式的	为收讫销售款或取得索取销售款凭据的当天

2.发生视同应税交易，纳税义务发生时间为完成视同应税交易的当日。

3.纳税人提供建筑服务、租赁服务采用预收款方式的，为收到预收款的当天。

4.纳税人从事金融商品转让的，为金融商品所有权转移的当天。

5.进口货物，纳税义务发生时间为货物报关进口的当日。

6.增值税扣缴义务发生时间为纳税人增值税纳税义务发生的当日。

【即问即答】（2021年多选题）根据增值税法律制度的规定，下列关于增值税纳税义务发生时间的表述中，正确的有（　　）。

　　A.纳税人提供租赁服务采取预收款方式的，为交付租赁物的当天

　　B.纳税人进口货物的，为报关进口的当天

　　C.纳税人从事金融商品转让的，为收到销售款的当天

　　D.纳税人采取委托银行收款方式销售货物的，为发出货物并办妥托收手续的当天

　　【答案】BD。

（二）纳税期限

　　根据增值税法规定，增值税的计税期间分别为10日、15日、1个月或者1个季度。纳税人的具体计税期间，由主管税务机关根据纳税人应纳税额的大小分别核定。不经常发生应税交易的纳税人，可以按次纳税。

　　以1个季度为纳税期限的规定仅适用于小规模纳税人、银行、财务公司、信托投资公司、信用社，以及财政部和国家税务总局规定的其他纳税人。

　　纳税人以1个月或者1个季度为一个计税期间的，自期满之日起15日内申报纳税；以10日或者15日为一个计税期间的，应当自期满之日起5日内预缴税款，自次月1日起15日内申报纳税。

　　扣缴义务人解缴税款的计税期间和申报纳税期限，依照上述规定执行。

　　纳税人进口货物，应当按照海关规定的期限申报并缴纳税款。

（三）纳税地点

　　增值税纳税地点，按照下列规定确定：

　　1.有固定生产经营场所的纳税人，应当向其机构所在地或者居住地主管税务机关申报纳税。总机构和分支机构不在同一县（市）的，应当分别向各自所在地的主管税务机关申报纳税；经省级以上财政、税务主管部门批准，可以由总机构汇总向总机构所在地的主管税务机关申报纳税。

　　2.无固定生产经营场所的纳税人，应当向其应税交易发生地主管税务机关申报纳税；未申报纳税的，由其机构所在地或者居住地主管税务机关补征税款。

　　3.自然人销售或者租赁不动产，转让自然资源使用权，提供建筑服务，应当向不动产所在地、自然资源所在地、建筑服务发生地主管税务机关申报纳税。

　　4.进口货物的纳税人，应当按照海关规定的地点申报纳税。

　　5.扣缴义务人，应当向其机构所在地或者居住地主管税务机关申报缴纳扣缴的税款；机构所在地或者居住地在境外的，应当向应税交易发生地主管税务机关申报缴纳扣缴的税款。

　　【即问即答】（2021年多选题）根据增值税法律制度的规定，下列关于增值税纳税地点的表述中，正确的有（　　）。

　　A.扣缴义务人应当向其机构所在地或者居住地的税务机关申报缴纳其扣缴的税款

　　B.其他个人提供建筑服务，应当向其居住地税务机关申报纳税

　　C.进口货物，应当向报关地海关申报纳税

　　D.其他个人转让自然资源使用权，应当向自然资源所在地税务机关申报纳税

　　【答案】ACD。

二、增值税一般纳税人纳税申报

（一）增值税一般纳税人纳税期限

增值税一般纳税人一般按月纳税申报，申报期为次月1日至15日（到期日遇法定节假日顺延）。

（二）增值税一般纳税人纳税申报工作流程

1.报税前期工作：专用发票认证、抄报税。

2.办理纳税申报：填列增值税纳税申报主表及相关附表。

纳税申报可分为上门申报和网上申报。网上申报，是指纳税人开通VPDN服务后，在申报期内通过VPDN专项申报通道将增值税纳税申报主表及相关附表、财务报表的电子信息传送至电子申报系统。大部分纳税人采用网上申报方式进行申报。上门申报，是指在申报期内，携带填写好的财务报表、增值税纳税申报主表及相关附表，并盖上公章，到主管税务机关服务大厅办理纳税申报。

纳税申报的核心是填写并报送"增值税及附加税费申报表（一般纳税人适用）"主表及相关附表。增值税一般纳税人填报内容有1份主表（增值税及附加税费申报表）、5份附列资料（本期销售情况明细，本期进项税额明细，服务、不动产和无形资产扣除项目明细，税额抵减情况表，附加税费情况表）和增值税减免税申报明细表。

3.缴纳增值税税款。【详见：《国家税务总局关于调整增值税纳税申报有关事项的公告》（国家税务总局公告2025年第2号）】

三、小规模纳税人增值税纳税申报

根据最新增值税法律制度的规定，增值税小规模纳税人实行按季申报，申报期为期满后次月1日至15日（到期日遇法定节假日顺延）。

增值税小规模纳税人填报"增值税及附加税费申报表（小规模纳税人适用）"，纳税人销售使用过的固定资产、销售免税货物或提供免税劳务的，也适用此表。【详见：《国家税务总局关于增值税、消费税与附加税费申报表整合有关事项的公告》（国家税务总局公告2021年第20号）】

3个案例带你学会小规模纳税人申报

任务实施

针对"任务布置"中的经济业务，相关解析如下：

（1）采用直接销售方式的，其增值税纳税义务发生时间为发生应税行为并收讫销售款或取得收取销售款凭据的当天；先开具发票的，为开具发票的当天，故3月需要开票全额计税。

（2）采用委托代销方式的，其增值税纳税义务发生时间为收到代销清单的当天；丰收公司3月底收到乙公司的代销清单，代销清单显示不含税销售金额为600万元，故3月需要按代销清单金额计税。

（3）丰收公司直接向个人销售的，其增值税纳税义务发生时间为发生应税行为并收讫销售款或取得收取销售款凭据的当天；先开具发票的，为开具发票的当天，因此销售给个人的销售额需要全部计税。

（4）将自产电脑无偿赠送他人的视同销售，其增值税纳税义务发生时间为货物移送使用的当天，即无偿赠送当天，并按同期销售价格 6 000 元/台全额计税。

（5）、（6）、（7）分别提供电脑修理修配劳务、技术服务和运输服务的，其增值税纳税义务发生时间为发生应税行为并收讫销售款或取得收取销售款凭据的当天；先开具发票的，为开具发票的当天，因此提供修理修配劳务、技术服务和运输服务的收入需要全额计税。

丰收公司 2025 年 3 月发生的增值税纳税地点：丰收公司需要前往东海市公司所在地主管税务局申报纳税。

项目六

解读消费税法律制度

知识目标
1. 掌握消费税纳税人
2. 掌握消费税征税范围
3. 掌握消费税应纳税额的计算
4. 熟悉消费税税目
5. 熟悉消费税征收管理
6. 了解消费税税率和纳税申报表

能力目标
1. 能解读并应用消费税优惠政策
2. 能分析消费税政策调整对相关行业的影响
3. 能识别消费税征收管理中的常见风险点，并能提出合规管理建议

素质目标
1. 理解消费税的宏观调控功能和社会意义
2. 提升对消费税政策变化的敏感度
3. 树立依法纳税意识，杜绝偷逃消费税行为

价值引领

消费税改革迈出新步伐：征收环节后移有望落地

2025年3月5日，政府工作报告在部署2025年政府工作任务时，提及加快推进部分品目消费税征收环节后移并下划地方，增加地方自主财力。

2025年政府工作报告起草组负责人、国务院研究室主任沈丹阳解读称，2025年将加快推进部分品目消费税征收环节后移并下划地方。这项改革其实已经提了多年，今年下决心要加快。这项改革影响面很大，好处也是明显的，有利于减轻生产企业的资金压力，并且不会增加纳税人的负担，还有利于引导地方改善消费环境，积极拉动本地消费。

中国政法大学教授施正文告诉第一财经，这意味着2025年消费税征收环节后移改革有望落地，以增加地方财力，引导地方改善消费。

财政部数据显示，消费税是中国第三大税种（收入仅次于国内增值税和企业所得税），2024年仅国内消费税约16 532亿元，比上年增长2.6%。消费税是中央税种，仅针对特殊消费品征税，目前有15个税目，但收入主要来自烟、成品油、小汽车和酒四个税目。消费税开征目的除了筹集收入外，还旨在引导消费、保护环境、调节收入分配等。

此前消费税改革主要聚焦于调整征税范围及税率。为了缓解地方财政困难，2019年国务院发布《关于印发实施更大规模减税降费后调整中央与地方收入划分改革推进方案的通知》（下称《通知》），提出在征管可控的前提下，将部分在生产（进口）环节征收的现行消费税品目逐步后移至批发或零售环节征收，拓展地方收入来源，引导地方改善消费环境。

上述具体调整品目经充分论证，逐项报批后稳步实施。先对高档手表、贵重首饰和珠宝玉石等条件成熟的品目实施改革，再结合消费税立法对其他具备条件的品目实施改革试点。

资料来源：第一财经. 消费税改革迈出新步伐：征收环节后移今年有望落地［EB/OL］.［2025-03-06］. https://news.qq.com/rain/a/20250306A06B3Q00.

请思考：消费税的改革会给我们带来哪些影响？

任务一　认识消费税基本纳税规定

任务布置

如果你现在是企业的税务会计，要进行消费税的纳税申报，那么你必须明确自己公司经营哪些产品、哪些行为属于消费税的征税范围，还要弄清楚每项应税业务是自己公司负有纳税义务，还是代扣代缴义务，应该在哪个环节纳税，然后确定不同业务所适用的税率来缴纳消费税。

任务：请你在熟悉最新的消费税征税范围和税目、纳税义务人、适用的税率、纳税环节的基础上，概括增值税和消费税的区别及消费税的特点。

知识准备

消费税是对我国境内从事生产、委托加工和进口应税消费品的单位和个人，就其销售额或销售数量，在特定环节征收的一种税。征税的目的是调节产品结构、引导消费方向、保证财政收入。

消费税与增值税、城市维护建设税、关税等相配合，构成我国货物与劳务税体系。

一、消费税纳税人

在中国境内生产、委托加工和进口《中华人民共和国消费税暂行条例》规定的消费品的单位和个人，以及国务院确定的销售《中华人民共和国消费税暂行条例》规定的消费品的其他单位和个人，为消费税的纳税人。

在中国境内，是指生产、委托加工和进口属于应当缴纳消费税的消费品的起运地或者所在地在境内。单位，是指企业、行政单位、事业单位、军事单位、社会团体及其他单位。个人，是指个体工商户及其他个人。

【提示】电子烟生产环节纳税人，是指取得烟草专卖生产企业许可证，并取得或经许可使用他人电子烟产品注册商标（以下称持有商标）的企业。通过代加工方式生产电子烟的，由持有商标的企业缴纳消费税。电子烟批发环节纳税人，是指取得烟草专卖批发企业许可证并经营电子烟批发业务的企业。电子烟进口环节纳税人，是指进口电子烟的单位和个人。

由于消费税是在对所有货物普遍征收增值税的基础上选择部分消费品征收的，因此，消费税纳税人同时也是增值税纳税人。

二、消费税征税范围及税目

（一）征税范围

1.生产应税消费品

（1）生产销售应税消费品。纳税人生产的应税消费品，于纳税人销售时纳税。

（2）自产自用应税消费品。纳税人自产自用的应税消费品，用于连续生产应税消费品的，不纳税；用于其他方面的，于移送使用时纳税。

（3）视为生产销售应税消费品。工业企业以外的单位和个人的下列行为视为应税消费品的生产行为，按规定征收消费税：

①将外购的消费税非应税产品以消费税应税产品对外销售的；

②将外购的消费税低税率应税产品以高税率应税产品对外销售的。

2.委托加工应税消费品

委托加工的应税消费品指由委托方提供原料和主要材料，受托方只收取加工费和代垫部分辅助材料加工的应税消费品。

3.进口应税消费品

单位和个人进口应税消费品，于报关进口时缴纳消费税。为了减少征税成本，进口环节缴纳的消费税由海关代征。

4.零售应税消费品

（1）商业零售金银首饰。**金银首饰消费税在零售环节征收**。在零售环节征收消费税的金银首饰仅限于金基、银基合金首饰，以及金、银和金基、银基合金的镶嵌首饰、钻石及钻石饰品、铂金首饰等。

下列业务视同零售业，在零售环节缴纳消费税：① 为经营单位以外的单位和个人加工金银首饰。加工包括带料加工、翻新改制、以旧换新等业务，不包括修理和清洗。② 经营单位将金银首饰用于馈赠、赞助、集资、广告样品、职工福利、奖励等方面。③ 未经中国人民银行总行批准，经营金银首饰批发业务的单位将金银首饰销售给经营单位。

（2）零售超豪华小汽车。

自2025年7月20日起，每辆零售价格90万元（不含增值税）及以上的各种动力类型（含纯电动、燃料电池等动力类型）的乘用车和中轻型商用客车，在生产（进口）环节按现行税率征收消费税的基础上，在零售环节再加征一道消费税。

对纯电动、燃料电池等没有气缸容量（排气量）的超豪华小汽车仅在零售环节征收消费税。（注：纯电动、燃料电池汽车在生产（进口）是不征消费税的。）

对纳税人销售二手超豪华小汽车，不征收消费税。

5.批发销售卷烟和电子烟

卷烟和电子烟消费税改为在生产和批发两个环节征收后，批发企业在计算应纳税额时不得扣除已含的生产环节的消费税税款。

烟草批发企业将卷烟销售给其他烟草批发企业的，不缴纳消费税。

纳税人兼营卷烟批发和零售业务的，应当分别核算批发和零售环节的销售额、销售数量；未分别核算批发和零售环节销售额、销售数量的，按照全部销售额、销售数量计征批发环节消费税。

【注意】消费税实行单环节一次征收，除金银首饰、铂金首饰、钻石及钻石饰品改在零售环节征税，卷烟、电子烟在批发环节加征消费税，超豪华小汽车在零售环节加征消费税以外，其他应税消费品只在生产、委托加工、进口环节征税，在以后的批发、零售等环节不再征收消费税。纳税环节基本规定见表6-1。

表6-1   纳税环节基本规定

征税环节		适用范围
基本环节	生产环节	除按照规定在零售、批发环节纳税的应税消费品以外的其他应税消费品
	进口环节	
	委托加工环节	
特殊环节	零售环节	①金银首饰、钻石及钻石饰品、铂金首饰，但不包括其他贵重首饰和珠宝玉石；②超豪华小汽车
	批发环节	卷烟、电子烟在批发环节再加征一道消费税

【即问即答】（2023年单选题）根据消费税法律制度的规定，下列行为中，应缴纳消费税的是（　　）。

A.外贸公司进口金银首饰　　　　　　B.超市零售卷烟

C.轮胎厂销售自产汽车轮胎　　　　　D.4S店零售超豪华小汽车

【答案】D。

（二）税目

消费税具体包括15个税目，除此之外的消费品均不缴纳消费税。

1.烟

凡是以烟叶为原料加工生产的产品，不论其使用何种辅料，均属于本税目的征收范围。具体包括卷烟（包括甲类卷烟和乙类卷烟）、雪茄烟、烟丝、电子烟4个子税目。

2.酒

具体包括白酒（包括粮食白酒、薯类白酒）、黄酒、啤酒（包括甲类啤酒和乙类啤酒）、其他酒4个子税目。

对以黄酒为酒基生产的配制或泡制酒，按其他酒征收消费税。调味料酒不征消费税。对饮食业、商业、娱乐业举办啤酒屋（啤酒坊）利用啤酒生产设备生产的啤酒，应当征收消费税。

其他酒，是指除粮食白酒、薯类白酒、黄酒、啤酒以外的各种酒，包括糠麸白酒、其他原料白酒、土甜酒、复制酒、果木酒、汽酒、药酒、葡萄酒等。

3.高档化妆品

本税目包括高档美容、修饰类化妆品，高档护肤类化妆品和成套化妆品。

高档美容、修饰类化妆品和高档护肤类化妆品，是指生产（进口）环节销售（完税）价格（不含增值税）在10元/毫升（克）或15元/片（张）及以上的美容、修饰类化妆品和护肤类化妆品。普通化妆品不再征收消费税。

舞台、戏剧、影视演员化妆用的上妆油、卸妆油、油彩，不属于本税目的征收范围。

4.贵重首饰及珠宝玉石

本税目的征税范围包括各种金银珠宝首饰和经采掘、打磨、加工的各种珠宝玉石。金银首饰、铂金首饰和钻石及钻石饰品。其他贵重首饰和珠宝玉石。宝石坯是经采掘、打磨、初级加工的珠宝玉石半成品，对宝石坯应按规定征收消费税。

5.鞭炮、焰火

本税目包括各种鞭炮、焰火。体育上用的发令纸、鞭炮药引线，不征收消费税。

6.成品油

本税目包括汽油、柴油、石脑油、溶剂油、润滑油、燃料油、航空煤油7个子税目。

（1）汽油，是指可用作汽油发动机燃料的各种轻质油，汽油分为车用汽油和航空汽油。以汽油、汽油组分调和生产的甲醇汽油、乙醇汽油也属于本税目的征收范围。

（2）柴油，是指可用作柴油发动机燃料的各种轻质油和非标油。以柴油、柴油组分调和生产的生物柴油也属于本税目的征收范围。

（3）石脑油，又叫轻质油、化工轻油，是指用于化工原料的轻质油。石脑油的征收范围包括除汽油、柴油、煤油、航空煤油、溶剂油以外的各种轻质油。

（4）溶剂油，是指以石油加工生产的用于涂料、油漆生产，食用油加工，印刷油墨，皮革、农药、橡胶、化妆品生产的轻质油。

（5）润滑油，包括矿物性润滑油、植物性润滑油、动物性润滑油和化工原料合成润滑油。目前，仅矿物性润滑油属于征收范围。

（6）燃料油，也称重油、渣油，包括用于电厂发电、船舶锅炉燃料、加热炉燃料、冶金和其他工业炉燃料的各类燃料油。自2012年11月1日起，催化料、焦化料也属于燃料油征收范围征收消费税。

（7）航空煤油，也叫喷气燃料，是指用于喷气发动机和喷气推进系统中作为能源的石油燃料。自2014年11月29日起，航空煤油暂缓征收消费税。

7. 摩托车

本税目包括气缸容量为250毫升的摩托车和气缸容量在250毫升以上的摩托车，不包括轻便三轮摩托车和小排量摩托车（气缸容量小于250毫升）。

8. 小汽车

汽车是指由动力驱动，具有4个或4个以上车轮的非轨道承载的车辆。

本税目包括乘用车、中轻型商用客车和超豪华小汽车3个子目。分别是：

（1）乘用车。乘用车，是在设计和技术特性上用于载运乘客和货物的汽车，包括含驾驶员座位在内最多不超过9个座位（含）。用排气量小于1.5升（含）的乘用车底盘（车架）改装、改制的车辆属于乘用车征收范围。

（2）中轻型商用客车。中轻型商用客车，是在设计和技术特性上用于载运乘客和货物的汽车，包括含驾驶员座位在内的座位数在10～23座（含23座）。用排气量大于1.5升的乘用车底盘（车架）或用中轻型商用客车底盘（车架）改装，改制的车辆属于中轻型商用客车征收范围。含驾驶员人数（额定载客）为区间值的（如8～10人、17～26人）小汽车，按其区间值下限人数确定征收范围。

（3）超豪华小汽车。超豪华小汽车，是每辆零售价格90万元（不含增值税）及以上的各种动力类型（含纯电动、燃料电池等动力类型）的乘用车和中轻型商用客车。

对纯电动、燃料电池等没有气缸容量（排气量）的超豪华小汽车仅在零售环节征收消费税。（注：纯电动、燃料电池汽车在生产（进口）是不征消费税的。）

对纳税人销售二手超豪华小汽车，不征收消费税。

【摘自：《关于调整超豪华小汽车消费税政策的公告》财政部 税务总局公告2025年第3号】

电动汽车不属于本税目征收范围。

车身长度大于7米（含），并且座位在10～23座（含）以下的商用客车，不属于中轻型商用客车征税范围，不征收消费税。

沙滩车、雪地车、卡丁车、高尔夫车不属于消费税征收范围，不征收消费税。对于企业购进货车或厢式货车改装生产的商务车、卫星通信车等专用汽车不属于消费税征收范围，不征收消费税。

对于购进乘用车和中轻型商用客车整车改装生产的汽车，应按规定征收消费税。

超豪华小汽车加征10%的消费税，是劫富还是济贫？

9.高尔夫球及球具

本税目包括高尔夫球、高尔夫球杆及高尔夫球包（袋），以及高尔夫球的杆头、杆身和握把。

10.高档手表

本税目是指销售价格（不含增值税）每只在1万元（含1万元）以上的各类手表，并非所有手表都征收消费税。

11.游艇

本税目征收范围包括艇身长度大于8米（含）小于90米（含），内置发动机，可以在水上移动，一般为私人或团体购置，主要用于水上运动和休闲娱乐等非牟利活动的各类机动艇。

12.木制一次性筷子

本税目征收范围包括各种规格的木制一次性筷子和未经打磨、倒角的木制一次性筷子。

13.实木地板

本税目征收范围包括各类规格的实木地板、实木指接地板、实木复合地板及用于装饰墙壁、天棚的侧端面为榫、槽的实木装饰板及未经涂饰的素板。

14.电池

对无汞原电池、金属氢化物镍蓄电池（又称"氢镍蓄电池"或"镍氢蓄电池"）、锂原电池、锂离子蓄电池、太阳能电池、燃料电池和全钒液流电池免征消费税。自2016年1月1日起，对铅蓄电池按4%税率征收消费税。

15.涂料

对施工状态下挥发性有机物（Volatile Organic Compounds，VOC）含量低于420克/升（含）的涂料免征消费税。

【注意】①自2015年5月10日起，卷烟批发环节消费税采用复合计税办法计征，适用消费税税率11%加收250元/箱；②超豪华小汽车在生产（进口）环节按现行税率征收消费税的基础上，再在零售环节加征一道10%的消费税。

【即问即答】（2022年多选题）根据消费税法律制度的规定，下列应税消费品中，在零售环节征收消费税的有（　　）。

A.涂料　　　　　　B.实木地板　　　　　C.钻石饰品　　　　　D.超豪华小汽车

【答案】CD。

三、消费税税率

我国现行消费税税率采用比例税率和定额税率两种形式，以适应不同应税消费品的实际情况。现行消费税税目、税率见表6-2。

你如何确定消费税具体适用税率？

表6-2 　　　　　　　　　　　　　　消费税税目、税率表

税目	税率
（一）烟 1.卷烟 （1）甲类卷烟 （2）乙类卷烟 （3）商业批发 2.雪茄烟 3.烟丝 4.电子烟 （1）生产（进口）环节 （2）乙类卷烟	 56%加0.003元/支（150元/箱）（生产环节） 36%加0.003元/支（150元/箱）（生产环节） 11%加0.005元/支（250元/箱）（批发环节） 36% 30% 36% 11%
（二）酒 1.白酒 2.黄酒 3.啤酒 （1）甲类啤酒 （2）乙类啤酒 4.其他酒	 20%加0.5元/500克（或者500毫升） 240元/吨 250元/吨 220元/吨 10%
（三）高档化妆品	15%
（四）贵重首饰及珠宝玉石 1.金银首饰、铂金首饰和钻石及钻石饰品 2.其他贵重首饰和珠宝玉石	 5%（零售环节） 10%
（五）鞭炮、焰火	15%
（六）成品油 1.汽油 2.柴油 3.航空煤油 4.石脑油 5.溶剂油 6.润滑油 7.燃料油	 1.52元/升 1.20元/升 1.20元/升 1.52元/升 1.52元/升 1.52元/升 1.20元/升
（七）摩托车 1.气缸容量（排气量，下同）250毫升的 2.气缸容量在250毫升（不含）以上的	 3% 10%
（八）小汽车 1.乘用车 （1）气缸容量在1.0升（含）以下的 （2）气缸容量在1.0升以上至1.5升（含）的 （3）气缸容量在1.5升以上至2.0升（含）的 （4）气缸容量在2.0升以上至2.5升（含）的 （5）气缸容量在2.5升以上至3.0升（含）的 （6）气缸容量在3.0升以上至4.0升（含）的 （7）气缸容量在4.0升（含）以上的 2.中轻型商用客车 3.超豪华小汽车	 1% 3% 5% 9% 12% 25% 40% 5% 10%（零售环节）

续表

税目	税率
（九）高尔夫球及球具	10%
（十）高档手表	20%
（十一）游艇	10%
（十二）木制一次性筷子	5%
（十三）实木地板	5%
（十四）电池	4%
（十五）涂料	4%

任务实施

针对"任务布置"中的经济业务，相关解析如下：

第一步：比较增值税与消费税的区别（见表6-3）。

表6-3　　　　　　　　　　　增值税与消费税的区别

差异方面	增值税	消费税
征税范围	①销售或进口的货物 ②提供加工、修理修配劳务 ③提供应税服务	①生产应税消费品 ②委托加工应税消费品 ③进口应税消费品 ④批发卷烟 ⑤零售金银首饰和超豪华小汽车
纳税环节	多环节道道征收	除卷烟、超豪华小汽车外，均为单一环节征收
计税方法	从价计征	从价计征、从量计征、复合计征
与价格的关系	价外税	价内税

第二步：概括消费税的特点，以与其他税种相比较：

（1）征税范围具有选择性。各国目前征收的消费税实际上都属于对特定消费品或消费行为征收的税种。尽管各国征税范围不一，但都是选取若干项目在税法中列举征税。我国目前的消费税有15个税目征税。

（2）征收环节具有单一性。消费税是在生产、委托加工和进口或消费的某单一环节一次性征收（除卷烟在批发环节、超豪华小汽车在零售环节再加征一道消费税外），在其他环节不再征税，即通常所说的一次课征。

（3）征税方法具有多样性。消费税计税方法灵活多样，为适应不同应税消费品情况，分别采用3种不同的税率形式，即比例税率、定额税率和复合税率，分别采用从价定率计征、从量定额计征和复合计征 3 种办法。

（4）应税消费品税负差异大。消费税的平均税率水平一般定得比较高，并且不同征税项目的税负差异较大，对需要限制或控制消费的消费品，通常税负较重。

任务二　掌握消费税应纳税额的计算

任务布置

欧雅化妆品有限责任公司（纳税人识别号：91370211637260733T）为增值税一般纳税人，2025 年 3 月份发生以下业务：

（1）3 月 6 日，本公司生产销售高档成套化妆品 1 000 套，开具的增值税专用发票上注明的金额为 500 000 元、税额为 65 000 元。消费税税率为 15%，款项尚未收到。

（2）3 月 13 日，委托甲公司加工一批高档香水，由本公司提供所需主要材料，发出材料的成本为 300 000 元，收到的增值税专用发票上注明的加工费为 50 000 元、税额为 6 500 元，加工费款项已支付。该香水于 3 月 20 日收回后全部用于生产高档化妆品，增值税税率为 13%，消费税税率为 15%，收回的香水已验收入库。

（3）月末，将用加工收回香水生产的高档化妆品 4 000 套售出，每套不含税售价为 250 元，款项收存银行。

（4）3 月 14 日，将自产的高档化妆品 10 套作为礼物赠送给主要客户。

（5）3 月 15 日，从国外进口高档化妆品一批，关税完税价格为 1 400 000 元，关税税率为 50%，增值税税率为 13%，消费税税率为 15%，高档化妆品已验收入库，款项已支付。

假定期初未缴纳的消费税为 45 000 元，本月 15 日已缴纳上月消费税。

任务：请计算欧雅化妆品有限责任公司 3 月份应纳消费税。

知识准备

按照现行消费税法的规定，消费税适用 3 种税率形式：比例税率、定额税率和复合税率。消费税的不同税率形式决定了不同的计税办法和计税公式（见表 6-4）。

表 6-4　　　　　消费税不同税率形式下的计税办法和计税公式

税率形式	计税办法	计税公式
比例税率	从价定率计税	应纳税额 = 计税价格 × 比例税率
定额税率	从量定额计税	应纳税额 = 计税数量 × 定额税率
比例税率 + 定额税率	复合计税	应纳税额 = 计税价格 × 比例税率 + 计税数量 × 定额税率

因此，计算不同环节的消费税的关键在于确定其计税价格和计税数量。

一、生产环节消费税应纳税额的计算

（一）自产自销应税消费品应纳税额的计算

1.销售额的一般规定

销售额为纳税人销售应税消费品向购买方收取的全部价款和价外费用（同增值税），但不包括向购买方收取的销项税额。若纳税人应税消费品的销售额中含有增值税的，在计算消费税时，应将含税的销售额换算为不含税的销售额，其公式为：

$$应税消费品的销售额＝含税销售额÷（1＋增值税税率或征收率）$$

【注意】①消费税销售额应当是不含增值税但含消费税的销售额；②同一环节既征收消费税又征收增值税的，消费税与增值税的计税销售额一般情况下是相同的（用于"换投抵"的除外）。

【业务举例6-1】（2022年不定项节选）龙新汽车制造企业为增值税一般纳税人，7月销售1辆定制小汽车取得含税价款226 000元，另收取手续费33 900元。已知小汽车增值税税率为13%，消费税税率为5%。

要求：请计算该销售业务应纳增值税和应纳消费税。

【解析】增值税销项税额＝（226 000＋33 900）÷（1＋13%）×13%＝29 900（元）；应纳消费税＝（226 000＋33 900）÷（1＋13%）×5%＝11 500（元）。

2.销售额的特殊规定

（1）对包装物的处理规定。应税消费品连同包装物销售的，无论包装物是否单独计价，也不论会计上如何核算，其均应并入销售额中缴纳消费税。若包装物不作价随同产品销售，而是收取押金，则包装物押金的涉税处理见表6-5。

表6-5　　　　　　　　　　　包装物押金的涉税处理

包装物押金	一般情况下	逾期（不再退还或收取1年以上）
一般应税消费品	不并入销售额计税	并入销售额按所包装应税消费品适用税率计税
除啤酒、黄酒外的其他酒类产品	无论押金是否返还与会计上如何核算，均并入销售额计税	

【提示】对包装物既作价随同应税消费品销售，又另外收取押金的包装物的押金，凡纳税人在规定期限没有退还的，均应并入应税消费品的销售额，按照应税消费品的适用税率缴纳消费税。

【即问即答】（经典例题－单选题）欧雅化妆品厂2025年3月销售高档化妆品取得含税收入46.4万元，收取手续费1.5万元，另收取包装物押金1万元。已知高档化妆品增值税税率为13%，消费税税率为15%。下列关于该化妆品厂本月应交消费税的计算中，正确的是（　　　　）。

A. 46.4×15%＝6.96（万元）

B. 46.4÷（1＋13%）×15%＝6.16（万元）

C. （46.4＋1.5）÷（1＋13%）×15%＝6.36（万元）

D. （46.4＋1.5＋1）÷（1＋13%）×15%＝6.49（万元）

【答案】C。

【即问即答】（经典例题—单选题）香酿酒厂为增值税一般纳税人，2025年3月销售果木酒取得不含税收入10万元，收取优质费2.26万元，另收取包装物押金0.565万元。已知果木酒消费税税率为10%。下列关于果木酒应交消费税的计算中，正确的是（　　）。

　　A.（10 + 0.565 + 2.26）× 10% = 1.28（万元）

　　B.（10 + 0.565）× 10% = 1.06（万元）

　　C.［10 +（0.565 + 2.26）÷（1 + 13%）］× 10% = 1.25（万元）

　　D.［10 + 0.565 ÷（1 + 13%）］× 10% = 1.05（万元）

【答案】C。

（2）纳税人通过自设非独立核算门市部销售的自产应税消费品，应当按照门市部对外销售额或销售数量征收消费税。

【业务举例6-2】万兴高尔夫球具厂为增值税一般纳税人，下设一个非独立核算的门市部，2025年3月份该厂将生产的一批成本价为70万元的高尔夫球具移送门市部，门市部将其中80%对外销售，取得含税销售额126.56万元。已知高尔夫球具增值税税率为13%，消费税税率为10%，成本利润率为10%。

　　要求：请计算该厂应纳消费税。

【解析】应纳消费税 = 126.56 ÷（1 + 13%）× 10% = 11.2（万元）。

（3）纳税人用于换取生产资料、消费资料、投资入股和抵偿债务等方面（用于"换投抵"）的应税消费品，应以纳税人同类应税消费品的最高销售价格作为计税依据计算消费税。

【注意】①纳税人将自产的应税消费品用于除"换投抵"外的其他视同销售方面，将纳税人同类应税消费品的平均销售价格作为计税依据计算消费税。②纳税人将自产的应税消费品用于"换投抵"方面，以同类"最高价"计算消费税，但增值税以同类"平均价"计算。

【业务举例6-3】龙新汽车制造企业为增值税一般纳税人，2025年3月份将20辆小汽车对外投资，小汽车生产成本为10万元/辆，其同类小汽车不含税最高销售价格为16万元/辆、平均销售价格为15万元/辆、最低销售价格为14万元/辆。已知小汽车增值税税率为13%，消费税税率为5%。

　　要求：请计算3月份龙新汽车制造企业应纳增值税和应纳消费税。

【解析】增值税销项税额 = 20 × 15 × 13% = 39（万元）；应纳消费税 = 20 × 16 × 5% = 16（万元）。

（4）白酒生产企业向商业销售单位收取的"品牌使用费"，不论企业采取何种方式或以何种名义收取价款，均应并入白酒的销售额中缴纳消费税。

（5）纳税人兼营不同税率的应税消费品，应当分别核算不同税率应税消费品的计税金额、计税数量。未分别核算计税金额、计税数量，或者将不同税率的应税消费品组成成套消费品销售的，从高适用税率。

（6）纳税人应税消费品的计税价格明显偏低且无正当理由的，由税务机关核定计税价格。其核定权限规定如下：

① 卷烟、白酒和小汽车的计税价格由国家税务总局核定，送财政部备案。

② 其他应税消费品的计税价格由省、自治区和直辖市税务局核定。

③ 进口的应税消费品的计税价格由海关核定。

（7）纳税人采用以旧换新（含翻新改制）方式销售的金银首饰，应按实际收取的不含增值税的全部价款确定计税依据征收消费税。

（8）纳税人生产、批发电子烟的，按照生产、批发电子烟的销售额计算纳税。电子烟生产环节纳税人采用代销方式销售电子烟的，按照经销商（代理商）销售给电子烟批发企业的销售额计算纳税。纳税人进口电子烟的，按照组成计税价格计算纳税。电子烟生产环节纳税人从事电子烟代加工业务的，应当分开核算持有商标电子烟的销售额和代加工电子烟的销售额；未分开核算的，一并缴纳消费税。

（9）纳税人销售的应税消费品，以人民币以外的货币结算销售额的，其销售额的人民币折合率可以选择销售额发生的当天或者当月1日的人民币汇率中间价。纳税人应在事先确定采取何种折合率，确定后1年内不得变更。

3.从量定额计税

自产自销应税消费品按从量定额计税办法计算消费税的计税数量就是销售数量，其计算公式如下：

$$应纳消费税 = 销售数量 \times 定额税率$$

（1）计税数量在不同纳税环节的具体规定见表6-6。

表6-6　　　　　　　　　　计税数量在不同纳税环节的具体规定

纳税环节	计税数量
销售应税消费品	为应税消费品的销售数量
自产自用应税消费品	为应税消费品的移送使用数量
委托加工应税消费品	为委托加工收回的应税消费品数量
进口应税消费品	为海关核定的应税消费品的进口征税数量

（2）计量单位的换算标准。考虑到一些纳税人可能会把吨或升这两个计量单位混用，按规定吨与升的换算标准如下：

啤酒1吨 = 988升　　　黄酒1吨 = 962升　　　汽油1吨 = 1 388升

柴油1吨 = 1 176升　　石脑油1吨 = 1 385升　　溶剂油1吨 = 1 282升

润滑油1吨 = 1 126升　燃料油1吨 = 1 015升　　航空煤油1吨 = 1 246升

【业务举例6-4】冠盛酒厂本月生产啤酒100吨，将其中20吨对外销售。已知该啤酒消费税税额为250元/吨。

要求：请计算该啤酒厂应纳消费税。

【解析】销售啤酒应纳消费税 = 20 × 250 = 5 000（元）。

4.复合计税

自产自销应税消费品按复合计税办法计算消费税的计税价格就是销售额，计税数量

就是销售数量,其计算公式如下:

$$应纳消费税 = 销售额 \times 比例税额 + 销售数量 \times 定额税率$$

【业务举例6-5】冠盛酒厂为增值税一般纳税人,2025年3月份销售自己生产的粮食白酒15吨,开具的增值税专用发票上注明的销售额为100万元,另外向购买方收取优质费33.9万元。已知该粮食白酒消费税税率为20%加0.5元/500克。

要求:请计算该酒厂3月份应纳增值税和应纳消费税。

【解析】增值税销项税额 = [100 + 33.9 ÷ (1 + 13%)] × 13% = 16.9(万元);销售粮食白酒应纳消费税 = [100 + 33.9 ÷ (1 + 13%)] × 20% + 15 × 2 000 × 0.5 ÷ 10 000 = 27.5(万元)。

(二)自产自用应税消费品应纳税额的计算

将自产的应税消费品,用于连续生产应税消费品的,暂不纳税。用于连续生产应税消费品,是指纳税人将自产自用的应税消费品作为直接材料生产最终应税消费品,自产自用应税消费品构成最终应税消费品的实体。比如,将自产的烟丝移送生产卷烟。

将自产的应税消费品,用于其他方面,视同销售,于移送使用时缴纳消费税。用于其他方面,是指纳税人将自产自用的应税消费品用于生产非应税消费品、在建工程、管理部门、非生产机构、提供劳务、馈赠、赞助、集资、广告、样品、职工福利、奖励等方面。比如,将自产的白酒作为职工福利等。

【注意】自产自用涉税处理的归纳总结见表6-7。

表6-7   自产自用涉税处理的归纳总结

用途	举例	税务处理要点
将自产的应税消费品,用于连续生产应税消费品	将自产的烟丝移送生产甲级卷烟	移送时不征收消费税
		终端应税消费品出厂销售时按规定征收消费税
将自产的应税消费品,用于连续生产非应税消费品	将自产的黄酒移送生产调味料酒	移送时征收消费税
		终端产品出厂销售时不征收消费税
将自产的应税消费品,用于在建工程、管理部门、非生产机构、提供劳务、馈赠、赞助、集资、广告、样品、职工福利、奖励等方面	将自产的实木地板用于装修办公楼;将自产的高档化妆品用于馈赠客户	移送时征收消费税

1.从价定率计征

根据消费税法的规定,自产应税消费品用于其他方面属于视同销售,在从价定率计征办法下按以下顺序确定计税价格:

(1)纳税人生产的最近时期同类消费品的平均销售价格或最高销售价格(适用于"换投抵")。

（2）若无同类销售价格，则按组成计税价格。组成计税价格计算公式如下：

$$组成计税价格 = 成本 + 利润 + 消费税$$
$$= 成本 \times （1 + 成本利润率） \div （1 - 消费税税率）$$
$$应纳消费税 = 同类销售价格或组成计税价格 \times 消费税税率$$

实行复合计税办法（卷烟、白酒）计算纳税的组成计税价格计算公式如下：

$$组成计税价格 = （成本 + 利润 + 自产自用数量 \times 定额税率） \div （1 - 消费税税率）$$

应税消费品的全国平均成本利润率由国家税务总局确定。

【业务举例6-6】欧雅木地板厂为增值税一般纳税人，2025年3月将新研制的实木地板200箱用于装修办公室。已知该企业没有同类实木地板的销售价格，该批实木地板的成本为200 000元，成本利润率为5%，消费税税率为5%，增值税税率为13%。

要求：请计算木地板厂2025年3月应纳增值税和应纳消费税。

【解析】自产自用应纳增值税销项税额 = 200 000 × （1 + 5%）÷ （1 - 5%）× 13% = 28 736.84（元）；自产自用应纳消费税 = 200 000 × （1 + 5%）÷ （1 - 5%）× 5% = 11 052.63（元）。

2. 从量定额计征

根据消费税法的规定，自产自用应税消费品用于其他方面的属于视同销售，在从量定额计征办法下，其计税数量就是自产自用移送使用的数量。其计算公式如下：

$$应纳消费税 = 自产自用移送使用数量 \times 定额税率$$

【业务举例6-7】冠盛酒厂为增值税一般纳税人，2025年3月份将试制的2吨新口味啤酒用于职工福利。已知该企业没有同类啤酒的销售价格，该啤酒成本为4 000元/吨，成本利润率为5%，每吨消费税税额为250元。

要求：请计算该酒厂3月份应纳增值税和应纳消费税。

【解析】自产自用啤酒应纳消费税 = 2 × 250 = 500（元）；自产自用啤酒应纳增值税销项税额 = ［2 × 4 000 × （1 + 5%）+ 500］× 13% = 1 157（元）。

3. 复合计征

根据消费税法的规定，自产自用应税消费品用于其他方面的属于视同销售，在复合计征办法下其计税价格就是同类销售价格或组成计税价格，计税数量就是自产自用移送使用的数量。其计算公式如下：

$$应纳消费税 = 组成价税价格 \times 比例税率 + 自产自用应税数量 \times 定额税率$$

【业务举例6-8】冠盛酒厂为增值税一般纳税人，2025年3月份将10吨自产白酒馈赠给客户。已知该批白酒的成本为10万元，成本利润率为10%，该酒厂没有同类消费品的销售价格，该批白酒适用的消费税税率为20%加0.5元/500克。

要求：请计算该酒厂3月份应纳增值税和应纳消费税。

【解析】组成计税价格 = ［100 000 × （1 + 10%）+ 10 × 2 000 × 0.5］÷ （1 - 20%）= 150 000（元）；

自产自用白酒应纳消费税 = 150 000 × 20% + 10 × 2 000 × 0.5 = 40 000（元）；

自产自用白酒应纳增值销项税额 = 150 000 × 13% = 19 500（元）。

二、委托加工环节消费税应纳税额的计算

（一）委托加工应税消费品的确定

委托加工的应税消费品，是指由委托方提供原料和主要材料，受托方只收取加工费和代垫部分辅助材料以用于加工的应税消费品。因此，下列情况无论纳税人在财务上是否作销售处理，都不得作为委托加工的应税消费品，而应当按照销售自制应税消费品缴纳消费税：①由受托方提供原材料委托生产的应税消费品；②受托方先将原材料卖给委托方，然后再接受加工的应税消费品；③由受托方以委托方名义购进原材料生产的应税消费品。

（二）委托加工环节代收代缴税款的规定

委托加工环节代收代缴税款的规定见表6-8。

表6-8   委托加工环节代收代缴税款的规定

受托方	消费税纳税人	消费税的征收
个人	委托方	由委托方收回后缴纳
单位		由受托方在向委托方交货时代收代缴

（三）委托加工环节消费税的计算

1.从价定率计征

根据消费税法的规定，委托加工的应税消费品，在从价定率计征办法下应按以下顺序确定计税价格：①按照受托方的同类应税消费品的平均销售价格计算纳税；②按照组成计税价格计算纳税。其计算公式如下：

$$组成计税价格 = （材料成本 + 加工费）÷（1 - 消费税税率）$$

$$应纳消费税 = 同类销售价格或组成计税价格 × 消费税税率$$

式中：材料成本，是指委托方所提供加工材料的实际成本（不含增值税）；加工费，是指受托方加工应税消费品向委托方收取的全部费用（包括代垫辅助材料的实际成本，但不包括增值税）。

【业务举例6-9】欧雅化妆品公司为增值税一般纳税人，主要生产和销售高档化妆品，现受托加工高档化妆品，收取不含税加工费15万元，委托方提供的原材料成本为70万元，无同类应税消费品销售价格。已知高档化妆品消费税税率为15%。

要求：请计算委托加工环节该公司应代收代缴的消费税。

【解析】由于受托方欧雅化妆品公司无同类应税消费品的销售价格，则计税需要组成计税价格，组成计税价格 =（70 + 15）÷（1 - 15%）=100（万元）；委托加工环节欧雅化妆品公司应代收代缴的消费税 = 100 × 15% = 15（万元）。

2.从量定额计征

根据消费税法的规定，委托加工的应税消费品，在从量定额计征办法下其计税数量就是委托加工收回的数量。其计算公式如下：

$$应纳消费税 = 委托加工收回的数量 × 定额税率$$

3.复合计征

根据消费税法的规定，实行复合计税办法（卷烟、白酒）的计税价格就是同类销售价格或组成计税价格，计税数量就是委托加工收回的数量。其计算公式如下：

组成计税价格 =（材料成本 + 加工费 + 委托加工收回的数量×定额税率）÷
（1 – 消费税税率）

$$\text{应纳消费税} = \text{同类销售价格或组成计税价格} \times \text{消费税比例税率} + \text{委托加工收回的数量} \times \text{消费税定额税率}$$

【业务举例6-10】冠盛酒厂委托杏花酒厂（增值税一般纳税人）加工白酒1吨，冠盛酒厂提供的材料成本为15万元，杏花酒厂收取不含税加工费5万元，无同类白酒的销售价格。已知白酒适用的消费税税率为20%加0.5元/500克。

要求：请计算杏花酒厂应代收代缴的消费税。

【解析】由于受托方杏花酒厂无同类应税消费品的销售价格，则计税需要组成计税价格，组成计税价格 =（150 000 + 50 000 + 1 × 2 000 × 0.5）÷（1 – 20%）=251 250（元）；委托加工环节杏花酒厂应代收代缴的消费税 = 251 250 × 20% + 1 × 2 000 × 0.5 = 51 250（元）。

（四）委托加工应税消费品收回后有关问题的处理

1.委托方将委托加工应税消费品收回后，直接对外销售的。

（1）以不高于受托方的计税价格出售的，为直接出售，不再缴纳消费税；

（2）以高于受托方计税价格出售的，不属于直接出售，需按规定申报缴纳消费税，在计税时准予扣除受托方已代收代缴的消费税。

2.委托加工应税消费品收回后，用于连续生产应税消费品的，其已纳税款准予从生产的应税消费品应纳消费税额中扣除。

（五）外购或委托加工收回的应税消费品已纳消费税的抵扣规定

为避免重复征税，现行消费税法规定，将外购的应税消费品和委托加工收回的应税消费品用于继续生产应税消费品销售的，可以将外购和委托加工收回的应税消费品已纳消费税税款扣除，其具体范围如下：

1.外购或委托加工收回的应税消费品已纳税款的扣除范围

（1）外购或委托加工收回的已税烟丝生产的卷烟；

（2）外购或委托加工收回的已税高档化妆品生产的高档化妆品；

（3）外购或委托加工收回的已税珠宝、玉石生产的贵重首饰及珠宝玉石；

（4）外购或委托加工收回的已税鞭炮、焰火生产的鞭炮、焰火；

（5）以外购或委托加工收回的已税杆头、杆身和握把为原料生产的高尔夫球杆；

（6）以外购或委托加工收回的已税木制一次性筷子为原料生产的木制一次性筷子；

（7）以外购或委托加工收回的已税实木地板为原料生产的实木地板；

（8）以外购或委托加工收回的已税石脑油、润滑油、燃料油为原料生产的成品油；

（9）以外购或委托加工收回的已税汽油、柴油为原料生产的汽油、柴油；

（10）以外购、进口的已税葡萄酒为原料生产的葡萄酒。

【注意】①允许抵扣税额的税目不包括酒、摩托车、小汽车、高档手表、游艇；

②允许扣税的只涉及同一税目中应税消费品的连续加工，不能跨税目抵扣。

2.外购或委托加工收回的应税消费品已纳税款扣除的计算公式

当期准予扣除外购应税消费品已纳消费税税款，在计税时按当期生产领用数量计算，从价定率计征办法下其计算公式如下：

$$\begin{array}{c}\text{当期准予扣除的外购}\\\text{应税消费品已纳税款}\end{array}=\begin{array}{c}\text{当期生产领用准予扣除的}\\\text{外购应税消费品买价}\end{array}\times\begin{array}{c}\text{消费税}\\\text{比例税率}\end{array}$$

$$\begin{array}{c}\text{当期生产领用准予扣除的}\\\text{外购应税消费品买价}\end{array}=\begin{array}{c}\text{期初库存外购}\\\text{应税消费品买价}\end{array}+\begin{array}{c}\text{当期购进应税}\\\text{消费品买价}\end{array}-\begin{array}{c}\text{期末库存外购}\\\text{应税消费品买价}\end{array}$$

从量定额计征办法下其计算公式如下：

$$\begin{array}{c}\text{当期准予扣除的外购}\\\text{应税消费品已纳税款}\end{array}=\begin{array}{c}\text{当期生产领用准予扣除的}\\\text{外购应税消费品数量}\end{array}\times\begin{array}{c}\text{消费税}\\\text{定额税率}\end{array}$$

委托加工收回应税消费品已纳消费税税款，也按当期生产领用数量计算，其抵扣计算公式如下：

$$\begin{array}{c}\text{当期准予扣除的委托加}\\\text{工应税消费品已纳税款}\end{array}=\begin{array}{c}\text{期初库存委托加工}\\\text{应税消费品已纳税款}\end{array}+\begin{array}{c}\text{当期收回的委托加工}\\\text{应税消费品已纳税款}\end{array}-\begin{array}{c}\text{期末库存委托加工}\\\text{应税消费品已纳税款}\end{array}$$

进口应税消费品已纳消费税税款，也按当期生产领用数量计算，其抵扣计算公式如下：

$$\begin{array}{c}\text{当期准予扣除的进口}\\\text{应税消费品已纳税额}\end{array}=\begin{array}{c}\text{期初库存进口应税}\\\text{消费品已纳税额}\end{array}+\begin{array}{c}\text{当期进口应税}\\\text{消费品已纳税额}\end{array}-\begin{array}{c}\text{期末库存进口应税}\\\text{消费品已纳税额}\end{array}$$

【业务举例6-11】欧雅化妆品公司为增值税一般纳税人，2025年3月从某工业企业购进A高档化妆品800千克，取得的增值税专用发票（当月经过认证并允许在当月抵扣进项）上注明的销售额为200万元。当月领用其中60%用于生产B高档化妆品并全部销售，向购买方开具增值税专用发票，注明的销售额为1 000万元。已知高档化妆品消费税税率为15%。

要求：请计算该公司3月份应纳增值税和应纳消费税。

【解析】外购A高档化妆品用于连续生产化妆品，其已纳消费税税款可以按生产领用数量抵扣，销售B高档化妆品应纳消费税＝1 000×15%－200×60%×15%＝132（万元）；应纳增值税＝1 000×13%－200×13%＝104（万元）。

【业务举例6-12】白沙卷烟厂委托某加工厂加工一批烟丝，双方签订的委托加工合同中注明白沙卷烟厂提供烟叶80 000元，加工费15 000元，该加工厂代垫辅料5 000元（不含税），烟丝加工完毕，该加工厂向白沙卷烟厂交货时代收代缴消费税，受托方无同类产品售价。白沙卷烟厂将委托加工收回烟丝的50%以不高于烟丝计税价格直接对外销售，开具的普通发票上注明的销售额为83 000元；其余50%全部用于生产卷烟，当月销售卷烟100箱，开具的增值税专用发票上注明的销售额为120 000元，委托方与受托方均为一般纳税人，委托方支付加工费时取得增值税专用发票。已知烟丝消费税税率为30%，卷烟消费税比例税率为36%，定额税率为150元/箱。

要求：（1）计算该加工厂应代收代缴的消费税；（2）计算白沙卷烟厂应纳消费税。

【解析】（1）计算该加工厂应代收代缴的消费税。

委托加工环节组成计税价格＝（80 000＋15 000＋5 000）÷（1－30%）＝142 857.14（元）

该加工厂应代收代缴消费税 = 142 857.14 × 30% = 42 857.14（元）

（2）计算白沙卷烟厂应纳消费税。

当期准予扣除烟丝已纳消费税税款 = 42 857.14 × 50% = 21 428.57（元）

销售卷烟应纳消费税 = 120 000 × 36% + 100 × 150 = 58 200（元）

白沙卷烟厂应纳消费税 = 58 200 − 21 428.57 = 36 771.43（元）

三、进口环节消费税应纳税额的计算

（一）进口应税消费品的纳税规定

纳税人进口的应税消费品，于报关进口时缴纳消费税，并由海关代征；进口环节消费税除国务院另有规定外，一律不得给予减税、免税。

（二）进口应税消费品应纳税额的计算

1. 从价定率计征

根据消费税法的规定，进口的应税消费品，在从价定率计征办法下将组成计税价格作为计税依据计算纳税，其计算公式为：

组成计税价格 =（关税完税价格 + 关税）÷（1 − 消费税税率）

应纳消费税 = 组成计税价格 × 消费税税率

2. 从量定额计征

根据消费税法的规定，进口应税消费品，在从量定额计征办法下将海关核定进口的数量作为计税数量计算纳税，其计算公式为：

应纳消费税 = 海关核定的进口数量 × 定额税率

3. 复合计征

实行复合计税办法（卷烟、白酒）计算纳税的组成计税价格计算公式为：

组成计税价格 =（关税完税价格 + 关税 + 进口数量 × 定额税率）÷（1 − 消费税比例税率）

应纳消费税 = 组成计税价格 × 消费税比例税率 + 海关核定的进口数量 × 消费税定额税率

【业务举例6-13】欧龙汽车销售公司为增值税一般纳税人，进口一批越野车，海关审定的关税完税价格为360万元，缴纳关税90万元，支付通关、商检费用2.5万元。已知越野车消费税税率为25%，增值税税率为13%。

要求：请计算该公司进口越野车应纳增值税和应纳消费税。

【解析】组成计税价格 =（360 + 90）÷（1 − 25%）= 600（万元）

进口增值税 = 组成计税价格 × 增值税税率 = 600 × 13% = 78（万元）

进口消费税 = 组成计税价格 × 消费税税率 = 600 × 25% = 150（万元）

【业务举例6-14】欧雅化妆品有限责任公司（纳税人识别号91370211637260733T）为增值税一般纳税人，2025年3月上旬从国外进口一批散装高档化妆品，关税完税价格为160万元。本月该公司将进口散装高档化妆品的85%生产加工为成套高档化妆品840套，在国内批发销售640套，取得不含税价款214.4万元，货款已收；直接向消费者零售82套，取得零售收入33.9万元，货款已入账。已知高档化妆品进口关税税率为40%，增值税税率为13%，消费税税率为15%。

要求：请计算欧雅化妆品有限责任公司应纳消费税。

【解析】（1）计算进口环节应纳消费税。

进口高档化妆品关税 = 1 600 000 × 40% = 640 000（元）

进口环节按组成计税价格计算消费税：

组成计税价格 = （1 600 000 + 640 000）÷（1 - 15%）= 2 635 294.12（元）

进口环节应纳消费税 = 2 635 294.12 × 15% = 395 294.12（元），于报关进口时缴纳。

（2）计算可抵扣消费税。

本月将进口散装高档化妆品的85%连续生产为成套高档化妆品，其进口高档化妆品已纳消费税可以抵扣，可抵扣已纳消费税 = 395 294.12 × 85% = 336 000（元）。

（3）计算国内销售应纳消费税。

国内销售成套高档化妆品的应纳消费税 = [2 144 000 + 339 000 ÷（1 + 13%）] × 15% = 366 600（元）

（4）汇总计算该企业应纳消费税。

该公司应纳消费税 = 366 600 - 336 000 = 30 600（元）

四、批发和零售环节消费税应纳税额的计算

（一）批发环节应纳消费税的计算

批发环节征税的应税消费品特指卷烟，在我国境内从事卷烟批发业务的单位和个人，应就其批发环节销售的卷烟，按消费税税率11%加收0.005元/支（250元/箱）复合计征消费税。此外，计算批发环节卷烟消费税时，需注意：

1. 应将卷烟销售额与其他商品销售额分别核算，未分别核算的，一并征收消费税；

2. 卷烟批发企业之间销售卷烟不缴纳消费税，仅将卷烟销售给零售商等其他单位和个人时才缴纳消费税；

3. 卷烟批发企业在计算卷烟消费税时不得扣除卷烟生产环节已缴纳的消费税税额。

【业务举例6-15】白沙烟草批发公司为增值税一般纳税人，持有烟草批发许可证，2025年3月购入卷烟220箱，将其中80箱销售给烟草批发商，取得含税销售收入166万元；将120箱销售给烟草零售商，价值306万元。已知批发卷烟适用的消费税税率为11%加250元/箱。

要求：请计算白沙烟草批发公司3月份应纳消费税。

【解析】烟草批发商之间销售卷烟不征收消费税；将卷烟销售给烟草零售商应纳消费税 = 3 060 000 × 11% + 120 × 250 = 366 600（元）

（二）零售环节应纳消费税的计算

零售环节征税的应税消费品目前包括两类：一是金银首饰、钻石及钻石饰品、铂金首饰；二是超豪华小汽车。其计算公式为：

应纳消费税 = 零售环节销售额（不含税）× 零售环节消费税税率

1.金银首饰、钻石及钻石饰品、铂金首饰应纳消费税的计算

对既销售金银首饰，又销售非金银首饰的生产、经营单位，应将两类商品划分清楚，分别核算销售额。凡划分不清楚或不能分别核算的并在生产环节销售的，一律从高适用税率征收消费税；在零售环节销售的，一律按金银首饰征收消费税。

金银首饰与其他产品组成成套消费品销售的，应按销售额全额征收消费税。金银首饰连同包装物销售的，无论包装是否单独计价，也无论会计上如何核算，均应并入金银首饰的销售额计征消费税。

带料加工的金银首饰，应按受托方销售同类金银首饰的销售价格确定计税依据征收消费税。没有同类金银首饰销售价格的，按照组成计税价格计算纳税。

【业务举例6-16】梦金园珠宝店是一家经营金银首饰的珠宝零售店，为增值税一般纳税人，2025年3月发生如下经济业务：①销售各种首饰饰品，取得零售收入684 200元，其中，金银首饰364 823元，钻石及钻石饰品263 542元，其他首饰55 835元。②采取以旧换新方式销售金项链80条，新项链每条零售价为2 160元，旧项链每条作价1 600元，每条项链实收差价款560元。已知金银首饰、钻石及钻石饰品的消费税税率为5%。

要求：请计算梦金园珠宝店3月份应纳消费税。

【解析】根据消费税法的规定，金银首饰、钻石及钻石饰品在零售环节缴纳消费税，其他首饰在生产、进口或委托加工环节纳税，故销售金银首饰、钻石及钻石饰品应纳消费税＝（364 823＋263 542）÷（1＋13%）×5%＝27 803.76（元）；金银首饰零售环节以旧换新应纳消费税＝80×（2 160－1 600）÷（1＋13%）×5%＝1 982.30（元）。

2.超豪华小汽车应纳消费税的计算

自2016年12月1日起，对超豪华小汽车在生产（进口）环节按现行税率征收消费税的基础上，在零售环节加征消费税，税率为10%。将超豪华小汽车销售给消费者的单位和个人，为超豪华小汽车零售环节纳税人。

【即问即答】（2021年单选题）甲汽车经销商为增值税一般纳税人，2021年5月零售超豪华小汽车11辆。取得含增值税销售额2 034万元。已知增值税税率为13%，消费税税率为10%。计算甲汽车经销商当月零售超豪华小汽车应缴纳消费税税额的下列算式中，正确的是（   ）。

A. 2 034÷（1－10%）×10%＝226（万元）

B. 2 034÷（1＋13%）×10%＝180（万元）

C. 2 034×10%＝203.4（万元）

D. 2 034÷（1＋13%）÷（1－10%）×10%＝200（万元）

【答案】B。

任务实施

针对"任务布置"中的经济业务，相关解析如下：

（1）生产销售高档成套化妆品应纳消费税＝500 000×15%＝75 000（元），于生产销售时缴纳。

（2）委托甲公司加工一批高档香水，由甲公司代收代缴消费税＝（300 000＋50 000）÷（1－15%）×15%＝61 764.71（元）；由于其委托加工收回的香水全部用于连续生产高档化妆品，其香水委托加工环节已纳消费税可以抵扣，本期准予扣除的税额为 61 764.71 元。

（3）销售高档化妆品应纳消费税 = 4 000 × 250 × 15% = 150 000（元），于生产销售时缴纳。

（4）自产自用高档化妆品应纳消费税 = 10 × 250 × 15% = 375（元），于移送使用时缴纳。

（5）进口高档化妆品应纳消费税 = 1 400 000 × （1 + 50%）÷ （1 − 15%）× 15% = 370 588.24（元），由公司于报关进口时缴纳。

由于委托加工环节和进口环节已缴纳消费税，故该公司 3 月末计提的应纳消费税 = 75 000 + 150 000 + 375 − 61 764.71 = 163 610.29（元）。

任务三   明确消费税征收管理

任务布置

作为报税岗位的会计人员，每月在规定时间内，要根据会计资料计算本月应纳的消费税税额，准备纳税申报资料，在规定的纳税时间和纳税地点进行纳税申报，并缴纳税款。

任务：请说明本项目任务二"任务布置"中经济业务的纳税时间和纳税地点。

知识准备

一、消费税征收管理

（一）纳税义务发生时间

1.纳税人销售应税消费品，其纳税义务发生时间为收讫销售款项或者取得索取销售款项凭据的当天；先开具发票的，为开具发票的当天。其纳税义务发生时间按不同销售结算方式分别确定（见表6-9）。

表6-9   不同销售结算方式下纳税义务发生时间具体规定

销售结算方式	纳税义务发生时间
采取赊销和分期收款结算方式的	为书面合同约定的收款日期的当天；书面合同未约定收款日期或无书面合同的，为发出应税消费品的当天
采取预收款结算方式的	为发出应税消费品的当天
采取托收承付、委托收款结算方式的	为发出应税消费品并办妥托收手续的当天
采取其他结算方式的	为收讫销售款或者取得索取销售款凭据的当天

2.纳税人自产自用应税消费品，为移送使用的当天。

3.纳税人委托加工应税消费品，为委托加工收回的当天。

4.纳税人进口应税消费品，为报关进口的当天。

【即问即答】（2023年多选题）根据消费税法律制度的规定，下列关于消费税纳税义务发生时间的表述中，正确的有（　　）。

A.进口应税消费品的，为报关进口的当天

B.采用预收货款结算方式的，为发出应税消费品的当天

C.自产自用应税消费品的，为移送使用的当天

D.委托加工应税消费品的，为纳税人提货的当天

【答案】ABCD。

（二）纳税期限

消费税的纳税期限分别为1日、3日、5日、10日、15日、1个月或1个季度。纳税人的具体纳税期限，由主管税务机关核定；不能按照固定期限纳税的，可按次纳税。

纳税人以1个月或1个季度为1个纳税期的，**自期满之日起15日内申报纳税**；以1日、3日、5日、10日或15日为1个纳税期的，自期满之日起5日内预缴税款，于次月15日内申报纳税并结清上月税款。

纳税人进口应税消费品，应当自海关填发海关进口消费税专用缴款书**之日起15日内缴纳税款。**

你知道消费税的纳税地点吗？

二、消费税纳税申报

纳税申报的核心是填报纳税申报表。自2021年8月1日起，增值税、消费税分别与城市维护建设税、教育费附加、地方教育附加申报表整合，启用新的《消费税及附加税费申报表》。其变化主要表现在以下两个方面：

（一）主表的变化

优化后的消费税申报表将原分税目的8张消费税纳税申报表主表整合为1张主表，适用15个税目，表格基本框架结构维持不变，增加了栏次和列次序号、表内钩稽关系及3个附加税费应缴税额栏次，删除不参与消费税计算的"期初未缴税额"等3个项目栏次。

（二）附表的变化

优化后的申报表将原分税目的22张消费税申报表附表整合为7张附表。具体如下：

1.4张通用附表《本期准予扣除税额计算表》《本期减（免）税额明细表》《本期委托加工收回情况报告表》《消费税附加税费计算表》。

2.1张成品油消费税纳税人填报的专用附表《本期准予扣除税额计算表》（成品油消费税纳税人适用）。

3.2张卷烟消费税纳税人填报的专用附表《卷烟批发企业月份销售明细清单》（卷烟批发环节消费税纳税人适用）《卷烟生产企业合作生产卷烟消费税情况报告表》（卷烟生产环节消费税纳税人适用）。【摘自：国家税务总局公告2021年第20号文件】

任务实施

针对"任务布置"中的经济业务，相关解析如下：

（1）生产销售成套化妆品，其纳税义务发生时间为纳税人收讫销售款的当天，应当于2025年4月18日前向欧雅化妆品有限责任公司所在地主管税务局申报纳税。

（2）委托加工高档化妆品，于委托加工收回的当天由受托方所在地主管税务局代收代缴消费税。

（3）销售高档化妆品，其纳税义务发生时间为纳税人收讫销售款的当天，应当于2025年4月18日前向欧雅化妆品有限责任公司所在地主管税务局申报纳税。

（4）自产自用高档化妆品，其纳税义务发生时间为货物移送使用的当天，向生产所在地主管税务局申报纳税。

（5）进口高档化妆品的纳税义务发生时间为报关进口的当天，应当自海关填发税款缴款书之日起15日内向报关地海关缴纳进口消费税。

【备注】2025年4月4日至6日放假3天（清明节），所以4月份的申报纳税期限顺延至4月18日。【详见：《国家税务总局办公厅关于明确2025年度申报纳税期限的通知》（税总办征科函〔2024〕71号）】

项目七
解读企业所得税法律制度

知识目标

1. 掌握企业所得税纳税人
2. 掌握企业所得税征税对象
3. 掌握企业所得税应纳税所得额、应纳税额的计算
4. 熟悉企业所得税中相关资产的税务处理
5. 熟悉企业所得税税收优惠和征收管理
6. 了解企业所得税税率和纳税申报表

能力目标

1. 掌握企业所得税预缴和汇算清缴的基本流程
2. 能填制企业所得税纳税申报表（A类/B类）
3. 能识别企业所得税管理中的常见风险点并能提出合规管理建议

素质目标

1. 树立依法纳税意识，杜绝偷逃企业所得税行为
2. 通过研发加计实例，悟透企业所得税对科技创新的制度性激励
3. 培养企业所得税计算的准确性和严谨性，提升对企业所得税政策变化的敏感度

价值引领

关于《国家税务总局关于优化企业所得税年度纳税申报表的公告》的解读

为贯彻落实《中华人民共和国企业所得税法》及有关税收政策，进一步减轻企业办税负担，国家税务总局发布《国家税务总局关于优化企业所得税年度纳税申报表的公告》（以下简称《公告》）。现解读如下：

一、有关背景

2024年，为落实《国务院关于印发〈推动大规模设备更新和消费品以旧换新行动方案〉的通知》（国发〔2024〕7号）要求，财政部联合国家税务总局出台了节能节水、环境保护和安全生产专用设备数字化、智能化改造企业所得税优惠政策。为落实好上述政策，结合纳税人反映较多的财务报表样式更新等新情况，国家税务总局对《企业所得税年度纳税申报表（A类，2017年版）》的部分表单进行了修订，进一步提升服务管理质效。

二、主要内容

本次修订主要涉及8张表单，其中取消2张表单、修订6张表单。此外，对《企业所得税年度纳税申报表填报表单》和其余15张关联表单中关于表间关系的填报说明进行同步调整。主要修订内容如下：（略）

三、实施时间

《公告》适用于2024年度和以后年度企业所得税汇算清缴纳税申报。今后如出台新政策，按照新政策相关规定填报。以前年度企业所得税纳税申报表相关规则与《公告》不一致的，不进行追溯调整。纳税人调整以前年度涉税事项的，按照相应年度的企业所得税纳税申报表相关规则调整。

资料来源：所得税司. 关于《国家税务总局关于优化企业所得税年度纳税申报表的公告》的解读〔EB/OL〕.〔2025-01-08〕. https://fgk.chinatax.gov.cn/zcfgk/c100015/c5237972/content.html.

请思考：你知道优化后的企业所得税年度申报表发生了哪些变化吗？

任务一　认识企业所得税基本纳税规定

任务布置

（1）甲企业注册地在开曼群岛，但主要机构和生产经营场地在中国广州，主要从事环境保护方面的生产销售业务，其货物销售收入全部在我国，2024年，其前往意大利为某公司提供一项技术服务。

（2）乙企业是外国企业，出于开拓市场业务的需要，其在中国深圳设立了办事处，该办事处2024年取得特许权使用费收入400万元。

（3）丙企业是外国企业，未在中国境内设立机构、场所，2019年采用股权投资方式投资于未上市的中国上海某中小高新技术企业，2024年取得投资的股息所得138万元。

（4）丁企业是外国企业，在中国上海设立经销点，2024年取得与机构、场所无实际联系的来自上海某企业的专利技术使用费收入240万元，还取得来自日本东京某企业的专利技术使用费收入168万元。

（5）戊企业是在中国江苏注册的企业，属于国家批准的高新技术企业，2024年购置一批环保专用设备，不含税价款为580万元。

任务：请判断企业的上述经营行为的纳税人类型、所得来源地、适用税率和税收优惠。

知识准备

企业所得税，是指对我国境内的企业和取得收入的组织就其生产经营所得和其他所得征收的一种税。

一、企业所得税纳税人

在中国境内，企业和其他取得收入的组织（以下统称企业）为企业所得税的纳税人。企业所得税纳税人包括各类企业、事业单位、社会团体、民办非企业单位和从事经营活动的其他组织；但依照中国法律、行政法规成立的个人独资企业、合伙企业，不属于企业所得税纳税义务人，不纳企业所得税。

企业所得税采取收入来源地管辖权和居民管辖权相结合的双重管辖权，根据注册地标准和实际管理机构所在地标准，将企业划分为居民企业和非居民企业，分别确定不同的纳税义务。居民企业和非居民企业的划分标准及纳税义务见表7-1。

表7-1　　　　　　　　居民企业和非居民企业的划分标准及纳税义务

分类	划分标准	纳税义务
居民企业	依法"在中国境内成立"的企业（注册地标准）。 例如，中国境内注册的沃尔玛（中国）公司、通用汽车（中国）公司等	全面纳税义务：应就其来源于中国境内、境外的全部所得纳税
	依照外国（地区）法律成立但"实际管理机构在中国境内"的企业（实际管理机构所在地标准）。 例如，在英国、百慕大等注册，其实际管理机构却在中国境内的企业（阿里巴巴、百度等）	
非居民企业	依照外国（地区）法律成立且实际管理机构不在中国境内，且在中国境内设立机构、场所的企业。 例如，在我国设立代表处或分支机构的外国企业	有限纳税义务：就来源于中国境内的所得，以及发生在中国境外但与其境内所设机构、场所有实际联系的所得纳税
	依照外国（地区）法律成立且实际管理机构不在中国境内，且在中国境内未设立机构、场所，但有来源于中国境内所得的企业	有限纳税义务：就来源于中国境内的所得纳税

【注意】所谓"实际管理机构"，是指对企业的生产经营、人员、财务、财产等实施实质性全面管理和控制的机构。所谓"实际联系"，是指非居民企业在中国境内设立的机构、场所拥有据以取得所得的股权、债权及拥有、管理、控制据以取得所得的财产等。注册地标准和实际管理机构所在地标准，符合其一即属于居民企业；两者均不符合的，属于非居民企业。

二、企业所得税征税对象

（一）居民企业的征税对象

居民企业应当就其来源于中国境内、境外的所得缴纳企业所得税。其包括销售货物所得、提供劳务所得、转让财产所得、股息红利等权益性投资所得、利息所得、租金所得、特许权使用费所得、接受捐赠所得和其他所得。

（二）非居民企业的征税对象

非居民企业在中国境内设立机构、场所的，应当就其所设机构、场所取得的来源于中国境内的所得，以及发生在中国境外但与其所设机构、场所有实际联系的所得，缴纳企业所得税。

非居民企业在中国境内未设立机构、场所的，或者虽设立机构、场所但取得的所得与其所设机构、场所没有实际联系的，应当就其来源于中国境内的所得缴纳企业所得税。

（三）所得来源地的确定

所得来源地的确定见表7-2。

表7-2　　　　　　　　　　　所得来源地的确定

所得类型		来源地的确定
销售货物所得		按照交易活动发生地确定
提供劳务所得		按照劳务发生地确定
转让财产所得	不动产转让所得	按照不动产所在地确定
	动产转让所得	按照转让动产的企业或机构、场所所在地确定
	权益性投资资产转让所得	按照被投资企业所在地确定
股息、红利等权益性投资所得		按照分配所得的企业所在地确定
利息所得		按照负担、支付所得的企业或者机构、场所所在地确定，或者按照负担、支付所得的个人住所地确定
租金所得		
特许权使用费所得		

【即问即答】（2021年多选题）根据企业所得税法律制度的规定，下列各项中，属于企业所得税纳税人的有（　　　）。

A.乙合伙企业　　　　　　　　　　B.丙股份有限公司

C.丁个体工商户　　　　　　　　　D.甲有限责任公司

【答案】BD。

【即问即答】（2023年单选题）根据企业所得税法律制度的规定，关于来源于中国境内、境外所得确定原则的下列表述中，不正确的是（　　）。

A.权益性投资资产转让所得，按照投资企业所在地确定

B.不动产转让所得，按照不动产所在地确定

C.销售货物所得，按照交易活动发生地确定

D.提供劳务所得，按照劳务发生地确定

【答案】A。

三、企业所得税税率

我国企业所得税实行比例税率，具体见表7-3。

表7-3　　　　　　　　　　　　　　　　企业所得税税率

税率形式	适用范围
基本税率25%	居民企业
	在中国境内设有机构、场所且所得与机构、场所有关联的非居民企业
低税率20%	在中国境内未设立机构、场所，或者虽设立机构、场所，但所得与其所设机构、场所没有实际联系的非居民企业（实际减半征收）
优惠税率	符合条件的小型微利企业，减按20%的税率征收
	国家需要重点扶持的高新技术企业，减按15%的税率征收

【注意】关于适用小型微利企业优惠税率的条件，财政部 税务总局公告2023年第12号明确规定，小型微利企业是指从事国家非限制和禁止性行业，并符合以下条件的企业（见表7-4）：

表7-4　　　　　　　　　　　　　小型微利企业的标准

年应纳税所得额	从业人数	资产总额
300万元以下（含）	300人以下（含）	5 000万元以下（含）

四、企业所得税税收优惠

我国企业所得税的税收优惠形式包括可以减免税的所得、优惠税率、加计扣除、抵扣应纳税所得额、加速折旧、减计收入、民族自治地方的减免税、抵免应纳税额和其他专项优惠政策。企业同时从事适用不同企业所得税待遇的项目的，其优惠项目应当单独计算所得，并合理分摊企业的期间费用；没有单独计算的，不得享受企业所得税优惠。

（一）所得减免

1.免征企业所得税

企业从事下列项目的所得，免征企业所得税：

（1）蔬菜、谷物、薯类、油料、豆类、棉花、麻类、糖料、水果、坚果的种植；

（2）农作物新品种的选育；

（3）中药材的种植；

（4）林木的培育和种植；

（5）牲畜、家禽的饲养；

（6）林产品的采集；

（7）灌溉、农产品初加工、兽医、农技推广、农机作业和维修等农、林、牧、渔服务业项目；

（8）远洋捕捞。

2.减半征收企业所得税的项目

企业从事下列项目的所得，减半征收企业所得税：

（1）花卉、茶及其他饮料作物和香料作物的种植；

（2）海水养殖、内陆养殖。

【即问即答】（2023年单选题）根据企业所得税法律制度的规定，企业从事下列项目取得的所得中，免征企业所得税的是（　　　）。

A.花卉种植　　　　　B.海水养殖　　　　　C.远洋捕捞　　　　　D.香料作物种植

【答案】A。

3.从事国家重点扶持的公共基础设施项目投资经营的所得

国家重点扶持的公共基础设施项目，是指《公共基础设施项目企业所得税优惠目录》规定的港口码头、机场、铁路、公路、城市公共交通、电力、水利等项目。

企业从事上述国家重点扶持的公共基础设施项目的投资经营的所得，自项目取得第1笔生产经营收入所属纳税年度起，第1年至第3年免征企业所得税，第4年至第6年减半征收企业所得税，简称"三免三减半"。

企业承包经营、承包建设和内部自建自用上述项目，不得享受上述企业所得税税收优惠。

4.从事符合条件的环境保护、节能节水项目的所得

符合条件的环境保护、节能节水项目，包括公共污水处理、公共垃圾处理、沼气综合开发利用、节能减排技术改造、海水淡化等。项目的具体条件和范围按照《环境保护、节能节水项目企业所得税优惠目录（2021年版）》执行。

企业从事上述规定的符合条件的环境保护、节能节水项目的所得，自项目取得第1笔生产经营收入所属纳税年度起，第1年至第3年免征企业所得税，第4年至第6年减半征收企业所得税。

5.符合条件的技术转让所得

符合条件的技术转让所得免征、减征企业所得税，是指一个纳税年度内，居民企业技术转让所得不超过500万元的部分，免征企业所得税；超过500万元的部分，减半征

收企业所得税。其计算公式为：

$$技术转让所得 = 技术转让收入 - 技术转让成本 - 相关税费$$

【即问即答】（2021年单选题）甲公司2021年度转让一项专利技术，取得符合税收优惠条件的技术转让收入800万元，发生转让成本及相关税费100万元，甲公司2021年度利润总额为2 000万元，除上述技术转让所得外无其他纳税调整事项。计算甲公司2021年度企业所得税应纳税所得额的下列算式中，正确的是（　　）。

A. 2 000 - 800 × 50% = 1 600（万元）

B. 2 000 - [500 + （800 - 100 - 500）× 50%] = 1 400（万元）

C. 2 000 - [500 + （800 - 500）× 50%] = 1 350（万元）

D. 2 000 - （800 - 100）= 1 300（万元）

【答案】B。（1）技术转让所得 = 收入 - 成本 = 800 - 100 = 700（万元）；（2）应当计入应纳税所得额的金额 = （700 - 500）× 50% = 100（万元）；（3）应纳税所得额 = 2 000 - 700 + 100 = 1 400（万元）。

6. 非居民企业减免税所得

在中国境内未设立机构、场所的，或者虽设立机构、场所但取得的所得与其所设机构、场所没有实际联系的非居民企业，其取得的来源于中国境内的所得，减按10%的税率征收企业所得税。

下列所得可以免征企业所得税：

（1）外国政府向中国政府提供贷款取得的利息所得。

（2）国际金融组织向中国政府和居民企业提供优惠贷款取得的利息所得。

（3）经国务院批准的其他所得。

7. 境外机构投资者免税所得

从2014年11月17日起，对合格境外机构投资者（QFII）、人民币合格境外机构投资者（RQFII）取得的来源于中国境内的股票等权益性投资资产转让所得，暂免征收企业所得税。

（二）降低税率与定期减免税

1. 小型微利企业

对小型微利企业减按25%计算应纳税所得额，按20%的税率缴纳企业所得税政策，延续执行至2027年12月31日。

从业人数包括与企业建立劳动关系的职工人数和企业接受的劳务派遣用工人数。从业人数和资产总额指标，应按企业全年的季度平均值确定。具体计算公式如下：

$$季度平均值 = （季初值 + 季末值）÷ 2$$
$$全年季度平均值 = 全年各季度平均值之和 ÷ 4$$

年度中间开业或者终止经营活动的，以其实际经营期作为一个纳税年度确定上述相关指标。小型微利企业无论按查账征收方式还是按核定征收方式缴纳企业所得税，均可以享受优惠政策。【摘自：财政部 税务总局公告2023年第12号】

【即问即答】（2022年单选题，改）甲公司2024年度为符合条件的小型微利企业，当年企业所得税应纳税所得额210万元。已知，小型微利企业减按20%的税率征收企业所得税。计算甲公司2024年度应缴纳企业所得税税额的下列算式中，正确的是（　　）。

A.210×20%＝42（万元）

B.210×12.5%×20%＝5.25（万元）

C.210×25%×20%＝10.5（万元）

D.100×12.5%×20%+（210－100）×25%×20%＝8（万元）

【答案】C。

2.高新技术企业

国家需要重点扶持的高新技术企业，减按15%的税率征收企业所得税。

3.技术先进型服务企业

自2018年1月1日起，对经认定的技术先进型服务企业（服务贸易类），减按15%的税率征收企业所得税。

4.从事污染防治的第三方企业

2024年1月1日起至2027年12月31日止，对符合条件的从事污染防治的第三方企业（以下称第三方防治企业）减按15%的税率征收企业所得税。

所称第三方防治企业是指受排污企业或政府委托，负责环境污染治理设施（包括自动连续监测设施，下同）运营维护的企业。【摘自：财政部 税务总局 国家发展改革委 生态环境部公告2023年第38号】

5.集成电路生产企业或项目

自2000年1月1日起，国家鼓励的集成电路线宽小于28纳米（含），且经营期在15年以上的集成电路生产企业或项目，第1年至第10年免征企业所得税；国家鼓励的集成电路线宽小于65纳米（含），且经营期在15年以上的集成电路生产企业或项目，第1年至第5年免征企业所得税，第6年至第10年按照25%的法定税率减半征收企业所得税；国家鼓励的集成电路线宽小于130纳米（含），且经营期在10年以上的集成电路生产企业或项目，第1年至第2年免征企业所得税，第3年至第5年按照25%的法定税率减半征收企业所得税。

对于按照集成电路生产企业享受税收优惠政策的，优惠期自获利年度起计算；对于按照集成电路生产项目享受税收优惠政策的，优惠期自项目取得第一笔生产经营收入所属纳税年度起计算，集成电路生产项目需单独进行会计核算、计算所得，并合理分摊期间费用。

对于国家鼓励的线宽小于130纳米（含）的集成电路生产企业，属于国家鼓励的集成电路生产企业清单年度之前5个纳税年度发生的尚未弥补完的亏损，准予向以后年度结转，总结转年限最长不得超过10年。

6.集成电路相关企业和软件企业

国家鼓励的集成电路设计、装备、材料、封装、测试企业和软件企业，自获利年度起，第1年至第2年免征企业所得税，第3年至第5年按照25%的法定税率减半征收企业所得税。

国家鼓励的重点集成电路设计企业和软件企业，自获利年度起，第1年至第5年免征企业所得税，接续年度减按10%的税率征收企业所得税。

7.经营性文化事业单位转制为企业

经营性文化事业单位转制为企业，自转制注册之日起5年内免征企业所得税。经营性文化事业单位，是指从事新闻出版、广播影视和文化艺术的事业单位。转制包括整体转制和剥离转制。税收政策执行至2027年12月31日。企业在2027年12月31日享受该税收政策不满5年的，可继续享受至5年期满为止。【摘自：财政部 税务总局 中央宣传部公告2023年第71号】

经营性文化事业单位于2022年12月31日前转制为企业的，自转制注册之日起至2027年12月31日免征企业所得税。【摘自：财政部 税务总局 中央宣传部公告2024年第20号】

8.生产和装配伤残人员专门用品企业

自2021年1月1日至2027年12月31日，对符合条件的生产和装配伤残人员专门用品，且在民政部发布的《中国伤残人员专门用品目录》范围之内的居民企业，免征企业所得税。【摘自：财政部 税务总局 民政部公告2023年第57号】

（三）民族自治地方的减免税

民族自治地方的自治机关对本民族自治地方的企业应缴纳的企业所得税中属于地方分享的部分，可以决定减征或者免征。自治州、自治县决定减征或者免征的，须报省、自治区、直辖市人民政府批准。

对民族自治地方内国家限制和禁止行业的企业，不得减征或者免征企业所得税。

（四）加计扣除

企业的下列支出，可以在计算应纳税所得额时加计扣除：

1.研究开发费用

（1）适用主体。烟草制造业、住宿和餐饮业、批发和零售业、房地产业、租赁和商务服务业、娱乐业等以外，其他行业企业均可享受。

（2）优惠内容。企业开展研发活动中实际发生的研发费用，未形成无形资产计入当期损益的，在按规定据实扣除的基础上，自2023年1月1日起，再按照实际发生额的100%在税前加计扣除；形成无形资产的，自2023年1月1日起，按照无形资产成本的200%在税前摊销。

（3）适用活动。企业为获得科学与技术新知识，创造性运用科学技术新知识，或实质性改进技术、产品（服务）、工艺而持续进行的具有明确目标的系统性活动。下列活动不适用税前加计扣除政策：

① 企业产品（服务）的常规性升级。

② 对某项科研成果的直接应用，如直接采用公开的新工艺、材料、装置、产品、服务或知识等。

③ 企业在商品化后为顾客提供的技术支持活动。

④ 对现存产品、服务、技术、材料或工艺流程进行的重复或简单改变。

⑤ 市场调查研究、效率调查或管理研究。

⑥ 作为工业（服务）流程环节或常规的质量控制、测试分析、维修维护。

⑦社会科学、艺术或人文学方面的研究。

【摘自：国家税务总局所得税司 科技部政策法规与创新体系建设司《研发费用加计扣除政策执行指引（2.0版）》，2023年7月】

【即问即答】（2023年多选题）2022年9月，甲设备制造公司的下列支出中，适用企业所得税税前加计扣除政策的有（　　）。

A.对关联企业的投资60万元　　　　B.支付给设备经销商的返利20万元

C.新技术研究开发费用500万元　　D.安置残疾职工所支付的工资18万元

【答案】CD。

【提示】集成电路企业和工业母机企业开展研发活动中实际发生的研发费用，未形成无形资产计入当期损益的，在按规定据实扣除的基础上，2023年1月1日至2027年12月31日再按照实际发生额的120%税前扣除；形成无形资产的，在上述期间按照无形资产成本的220%在税前摊销。【摘自：财政部 税务总局 国家发展改革委 工业和信息化部公告2023年第44号】

2.安置国家鼓励就业人员所支付的工资

企业安置残疾人员所支付的工资的加计扣除，是指企业安置残疾人员的，在按照支付给残疾职工工资据实扣除的基础上，按照支付给残疾职工工资的100%加计扣除。

3.企业出资给非营利性单位用于基础研究的支出

企业出资给非营利性科学技术研究开发机构、高等学校和政府性自然科学基金用于基础研究的支出，在计算应纳税所得额时可按实际发生额在税前扣除，并可按100%在税前加计扣除。

（五）抵扣应纳税所得额

创业投资企业采取股权投资方式投资于未上市的中小高新技术企业2年以上的，可以按照其投资额的70%在股权持有满2年的当年抵扣该创业投资企业的应纳税所得额；当年不足抵扣的，可以在以后纳税年度结转抵扣。

公司制创业投资企业采取股权投资方式直接投资于种子期、初创期科技型企业满2年（24个月，下同）的，可以按照投资额的70%在股权持有满2年的当年抵扣该公司制创业投资企业的应纳税所得额；当年不足抵扣的，可以在以后纳税年度结转抵扣。

有限合伙制创业投资企业采取股权投资方式直接投资于初创科技型企业满2年的，该合伙制创业投资企业的法人合伙人可以按照对初创科技型企业投资额的70%抵扣法人合伙人从该合伙制创业投资企业分得的所得；当年不足抵扣的，可以在以后纳税年度结转抵扣。

有限合伙制创业投资企业采取股权投资方式投资于未上市的中小高新技术企业满2年（24个月，下同）的，其法人合伙人可按照对未上市中小高新技术企业投资额的70%抵扣该法人合伙人从该有限合伙制创业投资企业分得的应纳税所得额；当年不足抵扣的，可以在以后纳税年度结转抵扣。

【业务举例7-1】某企业为创业投资企业，2022年1月1日该企业采取股权投资方式向境内未上市的某中小高新技术企业投资200万元。2024年度，该企业利润总额为900万元。假定不考虑其他纳税调整事项。

要求：请计算该企业2024年度应纳企业所得税税额。

【解析】2024年度该企业应纳企业所得税税额＝（900－200×70%）×25%＝190（万元）。

（六）加速折旧

企业的固定资产由于技术进步等原因，确需加速折旧的，可以缩短折旧年限或采取加速折旧的方法。可以采取缩短折旧年限或者采取加速折旧的方法的固定资产包括：

1. 由于技术进步，产品更新换代较快的固定资产；

2. 常年处于强震动、高腐蚀状态的固定资产。

采取缩短折旧年限方法的，最低折旧年限不得低于法定折旧年限的60%；采取加速折旧方法的，可以采取双倍余额递减法或者年数总和法。

自2019年1月1日起，适用固定资产加速折旧优惠的行业范围，**扩大至全部制造业领域**。

企业在2024年1月1日至2027年12月31日期间新购进的设备、器具，单位价值不超过500万元的，允许一次性计入当期成本费用在计算应纳税所得额时扣除，不再分年度计算折旧。所称设备、器具，是指除房屋、建筑物以外的固定资产。【摘自：财政部税务总局公告2023年第37号】

（七）减计收入

1. 企业以《资源综合利用企业所得税优惠目录（2021年版）》规定的资源作为主要原材料，生产国家非限制和禁止并符合国家和行业相关标准的产品取得的收入，减按90%计入收入总额。原材料占生产产品材料的比例不低于优惠目录规定的标准。

2. 自2019年6月1日起至2025年12月31日，为社区提供养老、托育、家政等服务的机构，提供社区养老、托育、家政服务取得的收入，在计算应纳税所得额时，减按90%计入收入总额。社区包括城市社区和农村社区。

3. 2027年12月31日前，对经省级地方金融监督管理部门批准成立的小额贷款公司取得的农户小额贷款利息收入，在计算应纳税所得额时，按90%计入收入总额。小额贷款，是指单笔且该农户贷款余额总额在10万元（含本数）以下的贷款。

4. 2027年12月31日前，对保险公司为种植业、养殖业提供保险业务取得的保费收入，在计算应纳税所得额时，按90%计入收入总额。保费收入，是指原保险保费收入加上分保费收入减去分出保费后的余额。

5. 2027年12月31日前，对金融机构农户小额贷款的利息收入，在计算应纳税所得额时，按90%计入收入总额。小额贷款，是指单笔且该农户贷款余额总额在10万元（含本数）以下的贷款。【摘自：财政部　税务总局公告2023年第55号】

（八）税额抵免

1. 企业购置并实际使用《环境保护、节能节水项目企业所得税优惠目录（2021年版）》《安全生产专用设备企业所得税优惠目录（2018年版）》规定的环境保护、节能节水、安全生产等专用设备的，该专用设备投资额的10%可以从企业当年的应纳税额中抵免；当年不足抵免的，可以在以后5个纳税年度结转抵免。享受上述规定的企业所得税优惠的企业，应当实际购置并自身实际投入使用上述规定的专用设备；企业购置上述专用设备在5年内转让、出租的，应当停止享受企业所得税优惠，并补缴已经抵免的企业所得税税款。

购置并实际使用的环境保护、节能节水和安全生产专用设备，包括承租方企业以融资租赁方式租入的，并在融资租赁合同中约定租赁期届满时租赁设备所有权转移给承租方企业的，且符合规定条件的上述专用设备。凡融资租赁期届满后租赁设备所有权未转移至承租方企业的，承租方企业应停止享受抵免企业所得税优惠，并补缴已经抵免的企业所得税税款。

2.企业在2024年1月1日至2027年12月31日期间发生的专用设备数字化、智能化改造投入，不超过该专用设备购置时原计税基础50%的部分，可按照10%比例抵免企业当年应纳税额。企业当年应纳税额不足抵免的，可以向以后年度结转，但结转年限最长不得超过5年。

专用设备，是指企业购置并实际使用列入相关企业所得税优惠目录的专用设备。专用设备改造后仍应符合上述目录规定条件，不符合目录规定条件的不得享受优惠。

专用设备数字化、智能化改造，是指企业利用信息技术和数字技术对专用设备进行技术改进和优化，从而提高该设备的数字化和智能化水平。具体包括数据采集、数据传输和存储、数据分析、智能控制、数字安全与防护、国务院财政、税务主管部门会同科技、工业和信息化部门规定的其他情形。

税收优惠的改造投入，是指企业对专用设备数字化、智能化改造过程中发生的并形成该专用设备固定资产价值的支出，但不包括按有关规定退还的增值税税款以及专用设备运输、安装和调试等费用。

企业所得税应纳税额，是指企业当年的应纳税所得额乘以适用税率，扣除依照企业所得税法和有关税收优惠政策规定减征、免征税额后的余额。

享受税收优惠政策的企业，应当自身实际使用改造后的专用设备。企业在专用设备改造完成后5个纳税年度内转让、出租的，应在该专用设备停止使用当月停止享受优惠，并补缴已经抵免的企业所得税税款。

承租方企业以融资租赁方式租入的、并在融资租赁合同中约定租赁期届满时租赁设备所有权转移给承租方企业的专用设备，承租方企业发生的专用设备数字化、智能化改造投入，可按规定享受优惠。如融资租赁期届满后租赁设备所有权未转移至承租方企业的，承租方企业应停止享受优惠，并补缴已经抵免的企业所得税税款。

企业利用财政拨款资金进行的专用设备数字化、智能化改造投入，不得抵免企业当年的企业所得税应纳税额。

企业应对专用设备数字化、智能化改造投入进行单独核算，准确、合理归集各项支出；企业在一个纳税年度内对多个专用设备进行数字化、智能化改造的，应按照不同的专用设备分别归集相关支出。对相关支出划分不清的，不得享受规定的税收优惠政策。
【摘自：财政部 税务总局公告2024年第9号】

【业务举例7-2】2024年甲企业购置环保专用设备用于生产经营，取得的普通发票上注明的设备价款为14.7万元（其中，自筹资金11.7万元，财政拨款3万元）。2024年度，甲企业经税务机关审核的应纳税所得额为60万元，已知甲企业适用企业所得税税率为25%。

要求：请计算该企业2024年度应纳企业所得税税额。

【解析】该企业应纳企业所得税税额 = 60 × 25% − （14.7 − 3）× 10% = 13.83（万元）。

（九）西部地区减免税

自2021年1月1日至2030年12月31日，对设在西部地区的鼓励类产业企业减按15%的税率征收企业所得税。鼓励类产业企业是指以《西部地区鼓励类产业目录》中规定的产业项目为主营业务，且其主营业务收入占企业收入总额60%以上的企业。

（十）债券利息减免税

1. 对企业取得的2012年及以后年度发行的地方政府债券利息收入，免征企业所得税。

2. 自2021年11月7日起至2025年12月31日止，对境外机构投资境内债券市场取得的债券利息收入暂免征收企业所得税和增值税。暂免征收企业所得税的范围不包括境外机构在境内设立的机构、场所取得的与该机构、场所有实际联系的债券利息。

3. 企业投资者持有2024—2027年发行的铁路债券取得的利息收入，减半征收企业所得税。铁路债券是指以中国国家铁路集团有限公司为发行和偿还主体的债券，包括中国铁路建设债券、中期票据、短期融资券等债务融资工具。【摘自：财政部 税务总局公告2023年第64号】

你知道海南自由贸易港企业所得税有啥优惠吗？

任务实施

针对"任务布置"中的经济业务，相关解析如下：

（1）甲企业属于居民企业，适用25%的企业所得税税率，其货物销售收入属于境内所得，前往意大利取得的技术服务收入属于境外所得，其从事环境保护所得可以享受"三免三减半"税收优惠政策。

（2）乙企业属于在中国境内设立机构、场所的非居民企业，其取得的特许权使用费收入属于境内所得，适用25%的企业所得税税率。

（3）丙企业属于未在中国境内设立机构、场所的非居民企业，其取得的股息所得属于境内所得，适用10%的实际征收率，且由于采取股权投资方式投资于未上市的中小高新技术企业满两年时可以享受按投资额的70%抵免应纳税所得额的税收优惠。

（4）丁企业属于在中国境内设立机构、场所，但其取得所得与其机构、场所没有实际联系的非居民企业，其来自中国上海某企业的专利技术使用费收入属于境内所得，适用10%的实际征收率，其来自日本东京的专利技术使用费收入属于境外所得，无须按中国税法缴纳企业所得税。

（5）戊企业属于居民企业，由于高新技术企业适用15%的企业所得税税率，2024

年由于购置环保专用设备可以享受按设备购置额的10%抵免应纳税额的税收优惠。

任务二　掌握居民企业企业所得税应纳税所得额的确定

任务布置

甲企业为居民企业，2024年度发生经营业务如下：

（1）取得产品销售收入4 000万元，发生产品销售成本2 600万元。

（2）发生销售费用770万元（其中广告费650万元），管理费用480万元（其中业务招待费25万元、新技术开发费用40万元），财务费用60万元。

（3）税金及附加40万元。

（4）营业外收入100万元，营业外支出50万元（含通过公益性社会团体向贫困山区捐款30万元，支付税收滞纳金6万元）。

（5）取得国债利息收入10万元，经审定的上年度亏损为20万元。

（6）计入成本、费用中的实发工资总额为200万元，拨缴职工工会经费5万元，发生职工福利费31万元，发生职工教育经费18万元。

任务：请计算甲企业2024年度应纳税所得额。

知识准备

企业所得税的计税依据为企业的应纳税所得额，即指企业每一纳税年度的收入总额，减除不征税收入、免税收入、各项扣除及允许弥补的以前年度亏损后的余额。

企业应纳税所得额的计算，以权责发生制为原则。在计算应纳税所得额时，企业财务、会计处理办法与税收法律法规的规定不一致的，应当依照税收法律法规的规定计算。

在实际计算过程中，应纳税所得额的计算一般有两种方法：

方法一：直接计算法。 直接计算法下，企业每一纳税年度的收入总额减除不征税收入、免税收入、各项扣除及允许弥补的以前年度亏损后的余额为应纳税所得额。其计算公式为：

应纳税所得额＝收入总额－不征税收入－免税收入－准予扣除项目金额－弥补以前年度亏损

方法二：间接计算法。 间接计算法下，在会计利润总额的基础上加或减按照税法的规定调整的项目金额后，即为应纳税所得额。现行企业所得税年度纳税申报表采取该方法。其计算公式为：

应纳税所得额＝会计利润总额±纳税调整项目金额

纳税调整项目金额包括两方面的内容： ①企业财务会计制度规定的项目范围与税收

法规规定的项目范围不一致应予以调整的金额；②企业财务会计制度规定的扣除标准与税收法规规定的扣除标准不一致应予以调整的金额。

一、收入总额的确定

企业收入总额，是指以货币形式和非货币形式从各种来源取得的收入。企业取得的收入包括：销售货物收入，提供劳务收入，转让财产收入，股息、红利等权益性投资收益，利息收入，租金收入，特许权使用费收入，接受捐赠收入及其他收入。

（一）销售货物收入

1.销售货物收入的概念

销售货物收入，是指企业销售商品、产品、原材料、包装物、低值易耗品及其他存货取得的收入。除法律法规另有规定外，企业销售货物收入的确认，必须遵循权责发生制原则和实质重于形式原则。

【注意】考虑销售货物收入，应当注意将销售货物的同时收取的价外费用，视同销售货物收入一并计入。

【业务举例7-3】甲企业为增值税一般纳税人，2025年3月财务资料显示其销售货物取得不含增值税销售收入5 000万元；另外，甲企业销售货物的同时收取优质费56.5万元，将不含增值税市场价为5万元的自产货物发放给职工，企业均未作销售收入处理。假定甲企业所有货物均适用13%的增值税税率。

要求：请计算甲企业2025年3月的销售货物收入金额。

【解析】甲企业销售货物收取的价外费用和将自产货物发放给职工的视同销售货物收入均应计入收入总额，其2025年3月销售货物收入总额 = 5 000 + 56.5 ÷（1 + 13%）+ 5 = 5 055（万元）。

2.不同销售方式下收入的确认时间

不同销售方式下收入的确认时间见表7-5。

表7-5　　　　　　　　　　　不同销售方式下收入的确认时间

销售方式	企业所得税应税收入确认时间
采用托收承付方式	办妥托收手续时确认收入
采用预收款方式	发出商品时确认收入
销售需要安装和检验的商品	购买方接受商品及安装和检验完毕时确认收入；若安装程序比较简单，可在发出商品时确认收入
采用支付手续费方式委托代销	收到代销清单时确认收入
采用分期收款和赊销方式	按照合同约定的收款日期确认收入
采取产品分成方式	按照企业分得产品的日期确认收入

3.特殊销售方式下收入金额的确定

（1）售后回购。

① 符合销售收入确认条件：销售的商品按售价确认收入，回购的商品作为购进商

品处理。

②不符合销售收入确认条件（如以销售商品方式进行融资）：收到的款项应确认为负债，回购价格大于原售价的，差额应在回购期间确认为利息费用。

（2）以旧换新。销售商品应当按照销售商品收入确认条件确认收入，回收的商品作为购进商品处理。

（3）各类型折扣的税务处理（见表7-6）。

表7-6   各类型折扣的税务处理

折扣类型	情形	税务处理
商业折扣	促进商业销售	按照扣除商业折扣后的金额确定销售商品收入金额
现金折扣	鼓励尽早付款	按扣除现金折扣前的金额确定销售商品收入金额，现金折扣在实际发生时作为财务费用扣除
销售折让	因售出商品质量不合格而作出的售价减让	企业已经确认销售收入的售出商品发生销售折让的，应当在发生当期冲减当期销售商品收入

（二）提供劳务收入

企业在各个纳税期末，提供劳务交易的结果能够可靠估计的，应采用完工进度（百分比）法确认提供劳务收入。

企业应按照从接受劳务方已收或应收的合同或协议价款确定劳务收入总额，根据纳税期末提供劳务收入总额乘以完工进度扣除以前纳税年度累计已确认提供劳务收入后的金额，确认为当期劳务收入；同时，按照提供劳务估计总成本乘以完工进度扣除以前纳税期间累计已确认劳务成本后的金额，结转为当期劳务成本。

（三）其他收入

其他收入，是指企业取得《中华人民共和国企业所得税法》具体列举的收入外的其他收入，包括企业资产溢余收入、逾期未退包装物押金收入、确实无法偿付的应付款项、已作坏账损失处理后又收回的应收款项、债务重组收入、补贴收入、违约金收入、汇兑收益等。

（四）特殊收入的确认

1.以分期收款方式销售货物的，按照合同约定的收款日期确认收入的实现。

2.企业受托加工制造大型机械设备、船舶、飞机，以及从事建筑、安装、装配工程业务或者提供其他劳务等，持续时间超过12个月的，按照纳税年度内完工进度或者完成的工作量确认收入的实现。

3.采取产品分成方式取得收入的，按照企业分得产品的日期确认收入的实现，其收入额按照产品的公允价值确定。

4.企业发生非货币性资产交换，以及将货物、财产、劳务用于捐赠、偿债、赞助、集资、广告、样品、职工福利或者利润分配等用途的，应当视同销售货物、转让财产或者提供劳务，但国务院财政、税务主管部门另有规定的除外。

5.企业以买一赠一等方式组合销售本企业商品的，不属于捐赠，应将总的销售金额按各项商品的公允价值的比例来分摊确认各项的销售收入。

【注意】各项收入确认时间汇总见表7-7。

表7-7 各项收入确认时间汇总

收入类型	确认时间
提供劳务收入	在各个纳税期末采用完工百分比法确认
股息、红利等权益性投资收益	按被投资方作出利润分配决定的日期确认
利息收入	按照合同约定应付相关款项的日期确认
租金收入	
特许权使用费收入	
接受捐赠收入	按照实际收到捐赠资产的日期确认

【业务举例7-4】某企业以"买一赠一"的方式销售货物，2025年3月销售甲商品40件，取得不含增值税销售额28万元，同时赠送乙商品40件，乙商品不含增值税的市场价格为7.2万元。

要求：计算增值税销项税额的销售收入和企业所得税的计税收入。

【解析】（1）增值税销项税额的销售收入计算如下：

销售甲产品收入 = 28万元

视同销售乙产品收入 = 7.2万元

合计 = 28 + 7.2 = 35.2（万元）

（2）企业所得税的计税收入计算如下：

销售甲产品收入 = $28 \times \dfrac{28}{28 + 7.2} = 22.27$（万元）

销售乙产品收入 = $28 \times \dfrac{7.2}{28 + 7.2} = 5.73$（万元）

合计 = 22.27 + 5.73 = 28（万元）

【即问即答】（2023年单选题）根据企业所得税法律制度的规定，下列关于收入确认时间的表述中，错误的是（　　）。

A.特许权使用费收入，按照合同约定的特许权使用人应付特许权使用费的日期确认收入的实现

B.接受捐赠收入，按照实际收到捐赠资产的日期确认收入的实现

C.利息收入，按照合同约定的债务人应付利息的日期确认收入的实现

D.租金收入，按照出租人实际收到租金的日期确认收入的实现

【答案】D。

二、不征税收入与免税收入

（一）不征税收入

不征税收入，是指从性质和根源上不属于企业营利性活动带来的经济利益、不作为应纳税所得额组成部分的收入。**下列收入属于不征税收入：**

1.财政拨款

财政拨款，是指各级人民政府对纳入预算管理的事业单位、社会团体等组织拨付的财政资金，但国务院和国务院财政、税务主管部门另有规定的除外。

2.依法收取并纳入财政管理的行政事业性收费、政府性基金

行政事业性收费，是指依照法律、法规等有关规定，经国务院规定程序批准，在实施社会公共管理，以及向公民、法人或者其他组织提供特定公共服务过程中，向特定对象收取并纳入财政管理的费用。政府性基金，是指企业依照法律、行政法规等有关规定，代政府收取的具有专项用途的财政资金。

3.国务院规定的其他不征税收入

国务院规定的其他不征税收入，是指企业取得的，由国务院财政、税务主管部门规定专项用途并经国务院批准的财政性资金。

县级以上人民政府将国有资产无偿划入企业，凡指定专门用途并按规定进行管理的，企业可作为不征税收入进行企业所得税处理。其中，该项资产属于非货币性资产的，应按政府确定的接收价值计算不征税收入。

2018年9月10日起，对全国社会保障基金取得的直接股权投资收益、股权投资基金收益，作为企业所得税不征税收入。

2018年9月20日起，对全国社会保障基金理事会及基本养老保险基金投资管理机构在国务院批准的投资范围内，运用养老基金投资取得的归属于养老基金的投资收入，作为企业所得税不征税收入。

【即问即答】（2022年判断题）企业不征税收入用于支出所形成的固定资产，其对应的折旧不得在企业所得税税前计算扣除。（　　　）

【答案】√。

（二）免税收入

免税收入，是指属于企业的应税所得，但是按照税法的规定免予征收企业所得税的收入。企业的免税收入包括：

1.国债利息收入

国债利息收入，是指企业持有国务院财政部门发行的国债取得的利息收入。

2.符合条件的居民企业之间的股息、红利等权益性投资收益

符合条件的居民企业之间的股息、红利等权益性投资收益，是指居民企业直接投资于其他居民企业取得的投资收益，不包括连续持有居民企业公开发行并上市流通的股票不足12个月取得的投资收益。

3.在中国境内设立机构、场所的非居民企业从居民企业取得的与该机构、场所有实际联系的股息、红利等权益性投资收益

不包括连续持有居民企业公开发行并上市流通的股票"不足12个月"取得的投资收益。

4.符合条件的非营利组织的收入

符合条件的非营利组织的收入，不包括非营利组织从事营利活动取得的收入，国务院财政、税务主管部门另有规定的除外。对非营利组织从事非营利性活动取得的收入给

予免税，但其从事营利性活动取得的收入要征税。

5.基础研究资金收入

自2022年1月1日起，对非营利性科研机构、高等学校接收企业、个人和其他组织机构基础研究资金收入，免征企业所得税。

6.中国保险保障基金有限责任公司取得的收入

2027年12月31日前，对中国保险保障基金有限责任公司根据《保险保障基金管理办法》取得的下列收入，免征企业所得税：

（1）境内保险公司依法缴纳的保险保障基金；

（2）依法从撤销或破产保险公司清算财产中获得的受偿收入和向有关责任方追偿所得，以及依法从保险公司风险处置中获得的财产转让所得；

（3）接受捐赠收入；

（4）银行存款利息收入；

（5）购买政府债券、中央银行、中央企业和中央级金融机构发行债券的利息收入；

（6）国务院批准的其他资金运用取得的收入。

【即问即答】（2022年判断题）非营利组织从事营利性活动取得的收入免征企业所得税。（ ）

【答案】×。

【业务举例7-5】（2022年不定项节选）甲公司为居民企业，取得销售货物收入4 300万元，理财产品收益30万元，从其直接投资的未上市居民企业分回股息收益270万元，出售闲置厂房取得收入400万元。

要求：请计算甲公司企业所得税收入总额和应税收入金额。

【解析】甲公司分别取得销售货物收入4 300万元，投资收益300万元（30 + 270），财产转让收入400万元，其企业所得税收入总额 = 4 300 + 300 + 400 = 5 000（万元），由于从居民企业投资分回的股息属于免税收入，故应税收入 = 5 000 - 270 = 4 730（万元）。

收入分不清，
小心赔了夫人
又折兵

【注意】不征税收入和免税收入的共同点与不同点见表7-8。

表7-8 不征税收入和免税收入的共同点与不同点

项目	共同点	不同点
不征税收入	均属于企业所得税的"收入总额"范畴	属于不应列入征税范围的收入，其对应的费用、折旧、摊销一般不得税前扣除
免税收入		属于应列入征税范围的收入，只是国家出于特殊考虑给予免税优惠，其对应的费用、折旧、摊销一般可以税前扣除

三、税前扣除项目规定

（一）税前扣除项目的一般规定

企业**实际发生**的与取得收入**有关**的、**合理**的支出，包括成本、费用、税金、损失和其他支出，准予在计算应纳税所得额时扣除（见表7-9）。

表7-9　　　　　　　　　　　企业所得税税前扣除项目汇总

项目	基本内容
成本	包括主营业务成本、其他业务成本和视同销售成本
费用	包括销售费用、管理费用和财务费用
税金	两税不得扣除：增值税（不得抵扣计入成本等的除外）、企业所得税
损失	企业在生产经营活动中发生的固定资产和存货盘亏、毁损、报废损失，转让财产损失，坏账损失，自然灾害等不可抗力因素造成的损失及其他损失
其他支出	除上述项目外，企业在生产经营活动中发生的，与生产经营活动有关的、合理的支出

加油卡充值款的发票是否可以直接作为费用入账凭证在税前扣除？

企业发生的支出应当区分收益性支出和资本性支出。收益性支出在发生当期直接扣除；资本性支出应当分期扣除或者计入有关资产成本，不得在发生当期直接扣除。

【即问即答】（2021年多选题）根据企业所得税法律制度的规定，企业按照规定缴纳的下列税金中，在计算企业所得税应纳税所得额时准予扣除的有（　　）。

A.土地增值税　　　　　　　　　B.印花税
C.企业所得税　　　　　　　　　D.增值税

【答案】AB。

（二）税前扣除项目的具体规定

注意！这部分人的薪酬不能以工资薪金在税前扣除

1.与人员报酬、福利等相关的税前扣除项目

（1）工资薪金支出。企业发生的合理的工资薪金支出，准予扣除。工资薪金支出包括所有现金或者非现金形式的劳动报酬，具体包括基本工资、奖金、津贴、补贴、年终加薪、加班工资及与员工任职或者受雇有关的其他支出。

（2）三项经费支出。三项经费税前扣除具体标准见表7-10。

表7-10　　　　　　　　　　　三项经费税前扣除具体标准

项目	税前扣除标准
职工福利费	工资薪金总额的14%以内允许扣除，超过部分不得扣除
职工工会经费	工资薪金总额的2%以内允许扣除，超过部分不得扣除
职工教育经费	工资薪金总额的8%以内允许扣除，超过部分准予在以后年度结转扣除

你知道福利性补贴该如何认定吗？

【业务举例7-6】甲企业为居民企业，2024年实发合理工资薪金总额1 000万元，发生职工福利费150万元，职工教育经费90万元，工会经费12万元。

要求：请计算其可以税前扣除的工资薪金和三项经费支出。

【解析】实发的合理工资薪金1 000万元可以全额扣除。三项经费的涉税处理见表7-11。

表7-11 三项经费的涉税处理 单位：万元

项目	税法扣除限额	实际发生额	对应纳税所得额的影响
职工工会经费	1 000 × 2% = 20	12	0
职工教育经费	1 000 × 8% = 80	90	调增10万元，以后可结转扣除
职工福利费	1 000 × 14% = 140	150	调增10万元，不可结转扣除

该公司三项经费支出税前可扣除金额 = 12 + 80 + 140 = 232（万元）。

（3）社会保险费。

① 企业依照国务院有关主管部门或者省级人民政府规定的范围和标准为职工缴纳的基本养老保险费、基本医疗保险费、失业保险费、工伤保险费等基本社会保险费和住房公积金，准予扣除。

② 自2008年1月1日起，企业根据国家有关政策的规定，为在本企业任职或者受雇的全体员工支付的补充养老保险费、补充医疗保险费，分别在不超过职工工资总额5%标准内的部分，在计算应纳税所得额时准予扣除；超过的部分，不予扣除。

③ 企业参加财产保险，按照有关规定缴纳的保险费，准予扣除。

④ 企业发生的合理的劳动保护支出，准予扣除。

⑤ 除企业依照国家有关规定为特殊工种职工支付的人身安全保险费和国务院、财政税务主管部门规定可以扣除的其他商业保险费外，企业为投资者或职工支付的商业保险费，不得扣除。企业职工因公出差乘坐交通工具发生的人身意外保险费支出，准予扣除。企业参加雇主责任险、公众责任险等责任保险，按照规定缴纳的保险费，准予在企业所得税税前扣除。

【业务举例7-7】某公司2024年支出合理的工资薪金总额1 000万元，按规定标准为职工缴纳基本社会保险费150万元，为受雇的全体员工支付补充养老保险费80万元、补充医疗保险费120万元，为公司高管缴纳商业保险费30万元。

要求：请计算可以税前扣除的保险费总额。

【解析】补充养老保险和补充医疗保险税前扣除标准均为1 000 × 5% = 50（万元），实际发生额均超过扣除标准，税前均只能按限额50万元扣除，另外高管的商业保险不得税前扣除，故该公司税前可扣除的保险费总额 = 150 + 50 + 50 = 250（万元）。

2.与生产经营直接相关的税前扣除项目

（1）业务招待费

① 基本规定。企业发生的与生产经营活动有关的业务招待费支出，按照发生额的60%扣除，但最高不得超过当年销售（营业）收入的5‰。

② 特殊规定。企业在筹建期间，发生的与筹办活动有关的业务招待费支出，可将实际发生额的60%计入企业筹办费，并按有关规定在税前扣除。

③ 对从事股权投资业务的企业（包括集团公司总部、创业投资企业等），其从被投资企业所分配的股息、红利及股权转让收入，可以按规定的比例计算业务招待费扣除限额。

【注意】年销售（营业）收入，包括销售货物收入、提供劳务收入、特许权使用费收入、租金收入、视同销售收入等，即会计核算中的"主营业务收入""其他业务收入"及会计上不确认收入但所得税上视同销售的收入，但不包括营业外收入和投资收益（有特例）。

案例分析：业务招待费税前扣除有哪些注意事项？

【业务举例7-8】甲公司为居民企业，2024年取得销售货物收入4 300万元，理财产品收益30万元，从其直接投资的未上市居民企业分回股息收益270万元，出售闲置厂房取得收入400万元，发生业务招待费30万元。

要求：请计算甲公司可以税前扣除的业务招待费支出金额。

【解析】甲公司理财产品收益和股息收益均属于投资收益，出售闲置厂房收入属于营业外收入，甲公司2024年销售收入为4 300万元，由于业务招待费发生额的60% = 30 × 60% = 18（万元）<年销售收入的5‰ = 4 300 × 5‰ = 21.5（万元），因此，税前可扣除的业务招待费支出 = 18万元。应纳税所得额调增 = 30 - 18 = 12（万元）。

【业务举例7-9】甲创业投资企业2024年从其直接投资的企业分回股息收益1 300万元，转让股权取得收入3 000万元，转让土地使用权取得收入2 600万元，发生业务招待费30万元。

要求：请计算甲公司可以税前扣除的业务招待费支出金额。

【解析】甲公司2024年销售收入 = 1 300 + 3 000 = 4 300（万元），由于业务招待费发生额的60% = 30 × 60% = 18（万元）<年销售收入的5‰ = 4 300 × 5‰ = 21.5（万元），因此，税前可扣除的业务招待费支出 = 18万元。应纳税所得额调增 = 30 - 18 = 12（万元）。

（2）广告费和业务宣传费

① 基本规定。企业发生的符合条件的广告费和业务宣传费支出，除国务院财政、税务主管部门另有规定外，不超过当年销售（营业）收入15%的部分，准予扣除；超过的部分，准予在以后纳税年度结转扣除。企业在筹建期间，发生的广告费和业务宣传费，可按实际发生额计入企业筹办费，并按有关规定在税前扣除。

② 自2021年1月1日至2025年12月31日，对化妆品制造或销售、医药制造和饮料制造（不含酒类制造）企业发生的广告费和业务宣传费支出，不超过当年销售（营业）收入30%的部分，准予扣除；超过的部分，准予在以后纳税年度结转扣除。

③ 对签订广告费分摊协议的关联企业，其中一方发生的不超过当年销售（营业）收入税前扣除限额比例内的广告费支出，可以在本企业扣除，也可以将其中的部分或全部按照分摊协议归集至另一方扣除。另一方在计算本企业广告费支出企业所得税税前扣除限额时，按照上述办法归集至本企业的广告费可不计算在内。

④ 烟草企业的烟草广告费和业务宣传费支出，一律不得在计算应纳税所得额时扣除。

【即问即答】（2022年单选题）甲贸易公司2022年度取得销售货物收入800万元、股息红利所得200万元。甲贸易公司当年发生符合条件的广告费和业务宣传费支出160万元，无以前年度结转的广告费和业务宣传费支出，已知广告费和业务宣传费支出，不超过当年销售（营业）收入15%的部分，准予扣除。甲贸易公司在计算2022年度企业所得税应纳税所得额时，准予扣除的广告费和业务宣传费支出为（　　）万元。

A.160　　　　　　B.150　　　　　　C.90　　　　　　D.120

【答案】D。

（3）利息费用

企业在生产经营活动中发生的下列利息支出，准予扣除：

①非金融企业向金融企业借款的利息支出、金融企业的各项存款利息支出和同业拆借利息支出、企业经批准发行债券的利息支出可据实扣除。金融企业，是指各类银行、保险公司及经中国人民银行批准从事金融业务的非银行金融机构。

②非金融企业向非金融企业借款的利息支出，不超过按照金融企业同期同类贷款利率计算的数额的部分可据实扣除，超过部分不许扣除。

③凡企业投资者在规定期限未缴足其应缴资本额的，该企业对外借款所发生的利息，相当于投资者实缴资本额与在规定期限应缴资本额的差额应计付的利息，其不属于企业合理的支出，应由企业投资者负担，不得在计算企业应纳税所得额时扣除。

④企业向股东或其他与企业有关联关系的自然人借款的利息支出，应根据《中华人民共和国企业所得税法》及《财政部 国家税务总局关于企业关联方利息支出税前扣除标准有关税收政策问题的通知》（财税〔2008〕121号）规定的条件，计算企业所得税扣除额。

企业向除股东或其他与企业有关联关系的自然人以外的内部职工或其他人员借款的利息支出，其借款情况同时符合以下条件的，其利息支出在不超过按照金融企业同期同类贷款利率计算的数额的部分，准予扣除：a.企业与个人之间的借贷是真实、合法、有效的，并且不具有非法集资目的或其他违反法律、法规的行为；b.企业与个人之间签订了借款合同。

【业务举例7-10】甲企业2024年发生财务费用125万元，其中，支付银行借款利息54万元，支付因向某商场借款1 000万元而发生的利息71万元，同期银行贷款年利率为6.1%。

要求：请计算其可以税前扣除的利息费用。

【解析】向银行借款的利息支出54万元可以据实扣除，而向某商场借款的利息费用不高于同期银行贷款利率部分可以扣除61万元（1 000×6.1%），因此，税前可扣除的利息费用 = 54 + 61 = 115（万元）。应纳税所得额调增 = 125 - 115 = 10（万元）。

（4）借款费用

①企业在生产经营活动中发生的合理的不需要资本化的借款费用，准予扣除。

②企业为购置、建造固定资产、无形资产和经过12个月以上的建造才能达到预定可销售状态的存货发生借款，在有关资产购置、建造期间发生的合理的借款费用，应当作为资本性支出计入有关资产，并依照有关规定扣除。

【业务举例7-11】甲企业2024年4月1日向银行借款500万元用于建造办公楼，借款期限为1年，当年向银行支付3个季度的利息22.5万元，该办公楼于10月31日完工结算并投入使用。假定建造期间利息全部资本化。

要求：请计算甲企业2024年可以税前扣除的利息费用。

【解析】该办公楼于10月31日完工结算并投入使用，应该从11月1日起停止借款费用资本化，故税前可扣除的利息费用 = 22.5 ÷ 9 × 2 = 5（万元）。

（5）公益性捐赠

① 界定。公益性捐赠，是指企业通过公益性社会团体或者县级以上人民政府及其部门，用于《中华人民共和国公益事业捐赠法》规定的公益事业的捐赠。其具体范围包括：a.救助灾害、救济贫困、扶助残疾人等困难的社会群体和个人的活动；b.教育、科学、文化、卫生、体育事业；c.环境保护、社会公共设施建设；d.促进社会发展和进步的其他社会公共和福利事业。

② 扣除限额。企业发生的公益性捐赠支出，在年度利润总额12%以内的部分，准予在计算应纳税所得额时扣除；超过年度利润总额12%的部分，准予结转以后3年内在计算应纳税所得额时扣除。企业在对公益性捐赠支出计算扣除时，应先扣除以前年度结转的捐赠支出，再扣除当年发生的捐赠支出。

年度利润总额，是指企业依照国家统一会计制度的规定计算的年度会计利润。

自2021年1月1日起，**企业或个人通过公益性群众团体用于符合法律规定的公益慈善事业捐赠支出，准予按税法规定在计算应纳税所得额时扣除。**公益性群众团体，包括依照《社会团体登记管理条例》规定不需要进行社团登记的人民团体及经国务院批准免予登记的社会团体，且按规定条件和程序已经取得公益性捐赠税前扣除资格。

自2019年1月1日至2025年12月31日，企业通过公益性社会组织或者县级（含县级）以上人民政府及其组成部门和直属机构，用于**目标脱贫地区的扶贫捐赠支出**，准予在计算企业所得税应纳税所得额时**据实扣除**。在政策执行期限内，目标脱贫地区实现脱贫的，可继续适用上述政策。企业同时发生扶贫捐赠支出和其他公益性捐赠支出，在计算公益性捐赠支出年度扣除限额时，符合条件的扶贫捐赠支出不计算在内。

【注意】企业在非货币性资产捐赠过程中发生的运费、保险费、人工费用等相关支出，凡纳入国家机关、公益性社会组织开具的公益捐赠票据记载的数额中的，作为公益性捐赠支出按照规定在税前扣除；上述费用未纳入公益性捐赠票据记载的数额中的，作为企业相关费用按照规定在税前扣除。

【业务举例7-12】（2022年单选题，改）甲公司2024年度的利润总额为1 000万元，通过民政部门向目标脱贫地区捐赠60万元，另通过公益性社会组织向卫生事业捐赠75万元，已知公益性捐赠支出不超过利润总额12%的部分准予扣除。则甲公司当年度可以在企业所得税税前扣除的捐赠金额是（　　）万元。

A.135　　　　　　B.75　　　　　　C.120　　　　　　D.60

【答案】A。

（6）租赁费

① 以经营租赁方式租入固定资产发生的租赁费支出，按照租赁期限均匀扣除。经营性租赁，是指所有权不转移的租赁。

② 以融资租赁方式租入固定资产发生的租赁费支出，按照规定构成融资租入固定资产价值的部分应当提取折旧费用，分期扣除。

【业务举例7-13】甲企业2024年9月1日以经营租赁方式租入固定资产使用，租期

1年，支付全部租金24万元。

　　要求：请计算甲企业可以税前扣除的租赁费。

　　【解析】按照权责发生制原则，支付1年的租金费用，属于2024年的费用部分才可以在2024年税前扣除，故税前可扣除的租赁费 = 24 ÷ 12 × 4 = 8（万元）。

　　（7）其他扣除项目

　　①环境保护专项资金。企业依照法律、行政法规的有关规定"提取的"用于环境保护、生态恢复等方面的专项资金，准予扣除；上述专项资金提取后改变用途的，不得扣除。

　　②汇兑损失。企业在货币交易中，以及纳税年度终了时将人民币以外的货币性资产、负债按照期末即期人民币汇率中间价折算为人民币时产生的汇兑损失，除已经计入有关资产成本及与向所有者进行利润分配相关的部分外，准予扣除。

　　③手续费及佣金支出。

　　a. 2019年1月1日起，保险企业发生与其经营活动有关的手续费及佣金支出，不超过当年全部保费收入扣除退保金等后余额的18%（含本数）的部分，在计算应纳税所得额时准予扣除；超过部分，允许结转以后年度扣除。

　　b. 其他企业：按与具有合法经营资格中介服务机构或个人（不含交易双方及其雇员、代理人和代表人等）所签订服务协议或合同确认的收入金额的5%计算限额。

　　c. 从事代理服务、主营业务收入为手续费、佣金的企业（如证券、期货、保险代理等企业），其为取得该类收入而实际发生的营业成本（包括手续费及佣金支出），准予在企业所得税前据实扣除。

　　企业应与具有合法经营资格的中介服务企业或个人签订代办协议或合同，并按规定支付手续费及佣金。除委托个人代理外，企业以现金等非转账方式支付的手续费及佣金不得在税前扣除。企业为发行权益性证券支付给有关证券承销机构的手续费及佣金不得在税前扣除。企业不得将手续费及佣金支出计入回扣、业务提成、返利、进场费等费用。企业已计入固定资产、无形资产等相关资产的手续费及佣金支出，应当通过折旧、摊销等方式分期扣除，不得在发生当期直接扣除。企业支付的手续费及佣金不得直接冲减服务协议或合同金额，并如实入账。保险企业应建立健全手续费及佣金的相关管理制度，并加强手续费及佣金结转扣除的台账管理。

　　④有关资产的费用。企业转让各类固定资产发生的费用，允许扣除。企业按照规定计算的固定资产折旧费、无形资产和递延资产的摊销费，准予扣除。

　　⑤总机构分摊的费用。非居民企业在中国境内设立的机构、场所，就其中国境外总机构发生的与该机构、场所生产经营有关的费用，能够提供总机构出具的费用汇集范围、定额、分配依据和方法等证明文件，并合理分摊的，准予扣除。

　　⑥党组织工作经费。国有企业（包括国有独资、全资和国有资本绝对控股、相对控股企业）纳入管理费用的党组织工作经费，实际支出不超过职工年度工资薪金总额1%的部分，可以据实在企业所得税前扣除。非公有制企业党组织工作经费纳入企业管理费列支，不超过职工年度工资薪金总额1%的部分，可以据实在企业所得税前扣除。

　　⑦其他支出项目。依照有关法律、行政法规和国家有关税法的规定准予扣除的其他

项目，如会员费、合理的会议费、差旅费、违约金、银行罚息、诉讼费用等。

（三）不得税前扣除的项目

在计算应纳税所得额时，下列支出不得扣除：

1. 向投资者支付的股息、红利等权益性投资收益款项。

2. 企业所得税税款。

3. 税收滞纳金。其是指纳税人违反税收法规，被税务机关处以的滞纳金。

4. 罚金、罚款和被没收财物的损失。其是指纳税人违反国家有关法律、法规规定，被有关部门处以的罚款，以及被司法机关处以的罚金和被没收财物。

5. 超过规定标准的捐赠支出。

6. 赞助支出。其是指企业发生的与生产经营活动无关的各种非广告性质的支出。

7. 未经核定的准备金支出。其是指不符合国务院财政、税务主管部门规定的各项资产减值准备、风险准备等准备金支出。

8. 企业之间支付的管理费、企业内营业机构之间支付的租金和特许权使用费，以及非银行企业内营业机构之间支付的利息，不得扣除。

9. 与取得收入无关的其他支出。

【注意】上述第3、4项是纳税人承担行政责任或刑事责任的支出，在企业所得税税前不得扣除；如果是合同违约金、银行罚息、法院判决由企业承担的诉讼费等民事性质的款项，可以据实在企业所得税税前扣除。

【即问即答】（2021年多选题）根据企业所得税法律制度的规定，下列各项中，在计算企业所得税应纳税所得额时，不得扣除的有（　　　）。

A. 向银行支付的逾期罚息　　　B. 向税务机关缴纳的税收滞纳金

C. 向投资者支付的股息　　　　D. 向市场监督管理局缴纳的罚款

【答案】BCD。

四、亏损弥补

亏损，是指企业将每一纳税年度的收入总额减除不征税收入、免税收入和各项扣除后小于零的数额。根据税法的规定，企业某一纳税年度发生的亏损可以用下一年度的所得弥补，下一年度的所得不足以弥补的，可以逐年延续弥补，但最长不得超过5年。企业在汇总计算缴纳企业所得税时，其境外营业机构的亏损不得抵减境内营业机构的盈利。

自2018年1月1日起，当年具备高新技术企业或科技型中小企业资格（以下统称资格）的企业，其具备资格年度之前5个年度发生的尚未弥补完的亏损，准予结转以后年度弥补，最长结转年限由5年延长至10年。

【注意】（1）5年内不论是盈利还是亏损，都作为实际弥补期限计算。先亏先补，后亏后补。（2）亏损弥补期限是自亏损年度报告的下一年度起连续5年不间断地计算。

【业务举例7-14】甲企业2018—2024年经营情况见表7-12。

表7-12 甲企业2018—2024年经营情况 单位：万元

项目	2018年	2019年	2020年	2021年	2022年	2023年	2024年
未弥补以前年度亏损的应纳税所得额	−120	−70	30	30	20	10	50

要求：请说明该企业如何弥补2018—2024年的亏损。

【解析】（1）针对2018年的亏损额，2019年、2020年、2021年、2022年和2023年为弥补期；截至2023年尚有30万元亏损未能在税前弥补完，这30万元不得再结转以后年度在税前弥补。（2）针对2019年的亏损额，2020年、2021年、2022年、2023年和2024年为弥补期；截至2024年尚有20万元亏损未能在税前弥补完，这20万元不得再结转以后年度在税前弥补。

五、资产的税务处理

（一）资产的计税基础与净值

企业的各项资产，包括固定资产、生产性生物资产、无形资产、长期待摊费用、投资资产、存货等，以历史成本为计税基础。历史成本，是指企业取得该项资产时实际发生的支出。企业持有各项资产期间资产会发生增值或者减值，除国务院财政、税务主管部门规定可以确认损益外，不得调整该资产的计税基础。

企业转让资产，该项资产的净值准予在计算应纳税所得额时扣除。资产的净值，是指有关资产、财产的计税基础减除已经按照规定扣除的折旧、折耗、摊销、准备金等后的余额。除另有规定外，企业在重组过程中应当在交易发生时确认有关资产的转让所得或者损失，相关资产应当按照交易价格重新确定计税基础。

（二）固定资产

1. 定义

固定资产，是指企业为生产产品、提供劳务、出租或者经营管理而持有的、使用时间超过12个月的非货币性资产。其包括房屋、建筑物、机器、机械、运输工具，以及其他与生产经营活动有关的设备、器具、工具等。

2. 固定资产计税基础的确定

（1）外购的固定资产，以购买价款和支付的相关税费及直接归属于使该资产达到预定用途发生的其他支出为计税基础；

（2）自行建造的固定资产，以竣工结算前发生的支出为计税基础；

（3）融资租入的固定资产，以租赁合同约定的付款总额和承租人在签订租赁合同过程中发生的相关费用为计税基础，租赁合同未约定付款总额的，以该资产的公允价值和承租人在签订租赁合同过程中发生的相关费用为计税基础；

（4）盘盈的固定资产，以同类固定资产的重置完全价值为计税基础；

（5）通过捐赠、投资、非货币性资产交换、债务重组等方式取得的固定资产，以该

你知道哪些固定资产不得计算折旧扣除吗？

资产的公允价值和支付的相关税费为计税基础；

（6）改建的固定资产，除法定的支出外，以改建过程中发生的改建支出增加计税基础。

3.固定资产折旧的计算方法

固定资产按照直线法计提的折旧，准予扣除。企业应当自固定资产投入使用月份的次月起计算折旧；停止使用的固定资产，应当自停止使用月份的次月起停止计算折旧。企业应当根据固定资产的性质和使用情况，合理确定固定资产的预计净残值。固定资产的预计净残值一经确定，不得变更。

4.固定资产计算折旧的最低年限

除国务院财政、税务主管部门另有规定外，固定资产计算折旧的最低年限如下：

（1）房屋、建筑物，为20年；

（2）飞机、火车、轮船、机器、机械和其他生产设备，为10年；

（3）与生产经营活动有关的器具、工具、家具等，为5年；

（4）飞机、火车、轮船以外的运输工具，为4年；

（5）电子设备，为3年。

【业务举例7-15】甲企业为增值税一般纳税人，2024年6月购进生产设备一台，取得的增值税专用发票上注明的金额为50万元、税额为6.5万元。甲企业自己负担的其他相关税费为5万元，甲企业当年为该生产设备计提折旧费用3万元。已知该生产设备的折旧期限为10年，企业确定的残值率为5%。

要求：请计算该生产设备可以税前扣除的折旧费。

【解析】该设备购进的计税基础 = 50 + 5 = 55（万元），2024年7—12月税前可扣除的折旧费 = $55 \times (1 - 5\%) \div 10 \div 12 \times 6 = 2.61$（万元）<已计提折旧3万元，超过税法规定的限额，故需纳税调增 = 3 - 2.61 = 0.39（万元）。

（三）生产性生物资产

1.定义

生产性生物资产，是指企业为生产农产品、提供劳务或者出租等而持有的生物资产，包括经济林、薪炭林、产畜和役畜等。

2.生产性生物资产计税基础的确定

同固定资产。

3.生产性生物资产折旧的计算方法

同固定资产。

4.生产性生物资产计算折旧的最低年限

生产性生物资产计算折旧的最低年限如下：

（1）**林木类生产性生物资产，为10年；**

（2）**畜类生产性生物资产，为3年。**

（四）无形资产

1.定义

无形资产，是指企业为生产产品、提供劳务、出租或者经营管理而持有的、没有实物形态的非货币性长期资产。其包括专利权、商标权、著作权、土地使用权、非专利技术、商誉等。

在计算应纳税所得额时，企业按照规定计算的无形资产摊销费用，准予扣除。

2.不得计算摊销费用扣除的无形资产

（1）自行开发的支出已在计算应纳税所得额时扣除的无形资产；

（2）自创商誉；

（3）与经营活动无关的无形资产；

（4）其他不得计算摊销费用扣除的无形资产。

3.无形资产计税基础的确定

（1）外购的无形资产，以购买价款和支付的相关税费及直接归属于使该资产达到预定用途发生的其他支出为计税基础；

（2）自行开发的无形资产，以开发过程中该资产符合资本化条件后至达到预定用途前发生的支出为计税基础；

（3）通过捐赠、投资、非货币性资产交换、债务重组等方式取得的无形资产，以该资产的公允价值和支付的相关税费为计税基础。

4.无形资产摊销费用的计算方法

无形资产按照直线法计算的摊销费用，准予扣除。**无形资产的摊销年限不得低于10年**。作为投资或者受让的无形资产，有关法律规定或者合同约定了使用年限的，可以按照规定或者约定的使用年限分期摊销。外购商誉的支出，在企业整体转让或者清算时，准予扣除。

（五）长期待摊费用

1.定义

长期待摊费用，是指企业发生的应在1个年度以上进行摊销的费用。

2.扣除

（1）已足额提取折旧的固定资产的改建支出，按照固定资产预计尚可使用年限分期摊销。

（2）租入固定资产的改建支出，按照合同约定的剩余租赁期限分期摊销。改建的固定资产延长使用年限的，除前述规定外，应当适当延长折旧年限。

（3）固定资产的大修理支出，按照固定资产尚可使用年限分期摊销。固定资产的大修理支出，是指同时符合下列条件的支出：①修理支出达到取得固定资产时计税基础的50%以上；②修理后固定资产的使用年限延长2年以上。

（4）其他应当作为长期待摊费用的支出，自支出发生月份的次月起，分期摊销，摊销年限不得低于3年。

（六）投资资产

1.定义

投资资产，是指企业对外进行权益性投资和债权性投资形成的资产。

2.投资资产成本的扣除

企业对外投资期间，投资资产的成本在计算应纳税所得额时不得扣除。企业在转让或者处置投资资产时，投资资产的成本准予扣除。

3.投资资产成本的确定

（1）通过支付现金方式取得的投资资产，以购买价款为成本；

（2）通过支付现金以外的方式取得的投资资产，以该资产的公允价值和支付的相关税费为成本。

【注意】关于文物、艺术品资产的税务处理问题。企业购买的文物、艺术品用于收藏、展示、保值增值的，作为投资资产进行税务处理。文物、艺术品资产在持有期间，计提的折旧、摊销费用，不得税前扣除。【摘自：国家税务总局公告2021年第17号】

（七）存货

1.定义

存货，是指企业持有以备出售的产品或者商品、处在生产过程中的在产品、在生产或者提供劳务过程中耗用的材料和物料等。

2.成本的确定

（1）通过支付现金方式取得的存货，以购买价款和支付的相关税费为成本；

（2）通过支付现金以外的方式取得的存货，以该存货的公允价值和支付的相关税费为成本；

（3）生产性生物资产收获的农产品，以产出或者采收过程中发生的材料费、人工费和分摊的间接费用等必要支出为成本。

3.成本的扣除及计算方法

企业使用或者销售存货，按照规定计算的存货成本，准予在计算应纳税所得额时扣除。

企业使用或者销售的存货的成本计算方法，可以在先进先出法、加权平均法、个别计价法中选用一种。计价方法一经选用，不得随意变更。

（八）资产损失

1.定义

资产损失，是指企业在生产经营活动中实际发生的、与取得应税收入有关的资产损失，包括现金损失，存款损失，坏账损失，贷款损失，股权投资损失，固定资产和存货的盘亏、毁损、报废、被盗损失，自然灾害等不可抗力因素造成的损失及其他损失。

2.资产损失的扣除

企业发生上述资产损失，应在按税法规定实际确认或者实际发生的当年申报扣除。

企业以前年度发生的资产损失未能在当年税前扣除的，可以按照规定，向税务机关说明并进行专项申报扣除。其中，属于实际资产损失，准予追补至该项损失发生年度扣除，其追补确认期限一般不得超过5年。企业因以前年度实际资产损失未在税前扣除而多缴的企业所得税税款，可在追补确认年度企业所得税应纳税款中予以抵扣，不足抵扣的，向以后年度递延抵扣。

【业务举例7-16】甲企业为增值税一般纳税人，2024年因管理不善损失原材料一批，成本为30万元，取得保险公司赔款8万元；另因自然灾害损失存货一批，成本为20万元。已知原材料及存货均适用13%的增值税税率。

要求：请计算甲企业可以税前扣除的资产损失。

【解析】因管理不善导致的原材料损失，其外购原材料进项税额不得抵扣，需要进项转出，管理不善导致的资产净损失 = 30 + 30 × 13% − 8 = 25.9（万元），因自然灾害导致的原材料损失，不需要进项转出，自然灾害导致的资产净损失 = 20万元，故税前可扣除的资产损失 = 25.9 + 20 = 45.9（万元）。

六、企业所得税应纳税所得额的计算

【业务举例7-17】（2022年不定项，改）甲企业为居民纳税人，主要从事服装生产和销售业务。2024年有关收支情况如下：

（1）取得销售货物收入9 000万元，技术服务收入700万元，出租设备收入60万元，出售房产收入400万元，国债利息收入40万元。

（2）缴纳增值税900万元，城市维护建设税和教育费附加92万元，房产税25万元，印花税2万元。

（3）发生广告费和业务宣传费1 500万元，其他可在企业所得税前扣除的成本和费用4 100万元。已知在计算企业所得税应纳税所得额时，广告费和业务宣传费支出不超过当年销售（营业）收入的15%。

要求：根据上述资料，分析回答下列问题：

（1）甲企业下列收入中，属于企业所得税免税收入的是（　　）。

A.出租设备收入60万元　　　　　　　B.国债利息收入40万元

C.技术服务收入700万元　　　　　　D.出售房产收入400万元

（2）甲企业缴纳的下列税费中，在计算2024年度企业所得税应纳税所得额时，准予扣除的有（　　）。

A.增值税900万元　　　　　　　　　B.房产税25万元

C.印花税2万元　　　　　　　　　　D.城市维护建设税和教育费附加92万元

（3）甲企业在计算2024年度企业所得税应纳税所得额时，准予扣除的广告费和业务宣传费是（　　）万元。

A.1 356　　　　　　B.1 530　　　　　　C.1 500　　　　　　D.1 464

（4）下列关于甲企业2024年度企业所得税应纳税所得额的计算中，正确的是（　　）。

A.9 000 + 400 + 60 − 25 − 4 100 − 1 530 = 3 805（万元）

B.9 000 + 400 + 40 − 900 − 92 − 25 − 4 100 − 1 356 = 2 967（万元）

C.9 000 + 700 + 400 + 60 − 2 − 92 − 25 − 4 100 − 1 464 = 4 477（万元）

D.9 000 + 700 + 40 − 900 − 20 − 92 − 4 100 − 1 500 = 3 128（万元）

【答案】（1）B；（2）BCD；（3）D；（4）C。

任务实施

针对"任务布置"中的经济业务，相关解析如下：

第一步，计算甲企业2024年度会计利润。

会计利润 = 4 000 − 2 600 − 770 − 480 − 60 − 40 + 100 − 50 + 10 = 110（万元）。

第二步，确定纳税调整项目并计算其调整金额。

（1）国债利息收入属于免税收入，故纳税调减10万元。

（2）广告费税前扣除限额 = 4 000 × 15% = 600（万元）< 实际发生额650万元，故广告费纳税调增 = 650 − 600 = 50（万元）；业务招待费发生额的60% = 25 × 60% = 15（万元）< 年销售收入的5‰ = 4 000 × 5‰ = 20（万元），业务招待费税前可扣除金额为15万元，故纳税调增 = 25 − 15 = 10（万元）；新技术开发费用可加计扣除75%，即40 × 75% = 30（万元），故纳税调减30万元。

（3）公益性捐赠扣除限额 = 110 × 12% = 13.2（万元）< 实际捐赠额30万元，税前可扣除的捐赠支出13.2万元，故纳税调增 = 30 − 13.2 = 16.8（万元）；税法规定税收滞纳金不得税前扣除，故纳税调增6万元。

（4）职工工会经费税前扣除限额 = 200 × 2% = 4（万元）< 实际发生额5万元，税前可扣除的职工工会经费为4万元，故纳税调增 = 5 − 4 = 1（万元）；职工福利费税前扣除限额 = 200 × 14% = 28（万元）< 实际发生额31万元，税前可扣除的职工福利费为28万元，故纳税调增 = 31 − 28 = 3（万元）；职工教育经费税前扣除限额 = 200 × 8% = 16（万元）< 实际发生额18万元，税前可扣除的职工教育经费为16万元，故纳税调增 = 18 − 16 = 2（万元）。

（5）弥补以前年度亏损20万元。

因此，甲企业2024年度应纳税所得额 = 110 − 10 + 50 + 10 − 30 + 16.8 + 6 + 1 + 3 + 2 − 20 = 138.8（万元）。

任务三 掌握企业所得税应纳税额的计算

任务布置

衡信教育科技有限公司是A市重点企业，属于增值税一般纳税人，税务机关核定的企业所得税征收方式为查账征收，按照实际利润预缴方式预缴企业所得税。企业财务执行企业会计准则，其为非汇总企业，无分支机构。公司总资产为10 000万元，总人数为1 000人，公司适用的所得税税率为25%。

衡信教育科技有限公司于2025年4月1日进行2024年度企业所得税汇算清缴，已经预缴所得税 1 826 581.38 元，相关资料见表7-13至表7-18。

表7-13	利润表	会企02表

编制单位：衡信教育科技有限公司　　　　　2024年12月　　　　　　　　　　单位：元

项目	本期金额	上期金额（略）
一、营业收入	122 088 000.00	
减：营业成本	61 644 240.00	
税金及附加	10 025 301.00	
销售费用	18 180 000.00	
管理费用	8 332 000.00	
研发费用		
财务费用	4 363 600.00	
加：其他收益		
投资收益（损失以"－"号填列）	－ 1 256 025.00	
其中：对联营企业和合营企业的投资收益		
以摊余成本计量的金融资产终止确认收益（损失以"－"号填列）		
净敞口套期收益（损失以"－"号填列）		
公允价值变动收益（损失以"－"号填列）	125 369.21	
信用减值损失（损失以"－"号填列）		
资产减值损失（损失以"－"号填列）	569 820.00	
资产处置收益（损失以"－"号填列）		
二、营业利润（亏损以"－"号填列）	17 842 383.21	
加：营业外收入	50 000.00	
减：营业外支出	518 000.00	
三、利润总额（亏损总额以"－"号填列）	17 374 383.21	
减：所得税费用	1 826 581.38	
四、净利润（净亏损以"－"号填列）	15 547 801.83	
五、其他综合收益的税后净额		
六、综合收益总额		
七、每股收益		
（一）基本每股收益		
（二）稀释每股收益		

表7-14　　　　　　　　　　　　　　　　收入明细表　　　　　　　　　　　　　　　　单位：元

一级科目	明细科目	金额	备注
主营业务收入	销售货物	121 200 000	
其他业务收入	其他	888 000	为出租闲置土地的租金收入
营业外收入	政府补助收入	50 000	不符合不征税收入条件

表7-15　　　　　　　　　　　　　　　　成本明细表　　　　　　　　　　　　　　　　单位：元

一级科目	明细科目	金额	备注
主营业务成本	销售货物	61 440 000	
其他业务成本	其他	204 240	闲置土地出租收入支付税金155 400元，对应的摊销费用为48 840元
营业外支出	捐赠支出	500 000	通过政府部门向地震灾区捐赠现金250 000元
	其他	18 000	违反借款合同规定支付银行罚款18 000元
期间费用	销售费用	18 180 000	其中，支出广告费17 000 000元、办公费1 180 000元
	管理费用	8 332 000	其中业务招待费1 800 000元
	财务费用	4 363 600	均符合税法的要求

表7-16　　　　　　　　　　　　　　　　税收优惠　　　　　　　　　　　　　　　　单位：元

一级科目	明细科目	金额
投资收益	国债利息收入	1 503 021.26
	股息（居民企业）	1 658 200.12

表7-17　　　　　　　　　　　　　　　　费用调整明细表　　　　　　　　　　　　　　　　单位：元

项目	会计	税法	备注
职工薪酬	9 888 000	9 888 000	
福利费	1 435 000	1 384 320	工资的14%以内允许扣除
职工教育经费	811 850	791 040	工资的8%以内允许扣除，超支部分可在以后年度结转
工会经费	197 760	197 760	工资的2%以内允许扣除
罚金、罚款	30 000	0	滞纳金3万元
赞助支出	100 000	0	关联企业赞助支出10万元
与收入无关的支出	120 000	0	给购货方回扣12万元

表7-18	企业所得税弥补亏损明细表	单位：元

年度	盈利额或亏损额	备注
2019	86 000	
2020	25 000	
2021	1 695 600	
2022	−2 805 822	
2023	1 865 800	

任务：

（1）请对该公司企业所得税进行纳税调整。

（2）请计算该公司2024年度应补缴的企业所得税。

🌢 **知识准备** 🌢🌢🌢

一、居民企业查账征收方式下应纳税额的计算

查账征收方式下居民企业应缴纳企业所得税税额的基本计算公式为：

应纳税额 = 应纳税所得额 × 适用税率 − 减免税额 − 抵免税额

从上述公式可以看出，应纳税额的多少与应纳税所得额和适用税率有关。在实际工作中，主要采用间接计算法计算确定应纳税所得额，其计算公式为：

应纳税所得额 = 会计利润总额 + 纳税调增 − 纳税调减 − 弥补以前年度亏损

【业务举例7-18】南岳科技有限公司2024年度利润表显示其年度营业收入为79 720 600元，年度营业利润为15 469 860元。根据企业账证资料，有如下与企业所得税相关的事项：

（1）投资收益23 500元为购买国债所取得的利息。

（2）营业外收入中包含国家财政拨付的专项经费300 000元。

（3）管理费用中包含业务招待费1 259 000元，新技术研究开发费用1 260 000元。

（4）销售费用中包含广告费9 673 600元，业务宣传费2 165 400元。

（5）营业外支出中包含直接捐赠给某大学资困学生的生活补贴支出200 000元，税收滞纳金830元，车队交通罚款2 800元。

（6）企业工资薪金支出9 650 200元，其中支付残疾人工资456 200元，实际发生职工福利费1 361 028元、职工教育经费772 416元、工会经费195 004元。

已知适用的企业所得税税率为25%。

要求：请计算南岳科技有限公司2024年度应纳税所得额和应纳企业所得税额。

【解析】南岳科技有限公司2024年度需要进行如下纳税调整：

（1）国债利息收入属于免税收入，故应纳税调减23 500元。

（2）财政拨付的专项经费属于不征税收入，故应纳税调减 300 000 元。

（3）业务招待费实际发生额的 60% = 1 259 000 × 60% = 755 400（元）＞业务招待费税前扣除限额 = 79 720 600 × 5‰ = 398 603（元），故业务招待费税前可扣除金额为 398 603 元，应纳税调增 = 1 259 000 − 398 603 = 860 397（元）。新技术研究开发费用加计扣除 75%，应纳税调减 = 1 260 000 × 75% = 945 000（元）。

（4）广告费和业务宣传费税前扣除限额 = 79 720 600 × 15% = 11 958 090（元）＞实际发生额 = 9 673 600 + 2 165 400 = 11 839 000（元），未超出限额，无须纳税调整。

（5）直接捐赠给某大学贫困学生生活补贴支出、税收滞纳金、车队交通罚款均不得扣除，应纳税调增 = 200 000 + 830 + 2800 = 203 630（元）。

（6）支付残疾人工资可加计扣除 100%，应纳税调减 456 200 元；职工福利费税前扣除限额 = 9 650 200 × 14% = 1 351 028（元）＜实际发生额 1 361 028 元，应纳税调增 = 1 361 028 − 1 351 028 = 10 000（元）；职工工会经费税前扣除限额 = 9 650 200 × 2% = 193 004（元）＜实际发生额 195 004 元，应纳税调增 = 195 004 − 193 004 = 2 000（元）；职工教育经费税前扣除限额 = 9 650 200 × 8% = 772 016（元）＜实际发生额 772 416 元，应纳税调增 = 772 416 − 772 016 = 400（元）。

南岳科技有限公司 2024 年度应纳税所得额 = 15 469 860 − 23 500 − 300 000 + 860 397 − 945 000 + 203 630 − 456 200 + 10 000 + 2 000 + 400 = 14 821 587（元）

2024 年度应纳企业所得税额 = 14 821 587 × 25% = 3 705 396.75（元）

【注意】

（1）**纳税调增金额**：①在计算会计利润时已经扣除，但税法规定不能扣除的项目金额；②在计算会计利润时已经扣除，但超过税法规定扣除标准部分的金额；③未计或者少计的应税收益。

（2）**纳税调减金额**：①允许加计扣除的费用；②减税或者免税收益；③弥补以前年度（5 年内）未弥补的亏损额。

二、境外所得抵免税额的计算

企业取得的下列所得已在境外缴纳的所得税税额，可以从其当期应纳税额中抵免，抵免限额为该项所得依照企业所得税法的规定计算的应纳税额；超过抵免限额的部分，可以在以后 5 个年度内，用每年度抵免限额抵免当年应抵税额后的余额进行抵补：

（1）居民企业来源于中国境外的应税所得；

（2）非居民企业在中国境内设立机构、场所，取得发生在中国境外但与该机构、场所有实际联系的应税所得。

已在境外缴纳的所得税税额，是指企业来源于中国境外的所得依照境外税收法律及相关规定应当缴纳并已经实际缴纳的企业所得税性质的税款。

抵免限额，是指企业来源于中国境外的所得，依照规定计算的应纳税额。

5 个年度，是指从企业取得的来源于中国境外的所得，已经在中国境外缴纳的企业所得税性质的税额超过抵免限额的当年的次年起连续 5 个纳税年度。

自 2017 年 1 月 1 日起，企业可以选择采用按国（地区）别分别计算〔分国（地区）

不分项] 或者不按国（地区）别汇总计算［不分国（地区）不分项］计算其来源于境外的应纳税所得额，按照规定的税率，分别计算其可抵免境外所得税税额和抵免限额。上述方式一经选择，5年内不得改变。

居民企业从其直接或间接控制的外国企业分得的来源于中国境外的股息、红利等权益性投资收益，外国企业在境外实际缴纳的所得税税额中属于该项所得负担的部分，可以作为该居民企业的可抵免境外所得税税额，在规定的抵免限额内抵免。

直接控制是指居民企业直接持有外国企业20%以上股份，间接控制是指居民企业以间接持股方式持有外国企业20%以上股份。

企业按规定抵免企业所得税税额时，应当提供中国境外税务机关出具的税款所属年度的有关纳税凭证。

【业务举例7-19】甲企业2024年度境内应纳税所得额为100万元，适用25%的企业所得税税率。甲企业分别在A国和B国设有分支机构（我国与A、B两国已缔结避免双重征税协定），在A国分支机构的应纳税所得额为50万元，A国的企业所得税税率为20%，在B国分支机构的应纳税所得额为30万元，B国的企业所得税税率为30%。

要求：请计算分国（地区）不分项方法下甲企业境外所得应纳税额。

【解析】甲企业境外所得应纳税额具体计算过程见表7-19。

表7-19　　　　　　　　　　　　　应纳税额具体计算过程

国别	抵免限额	境外已纳税款	处理
A国	50×25%=12.5（万元）	50×20%=10（万元）	补税2.5万元
B国	30×25%=7.5（万元）	30×30%=9（万元）	当年只能抵免7.5万元，1.5万元可结转以后5个纳税年度扣除

甲企业境外所得应纳税额 = （12.5 – 10）+（7.5 – 7.5）= 2.5（万元）

三、非居民企业应纳税额的计算

（一）应纳税所得额的确定

对于在中国境内未设立机构、场所，或者虽设立机构、场所但所得与其所设机构、场所没有实际联系的非居民企业，按照下列方法计算其应纳税所得额：

1. 股息、红利等权益性投资收益和利息、租金、特许权使用费所得，以收入全额为应纳税所得额；

2. 转让财产所得，以收入全额减除财产净值后的余额为应纳税所得额；

3. 其他所得，参照前两项规定的方法计算应纳税所得额。

应纳所得税税额的计算公式如下：

应纳所得税税额 = 应纳税所得额 × 实际征收率（10%）

（二）源泉扣缴

非居民企业在中国境内未设立机构、场所，或者虽设立机构、场所，但其所得与所设机构、场所没有实际联系的，其来源于中国境内的所得应缴纳的企业所得税实行源泉扣缴，以支付人为扣缴义务人。

你知道居民企业核定征收的计算吗？

任务实施

针对"任务布置"中的经济业务，相关解析如下：

第一步，对该企业纳税调整项目进行纳税调整。

（1）公益性捐赠限额 = 17 374 383.21 × 12% = 2 084 925.99（元）> 通过政府部门向地震灾区捐赠的现金 250 000 元，故无须纳税调整。

（2）广告费扣除限额 = 122 088 000 × 15% = 18 313 200（元）> 实际发生的 17 000 000 元，无须纳税调整。

（3）业务招待费发生额的 60% = 1 800 000 × 60% = 1 080 000（元）> 年销售收入的 5‰ = 122 088 000 × 5‰ = 610 440（元），业务招待费税前扣除金额为 610 440 元，故应纳税调增 = 1 800 000 − 610 440 = 1 189 560（元）。

（4）国债利息收入和投资于居民企业的收益均为免税收入，故应纳税调减 = 1 503 021.26 + 1 658 200.12 = 3 161 221.38（元）。

（5）三项经费纳税调增 = （1 435 000 − 1 384 320）+（811 850 − 791 040）= 71 490（元）

（6）罚金、罚款和赞助支出、与收入无关的支出均不得税前扣除，故应纳税调增 = 30 000 + 100 000 + 120 000 = 250 000（元）。

因此，应纳税所得额调增金额 = 1 189 560 + 71 490 + 250 000 = 1 511 050（元）；免税、减税收入及加计扣除调整减少额为 3 161 221.38 元。

（7）弥补以前年度亏损 = 2 805 822 − 1 865 800 = 940 022（元）

第二步，计算 2024 年度应补缴的企业所得税。

2024 年度应纳税所得额 = 17 374 383.21 + 1 511 050 − 3 161 221.38 − 940 022 = 14 784 189.83（元）

2024 年度应纳税额 = 14 784 189.83 × 25% = 3 696 047.46（元）

2024 年度应补缴税额 = 3 696 047.46 − 1 826 581.38 = 1 869 466.08（元）

任务四　明确企业所得税征收管理

任务布置

1.实训企业基本情况

企业名称：东海电器制造有限公司

统一社会信用代码：3101067863094476XP　　企业地址：东海市滨河路 234 号

法定代表人：陈洪富　　注册资本：5 000 万元

企业类型：有限责任公司　　　　　　　经营范围：电器制造、销售

财务负责人：刘春　　　　　　　　　　办税员：郑日照

企业开户银行及账号：中国工商银行东海市滨河支行 8522671260890859431

东海电器制造有限公司为增值税一般纳税人，2024年度有员工400人，当年实发工资1 440万元，企业所得税实行按年核算、分季据实预缴的办法。（注：不符合小型微利企业的条件）

2.2024年度企业经营资料

（1）企业年收入汇总表（见表7-20）。

表7-20　　　　　　　　　　　　　　年收入汇总表　　　　　　　　　　　单位：万元

项目	第一季度	第二季度	第三季度	第四季度	总计
1.主营业务收入小计	1 925	1 700	2 000	2 100	7 725
销售货物收入	1 925	1 700	2 000	2 100	7 725
2.其他业务收入小计	20	40	40	60	160
（1）材料销售收入	20	30	20	30	100
（2）提供运输服务收入		10	20	30	60
3.投资收益小计	15	15	20	15	65
4.营业外收入小计			10	40	50
（1）处置固定资产净收益				20	20
（2）出售无形资产收益			10	20	30
总计	1 960	1 755	2 070	2 215	8 000

（2）企业年成本费用汇总表（见表7-21）。

表7-21　　　　　　　　　　　　　　年成本费用汇总表　　　　　　　　　单位：万元

项目	第一季度	第二季度	第三季度	第四季度	总计
1.主营业务成本小计	1 225	1 030	1 330	1 365	4 950
销售货物成本	1 225	1 030	1 330	1 365	4 950
2.其他业务成本小计	15	20	20	32.01	87.01
（1）材料销售成本	15	15	10	20	60
（2）提供运输服务成本		5	10	12.01	27.01
3.营业外支出小计			20	52.99	72.99
（1）固定资产盘亏				11	11
（2）罚款支出			20	19	39
（3）捐赠支出				22.99	22.99
4.期间费用小计	700	690	690	740	2 820
（1）销售费用	300	290	290	320	1 200
（2）管理费用	395	395	395	415	1 600
（3）财务费用	5	5	5	5	20
总计	1 940	1 740	2 060	2 190	7 930

（3）企业年流转税汇总表（见表7-22，不考虑财政性收费）。

表7-22　　　　　　　　　　　　年流转税汇总表　　　　　　　　　　　单位：万元

项目	第一季度	第二季度	第三季度	第四季度	总计
1.增值税	75	60.50	64	73.22	272.72
2.城市维护建设税	5.25	4.24	4.48	5.13	19.10
3.教育费附加	2.25	1.81	1.92	2.20	8.18
总计	82.50	66.55	70.40	80.55	300

（4）企业第一至第三季度企业会计利润及已预缴的企业所得税汇总表（见表7-23）。

表7-23　　　　第一至第三季度企业会计利润及已预缴的企业所得税汇总表　　　　单位：万元

项目	第一季度	第二季度	第三季度	第四季度	总计
1.会计利润额	12.5000	8.9500	3.6000	17.6700	42.7200
2.企业所得税	3.125	2.2375	0.9	4.4174	10.68

3.2025年4月经聘请的会计师事务所审计，发现下列有关税收问题：

（1）扣除的成本费用中包括全年的工资费用、职工福利费203万元、职工工会经费30万元、职工教育经费116.2万元，该企业已成立工会组织，拨缴工会经费有上交的专用收据。

（2）企业全年提取的无形资产减值准备金为1.38万元。

（3）收入总额8 000万元中含国债利息收入7万元，金融债券利息收入20万元，从被投资的未上市的国有公司分回的税后股息38万元（被投资企业的企业所得税税率为15%）。

（4）当年1月向其他企业借款200万元，借款期限1年，年利率8%，同期银行贷款利率6%。企业支付的借款利息费用共计16万元，全部计入财务费用。

（5）企业当年发生业务招待费45万元，广告费和业务宣传费1 190万元，全都作了扣除。

（6）2024年12月，通过当地政府机关向贫困山区捐赠家电产品一批，成本价为20万元，市场销售价格为23万元。企业核算时按成本价直接冲减库存商品，按市场销售价格计算的增值税销项税额2.99万元与成本价合计22.99万元，记入"营业外支出"账户。

（7）"营业外支出"账户中还列支缴纳的税款滞纳金3万元，银行借款超期罚息6万元，给购货方的回扣12万元，意外事故净损失8万元，非广告性赞助10万元，全都如实作了扣除。

（8）"管理费用"账户中含有新技术的研究费用30万元。

任务：请计算该企业2024年度应纳税所得额和应补缴税额。

知识准备

一、纳税地点

1.居民企业的纳税地点

除税收法律、行政法规另有规定外，居民企业以企业登记注册地为纳税地点；**但登记注册地在境外的，以实际管理机构所在地为纳税地点。**

居民企业在中国境内设立不具有法人资格的营业机构的，应当汇总计算并缴纳企业所得税。除国务院另有规定外，企业之间不得合并缴纳企业所得税。

2.非居民企业的纳税地点

非居民企业在中国境内设立机构、场所的，以机构、场所所在地为纳税地点。 非居民企业在中国境内设立2个或者2个以上机构、场所的，经税务机关审核批准，可以选择由其主要机构、场所汇总缴纳企业所得税。

在中国境内未设立机构、场所，或者虽设立机构、场所但取得的所得与其所设机构、场所没有实际联系的非居民企业，以扣缴义务人所在地为纳税地点。

二、按年计征与分期预缴

企业所得税按年计征，分月或者分季预缴，年终汇算清缴，多退少补。 纳税年度自公历1月1日起至12月31日止。

企业在一个纳税年度中间开业，或者终止经营活动，使该纳税年度的实际经营期不足12个月的，应当以其实际经营期为1个纳税年度。企业依法清算时，应当以清算期间作为1个纳税年度。

三、汇算清缴期限

企业应当自年度终了之日起5个月内，向税务机关报送年度企业所得税纳税申报表，并汇算清缴，结清应缴应退税款。

企业在年度中间终止经营活动的，应当自实际经营终止之日起60日内，向税务机关办理当期企业所得税汇算清缴。

四、纳税申报

企业所得税采用"按年计征，分月或者分季预缴，年终汇算清缴，多退少补"的征收办法，其纳税申报分为预缴纳税申报和年终汇算清缴纳税申报。

按月或按季预缴的，应当自月份或季度终了之日起15日内，向税务机关报送预缴企业所得税纳税申报表，预缴税款。纳税人预缴所得税时，应当按照月度或季度的实际利润额预缴；按照月度或季度的实际利润额预缴有困难的，可以按照上一纳税年度应纳税所得额的月度或季度平均额预

你知道企业所得税的申报表吗？

缴，或者按照税务机关认可的其他方法预缴。预缴方法一经确定，该纳税年度内不得随意变更。

企业在纳税年度内无论盈利还是亏损，都应当依照规定期限，向税务机关报送预缴企业所得税纳税申报表、年度企业所得税纳税申报表、财务会计报告和税务机关规定应当报送的其他有关资料。

企业应当在办理注销登记前，就其清算所得向税务机关申报并依法缴纳企业所得税。

五、货币单位与外币折算

企业所得税以人民币计算。所得以人民币以外的货币计算的，应当折合成人民币计算并缴纳税款。

企业所得以人民币以外的货币计算的，预缴企业所得税时，应当按照月度或者季度最后1日的人民币汇率中间价，折合成人民币计算应纳税所得额。

年度终了汇算清缴时，对已经按照月度或者季度预缴税款的，不再重新折合计算，只就该纳税年度内未缴纳企业所得税的部分，按照纳税年度最后一日的人民币汇率中间价，折合成人民币计算应纳税所得额。

经税务机关检查确认，企业少计或者多计前述规定的所得的，应当按照检查确认补税或者退税时的上一个月最后1日的人民币汇率中间价，将少计或者多计的所得折合成人民币计算应纳税所得额，再计算应补缴或者应退的税款。

任务实施

针对"任务布置"中的经济业务，相关解析如下：

（1）职工福利费发生额203万元＞税前扣除限额＝1 440×14%＝201.6（万元），故纳税调增＝203－201.6＝1.4（万元）；职工工会经费发生额30万元＞税前扣除限额＝1 440×2%＝28.8（万元），故纳税调增＝30－28.8＝1.2（万元）；职工教育经费发生额116.2万元＞税前扣除限额＝1 440×8%＝115.2（万元），故纳税调增＝116.2－115.2＝1（万元）。

（2）根据规定，无形资产减值准备金不得税前扣除，故纳税调增1.38万元。

（3）国债利息收入属于免税收入，故纳税调减7万元；向居民企业投资的股息所得属于免税收入，故纳税调减38万元。

（4）向非金融企业借款利息＝200×8%＝16（万元）＞银行同期借款利息＝200×6%＝12（万元），高于银行同期借款利息部分不得扣除，故纳税调增＝16－12＝4（万元）。

（5）业务招待费发生额的60%＝45×60%＝27（万元）＜年销售收入的5‰＝（78 850 000＋230 000）×5‰＝39.54（万元），业务招待费税前可扣除金额为27万元，故纳税调增＝45－27＝18（万元）；广告费税前扣除限额＝（78 850 000＋

230 000）× 15% = 1 186.2（万元）< 实际发生额 1 190 万元，故纳税调增 = 1 190 − 1 186.2 = 3.8（万元）。

（6）将自产家电产品无偿赠送他人，属于企业所得税的视同销售行为，应确认视同销售收入 23 万元和视同销售成本 20 万元；另外，该笔公益性捐赠扣除限额 = 427 200 × 12% = 5.1264（万元）< 捐赠发生额 22.99 万元，故纳税调增 = 22.99 − 5.1264 = 17.8636（万元）。

（7）根据税法的规定，税收滞纳金、给购货方的回扣、非广告性赞助支出均不得税前扣除，故纳税调增 = 3 + 12 + 10 = 25（万元）。

（8）新技术的费用化研究费用可以加计扣除 100%，故纳税调减 = 30 × 100% = 30（万元）。

因此，东海电器制造有限公司 2024 年度应纳税所得额 = 42.72 + 1.4 + 1.2 + 1 + 1.38 + 4 + 18 + 3.8 + 23 + 17.8636 + 25 − 7 − 38 − 20 − 30 = 44.3636（万元）。

该公司 2024 年度应补缴税额 = 44.3636 × 25% − 10.68 = 0.4109（万元）

项目八

解读个人所得税法律制度

知识目标
1. 掌握个人所得税纳税人及其纳税义务
2. 掌握个人所得税所得来源的确定
3. 掌握个人所得税应税所得项目
4. 掌握个人所得税应纳税所得额的确定和应纳税额的计算
5. 熟悉个人所得税征收管理
6. 了解个人所得税税率和税收优惠

能力目标
1. 掌握个人所得税App的操作使用
2. 能完成综合所得年度汇算清缴
3. 能识别个人所得税征管中的常见风险点，并能提出合规管理建议

素质目标
1. 结合"共同富裕"理念，领会个人所得税的收入调节功能
2. 通过专项扣除案例，深刻认识个人所得税驱动民生保障的政策实效
3. 树立诚信纳税意识，自觉履行纳税义务

价值引领

个税汇算清缴管理办法发布！这些问题你了解吗？

2025年2月26日国家税务总局正式发布《个人所得税综合所得汇算清缴管理办法》，明确汇算清缴准备及有关事项填报、汇算清缴办理及服务、退（补）税等多方面内容。

问题一：什么是年度汇算？

简言之，年度汇算就是在平时已预缴税款的基础上"查遗补漏、汇总收支、按年算账、多退少补"，这是2019年以后我国建立综合与分类相结合的个人所得税制的内在要求，也是国际通行做法。

问题二：哪些人需要办理？

第一类是预缴税额高于应纳税额，需要申请退税的纳税人；

第二类是预缴税额小于应纳税额，应当补税且补税金额超过400元的纳税人；

第三类是因特殊情形，造成年度少申报或者未申报综合所得的纳税人，应当依法据实办理年度汇算。

问题三：哪些人不需要办理？

第一类是已预缴税额与年度应纳税额一致的纳税人；

第二类是对年度取得综合所得年收入不超过12万元或者补税金额不超过400元的纳税人；

第三类是已预缴税额大于年度应纳税额的纳税人，如其不申请汇算退税，也无须办理年度汇算。

问题四：什么时间办理？

2024年度汇算的时间是2025年3月1日至6月30日。有汇算初期（3月1日至3月20日）办理需求的纳税人，可通过个人所得税App预约上述时间段中的任意一天办理。3月21日至6月30日，纳税人无须预约，可以随时办理。

问题五：纳税人应该如何办理汇算？

自己办。建议纳税人优先选择通过个人所得税App、自然人电子税务局网站办理年度汇算。

单位办。纳税人向单位提出代办要求的，单位应当办理，或者培训、辅导纳税人通过个人所得税App及网站自行完成。

请人办。委托涉税专业服务机构或其他单位及个人办理。

国家税务总局所得税司有关负责人介绍，本次出台的办法不同于以往每年在汇算期前制发"管一年"的规范性文件，而是调整为"管长远"的部门规章，进一步稳定了社会预期，也更有利于汇算清缴工作规范化开展。

资料来源：佚名. 个税汇算清缴管理办法发布！这些问题你了解吗？［EB/OL］.［2025-02-27］. https://baijiahao.baidu.com/s?id=1825198271837130357&wfr=spider&for=pc.

请思考：你知道什么时间办理个人所得税综合所得汇算清缴吗？

任务一　认识个人所得税基本纳税规定

任务布置 ◀◀◀

（1）中国居民姜某在单位每月取得工资收入6 000元，12月取得年终一次性奖金24 000元。

（2）外籍人员李某2024年1月1日入境，2024年10月31日离境，在中国境内取得技术服务费50 000元；在中国境外取得工资收入100 000元。

（3）外籍人员张某2024年1月1日入境，2024年5月31日离境，在中国境内取得工资所得2万元；在中国境外取得劳务报酬30 000元。

（4）中国居民王某下乡提供文艺演出一次，取得收入20 000元，将其中6 000元通过民政局捐赠给当地的希望小学。

（5）中国居民赵某出版作品一部，取得收入50 000元，2025年3月购买彩票取得中奖收入1 000元。

（6）中国居民高级专家曾某退休后，每月取得退休工资5 300元，每月获得返聘工资8 000元。

任务：请判断上述个人经营行为的纳税人类型、应税所得项目和税收优惠。

知识准备 ◀◀◀

个人所得税，是指对个人（即自然人）取得的各项应税所得征收的一种税。

一、个人所得税纳税人及其纳税义务

（一）个人所得税纳税人

个人所得税纳税人具体包括中国公民、个体工商户、外籍个人及中国香港、澳门、台湾同胞等。个人独资企业和合伙企业不缴纳企业所得税，只对投资者个人或自然人合伙人取得的生产经营所得征收个人所得税。

（二）居民纳税人和非居民纳税人的划分标准及纳税义务

个人所得税采取收入来源地管辖权和居民管辖权相结合的双重管辖权，**根据住所地标准和居住时间标准，将个人划分为居民纳税人和非居民纳税人，分别确定不同的纳税义务**。具体见表8-1。

在中国境内有住所的个人，是指因户籍、家庭、经济利益关系在中国境内习惯性居住的个人。纳税年度，自公历1月1日至12月31日。

表8-1		居民纳税人和非居民纳税人划分标准及纳税义务

纳税人	划分标准	纳税义务
居民纳税人	在中国境内有住所的个人（**住所地标准**）	全面纳税义务：就其来源于中国境内、境外的全部所得，向中国政府缴纳个人所得税
	在中国境内无住所但在中国境内居住满183天的个人（**居住时间标准**）	
非居民纳税人	在中国境内无住所又不居住的个人	有限纳税义务：仅就来源于中国境内的所得，向中国政府缴纳个人所得税
	在中国境内无住所且在中国境内居住不满183天的个人	

　　无住所的个人一个纳税年度内在中国境内累计居住天数，按照个人在中国境内累计停留的天数计算。在中国境内停留的当天满24小时的，计入中国境内居住天数；在中国地不足24小时的，不计入中国境内居住天数。

　　在中国境内无住所的居民个人，在境内居住累计满183天的年度连续不满6年的，经向主管税务机关备案，其来源于中国境外且由境外单位或者个人支付的所得，免于缴纳个人所得税；在中国境内居住累计满183天的任一年度中有1次离境超过30天的，其在中国境内居住累计满183天的年度的连续年限重新起算。

　　中国境内无住所的个人一个纳税年度在中国境内累计居住满183天的，如果此前6年在中国境内每年累计居住天数都满183天而且没有任何一年单次离境超过30天，该纳税年度来源于中国境内、境外所得应当缴纳个人所得税；如果此前6年的任一年在中国境内累计居住天数不满183天或者单次离境超过30天，该纳税年度来源于中国境外且由境外单位或者个人支付的所得，免予缴纳个人所得税。

　　此前6年，是指该纳税年度的前1年至前6年的连续6个年度，此前6年的起始年度自2019年（含）以后年度开始计算。

　　【即问即答】（2022年多选题）根据个人所得税法律制度的规定，下列各项中，属于个人所得税纳税人的有（　　）。

　　A.合伙企业自然人合伙人　　　　　　B.一人有限责任公司

　　C.个体工商户　　　　　　　　　　　D.个人独资企业投资人

　　【答案】ACD。

　　（三）所得来源地的确定

　　来源于中国境内的所得和来源于中国境外的所得该如何区分呢？所得来源地的确定见表8-2。

表8-2		所得来源地确定

所得		来源地
因任职、受雇、履约等而提供劳务取得所得		劳务提供地
财产出租给承租人使用取得所得		使用地
许可各种特许权取得所得		
转让财产取得所得	不动产	不动产所在地
	其他财产	转让行为发生地
取得的利息、股息、红利所得		支付方所在地

【即问即答】（2021年多选题）根据个人所得税法律制度的规定，下列所得中，属于来源于中国境内所得的有（   ）。

你知道来源于中国境外的所得有哪些吗？

A.转让中国境内的不动产取得的所得

B.将财产出租给承租人在中国境内使用而取得的所得

C.许可特许权在中国境内使用而取得的所得

D.因受雇在中国境内提供劳务取得的所得

【答案】ABCD。

二、征税对象

个人所得税的征税对象是个人取得的应税所得。 个人应税所得共有9项。

（一）工资、薪金所得

工资、薪金所得是指个人因任职或者受雇取得的工资、薪金、奖金、年终加薪、劳动分红、津贴、补贴，以及与任职或者受雇有关的其他所得。

【注意】不同性质的补贴、津贴纳税规定见表8-3。

表8-3   不同性质的补贴、津贴纳税规定

补贴、津贴性质	征税规定
工资、薪金性质的补贴、津贴	按"工资、薪金所得"征收个人所得税
独生子女补贴	不属于工资、薪金性质的补贴、津贴，不征收个人所得税
执行公务员工资制度未纳入基本工资总额的补贴、津贴差额和家属成员的副食品补贴	
托儿补助费	
差旅费津贴、误餐补助（不包括单位以误餐补助名义发给职工的补助、津贴）	
免税的补贴、津贴	按照国务院的规定发放的政府特殊津贴、院士津贴、资深院士津贴，以及国务院规定免纳个人所得税的其他补贴、津贴

【即问即答】（2022年多选题）根据个人所得税法律制度的规定，个人因任职取得的下列收入中，应缴纳个人所得税的有（   ）。

A.年终加薪   B.季度奖金   C.劳动分红   D.托儿补助费

【答案】ABC。

（二）劳务报酬所得

劳务报酬所得，是指个人独立从事非雇佣的各种劳务所取得的所得。其内容包括：设计、装潢、安装、制图、化验、测试、医疗、法律、会计、咨询、讲学、新闻、广播、翻译、审稿、书画、雕刻、影视、录音、录像、演出、表演、广告、展览、技术服务、介绍服务、经纪服务、代办服务、其他劳务。

区分"劳务报酬所得"和"工资、薪金所得"，主要看是否存在雇佣与被雇佣的关

系。如演员从其所属单位领取的工资、教师从学校领取的工资，就属于"工资、薪金所得"；如演员"走穴"演出取得的报酬以及教师自行举办学习班、培训班等取得的收入，就属于"劳务报酬所得"或"个体工商户的生产、经营所得"。

1. 个人兼职取得的收入应按照"劳务报酬所得"应税项目缴纳个人所得税。

2. 律师以个人名义聘请其他人员为其工作而支付的报酬，应由该律师按"劳务报酬所得"应税项目负责代扣代缴个人所得税。为了方便操作，税款可由其任职的律师事务所代为缴入国库。

【即问即答】（2023年单选题）根据个人所得税法律制度的规定，下列收入中，应按"劳务报酬所得"税目缴纳个人所得税的是（　　）。

A.退休人员再任职取得的收入

B.从非任职公司取得的董事费收入

C.从任职公司取得的监事费收入

D.从任职公司关联企业取得的监事费收入

【答案】B。

（三）稿酬所得

稿酬所得，是指个人因其作品以图书、报刊形式"出版、发表"而取得的所得。作品包括文学作品、书画作品、摄影作品及其他作品。作者去世后，财产继承人取得的遗作稿酬，也应征收个人所得税。

【注意】工资、薪金所得与稿酬所得项目辨析见表8-4。

表8-4　　　　　　　　　　工资、薪金所得与稿酬所得项目辨析

个人收入项目	情形	个人所得税处理
在本单位的报纸、杂志上发表作品取得的收入	记者、编辑等专业人员	按"工资、薪金所得"项目征收
	除上述专业人员以外的其他人员	按"稿酬所得"项目征收
出版社的专业作者撰写、编写或翻译的作品，由本社以图书形式出版而取得的稿费收入		按"稿酬所得"项目征收

（四）特许权使用费所得

特许权使用费所得，是指个人提供专利权、商标权、著作权、非专利技术及其他特许权的使用权取得的所得。提供著作权的使用权取得的所得，不包括稿酬所得。

1. 作者将自己的文字作品手稿原件或复印件公开拍卖（竞价）取得的所得，属于提供著作权的使用所得，应按"特许权使用费所得"项目征收个人所得税。

2. 个人取得特许权的经济赔偿收入，应按"特许权使用费所得"项目缴纳个人所得税，税款由支付赔偿的单位或个人代扣代缴。

3. 对于剧本作者从电影、电视剧的制作单位取得的剧本使用费，不再区分剧本的使用方是否为其任职单位，统一按"特许权使用费所得"项目征收个人所得税。

【注意】转让和提供专利权在企业所得税和个人所得税上的认定辨析见表8-5。

表8-5 转让和提供专利权在企业所得税和个人所得税上的认定辨析

项目	企业所得税	个人所得税
转让专利权权属	转让财产收入	特许权使用费所得
提供专利权使用权	特许权使用费收入	

【即问即答】（2021年单选题）根据个人所得税法律制度的规定，下列各项中，不属于"特许权使用费所得"的是（   ）。

A.演员许可企业在平面广告中使用其肖像取得的所得

B.画家将自己的书画作品发表在报纸上取得的所得

C.作者将自己的文字作品手稿原件拍卖取得的所得

D.剧本作者从所任职的电视剧制作单位取得的剧本使用费

【答案】B。

（五）经营所得

经营所得，是指：

1.个人通过在中国境内注册登记的个体工商户、个人独资企业、合伙企业从事生产、经营活动取得的所得；

2.个人依法取得执照，从事办学、医疗、咨询及其他有偿服务活动取得的所得；

3.个人承包、承租、转包、转租取得的所得；

4.个人从事其他生产、经营活动取得的所得。

（六）利息、股息、红利所得

利息、股息、红利所得，是指个人拥有债权、股权而取得的利息、股息、红利所得。

（七）财产租赁所得

1.个人取得的房屋转租收入，属于"财产租赁所得"的征税范围。

2.房地产开发企业与商店购买者个人签订协议，以优惠价格出售其商店给购买者个人，购买者个人在一定期限内必须将购买的商店无偿提供给房地产开发企业对外出租使用。该行为实质上是购买者个人以所购商店交由房地产开发企业出租而取得的房屋租赁收入支付部分购房价款。对购买者个人少支出的购房价款，应视同个人财产租赁所得，按照"财产租赁所得"项目征收个人所得税。每次财产租赁所得的收入额，按照少支出的购房价款和协议规定的租赁月份数平均计算确定。

（八）财产转让所得

1.个人将投资于在中国境内成立的企业或组织（不包括个人独资企业和合伙企业）的股权或股份，转让给其他个人或法人的行为，按照"财产转让所得"项目，依法计算缴纳个人所得税，具体包括以下情形：

（1）出售股权；

（2）公司回购股权；

（3）发行人首次公开发行新股时，被投资企业股东将其持有的股份以公开发行方式一并向投资者发售；

(4) 股权被司法或行政机关强制过户；

(5) 以股权对外投资或进行其他非货币性交易；

(6) 以股权抵偿债务；

(7) 其他股权转移行为。

2.个人因各种原因终止投资、联营、经营合作等行为，从被投资企业或合作项目、被投资企业的其他投资者及合作项目的经营合作人取得股权转让收入、违约金、补偿金、赔偿金及以其他名目收回的款项等，均属于个人所得税应税收入，应按照"财产转让所得"项目适用的规定计算缴纳个人所得税。

3.个人以非货币性资产投资，属于个人转让非货币性资产和投资同时发生。对个人转让非货币性资产的所得，应按照"财产转让所得"项目计算缴纳个人所得税。

4.纳税人收回转让的股权征收个人所得税的方法。

(1) 股权转让合同履行完毕、股权已作变更登记且所得已经实现的，转让人取得的股权转让收入应当依法缴纳个人所得税。转让行为结束后，当事人双方签订并执行解除原股权转让合同、退回股权的协议，是另一次股权转让行为，对前次转让行为征收的个人所得税款不予退回。

(2) 股权转让合同未履行完毕，因执行仲裁委员会作出的解除股权转让合同及补充协议的裁决，停止执行原股权转让合同，并原价收回已转让股权的，由于其股权转让行为尚未完成，收入未完全实现，随着股权转让关系的解除，股权收益不复存在，纳税人不应缴纳个人所得税。

5.对个人转让新三板挂牌公司原始股取得的所得，按照"财产转让所得"，适用20%的比例税率征收个人所得税。原始股是指个人在新三板挂牌公司挂牌前取得的股票，以及在该公司挂牌前和挂牌后由上述股票孳生的送、转股。

6.个人通过招标、竞拍或其他方式购置债权以后，通过相关司法或行政程序主张债权而取得的所得，应按照"财产转让所得"项目缴纳个人所得税。

7.个人通过网络收购玩家的虚拟货币，加价后向他人出售取得的收入，属于个人所得税应税所得，应按照"财产转让所得"项目计算缴纳个人所得税。

（九）偶然所得

偶然所得，是指个人得奖、中奖、中彩及其他偶然性质的所得。

1.企业对累计消费达到一定额度的顾客，给予额外抽奖机会，个人的获奖所得，按照"偶然所得"项目，全额适用20%的税率缴纳个人所得税。

2.个人取得单张有奖发票奖金所得超过800元的，应全额按照"偶然所得"项目征收个人所得税。税务机关或其指定的有奖发票兑奖机构为扣缴义务人。

3.个人为单位或他人提供担保获得收入，按照"偶然所得"项目计算缴纳个人所得税。

4.房屋产权所有人将房屋产权无偿赠与他人的，受赠人因无偿受赠房屋取得的受赠收入，按照"偶然所得"项目计算缴纳个人所得税。

5.企业在业务宣传、广告等活动中，随机向本单位以外的个人赠送礼品（包括网络红包，下同），以及企业在年会、座谈会、庆典及其他活动中向本单位以外的个人赠送礼品，个人取得的礼品收入，按照"偶然所得"项目计算缴纳个人所得税，但企业赠送的具有价格折扣或折让性质的消费券、代金券、抵用券、优惠券等礼品除外。

个人取得的所得，难以界定应纳税所得项目的，由主管税务机关确定。

【提示】居民个人取得前款第（一）项至第（四）项所得（以下称"综合所得"），按纳税年度合并计算个人所得税；非居民个人取得前款第（一）项至第（四）项所得，按月或者按次分项计算个人所得税。纳税人取得前款第（五）项至第（九）项所得，依照个人所得税法律制度的规定分别计算个人所得税。

三、个人所得税税率

（一）综合所得适用税率

综合所得是指工资、薪金所得，劳务报酬所得，稿酬所得和特许权使用费所得。

综合所得适用3%～45%的7级超额累进税率（见表8-6）。

表8-6　　　　　　　　　个人所得税税率表（综合所得适用）

级数	全年应纳税所得额	税率（%）	速算扣除数（元）
1	不超过36 000元的部分	3	0
2	超过36 000～144 000元的部分	10	2 520
3	超过144 000～300 000元的部分	20	16 920
4	超过300 000～420 000元的部分	25	31 920
5	超过420 000～660 000元的部分	30	52 920
6	超过660 000～960 000元的部分	35	85 920
7	超过960 000元的部分	45	181 920

注：（1）本表所称全年应纳税所得额是指居民个人取得综合所得以每一纳税年度收入额减除费用6万元，以及专项扣除、专项附加扣除和依法确定的其他扣除后的余额。（2）非居民个人取得工资、薪金所得，劳务报酬所得，稿酬所得和特许权使用费所得，依照本表按月换算后计算应纳税额。

（二）经营所得适用税率

经营所得适用5%～35%的5级超额累进税率（见表8-7）。

表8-7　　　　　　　　　个人所得税税率表（经营所得适用）

级数	全年应纳税所得额	税率（%）	速算扣除数（元）
1	不超过30 000元的部分	5	0
2	超过30 000～90 000元的部分	10	1 500
3	超过90 000～300 000元的部分	20	10 500
4	超过300 000～500 000元的部分	30	40 500
5	超过500 000元的部分	35	65 500

注：本表所称全年应纳税所得额是指以每一纳税年度的收入总额减除成本、费用及损失后的余额。

投资者兴办两个或两个以上企业，并且企业性质全部是独资的，年度终了后汇算清缴时，应纳税款的计算按以下方法进行：汇总其投资兴办的所有企业的经营所得作为应纳税所得额，以此确定适用税率，计算出全年经营所得的应纳税额，再根据每个企业的经营所得占所有企业经营所得的比例，分别计算出每个企业的应纳税额和应补缴税额。

（三）其他所得适用的税率

利息、股息、红利所得，财产租赁所得，财产转让所得，偶然所得适用比例税率，税率为20%。

自2001年1月1日起，对个人出租住房取得的所得暂减按10%的税率征收个人所得税。

四、税收优惠

（一）免税项目

1. 省级人民政府、国务院部委和中国人民解放军军以上单位，以及外国组织、国际组织颁发的科学、教育、技术、文化、卫生、体育、环境保护等方面的奖金。

2. 国债利息、国家发行的金融债券的利息。其中，国债利息，是指个人持有财政部发行的债券而取得的利息；国家发行的金融债券利息，是指个人持有经国务院批准发行的金融债券而取得的利息。

3. 按照国家统一规定发放的补贴、津贴。其是指按照国务院规定发放的政府特殊津贴、院士津贴，以及国务院规定免予缴纳个人所得税的其他补贴、津贴。

4. 福利费、抚恤金、救济金。其中，福利费，是指根据国家有关规定，从企业、事业单位、国家机关、社会组织提留的福利费或者工会经费中支付给个人的生活补助费；救济金，是指各级人民政府民政部门支付给个人的生活困难补助费。

5. 保险赔款。

6. 军人的转业费、复员费、退役金。

7. 按照国家统一规定发给干部、职工的安家费、退职费、基本养老金或者退休费、离休费、离休生活补助费。

8. 依照有关法律规定应予免税的各国驻华使馆、领事馆的外交代表、领事官员和其他人员的所得。

9. 中国政府参加的国际公约、签订的协议中规定免税的所得。

10. 国务院规定的其他免税所得。该项免税规定，由国务院报全国人民代表大会常务委员会备案。

（二）减税项目

1. 残疾、孤老人员和烈属的所得。

2. 因严重自然灾害造成重大损失的。

上述减税项目的减幅度和期限，由省、自治区、直辖市人民政府规定，并报同级人民代表大会常务委员会备案。

国务院可以规定其他减税情形，报全国人民代表大会常务委员会备案。

（三）其他税收优惠税项目

1.2027年12月31日前，外籍个人符合居民个人条件的，可以选择享受个人所得税专项附加扣除，也可以选择按照规定，享受住房补贴、语言训练费、子女教育费等津补贴免税优惠政策，但不得同时享受。外籍个人一经选择，在一个纳税年度内不得变更。【摘自：财政部 税务总局公告2023年第29号】

2.对个人在上海、深圳证券交易所转让从上市公司公开发行和转让市场取得的股票，转让所得暂不征收个人所得税。

3.自2018年1月1日起，对个人转让全国中小企业股份转让系统（新三板）挂牌公司非原始股取得的所得，暂免征收个人所得税。非原始股是指个人在新三板挂牌公司挂牌后取得的股票，以及在该公司挂牌前和挂牌后由上述股票孳生的送、转股。

4.个人举报、协查各种违法、犯罪行为而获得的奖金。

5.个人办理代扣代缴手续，按规定取得的扣缴手续费。

6.个人转让自用达5年以上并且是唯一家庭生活用房取得的所得，暂免征收个人所得税。

7.对个人购买福利彩票、赈灾彩票、体育彩票，一次中奖收入在1万元以下（含1万元）的，暂免征收个人所得税；超过1万元的，全额征收个人所得税。

自2024年9月1日起，电脑彩票以同一人在同一期同一游戏中获得的全部奖金为一次中奖收入，其中全国联网单场竞猜游戏分别按照足球游戏、篮球游戏、冠军游戏和冠亚军游戏设期，以每张彩票涉及比赛场次中最晚的比赛编号日期为判定标准，相同的为同一期；海南视频电子即开游戏以同一场游戏奖金为一次中奖收入。即开型彩票以一张彩票奖金为一次中奖收入。彩票机构负责代扣代缴个人所得税，为电脑彩票一次中奖收入超过3 000元至10 000元（含）的个人办理免税申报，为电脑彩票和即开型彩票一次中奖收入超过10 000元的个人办理纳税申报。

8.个人取得单张有奖发票奖金所得不超过800元（含800元）的，暂免征收个人所得税。

9.达到离休、退休年龄，但确因工作需要，适当延长离休、退休年龄的高级专家（指享受国家发放的政府特殊津贴的专家、学者），其在延长离休、退休期间的工资、薪金所得，视同离休、退休工资免征个人所得税。

10.个人领取原提存的住房公积金、基本医疗保险金、基本养老保险金及失业保险金的，免予征收个人所得税。

11.对工伤职工及其近亲属按照《工伤保险条例》的规定取得的工伤保险待遇，免征个人所得税。

12.企事业单位按照国家或省（自治区、直辖市）人民政府规定的缴费比例或办法实际缴付的基本养老保险费、基本医疗保险费和失业保险费，免征个人所得税；个人按照国家或省（自治区、直辖市）人民政府规定的缴费比例或办法实际缴付的基本养老保险费、基本医疗保险费和失业保险费，允许在个人应纳税所得额中扣除。

13.企业和事业单位根据国家有关政策规定的办法和标准，为在本单位任职或者受雇的全体职工缴付的企业年金或职业年金单位缴费部分，在计入个人账户时，个人暂不缴纳个人所得税。

个人根据国家有关政策规定缴付的年金个人缴费部分，不超过本人缴费工资计税基数4%标准内的部分，暂从个人当期的应纳税所得额中扣除。

年金基金投资运营收益分配计入个人账户时，个人暂不缴纳个人所得税。

14.企业依照国家有关规定宣告破产，企业职工从该破产企业取得的一次性安置费收入，免征个人所得税。

15.自2008年10月9日（含）起，对储蓄存款利息所得暂免征收个人所得税。

16.自2015年9月8日起，个人从公开发行和转让市场取得的上市公司股票，持股期限超过1年的，股息、红利所得暂免征收个人所得税。

17.自2024年7月1日起至2027年6月30日，对个人持有全国中小企业股份转让系统（新三板）挂牌公司的股票，持股期限超过1年的，对股息红利所得暂免征收个人所得税。

18.对被拆迁人按照国家有关城镇房屋拆迁管理办法规定的标准取得的拆迁补偿款免征个人所得税。

19.下列情形的房屋产权无偿赠与，对当事双方不征收个人所得税：

（1）房屋产权所有人将房屋产权无偿赠与配偶、父母、子女、祖父母、外祖父母、孙子女、外孙子女、兄弟姐妹；

（2）房屋产权所有人将房屋产权无偿赠与对其承担直接抚养或者赡养义务的抚养人或者赡养人；

（3）房屋产权所有人死亡，依法取得房屋产权的法定继承人、遗嘱继承人或者受遗赠人。

20.个体工商户、个人独资企业和合伙企业或个人从事种植业、养殖业、饲养业、捕捞业取得的所得，暂不征收个人所得税。

21.企业在销售商品（产品）和提供服务过程中向个人赠送礼品，属于下列情形之一的，不征收个人所得税：

（1）企业通过价格折扣、折让方式向个人销售商品（产品）和提供服务；

（2）企业在向个人销售商品（产品）和提供服务的同时给予赠品，如通信企业对个人购买手机赠话费、入网费，或者购话费赠手机等；

（3）企业对累计消费达到一定额度的个人按消费积分反馈礼品。

22.自2022年1月1日起，对法律援助人员按照《中华人民共和国法律援助法》规定获得的法律援助补贴，免征个人所得税。【摘自：财政部 税务总局公告2022年第25号】

23.自2022年10月1日至2025年12月31日，对出售自有住房并在现住房出售后1年内在市场重新购买住房的纳税人，对其出售现住房已缴纳的个人所得税予以退税优惠。其中，新购住房金额大于或等于现住房转让金额的，全部退还已缴纳的个人所得税；新购住房金额小于现住房转让金额的，按新购住房金额占现住房转让金额的比例退还出售现住房已缴纳的个人所得税。现住房转让金额为该房屋转让的市场成交价格。

　　新购住房为新房的，购房金额为纳税人在住房城乡建设部门网签备案的购房合同中注明的成交价格；新购住房为二手房的，购房金额为房屋的成交价格。纳税人出售和重新购买的住房应在同一城市范围内。同一城市范围是指同一直辖市、副省级城市、地级市（地区、州、盟）所辖全部行政区划范围。出售自有住房的纳税人与新购住房之间须直接相关，应为新购住房产权人或产权人之一。【摘自：财政部 税务总局 住房城乡建设部公告2023年第28号】

　　24.对个人投资者持有2024—2027年发行的铁路债券取得的利息收入，减按50%计入应纳税所得额计算征收个人所得税。税款由兑付机构在向个人投资者兑付利息时代扣代缴。铁路债券是指以中国国家铁路集团有限公司为发行和偿还主体的债券，包括中国铁路建设债券、中期票据、短期融资券等债务融资工具。【摘自：财政部 税务总局公告2023年第64号】

　　25.2027年12月31日前，对内地个人投资者通过沪港通、深港通投资香港联交所上市股票取得的转让差价所得和通过基金互认买卖香港基金份额取得的转让差价所得，继续暂免征收个人所得税。【摘自：财政部 税务总局 中国证监会公告2023年第23号】

　　26.2027年12月31日前，对境外个人投资者投资经国务院批准对外开放的中国境内原油等货物期货品种取得的所得，暂免征收个人所得税。【摘自：财政部 税务总局 中国证监会公告2023年第26号】

　　27.2027年12月31日前，1个纳税年度内在船航行时间累计满183天的远洋船员，其取得的工资薪金收入减按50%计入应纳税所得额，依法缴纳个人所得税。【摘自：财政部 税务总局公告2023年第31号】

　　税收法律、行政法规、部门规章和规范性文件中未明确规定纳税人享受减免税必须经税务机关审批，且纳税人取得的所得完全符合减免税条件的，无须经主管税务机关审核，纳税人可自行享受减免税。

　　税收法律、行政法规、部门规章和规范性文件中明确规定纳税人享受减免税必须经税务机关审批，或者纳税人无法准确判断其取得的所得是否应享受个人所得税减免的，必须经主管税务机关按照有关规定审核或批准后，方可减免个人所得税。

　　【即问即答】（2023年判断题）产权所有人将房产赠送给配偶，双方均不需要缴纳个人所得税。（　　）

　　【答案】√。

　　【即问即答】（2023年判断题）赵某购买福利彩票，取得中奖收入8 000元，应全额征收个人所得税。（　　）

　　【答案】×。

 **任务实施**

　　针对"任务布置"中的经济业务，相关解析如下：

（1）中国居民姜某属于居民纳税人，其每月取得的工资和年终奖均属于工资、薪金所得。

（2）外籍人员李某在中国无住所但在一个纳税年度内居住满183天，其属于居民纳税人，其2024年取得的中国境内和境外的所得都应在中国缴纳个人所得税。

（3）外籍人员张某在一个纳税年度在中国境内居住不满183天，故张某为我国的非居民纳税人，仅就其来源于中国境内的所得缴纳个人所得税。

（4）中国居民王某属于居民纳税人，其下乡提供文艺演出取得的收入属于劳务报酬所得。

（5）中国居民赵某属于居民纳税人，其出版作品取得的收入属于稿酬所得，彩票中奖所得属于偶然所得。

（6）中国居民曾某属于居民纳税人，其退休工资可以免缴个人所得税，其返聘的工资收入应按"工资、薪金所得"项目征收个人所得税。

任务二　掌握个人所得税应纳税额的计算

任务布置

甲公司职员李某2024年全年取得工资、薪金收入200 000元。当地规定的社会保险和住房公积金个人缴存比例为：基本养老保险8%，基本医疗保险2%，失业保险0.5%，住房公积金12%。社保部门核定的李某2024年社会保险费的缴费工资基数为10 000元。李某正在偿还首套住房贷款及利息；李某为独生女，其独生子正就读人学3年级；李某父母均已年过60岁。李某夫妻约定由李某扣除贷款利息和子女教育费。计算李某2024年应缴纳的个人所得税税额。

知识准备

个人所得税的计税依据是纳税人取得的应纳税所得额。应纳税所得额为个人取得的各项收入减去税法规定的费用扣除金额和减免税收入后的余额。由于个人所得税的应税项目不同，扣除费用标准也各不相同，需要按不同应税项目分项计算。

一、个人所得的形式

个人取得的应纳税所得形式，包括现金、实物、有价证券和其他形式的经济利益。纳税人所得为实物的，应按照取得的凭证上的价格计算应纳税所得额；无凭证的实物或者凭证上所注明的价格明显偏低的，由主管税务机关参照当地的市场价格核定应纳税所得额；纳税人所得为有价证券的，根据票面价格和市场价格核定应纳税所得额；纳税人所得为其他形式经济利益的，参照市场价格核定应纳税所得额。

二、应纳税所得额的确定

（一）居民个人的综合所得

居民个人的综合所得，以每一纳税年度的收入额减除费用6万元，以及专项扣除、专项附加扣除和依法确定的其他扣除后的余额，为应纳税所得额。

综合所得，包括工资、薪金所得，劳务报酬所得，稿酬所得，特许权使用费所得4项。劳务报酬所得、稿酬所得、特许权使用费所得以收入减除20%的费用后的余额为收入额。稿酬所得的收入额减按70%计算。

1.专项扣除

专项扣除，包括居民个人按照国家规定的范围和标准缴纳的基本养老保险、基本医疗保险、失业保险等社会保险费和住房公积金等。

2.专项附加扣除

专项附加扣除，包括子女教育、继续教育、大病医疗、住房贷款利息或者住房租金、赡养老人、3岁以下婴幼儿照护等支出。

（1）子女教育。

自2023年1月1日起，纳税人的子女接受全日制学历教育的相关支出，按照每个子女每月2 000元的标准定额扣除。

学前教育包括年满3岁至小学入学前教育。学历教育包括义务教育（小学、初中教育）、高中阶段教育（普通高中、中等职业、技工教育）、高等教育（大学专科、大学本科、硕士研究生、博士研究生教育）。

受教育子女的父母可以选择由其中一方按扣除标准的100%扣除，也可以选择由双方分别按扣除标准的50%扣除，具体扣除方式在一个纳税年度内不能变更。纳税人子女在中国境外接受教育的，纳税人应当留存境外学校录取通知书、留学签证等相关教育的证明资料备查。

（2）继续教育。

纳税人在中国境内接受学历（学位）继续教育的支出，在学历（学位）教育期间按照每月400元定额扣除。同一学历（学位）继续教育的扣除期限不能超过48个月。纳税人接受技能人员职业资格继续教育、专业技术人员职业资格继续教育的支出，在取得相关证书的当年，按照3 600元定额扣除。

个人接受本科及以下学历（学位）继续教育，符合规定扣除条件的，可以选择由其父母扣除，也可以选择由本人扣除。纳税人接受技能人员职业资格继续教育、专业技术人员职业资格继续教育的，应当留存相关证书等资料备查。

（3）大病医疗。

在一个纳税年度内，纳税人发生的与基本医保相关的医药费用支出，扣除医保报销后个人负担（指医保目录范围内的自付部分）累计超过15 000元的部分，由纳税人在办理年度汇算清缴时，在80 000元的限额内据实扣除。纳税人及其配偶、未成年子女发生的医药费用支出，根据上述限额分别计算扣除额。大病医疗专项附加扣除由纳税人办理汇算清缴时扣除。

纳税人发生的医药费用支出可以选择由本人或者其配偶扣除；未成年子女发生的医药费用支出可以选择由其父母一方扣除。纳税人应当留存医药服务收费及医保报销相关票据原件（或者复印件）等资料备查。医疗保障部门应当向患者提供在医疗保障信息系统记录的本人年度医药费用信息查询服务。

（4）住房贷款利息。

纳税人本人或者配偶单独或者共同使用商业银行或者住房公积金个人住房贷款为本人或其配偶购买中国境内住房，发生的首套住房贷款利息支出，在实际发生贷款利息的年度，按照每年12 000元（每月1 000元）的标准定额扣除，扣除期限最长不超过240个月。纳税人只能享受一次首套住房贷款的利息扣除。首套住房贷款是指购买住房享受首套住房贷款利率的住房贷款。

经夫妻双方约定，可以选择由其中一方扣除，具体扣除方式在一个纳税年度内不能变更。夫妻双方婚前分别购买住房发生的首套住房贷款，其贷款利息支出，婚后可以选择其中一套购买的住房，由购买方按扣除标准的100%扣除，也可以由夫妻双方对各自购买的住房分别按扣除标准的50%扣除，具体扣除方式在一个纳税年度内不能变更。纳税人应当留存住房贷款合同、贷款还款支出凭证备查。

（5）住房租金。

纳税人在主要工作城市没有自有住房而发生的住房租金支出，可以按照以下标准定额扣除：

① 直辖市、省会（首府）城市、计划单列市及国务院确定的其他城市，扣除标准为每月1 500元；

② 除第一项所列城市以外，市辖区户籍人口超过100万的城市，扣除标准为每月1 100元；市辖区户籍人口不超过100万的城市，扣除标准为每月800元。

纳税人的配偶在纳税人的主要工作城市有自有住房的，视同纳税人在主要工作城市有自有住房。夫妻双方主要工作城市相同的，只能由一方扣除住房租金支出。住房租金支出由签订租赁住房合同的承租人扣除。

纳税人及其配偶在1个纳税年度内不能同时分别享受住房贷款利息和住房租金专项附加扣除。纳税人应当留存住房租赁合同、协议等有关资料备查。

（6）赡养老人。

自2023年1月1日起纳税人赡养一位及以上被赡养人的赡养支出，统一按照以下标准定额扣除：

① 纳税人为独生子女的，按照每月3 000元的标准定额扣除；

② 纳税人为非独生子女的，由其与兄弟姐妹分摊每月3 000元的扣除额度，每人分摊的额度不能超过每月1 500元。可以由赡养人均摊或者约定分摊，也可以由被赡养人指定分摊。约定或者指定分摊的须签订书面分摊协议，指定分摊优先于约定分摊。具体分摊方式和额度在一个纳税年度内不能变更。

被赡养人是指年满60岁的父母，以及子女均已去世的年满60岁的祖父母、外祖父母。上述所称父母，是指生父母、继父母、养父母。所称子女，是指婚生子女、非婚生子女、继子女、养子女。父母之外的其他人担任未成年人的监护人的，比照上述规定执行。

（7）3岁以下婴幼儿照护。

自2023年1月1日起，纳税人照护3岁以下婴幼儿子女的相关支出，在计算缴纳个人所得税前按照每名婴幼儿每月2 000元的标准定额扣除。可以选择由夫妻一方按扣除标准的100%扣除，也可选择由夫妻双方分别按扣除标准的50%扣除。监护人不是父母的，也可以按上述政策规定扣除。

3.依法确定的其他扣除

依法确定的其他扣除，包括个人缴付符合国家规定的企业年金、职业年金，个人购买符合国家规定的商业健康保险、税收递延型商业养老保险的支出，以及国务院规定可以扣除的其他项目。

对个人购买符合规定的商业健康保险产品的支出，允许在当年（月）计算应纳税所得额时予以税前扣除，扣除限额为2 400元/年（200元/月）。单位统一为员工购买符合规定的商业健康保险产品的支出，应分别计入员工个人工资、薪金，视同个人购买，按上述限额予以扣除。2 400元/年（200元/月）的限额扣除为个人所得税法规定减除费用标准之外的扣除。

自2024年1月1日起，在全国范围实施个人养老金递延纳税优惠政策。在缴费环节，个人向个人养老金资金账户的缴费，按照12 000元/年的限额标准，在综合所得或经营所得中据实扣除；在投资环节，对计入个人养老金资金账户的投资收益暂不征收个人所得税；在领取环节，个人领取的个人养老金不并入综合所得，单独按照3%的税率计算缴纳个人所得税，其缴纳的税款计入"工资、薪金所得"项目。【摘自：财政部 税务总局公告2024年第21号】

专项扣除、专项附加扣除和依法确定的其他扣除，以居民个人一个纳税年度的应纳税所得额为限额；1个纳税年度扣除不完的，不结转以后年度扣除。

【即问即答】（2022年单选题）根据个人所得税法律制度的规定，下列各项中，属于专项扣除的是（　　　）。

A.按照规定缴纳的住房公积金　　　　B.子女教育支出

C.住房贷款利息支出　　　　　　　　D.大病医疗支出

【答案】A。

（二）非居民个人所得

非居民个人的工资、薪金所得，以每月收入额减除费用5 000元后的余额为应纳税所得额，不扣除专项附加扣除。劳务报酬所得、稿酬所得、特许权使用费所得，以每次收入额为应纳税所得额。

（三）经营所得

1.经营所得应纳税所得额的计算

经营所得，以每一纳税年度的收入总额减除成本、费用及损失后的余额，为应纳税所得额。成本、费用，是指经营活动中发生的各项直接支出和分配计入成本的间接费用，以及销售费用、管理费用、财务费用；损失，是指经营活动中发生的固定资产和存货的盘亏、毁损、报废损失，转让财产损失、坏账损失，自然灾害等不可抗力因素造成的损失及其他损失。

取得经营所得的个人，没有综合所得的，计算其每一纳税年度的应纳税所得额时，应当减除费用6万元、专项扣除、专项附加扣除及依法确定的其他扣除。专项附加扣除在办理汇算清缴时减除。

从事生产、经营活动，未提供完整、准确的纳税资料，不能正确计算应纳税所得额的，由主管税务机关核定应纳税所得额或者应纳税额。

2.个体工商户经营所得应纳税所得额计算的具体规定

（1）基本计算规定。

个体工商户的生产、经营所得，以每一纳税年度的收入总额，减除成本、费用、税金、损失、其他支出及允许弥补的以前年度亏损后的余额，为应纳税所得额。

① 成本是指个体工商户在生产经营活动中发生的销售成本、销货成本、业务支出及其他耗费。

② 费用是指个体工商户在生产经营活动中发生的销售费用、管理费用和财务费用，已经计入成本的有关费用除外。

③ 税金是指个体工商户在生产经营活动中发生的除个人所得税和允许抵扣的增值税以外的各项税金及其附加。

④ 损失是指个体工商户在生产经营活动中发生的固定资产和存货的盘亏、毁损、报废损失，转让财产损失，坏账损失，自然灾害等不可抗力因素造成的损失及其他损失。个体工商户发生的损失，减除责任人赔偿和保险赔款后的余额，参照有关规定扣除。个体工商户已经作为损失处理的资产，在以后纳税年度又全部收回或者部分收回时，应当计入收回当期的收入。

⑤ 其他支出是指除成本、费用、税金、损失外，个体工商户在生产经营活动中发生的与生产经营活动有关的、合理的支出。

⑥ 允许弥补的以前年度亏损，是指个体工商户依照规定计算的应纳税所得额小于零的数额。

（2）不得扣除的支出。

个体工商户下列支出不得税前扣除：①个人所得税税款；②税收滞纳金；③罚金、罚款和被没收财物的损失；④不符合扣除规定的捐赠支出；⑤赞助支出；⑥用于个人和家庭的支出；⑦与取得生产经营收入无关的其他支出；⑧个体工商户代其从业人员或者他人负担的税款；⑨国家税务总局规定不准扣除的支出。

（3）业主及从业人员相关支出的扣除。

①与人员报酬、福利相关的项目税前扣除规定（见表8-8）。

②与生产、经营直接相关的项目税前扣除规定（见表8-9）。

（4）公益性捐赠的扣除。

① 个体工商户通过公益性社会团体或者县级以上人民政府及其部门，用于《中华人民共和国公益事业捐赠法》规定的公益事业的捐赠，捐赠额不超过其应纳税所得额30%的部分可以据实扣除。

表8-8   与人员报酬、福利相关的项目税前扣除规定

项目	从业人员	业主
工资	√	×（扣生计费5 000元/月）
"五险一金"	√	√
补充养老保险	从业人员工资总额5%的限额以内	当地上年度社会平均工资3倍的5%的限额以内
补充医疗保险	从业人员工资总额5%的限额以内	当地上年度社会平均工资3倍的5%的限额以内
商业保险（特例除外）	×	×
合理劳动保护支出	√	√
三项经费（工会经费、职工福利费、职工教育经费）	工资薪金总额2%、14%、2.5%的限额以内	当地上年度社会平均工资3倍的2%、14%、2.5%的限额以内

表8-9   与生产、经营直接相关的项目税前扣除规定

扣除项目		具体规定
生产经营费用与个人、家庭费用	分别核算	据实扣除
	难以分割	按难以分割费用金额的40%扣除
摊位费、行政性收费、协会会费		据实扣除
财产保险费		据实扣除
不需要资本化的借款费用		据实扣除
借款利息	向金融企业借款	据实扣除
	向非金融企业或个人借款	在按照金融企业同期同类贷款利率计算的数额内扣除
业务招待费	营业期间	限额1：实际发生额的60%； 限额2：当年销售（营业）收入的5‰
	筹办期间	将实际发生额的60%计入开办费
广告费和业务宣传费		不超过当年销售（营业）收入15%的部分，可以据实扣除；超过部分，准予结转扣除
除按规定可以全额扣除以外的其他公益性捐赠		不超过其应纳税所得额30%的部分可以据实扣除
新产品、新技术、新工艺的研究开发费用		准予当期直接扣除
研究开发新产品、新技术而购置的测试仪器和试验性装置的购置费	单台价值在10万元以下（不含10万元）的	准予当期直接扣除
	单台价值在10万元以上（含10万元）的	不得在当期直接扣除，应按固定资产管理
开办费		可以选择在开始生产经营的当年一次性扣除，也可以自生产经营月份起在不短于3年期限内排销扣除，但一经选定，不得改变
损失		按净损失额（减除责任人赔偿和保险赔款后）扣除
亏损		可以结转在以后5年内弥补

② 财政部、国家税务总局规定可以全额在税前扣除的捐赠支出项目，按有关规定执行。

③ 个体工商户直接对受益人的捐赠不得扣除。

【即问即答】（2023年单选题）根据个人所得税法律制度的规定，个体工商户的下列支出中，在计算其"经营所得"个人所得税应纳税所得额时，准予扣除的是（　　）。

A.实际支付给从业人员的合理的工资

B.税收滞纳金

C.用于家庭的支出

D.直接赞助给贫困学生的学费支出

个人独资企业和合伙企业经营所得的计算

【答案】A。

（四）财产租赁所得

财产租赁所得，每次收入不超过4 000元的，减除费用800元；4 000元以上的，减除20%的费用，其余额为应纳税所得额。

（五）财产转让所得

财产转让所得，以转让财产的收入额减除财产原值和合理费用后的余额，为应纳税所得额。财产原值，按照下列方法计算：

1.有价证券，为买入价及买入时按照规定缴纳的有关费用。

2.不动产，为建造费或者购进价格及其他有关费用。

3.土地使用权，为取得土地使用权所支付的金额、开发土地的费用及其他有关费用。

4.机器设备、车船，为购进价格、运输费、安装费及其他有关费用。

5.其他财产，参照前款规定的方法确定财产原值。

纳税人未提供完整、准确的财产原值凭证，不能正确计算财产原值的，由主管税务机关核定其财产原值。

合理费用，是指卖出财产时按照规定支付的有关税费。

个人发生非货币性资产交换，以及将财产用于捐赠、偿债、赞助、投资等用途的，应当视同转让财产并缴纳个人所得税，但国务院财政、税务主管部门另有规定的除外。

发放实物福利、年会表演费，如何缴纳个人所得税？

（六）利息、股息、红利所得和偶然所得

利息、股息、红利所得和偶然所得，以每次收入额为应纳税所得额。

三、公益性捐赠的扣除

个人将其所得对教育、扶贫、济困等公益慈善事业进行捐赠，捐赠额未超过纳税人申报的应纳税所得额30%的部分，可以从其应纳税所得额中扣除；国务院规定对公益慈善事业捐赠实行全额税前扣除的，从其规定。个人将其所得对教育、扶贫、济困等公益慈善事业进行捐赠，是指个人将其所得通过中国境内的公益性社会组织、国家机关向教育、扶贫、济困等公益慈善事业的捐赠。应纳税所得额，是指计算扣除捐赠额之前的

应纳税所得额。

【业务举例8-1】作家刘某本月取得租金收入30 000元，从中取出8 000元通过中国境内非营利性社会团体向灾区捐赠（不考虑其他扣除因素）。

哪些公益性捐赠可以全额扣除？

要求：请计算刘某该项财产租赁所得应纳个人所得税。

【解析】通过境内非营利性社会团体向灾区的捐赠属于税法上的公益性捐赠支出，允许在税前限额内扣除，该笔捐赠支出税前扣除限额 = 30 000 × （1 - 20%）× 30% = 7 200（元）<实际捐赠支出8 000元，故税前可扣除捐赠额7 200元，刘某该项财产租赁所得应纳个人所得税 = ［30 000 ×（1 - 20%）- 7 200］× 20% = 3 360（元）。

【即问即答】（2021年判断题）个人通过非营利性社会团体对公益性青少年活动场所的捐赠，在计算缴纳个人所得税时，准予在税前的所得额中全额扣除。（　　）

【答案】√。

四、每次收入的确定

1.财产租赁所得，以一个月内取得的收入为一次；

2.利息、股息、红利所得，以支付利息、股息、红利时取得的收入为一次；

3.偶然所得，以每次取得该项收入为一次；

4.非居民个人取得的劳务报酬所得、稿酬所得、特许权使用费所得，属于一次性收入的，以取得该项收入为一次；属于同一项目连续性收入的，以一个月内取得的收入为一次。

五、个人所得税应纳税额的计算

（一）个人所得税应纳税额的计算的一般规定

1.综合所得应纳税额的计算

综合所得应纳税额的计算公式为：

应纳税额 = 应纳税所得额 × 适用税率 - 速算扣除数

= （每一纳税年度的收入额 - 费用6万元 - 专项扣除 - 专项附加扣除 - 依法确定的其他扣除）× 适用税率 - 速算扣除数

2.综合所得预扣预缴税款的计算

（1）扣缴义务人向居民个人支付工资、薪金所得时，应当按照累计预扣法计算预扣税款，并按月办理全员全额扣缴申报。其具体计算公式如下：

$$本期应预扣预缴税额 = \left(累计预扣预缴应纳税所得额 × 预扣率 - 速算扣除数\right) - 累计减免税额 - 累计已预扣预缴税额$$

$$应纳税所得额 = 累计收入 - 累计免税收入 - 累计减除费用 - 累计专项扣除 - 累计专项附加扣除 - 累计依法确定的其他扣除$$

式中：累计减除费用，按照5 000元/月乘以纳税人当年截至本月在本单位的任职受雇月份数计算。

上述公式中，计算居民个人工资、薪金所得预扣预缴税额的预扣率、速算扣除数，按表8-10执行。

表8-10　　　　　　　　　　个人所得税预扣率表一
（居民个人工资、薪金所得预扣预缴适用）

级数	累计预扣预缴应纳税所得额	预扣率（%）	速算扣除数（元）
1	不超过36 000元的	3	0
2	超过36 000元至144 000元的部分	10	2 520
3	超过144 000元至300 000元的部分	20	16 920
4	超过300 000元至420 000元的部分	25	31 920
5	超过420 000元至660 000元的部分	30	52 920
6	超过660 000元至960 000元的部分	35	85 920
7	超过960 000元的部分	45	181 920

自2020年7月1日起，对一个纳税年度内首次取得工资、薪金所得的居民个人，扣缴义务人在预扣预缴个人所得税时，可按照5 000元/月乘以纳税人当年截至本月月份数计算累计减除费用。首次取得工资、薪金所得的居民个人，是指自纳税年度首月起至新入职时，未取得工资、薪金所得或者未按照累计预扣法预扣预缴过连续性劳务报酬所得个人所得税的居民个人。

自2021年1月1日起，对上一完整纳税年度内每月均在同一单位预扣预缴工资、薪金所得个人所得税且全年工资、薪金收入不超过6万元的居民个人，扣缴义务人在预扣预缴本年度工资、薪金所得个人所得税时，累计减除费用自1月份起直接按照全年6万元计算扣除。即，在纳税人累计收入不超过6万元的月份，暂不预扣预缴个人所得税；在其累计收入超过6万元的当月及年内后续月份，再预扣预缴个人所得税。对按照累计预扣法预扣预缴劳务报酬所得个人所得税的居民个人，扣缴义务人比照上述规定执行。

【即问即答】（2023年单选题）居民个人陈某2022年1—10月累计工资收入150 000元，累计专项扣除27 000元，累计专项附加扣除10 000元。陈某1—9月工资、薪金所得累计已预扣预缴个人所得税税额3 150元。已知，累计预扣预缴应纳税所得额超过36 000元至144 000元的部分，预扣率为10%，速算扣除数为2 520元。计算陈某当年10月工资、薪金所得应预扣预缴个人所得税税额的下列算式中，正确的是（　　）。

A.（150 000 − 5 000 × 10 − 27 000 − 10 000）× 10% − 2 520 = 3 780（元）

B.（150 000 − 5 000 × 10 − 27 000 − 10 000）× 10% − 2 520 − 3 150 = 630（元）

C.（150 000 − 10 000）× 10% − 2 520 − 3 150 = 8 330（元）

D. 0

【答案】B。

（2）扣缴义务人向居民个人支付劳务报酬所得、稿酬所得、特许权使用费所得，按次或者按月预扣预缴个人所得税。劳务报酬所得、稿酬所得、特许权使用费所得，属于一次性收入的，以取得该项收入为一次；属于同一项目连续性收入的，以一个月内取得的收入为一次。其具体预扣预缴方法如下：

劳务报酬所得、稿酬所得、特许权使用费所得以收入减除费用后的余额为收入额。其中，稿酬所得的收入额减按70%计算。

减除费用：劳务报酬所得、稿酬所得、特许权使用费所得每次收入不超过4000元的，减除费用按800元计算；每次收入4000元以上的，减除费用按20%计算。

应纳税所得额：劳务报酬所得、稿酬所得、特许权使用费所得，以每次收入额为预扣预缴应纳税所得额。

劳务报酬所得适用20%至40%的超额累进预扣率（见表8-11），稿酬所得、特许权使用费所得适用20%的比例预扣率。

表8-11   个人所得税预扣率表二
（居民个人劳务报酬所得预扣预缴适用）

级数	预扣预缴应纳税所得额	预扣率（%）	速算扣除数（元）
1	不超过20 000元	20	0
2	超过20 000元至50 000元的部分	30	2 000
3	超过50 000元的部分	40	7 000

劳务报酬所得应预扣预缴税额＝预扣预缴应纳税所得额×预扣率－速算扣除数

稿酬所得、特许权使用费所得应预扣预缴税额＝预扣预缴应纳税所得额×20%

自2020年7月1日起正在接受全日制学历教育的学生因实习取得劳务报酬所得的，扣缴义务人预扣预缴个人所得税时，可按照累计预扣法计算并扣缴预缴税款。

居民个人工资、薪金所得，劳务报酬所得，稿酬所得，特许权使用费所得年度预扣预缴税额与年度应纳税额不一致的，由居民个人于次年3月1日至6月30日向主管税务机关办理综合所得年度汇算清缴，税款多退少补。

【即问即答】（2021年单选题）2020年8月李某为甲公司提供咨询服务，取得劳务报酬3 000元。已知劳务报酬所得预扣预缴个人所得税适用20%的预扣率。每次收入不超过4 000元的，减除费用按800元计算。计算李某该笔劳务报酬所得应预扣预缴个人所得税税额的下列算式中，正确的是（   ）。

A.（3 000－800）×（1－20%）×20%＝352（元）

B.3 000×20%＝600（元）

C.（3 000－800）×20%＝440（元）

D.3 000×（1－20%）×20%＝480（元）

【答案】C。

3.非居民个人扣缴个人所得税的计算

扣缴义务人向非居民个人支付工资、薪金所得，劳务报酬所得，稿酬所得和特许权使用费所得时，应当按以下方法按月或者按次代扣代缴个人所得税：

非居民个人的工资、薪金所得，以每月收入额减除费用5 000元后的余额为应纳税所得额；劳务报酬所得、稿酬所得、特许权使用费所得，以每次收入额为应纳税所得额，适用按月换算后的非居民个人月度税率表（见表8-12）计算应纳税额。其中，劳务报酬所得、稿酬所得、特许权使用费所得以收入减除20%的费用后的余额为收入额。稿酬所得的收入额减按70%计算。

表8-12 个人所得税预扣率表三

（非居民个人工资、薪金所得，劳务报酬所得，稿酬所得，特许权使用费所得适用）

级数	月度应纳税所得额	税率（%）	速算扣除数（元）
1	不超过3 000元	3	0
2	超过3 000元至12 000元的部分	10	210
3	超过12 000元至25 000元的部分	20	1 410
4	超过25 000元至35 000元的部分	25	2 660
5	超过35 000元至55 000元的部分	30	4 410
6	超过55 000元至80 000元的部分	35	7 160
7	超过80 000元的部分	45	15 160

非居民个人工资、薪金所得，劳务报酬所得，稿酬所得，特许权使用费所得应纳税额＝应纳税所得额×税率－速算扣除数

4.经营所得应纳税额的计算

个体工商户的生产、经营所得应纳税额的计算公式：

应纳税额＝应纳税所得额×适用税率－速算扣除数

$$=\left(\begin{matrix}全年收入\\总额\end{matrix}-\begin{matrix}成本、费用、税金、损失、\\其他支出及以前年度亏损\end{matrix}\right)\times\begin{matrix}适用\\税率\end{matrix}-\begin{matrix}速算\\扣除数\end{matrix}$$

自2023年1月1日至2027年12月31日，对个体工商户年应纳税所得额不超过200万元的部分，减半征收个人所得税。个体工商户在享受现行其他个人所得税优惠政策的基础上，可叠加享受本条优惠政策。个体工商户不区分征收方式，均可享受。个体工商户在预缴税款时即可享受，其年应纳税所得额暂按截至本期申报所属期末的情况进行判断，并在年度汇算清缴时按年计算、多退少补。若个体工商户从两处以上取得经营所得，需在办理年度汇总纳税申报时，合并个体工商户经营所得年应纳税所得额，重新计算减免税额，多退少补。

个体工商户按照以下方法计算减免税额：

减免税额＝（经营所得应纳税所得额不超过200万元部分的应纳税额－其他政策减免税额×经营所得应纳税所得额不超过200万元部分÷经营所得应纳税所得额）×50%

【业务举例8-2】某个体户2024年全年应纳税所得额为300万元。

要求：计算其2024年应纳的个人所得税。

【解析】应纳的个人所得税＝（3 000 000×35%－65 500）－（2 000 000×35%－65 500）×50%＝984 500－317 250＝667 250（元）

5.利息、股息、红利所得应纳税额的计算

利息、股息、红利所得应纳税额的计算公式为：

$$应纳税额 = 应纳税所得额 \times 适用税率 = 每次收入额 \times 适用税率$$

【业务举例8-3】张先生为自由职业者，2025年3月取得如下所得：从A上市公司取得股息所得16 000元，后把该股票转让，张先生实际持股时间为6个月；另从B非上市公司取得股息所得7 000元。

要求：请计算张先生上述所得应缴纳的个人所得税。

【解析】持有上市公司股票取得的股息，持股期限在1个月以上至1年（含1年）的，暂减按50%计入应纳税所得额。

张先生应纳个人所得税 = 16 000 × 50% × 20% + 7 000 × 20% = 3 000（元）

6.财产租赁所得应纳税额的计算

财产租赁所得以每月取得收入为一次。财产租赁所得应纳税额的计算公式为：

（1）每次（月）收入不足4 000元的

$$应纳税额 = \left[每次（月）收入额 - 财产租赁过程中缴纳的税费 - 由纳税人负担的租赁财产实际开支的修缮费用(800元为限) - 800 \right] \times 20\%$$

（2）每次（月）收入在4 000元以上的

$$应纳税额 = [每次（月）收入额 - 财产租赁过程中缴纳的税费 - 由纳税人负担的租赁财产实际开支的修缮费用（800元为限）] \times （1 - 20\%） \times 20\%$$

个人出租房屋的个人所得税应税收入不含增值税，计算房屋出租所得可扣除的税费不包括本次出租缴纳的增值税。个人转租房屋的，其向房屋出租方支付的租金及增值税税额，可在计算转租所得时予以扣除。

【业务举例8-4】李某按市场价格出租住房，本月取得租金收入6 000元，本月财产租赁过程中缴纳的税费合计为400元，由纳税人负担的租赁财产实际开支的修缮费用为500元，均取得合法票据。

要求：请计算李某出租住房的应纳个人所得税。

【解析】李某当月财产租赁所得应纳个人所得税 = （6 000 - 400 - 500） × （1 - 20%） × 10% = 408（元）。

7.财产转让所得应纳税额的计算

财产转让所得应按照一次转让财产收入额减去财产原值和合理费用后的余额计算纳税。财产转让所得应纳税额的计算公式为：

$$应纳税额 = 应纳税所得额 \times 适用税率$$
$$= (收入总额 - 财产原值 - 合理费用) \times 20\%$$

个人转让房屋的个人所得税应税收入不含增值税，其取得房屋时所支付价款中包含的增值税计入财产原值，计算转让所得时可扣除的税费不包括本次转让缴纳的增值税。

受赠人转让受赠房屋的，以其转让受赠房屋的收入减除原捐赠人取得该房屋的实际购置成本及赠与和转让过程中受赠人支付的相关税费后的余额，为受赠人的应纳税所得额，按照"财产转让所得"项目依法计征个人所得税。受赠人转让受赠房屋价格明显偏

低且无正当理由的，税务机关可以依据该房屋的市场评估价格或以其他合理方式确定的价格核定其转让收入。

【业务举例8-5】李某将3年前以200万元购入的一处临街商铺出售，售价为450万元，支付各种合理税费合计5万元，均取得合法票据。

要求：请计算李某出售商铺的应纳个人所得税。

【解析】李某当月应纳个人所得税 =（450 - 200 - 5）× 20% = 49（万元）。

8.偶然所得应纳税额的计算

偶然所得，以每次取得的收入为一次。偶然所得应纳税额的计算公式为：

应纳税额 = 应纳税所得额 × 适用税率 = 每次收入额 × 20%

【注意】企业促销展业赠送礼品的个人所得税处理见表8-13。

表8-13　　企业促销展业赠送礼品的个人所得税处理

具体情形	个人所得税处理
企业通过价格折扣、折让方式向个人销售商品和提供服务	不征收个人所得税
企业在向个人销售商品和提供服务的同时给予赠品	
企业对累计消费达到一定额度的个人按消费积分反馈礼品	
企业对累计消费达到一定额度的顾客，给予额外抽奖机会，个人的获奖所得	按"偶然所得"项目征税
企业在业务宣传、广告等活动中，随机向本单位以外的个人赠送礼品，个人取得的礼品所得	
企业在年会、座谈会、庆典及其他活动中向本单位以外的个人赠送礼品，个人取得的礼品所得	

（二）个人所得税应纳税额计算的特殊规定

1.个人取得全年一次性奖金的征税规定

2027年12月31日前，居民个人取得全年一次性奖金，符合《国家税务总局关于调整个人取得全年一次性奖金等计算征收个人所得税方法问题的通知》（国税发〔2005〕9号）规定的，不并入当年综合所得，以全年一次性奖金收入除以12个月得到的数额，按照按月换算后的综合所得税率表，确定适用税率和速算扣除数，单独计算纳税。其计算公式为：

应纳税额 = 全年一次性奖金收入 × 适用税率 - 速算扣除数

居民个人取得全年一次性奖金，也可以选择并入当年综合所得计算纳税。【摘自：财政部 税务总局公告2023年第30号】

【业务举例8-6】假设中国居民老王2024年每月工资是9 000元，每月五险一金专项扣除是1 000元，子女教育和房贷利息扣除合计是3 000元，2024年12月取得年终奖是96 000元。

要求：不考虑其他所得，计算个人所得税。

【解析】（1）年终奖选择不并入当年综合所得。

按照上述规定，单独计算应纳税额：96 000 ÷ 12 = 8 000（元），适用的税率是10%，速算扣除数是210元。

应纳税额 = 96 000 × 10% – 210 = 9 390（元）

全年综合所得 = 9 000 × 12 = 108 000（元）

全年综合所得应纳税所得 = 108 000 – 60 000 – 48 000 = 0

综合所得应纳税额 = 0

全年应纳税额 = 9 390 + 0 = 9 390（元）

（2）年终奖选择并入当年综合所得。

全年综合所得 = 9 000 × 12 + 96 000 = 204 000（元）

全年应纳税所得 = 204 000 – 60 000 – 48 000 = 96 000（元）

适用税率为10%，速算扣除数为2 520元。

全年应纳税额 = 96 000 × 10% – 2 52 0 = 7 080（元）

从上述案例来看，需要具体分析比较利弊，选择有利的方式来计算个人所得税。

2.关于个人领取企业年金、职业年金的征收规定

个人达到国家规定的退休年龄，领取的企业年金、职业年金，符合规定的，不并入综合所得，全额单独计算应纳税款。其中，按月领取的，适用月度税率表计算纳税；按季领取的，平均分摊计入各月，按每月领取额适用月度税率表计算纳税；按年领取的，适用综合所得税率表计算纳税。

个人因出境定居而一次性领取的年金个人账户资金，或个人死亡后，其指定的受益人或法定继承人一次性领取的年金个人账户余额，适用综合所得税率表计算纳税。对个人除上述特殊原因外一次性领取年金个人账户资金或余额的，适用月度税率表计算纳税。

3.解除劳动关系一次性补偿收入的征税规定

个人与用人单位解除劳动关系取得一次性补偿收入（包括用人单位发放的经济补偿金、生活补助费和其他补助费），在当地上年职工平均工资3倍数额以内的部分，免征个人所得税；超过3倍数额的部分，不并入当年综合所得，单独适用综合所得税率表，计算纳税。

4.提前退休一次性补贴收入的征税规定

个人办理提前退休手续而取得的一次性补贴收入，应按照办理提前退休手续至法定离退休年龄之间实际年度数平均分摊，确定适用税率和速算扣除数，单独适用综合所得税率表，计算纳税。其计算公式为：

应纳税额 = ［（一次性补贴收入 ÷ 办理提前退休手续至法定退休年龄的实际年度数）–
　　　　　费用扣除标准］× 适用税率 – 速算扣除数 × 办理提前退休手续至法定退
　　　　　休年龄的实际年度数

5.内部退养一次性补贴收入的征税规定

实行内部退养的个人在其办理内部退养手续后至法定离退休年龄之间从原任职单位取得的工资、薪金，不属于离退休工资，应按"工资、薪金所得"项目计征个人所得税。个人在办理内部退养手续后从原任职单位取得的一次性收入，应按办理内部退养手

续后至法定离退休年龄之间的所属月份进行平均分配，并与领取当月的"工资、薪金所得"合并后减除当月费用扣除标准，以余额为基数确定适用税率，再将当月工资、薪金加上取得的一次性收入，减去费用扣除标准，按适用税率计征个人所得税。

个人在办理内部退养手续后至法定离退休年龄之间重新就业取得的"工资、薪金所得"，应与其从原任职单位取得的同一月份的"工资、薪金所得"合并，并依法自行向主管税务机关申报缴纳个人所得税。

6.关于单位低价向职工售房的征税规定

单位按低于购置或建造成本价格出售住房给职工，职工因此而少支出的差价部分，符合规定的，不并入当年综合所得，以差价收入除以12个月得到的数额，按照月度税率表确定适用税率和速算扣除数，单独计算纳税。其计算公式为：

$$\text{应纳税额} = \text{职工实际支付的购房价款低于该房屋的购置或建造成本价格的差额} \times \text{适用税率} - \text{速算扣除数}$$

【即问即答】（2022年判断题）单位按低于购置成本价格出售住房给职工，职工因此而少支付的差价部分，无须缴纳个人所得税。（   ）

【答案】×。

7.个人取得公务交通、通信补贴收入征税规定

个人因公务用车和通信制度改革而取得的公务用车、通信补贴收入，扣除一定标准的公务费用后，按照"工资、薪金所得"项目计征个人所得税。

8.退休人员再任职取得收入的征税规定

退休人员再任职取得的收入，在减除按个人所得税法规定的费用扣除标准后，按"工资、薪金所得"应税项目缴纳个人所得税。

9.离退休人员从原任职单位取得各类补贴、奖金、实物的征税规定

离退休人员除按规定领取离退休工资或养老金外，另从原任职单位取得的各类补贴、奖金、实物，不属于免税的退休工资、离休工资、离休生活补助费，应在减除费用扣除标准后，按"工资、薪金所得"应税项目缴纳个人所得税。

10.基本养老保险费、基本医疗保险费、失业保险费、住房公积金的征税规定

企事业单位和个人超过规定的比例和标准缴付的基本养老保险费、基本医疗保险费和失业保险费，应将超过部分并入个人当期的工资、薪金收入，计征个人所得税。

单位和个人分别在不超过职工本人上一年度月平均工资12%的幅度内，其实际缴存的住房公积金，允许在个人应纳税所得额中扣除。单位和职工个人缴存住房公积金的月平均工资不得超过职工工作地所在设区城市上一年度职工月平均工资的3倍，具体标准按照各地有关规定执行。单位和个人超过规定比例和标准缴付的住房公积金，应将超过部分并入个人当期的工资、薪金收入，计征个人所得税。

11.企业为员工支付保险金的征税规定

对企业为员工支付各项免税之外的保险金，应在企业向保险公司缴付时并入员工当期的工资收入，按"工资、薪金所得"项目计征个人所得税，税款由企业负责代扣代缴。

12.兼职律师从律师事务所取得工资、薪金性质所得的征税规定

兼职律师从律师事务所取得工资、薪金性质的所得，律师事务所在代扣代缴其个人所得税时，不再减除个人所得税法规定的费用扣除标准，以收入全额（取得分成收入的为扣除办理案件支出费用后的余额）直接确定适用税率，计算扣缴个人所得税。兼职律师应自行向主管税务机关申报两处或两处以上取得的工资、薪金所得，合并计算缴纳个人所得税。

兼职律师是指取得律师资格和律师执业证书，不脱离本职工作从事律师职业的人员。

13.从职务科技成果转化收入中给予科技人员的现金奖励的征税规定

依法批准设立的非营利性研究开发机构和高等学校根据《中华人民共和国促进科技成果转化法》的规定，从职务科技成果转化收入中给予科技人员的现金奖励，可减按50%计入科技人员当月"工资、薪金所得"，依法缴纳个人所得税。

非营利性科研机构和高校包括国家设立的科研机构和高校、民办非营利性科研机构和高校。

14.关于保险营销员、证券经纪人佣金收入的政策

保险营销员、证券经纪人取得的佣金收入，属于劳务报酬所得，以不含增值税的收入减除20%的费用后的余额为收入额，收入额减去展业成本及附加税费后，并入当年综合所得，计算缴纳个人所得税。保险营销员、证券经纪人展业成本按照收入额的25%计算。

扣缴义务人向保险营销员、证券经纪人支付佣金收入时，应按照累计预扣法计算预扣税款。

15.个人投资者将企业原有盈余积累转增股本的征税规定

一名或多名个人投资者以股权收购方式取得被收购企业100%的股权，股权收购前，被收购企业原账面金额中的"资本公积、盈余公积、未分配利润"等盈余积累未转增股本，而在股权交易时，将其一并计入股权转让价格并履行所得税纳税义务。股权收购后，企业将原账面金额中的盈余积累向个人投资者（新股东）转增股本，有关个人所得税问题区分以下情形处理：

（1）新股东以不低于净资产价格收购股权的，企业原盈余积累已全部计入股权交易价格，新股东取得盈余积累转增股本的部分，不征收个人所得税。

（2）新股东以低于净资产价格收购股权的，企业原盈余积累中，对于股权收购价格减去原股本的差额部分已经计入股权交易价格，新股东取得盈余积累转增股本的部分，不征收个人所得税；对于股权收购价格低于原所有者权益的差额部分未计入股权交易价格，新股东取得盈余积累转增股本的部分，应按照"利息、股息、红利所得"项目征收个人所得税。

（3）新股东以低于净资产价格收购企业股权后转增股本的，应按照以下顺序进行：先转增应税的盈余积累部分，然后再转增免税的盈余积累部分。

个人取得上市公司股息红利如何征税？

16. 房屋买受人按照约定退房取得补偿款的征税规定

房屋买受人在未办理房屋产权证的情况下，按照与房地产公司约定条件（如对房屋的占有、使用、收益和处分权进行限制）在一定时期后无条件退房而取得的补偿款，应按照"利息、股息、红利所得"项目缴纳个人所得税，税款由支付补偿款的房地产公司代扣代缴。

17. 个人转让限售股的征税规定

自2010年1月1日起，对个人转让限售股取得的所得，按照"财产转让所得"项目征收个人所得税。

个人转让限售股，以每次限售股转让收入，减除股票原值和合理税费后的余额，为应纳税所得额。即：

$$应纳税所得额 = 限售股转让收入 - （限售股原值 + 合理税费）$$
$$应纳税额 = 应纳税所得额 \times 20\%$$

式中：限售股转让收入，是指转让限售股股票实际取得的收入。限售股原值，是指限售股买入时的买入价及按照规定缴纳的有关费用。合理税费，是指转让限售股过程中发生的印花税、佣金、过户费等与交易相关的税费。

18. 两人以上共同取得同一项目收入的征税规定

两个以上的个人共同取得同一项目收入的，应当对每个人取得的收入分别按照个人所得税法的规定计算纳税。

19. 出租车驾驶员收入的征税规定

出租汽车经营单位对出租车驾驶员采取单车承包或承租方式运营，出租车驾驶员从事客货营运取得的收入，按"工资、薪金所得"项目征税。

出租车属于个人所有，但挂靠出租汽车经营单位或企事业单位，驾驶员向挂靠单位缴纳管理费的，或出租汽车经营单位将出租车所有权转移给驾驶员的，出租车驾驶员从事客货运营取得的收入，比照"经营所得"项目征税。

从事个体出租车运营的出租车驾驶员取得的收入，按"经营所得"项目缴纳个人所得税。

居民个人从境外取得所得如何抵免？

20. 企业改组改制过程中个人取得量化资产的征税规定

根据国家有关规定，集体所有制企业在改制为股份合作制企业时，可以将有关资产量化给职工个人。为了支持企业改组改制的顺利进行，对于企业在改制过程中个人取得量化资产的征税问题，税法作出了如下规定：

（1）对职工个人以股份形式取得的仅作为分红依据，不拥有所有权的企业量化资产，不征收个人所得税。

（2）对职工个人以股份形式取得的拥有所有权的企业量化资产，暂缓征收个人所得税；待个人将股份转让时，就其转让收入额，减除个人取得该股份时实际支付的费用支出和转让费用后的余额，按"财产转让所得"项目征收个人所得税。

（3）对职工个人以股份形式取得的企业量化资产参与企业分配而获得的股息、红利，应按"利息、股息、红利所得"项目征收个人所得税。

21.企业为个人购房或其他财产的征税规定

符合以下情形的房屋或其他财产，不论所有权人是否将财产无偿或有偿交付企业使用，其实质均为企业对个人进行了实物性质的分配，应依法计征个人所得税：

（1）企业出资购买房屋及其他财产，将所有权登记为投资者个人、投资者家庭成员或企业其他人员的。

（2）企业投资者个人、投资者家庭成员或企业其他人员向企业借款用于购买房屋及其他财产，将所有权登记为投资者、投资者家庭成员或企业其他人员，且借款年度终了后未归还借款的。

（3）对个人独资企业、合伙企业的个人投资者或其家庭成员取得的上述所得，视为企业对个人投资者的利润分配，按照"经营所得"项目计征个人所得税；对除个人独资企业、合伙企业以外其他企业的个人投资者或其家庭成员取得的上述所得，视为企业对个人投资者的红利分配，按照"利息、股息、红利所得"项目计征个人所得税；对企业其他人员取得的上述所得，按照"综合所得"项目计征个人所得税。

22.关于上市公司股权激励的征税规定

2027年12月31日前，居民个人取得股票期权、股票增值权、限制性股票、股权奖励等股权激励，符合规定的相关条件的，不并入当年综合所得，全额单独适用综合所得税率表，计算纳税。其计算公式为：

$$应纳税额 = 股权激励收入 \times 适用税率 - 速算扣除数$$

居民个人一个纳税年度内取得两次以上（含两次）股权激励的，应合并按上述规定计算纳税。【摘自：财政部 税务总局公告2023年第25号】

对个人合伙人来源于创投企业的所得如何计算个税？

自2024年1月1日起至2027年12月31日，境内上市公司（股票在上海证券交易所、深圳证券交易所、北京证券交易所上市交易的股份有限公司）授予个人的股票期权、限制性股票和股权奖励，经向主管税务机关备案，个人可自股票期权行权、限制性股票解禁或取得股权奖励之日起，在不超过36个月的期限内缴纳个人所得税。纳税人在此期间内离职的，应在离职前缴清全部税款。【摘自：财政部 税务总局公告2024年第2号】

【即问即答】（2021年多选题）根据个人所得税法律制度的规定，下列各项中，属于"工资、薪金所得"的有（   ）。

A.个人因公出差取得的符合标准的差旅费津贴

B.个人因公务用车改革而取得的公务用车补贴收入

C.保险营销员取得的佣金收入

D.退休人员再任职取得的收入

【答案】BD。

任务实施

针对"任务布置"中的经济业务，相关解析如下：

（1）全年减除费用60 000元。

（2）专项扣除 = 10 000 ×（8% + 2% + 0.5% + 12%）× 12 = 27 000（元）

（3）专项附加扣除：子女教育每年扣除24 000元；住房贷款利息每年扣除12 000元；赡养老人每年扣除36 000元。

专项附加扣除合计 = 24 000 + 12 000 + 36 000 = 72 000（元）

（4）扣除项合计 = 60 000 + 27 000 + 72 000 = 159 000（元）

（5）应纳税所得额 = 200 000 − 159 000 = 41 000（元）

（6）应纳个人所得税税额 = 41 000 × 10% − 2 520 = 1 580（元）

任务三 明确个人所得税征收管理

任务布置

企业信息如下：

（1）纳税人及扣缴义务单位基本信息（见表8-14）。

公司名称：浙江衡信教育科技有限公司

电话：0571-56688101　　　邮编：330000

公司地址：浙江省杭州市滨江区南环路3738号

表8-14　　　　　　　　　　　　纳税人及扣缴义务单位基本信息

工号	姓名	性别	身份证号	职业	职务	户籍	学历
0001	何天仁	男	370101196911080017	专业技术人员	中层	滨江	本科
0002	陈体国	男	370101195609290019	专业技术人员	中层	滨江	本科
0003	伊晟	男	46010119850715007X	专业技术人员	中层	滨江	本科
0004	赵瑞伟	男	142601198604050016	专业技术人员	中层	滨江	本科

（2）正常工资、薪金收入明细表（见表8-15）。

表8-15　　　　　　　　　　　　正常工资、薪金收入明细表　　　　　　　　　　　　单位：元

姓名	应发工资	基本养老保险金	基本医疗保险金	失业保险金	住房公积金
何天仁	10 000	144	36	18	300
陈体国	8 000	144	36	18	600
伊晟	15 896	186	72	52	800
赵瑞伟	12 563	144	72	52	800

（3）2024年1月全年一次性奖金收入明细表（见表8-16）。

表8-16	全年一次性奖金收入明细表	单位：元
姓名	年终奖	备注
伊晟	9 600	

任务：请计算浙江衡信教育科技有限公司员工应代扣代缴的个人所得税税额（年终奖选择单独纳税）。

知识准备

一、个人所得税的纳税申报

（一）个人所得税扣缴申报

个人所得税以所得人为纳税人，以支付所得的单位或者个人为扣缴义务人。扣缴义务人向个人支付应税款项时，应当依照规定预扣或代扣税款，按时缴库，并专项记载备查。支付，包括现金支付、汇拨支付、转账支付、有价证券、实物及其他形式的支付。

对扣缴义务人按照所扣缴的税款，付给2%的手续费。

扣缴义务人应当按照国家规定办理全员全额扣缴申报，并向纳税人提供其个人所得和已扣缴税款等信息。全员全额扣缴申报，是指扣缴义务人应当在代扣税款的次月15日内，向主管税务机关报送其支付所得的所有个人有关信息、支付所得数额、扣除事项和数额、扣缴税款的具体数额和总额，以及其他相关涉税信息资料。

（二）纳税人办理纳税申报的情形

有下列情形之一的，纳税人应当依法办理纳税申报：

1.取得综合所得需要办理汇算清缴的情形。

（1）从两处以上取得综合所得，且综合所得年收入额减除专项扣除的余额超过6万元。

（2）取得劳务报酬所得、稿酬所得、特许权使用费所得中一项或者多项所得，且综合所得年收入额减除专项扣除的余额超过6万元。

（3）纳税年度内预缴税额低于应纳税额。

（4）纳税人申请退税。纳税人申请退税，应当提供其在中国境内开设的银行账户，并在汇算清缴地就地办理税款退库。

2.取得应税所得没有扣缴义务人。

3.取得应税所得，扣缴义务人未扣缴税款。

4.取得境外所得。

5.因移居境外注销中国户籍。

6.非居民个人在中国境内从两处以上取得工资、薪金所得。

7.国务院规定的其他情形。

纳税人可以委托扣缴义务人或者其他单位和个人办理汇算清缴。扣缴义务人应当按照国家规定办理全员全额扣缴申报，并向纳税人提供其个人所得和已扣缴税款等信息。

2024年1月1日至2027年12月31日居民个人取得的综合所得，年度综合所得收入不超过12万元且需要汇算清缴补税的，或者年度汇算清缴补税金额不超过400元的，居民个人可免于办理个人所得税综合所得汇算清缴。居民个人取得综合所得时存在扣缴义务人未依法预扣预缴税款的情形除外。【摘自：财政部 税务总局公告2023年第32号】

【即问即答】（2021年多选题）根据个人所得税法律制度的规定，下列情形中，纳税人应当依法办理纳税申报的有（　　　）。

A.因移居境外注销中国户籍

B.非居民个人在中国境内从两处以上取得工资、薪金所得

C.居民个人取得境外所得

D.取得综合所得需要办理汇算清缴

【答案】ABCD。

（三）专项附加扣除信息的提供及减除

居民个人取得工资、薪金所得时，可以向扣缴义务人提供专项附加扣除有关信息，由扣缴义务人扣缴税款时减除专项附加扣除。纳税人同时从两处以上取得工资、薪金所得，并由扣缴义务人减除专项附加扣除的，对同一专项附加扣除项目，在一个纳税年度内只能选择从一处取得的所得中减除。

居民个人取得劳务报酬所得、稿酬所得、特许权使用费所得，应当在汇算清缴时向税务机关提供有关信息，以减除专项附加扣除。

纳税人、扣缴义务人应当按照规定保存与专项附加扣除相关的资料。税务机关可以对纳税人提供的专项附加扣除信息进行抽查，具体办法由国务院税务主管部门另行规定。税务机关发现纳税人提供虚假信息的，应当责令改正并通知扣缴义务人；情节严重的，有关部门应当依法予以处理，将其纳入信用信息系统并实施联合惩戒。

（四）修正申报与退税

纳税人发现扣缴义务人提供或者扣缴申报的个人信息、所得、扣缴税款等与实际情况不符的，有权要求扣缴义务人修改。扣缴义务人拒绝修改的，纳税人应当报告税务机关，税务机关应当及时处理。

纳税人申请退税时提供的汇算清缴信息有误的，税务机关应当告知其更正；纳税人更正的，税务机关应当及时办理退税。扣缴义务人未将扣缴的税款解缴入库的，不影响纳税人按照规定申请退税，税务机关应当凭纳税人提供的有关资料办理退税。

二、纳税期限

（一）居民个人的纳税期限

1.居民个人取得综合所得，按年计算个人所得税；有扣缴义务人的，由扣缴义务人按月或者按次预扣预缴税款；需要办理汇算清缴的，应当在取得所得的次年3月1日至6月30日内办理汇算清缴。

2.居民个人从中国境外取得所得的，应当在取得所得的次年3月1日至6月30日内申报纳税。

（二）非居民个人的纳税期限

1. 非居民个人取得工资、薪金所得，劳务报酬所得，稿酬所得和特许权使用费所得，有扣缴义务人的，由扣缴义务人按月或者按次代扣代缴税款，不办理汇算清缴。

2. 非居民个人在中国境内从两处以上取得工资、薪金所得的，应当在取得所得的次月15日内申报纳税。

（三）扣缴义务人的纳税期限

扣缴义务人每月或者每次预扣、代扣的税款，应当在次月15日内缴入国库，并向税务机关报送扣缴个人所得税申报表。

（四）其他情形的纳税期限

1. 纳税人取得经营所得，按年计算个人所得税，由纳税人在月度或者季度终了后15日内向税务机关报送纳税申报表，并预缴税款；在取得所得的次年3月31日前办理汇算清缴。

2. 纳税人取得利息、股息、红利所得，财产租赁所得，财产转让所得和偶然所得，按月或者按次计算个人所得税，有扣缴义务人的，由扣缴义务人按月或者按次代扣代缴税款。

3. 纳税人取得应税所得没有扣缴义务人的，应当在取得所得的次月15日内向税务机关报送纳税申报表，并缴纳税款。

4. 纳税人取得应税所得，扣缴义务人未扣缴税款的，纳税人应当在取得所得的次年6月30日前，缴纳税款；税务机关通知限期缴纳的，纳税人应当按照期限缴纳税款。

5. 纳税人因移居境外注销中国户籍的，应当在注销中国户籍前办理税款清算。

三、货币单位及外币折算

各项所得的计算，以人民币为单位。所得为人民币以外货币的，按照办理纳税申报或者扣缴申报的上一月最后一日人民币汇率中间价，折合成人民币计算应纳税所得额。年度终了后办理汇算清缴的，对已经按月、按季或者按次预缴税款的人民币以外的货币所得，不再重新折算；对应当补缴税款的所得部分，按照上一纳税年度最后一日人民币汇率中间价，折合成人民币计算应纳税所得额。

【即问即答】（2021年单选题）根据个人所得税法律制度的规定，居民个人取得综合所得需要办理汇算清缴的，应当在取得所得的次年一定期间办理汇算清缴。该期间为（　　）。

A. 1月1日至1月31日　　　　　　　　B. 1月1日至3月31日
C. 3月1日至6月30日　　　　　　　　D. 2月1日至5月31日

【答案】C。

【业务举例8-7】律师张某2025年1月份取得收入情况如下：

（1）从任职的律师事务所取得应税工资8 000元。

（2）张某1月份为一家培训机构做法律培训，取得该机构一次性劳务报酬30 000元。

（3）张某在当地报纸上回复读者的咨询信件，1月份取得报社支付的稿酬4 000元。

（4）张某拍卖自己的文字作品手稿原件，取得收入8 000元。

要求：计算张某1月份应预缴的个人所得税。

【解析】张某1月份综合所得应纳税所得额 =（8 000 – 5 000）+ 30 000 ×（1 – 20%）+ 4 000 ×（1 – 20%）×（1 – 30%）+ 8 000 ×（1 – 20%）= 35 640（元）

1月份应预缴个人所得税 = 35 640 × 30% – 4 410 = 10 692 – 4 410 = 6 282（元）

任务实施

针对"任务布置"中的经济业务，相关解析如下：

（1）何天仁应纳税所得额 = 10 000 – 5 000 – 144 – 36 – 18 – 300 = 4 502（元）

应纳个人所得税 = 4 502 × 10% – 210 = 240.2（元）

（2）陈体国应纳税所得额 = 8 000 – 5 000 – 144 – 36 – 18 – 600 = 2 202（元）

应纳个人所得税 = 2 202 × 3% = 66.06（元）

（3）伊晟应纳税所得额 = 15 896 – 5 000 – 186 – 72 – 52 – 800 = 9 786（元）

应纳个人所得税 = 9 786 × 10% – 210 = 768.6（元）

（4）赵瑞伟应纳税所得额 = 12 563 – 5 000 – 144 – 72 – 52 – 800 = 6 495（元）

应纳个人所得税 = 6 495 × 10% – 210 = 439.5（元）

（5）伊晟全年一次性奖金应纳税所得额 = 9 600 ÷ 12 = 800（元）

应纳个人所得税 = 9 600 × 3% = 288（元）

项目九

解读其他流转税法律制度

知识目标	1.掌握关税的纳税人和征税对象 2.熟悉关税计税依据和应纳税额的计算 3.了解关税税目、税率、税收优惠和征收管理 4.了解船舶吨税法律制度
能力目标	1.能解读并应用各类流转税优惠政策 2.能认识跨境贸易中的税收合规要求 3.能识别流转税管理中的常见风险点，并能提出合规管理建议
素质目标	1.洞察全球关税政策变迁（如贸易摩擦/壁垒），透析关税在国际经济竞争中的战略制衡机制 2.培养税务合规意识，学会运用法律维护合法权益

价值引领

2025年1月1日起我国调整部分商品关税税率税目

2024年12月，国务院关税税则委员会发布《2025年关税调整方案》（以下简称《方案》）。《方案》以习近平新时代中国特色社会主义思想为指导，深入贯彻落实党的二十大和二十届二中、三中全会精神，坚持稳中求进工作总基调，有序扩大自主开放和单边开放，调整部分商品的进口关税税率和税目。《方案》自2025年1月1日起实施，将有利于增加优质产品进口，扩大国内需求，推进高水平对外开放，扎实推动高质量发展。

为增强国内国际两个市场两种资源联动效应，2025年对935项商品实施低于最惠国税率的进口暂定税率。一是支持以科技创新引领新质生产力发展，降低环烯烃聚合物、乙烯–乙烯醇共聚物、救火车和抢修车等特殊用途车辆的自动变速箱等的进口关税。二是在发展中保障和改善民生，降低环硅酸锆钠、CAR–T肿瘤疗法用的病毒载体、外科植入用镍钛合金丝等的进口关税。三是推进绿色低碳发展，降低乙烷、部分再生铜铝原料的进口关税。此外，根据国内产业发展和供需情况变化，在我国加入世界贸易组织承诺范围内，提高糖浆和含糖预混粉、氯乙烯、电池隔膜等部分商品的进口关税。

为扩大面向全球的高标准自由贸易区网络，2025年对24个自由贸易协定和优惠贸易安排项下、原产于34个国家或者地区的部分进口商品实施协定税率。其中，中国–马尔代夫自由贸易协定自2025年1月1日起生效并实施降税，未来完成最终降税后，双方接近96%的税目将实现零关税。

为帮助最不发达国家发展，实现互利共赢，2025年继续给予43个与我国建交的最不发达国家100%税目产品零关税待遇。同时，继续根据亚太贸易协定及我国与有关东盟成员国政府间换文协议，对原产于孟加拉国、老挝、柬埔寨、缅甸的部分进口货物实施特惠税率。

为服务产业发展和科技进步，2025年增列纯电动乘用车、杏鲍菇罐头、锂辉石、乙烷等本国子目，优化椰子汁、制成的饲料添加剂等税目名称的表述。调整后税则税目总数为8 960个。同时为推进税则体系科学化、规范化，2025年新增干紫菜、增碳剂、注塑机等本国子目注释，优化白酒、木质活性炭、热敏打印头等本国子目注释的表述。

资料来源：财政部. 2025年1月1日起我国调整部分商品关税税率税目［EB/OL］.［2024–12–28］. https://www.gov.cn/lianbo/bumen/202412/content_6995069.htm?slb=true.

请思考：我国调整部分商品关税税率税目，会给我们带来哪些影响？

任务一　认识关税

任务布置 ◖◗ ◖◗

杭州顺达外贸公司为增值税一般纳税人，有自营进出口资格。2025年3月11日，该公司发生以下进出口业务：

（1）从意大利进口一批化妆品，支付国外的买价300万元、国外的经纪费5万元、买方采购代理人佣金8万元；支付运抵我国海关前的运输费30万元、装卸费和保险费15万元；支付海关地再运往杭州顺达外贸公司所在地的运输费10万元、装卸费和保险费2万元。意大利与我国均是世界贸易组织成员方，化妆品关税税率为10%。

（2）出口日本一批山羊板皮，海关核定的离岸价格为240万元，成本为180万元，货款已收讫。出口关税税率为20%。

任务：请计算杭州顺达外贸公司进口、出口时应缴纳的关税税额。

知识准备 ◖◗ ◖◗

关税是对进出国境或关境的货物、物品征收的一种税。2024年4月26日第十四届全国人民代表大会常务委员会第九次会议通过了《中华人民共和国关税法》。自2024年12月1日开始实施。

关境又称税境，是指一国海关法规可以全面实施的境域。国境是一个主权国家的领土范围。通常情况下，一国的关境与其国境的范围是一致的，关境即是国境，但由于自由港、自由区和关税同盟的存在，关境与国境有时不完全一致。

关税一般分为进口关税、出口关税和过境关税。我国目前对进出境货物征收的关税分为进口关税和出口关税两类。

一、关税纳税人

进口货物的收货人、出口货物的发货人、进境物品的携带人或者收件人，是关税的纳税人。

（一）进出口货物的收、发货人

进出口货物的收、发货人是依法取得对外贸易经营权，并且进口或者出口货物的法人或者其他社会团体，具体包括：①外贸进出口公司；②工贸或农贸结合的进出口公司；③其他经批准经营进出口商品的企业。

（二）进出境物品的携带人或者收件人

具体包括：①入境旅客随身携带的行李、物品的持有人；②各种运输工具上服务人员入境时携带自用物品的持有人；③馈赠物品及以其他方式入境个人物品的所有人；④个人邮递物品的收件人。

从事跨境电子商务零售进口的电子商务平台经营者、物流企业和报关企业，以及法律、行政法规规定负有代扣代缴、代收代缴关税税款义务的单位和个人，是关税的扣缴义务人。

【提示】接受纳税人委托办理货物报关等有关手续的"代理人"，可以代办纳税手续，但不是纳税人。

【即问即答】（2023年单选题）根据关税法律制度的规定，下列不属于关税纳税人的是（　　）。

A.外贸出口公司　　　　　　　　B.工贸或农贸结合的进口公司

C.经营出口货物的收货人　　　　D.个人邮递物品的收件人

【答案】C。

二、关税课税对象和税目

关税的课税对象是进出境的货物、物品。凡准许进出口的货物，除国家另有规定的以外，均应由海关征收进口关税或出口关税。**对从境外采购进口的原产于中国境内的货物，也应按规定征收进口关税。**

进出口货物的关税税目、税率以及税目、税率的适用规则等，依照《中华人民共和国进出口税则》（以下简称《税则》）执行。《税则》包括规则与说明、中华人民共和国进口税则、中华人民共和国出口税则三个部分。国务院关税税则委员会负责定期编纂、发布《税则》，解释《税则》的税目、税率。

关税税目由税则号列和目录条文等组成。关税税目适用规则包括归类规则等。进出口货物的商品归类，应当按照《税则》规定的目录条文和归类总规则、类注、章注、子目注释、本国子目注释，以及其他归类注释确定，并归入相应的税则号列。

根据实际需要，国务院关税税则委员会可以提出调整关税税目及其适用规则的建议，报国务院批准后发布执行。

【即问即答】（2017年判断题）对于从境外采购进口的原产于中国境内的货物，应按规定征收进口关税。（　　）

【答案】√。

三、关税税率

关税的税率分为进口税率和出口税率两种。其中，进口关税设置最惠国税率、协定税率、特惠税率、普通税率。出口关税设置出口税率。实行关税配额管理的进出口货物，设置关税配额税率。进出口货物在一定期限内可以实行暂定税率。

关税税率的适用应当符合相应的原产地规则。

（一）最惠国税率

原产于共同适用最惠国待遇条款的世界贸易组织成员的进口货物，原产于与中国缔结或者共同参加含有相互给予最惠国待遇条款的国际条约、协定的国家或者地区的进口货物，以及原产于中国境内的进口货物，适用最惠国税率。

（二）协定税率

原产于与中国缔结或者共同参加含有关税优惠条款的国际条约、协定的国家或者地区且符合国际条约、协定有关规定的进口货物，适用协定税率。

（三）特惠税率

原产于中国给予特殊关税优惠安排的国家或者地区且符合国家原产地管理规定的进口货物，适用特惠税率。

（四）普通税率

原产于除适用最惠国税率、协定税率、特惠税率国家或者地区以外的国家或者地区的进口货物，以及原产地不明的进口货物，适用普通税率。

（五）关税配额税率

实行关税配额管理的进口货物，关税配额内的适用关税配额税率。关税配额是进口国限制进口货物数量的措施，把征收关税和进口配额相结合以限制进口。对于在配额内进口的货物可以适用较低的关税配额税率，对于配额之外的则适用较高税率。

（六）进口暂定税率

暂定税率，是指各国根据进口货物的认定及调整后暂时执行的税率。适用最惠国税率、协定税率、特惠税率、关税配额税率的进口货物在一定期限内可以实行暂定税率。适用普通税率的进口货物，不适用暂定税率。

通过！关税法自2024年12月1日起施行

（七）出口税率

出口税率，是指国家对出口商品征收的关税税率。自2024年1月1日起，继续对铬铁等107项商品征收出口关税，对其中68项商品实施出口暂定税率。适用出口税率的出口货物有暂定税率的，适用暂定税率。

【即问即答】（2023年单选题）进口原产于我国境内的货物，适用的关税税率是（　　）。

A.最惠国税率　　　　B.协定税率　　　　C.特惠税率　　　　D.普通税率

【答案】A。

四、关税的计税依据

我国对进出口货物征收关税，主要采取从价计征的办法，以商品价格为标准征收关税。因此，**关税主要以进出口货物的完税价格为计税依据**。

（一）进口货物的完税价格

进口货物的计税价格以成交价格，以及该货物运抵中华人民共和国境内输入地点起卸前的运输及其相关费用、保险费为基础确定。

进口货物的成交价格，是指卖方向中华人民共和国境内销售该货物时买方为进口该货物向卖方实付、应付的，并按照《中华人民共和国关税法》第二十五条、第二十六条规定调整后的价款总额，包括直接支付的价款和间接支付的价款。

1.进口货物的成交价格应当符合下列条件：

（1）对买方处置或者使用该货物不予限制，但法律、行政法规规定的限制、对货物转售地域的限制和对货物价格无实质性影响的限制除外。

（2）该货物的成交价格没有因搭售或者其他因素的影响而无法确定。

（3）卖方不得从买方直接或者间接获得因该货物进口后转售、处置或者使用而产生的任何收益，或者虽有收益但能够按照《中华人民共和国关税法》第二十五条、第二十六条的规定进行调整。

（4）买卖双方没有特殊关系，或者虽有特殊关系但未对成交价格产生影响。

2.进口货物的下列费用应当计入计税价格：

（1）由买方负担的购货佣金以外的佣金和经纪费。

（2）由买方负担的与该货物视为一体的容器的费用。

（3）由买方负担的包装材料费用和包装劳务费用。

（4）与该货物的生产和向中国境内销售有关的，由买方以免费或者以低于成本的方式提供并可以按适当比例分摊的料件、工具、模具、消耗材料及类似货物的价款，以及在中国境外开发、设计等相关服务的费用。

（5）作为该货物向中国境内销售的条件，买方必须支付的、与该货物有关的特许权使用费。

（6）卖方直接或者间接从买方获得的该货物进口后转售、处置或者使用的收益。

3.进口时在货物的价款中列明的下列费用、税收，不计入该货物的计税价格：

（1）厂房、机械、设备等货物进口后进行建设、安装、装配、维修和技术服务的费用，但保修费用除外。

（2）进口货物运抵中国境内输入地点起卸后的运输及其相关费用、保险费。

（3）进口关税及国内税收。

4.进口货物的成交价格不符合规定条件，或者成交价格不能确定的，海关经了解有关情况，并与纳税人进行价格磋商后，依次以下列价格估定该货物的计税价格：

（1）与该货物同时或者大约同时向中国境内销售的相同货物的成交价格。

（2）与该货物同时或者大约同时向中国境内销售的类似货物的成交价格。

（3）与该货物进口的同时或者大约同时，将该进口货物、相同或者类似进口货物在中国境内第一级销售环节销售给无特殊关系买方最大销售总量的单位价格，但应当扣除《中华人民共和国关税法》第二十八条规定的项目。

（4）按照下列各项总和计算的价格：生产该货物所使用的料件成本和加工费用，向中国境内销售同等级或者同种类货物通常的利润和一般费用，该货物运抵中国境内输入地点起卸前的运输及其相关费用、保险费。

（5）以合理方法估定的价格。根据《中华人民共和国关税法》的规定，估定计税价格，应当扣除下列项目：

①同等级或者同种类货物在中国境内第一级销售环节销售时通常的利润和一般费用及通常支付的佣金；

②进口货物运抵中国境内输入地点起卸后的运输及其相关费用、保险费；

③进口关税及国内税收。

【即问即答】（2016年判断题）在进口货物成交过程中，卖方付给进口人的正常回

扣，在计算进口货物完税价格时不得从成交价格中扣除。（　　）

【答案】×。

【即问即答】（2022年单选题）2022年8月甲公司进口一批机械设备，实际支付成交价格300万元。在货物成交过程中，甲公司在成交价格之外另支付给卖方佣金20万元；向境外采购代理人支付买方佣金10万元，已包含在成交价格中；卖方违反合同规定延期交货，在成交价格中已经冲减延期交货罚款15万元。在确定关税计税依据时海关审定的甲公司该业务成交价格的下列算式中，正确的是（　　）。

A.300 + 20 - 10 + 15 = 325（万元）　　B.300 + 20 + 15 = 335（万元）

C.300 + 20 - 10 - 15 = 295（万元）　　D.300 - 10 + 15 = 305（万元）

【答案】A。

（二）出口货物的计税价格

出口货物的计税价格以该货物的成交价格，以及该货物运至中国境内输出地点装载前的运输及其相关费用、保险费为基础确定。

出口货物的成交价格，是指该货物出口时卖方为出口该货物应当向买方直接收取和间接收取的价款总额。**出口关税不计入计税价格。**

出口货物的成交价格不能确定的，海关经了解有关情况，并与纳税人进行价格磋商后，依次以下列价格估定该货物的计税价格：

1.与该货物同时或者大约同时向同一国家或者地区出口的相同货物的成交价格。

2.与该货物同时或者大约同时向同一国家或者地区出口的类似货物的成交价格。

3.按照下列各项总和计算的价格：中华人民共和国境内生产相同或者类似货物的料件成本、加工费用，通常的利润和一般费用，境内发生的运输及其相关费用、保险费。

4.以合理方法估定的价格。

海关可以依申请或者依职权，对进出口货物、进境物品的计税价格、商品归类和原产地依法进行确定。

五、关税应纳税额的计算

进口关税一般采用比例税率，实行从价计征的办法。对啤酒、原油等少数货物实行从量计征，对广播用录像机、放像机、摄像机等实行从价加从量的复合税率。关税计算公式见表9-1。

表9-1　　　　　　　　　　　　　关税计算公式

计算方法	适用范围	计算公式
从价税	一般的进（出）口货物	应纳税额 = 进（出）口关税完税价格×适用税率
从量税	进口啤酒、原油等	应纳税额 = 进（出）口货物数量×适用税率
复合税	进口广播用录像机、放像机、摄像机等	应纳税额 = 进（出）口关税完税价格×适用税率 + 进（出）口货物数量×适用税率
滑准税	进口规定适用滑准税的货物	进口商品价格越高，税率越低；税率与商品进口价格呈反方向变动

【即问即答】（2023年单选题）根据关税法律制度的规定，下列各项中，按复合税

率征收关税的是（　　）。

A.啤酒　　　　　　B.汽车　　　　　　C.原油　　　　　　D.摄像机

【答案】D。

【即问即答】（经典例题－单选题）2025年3月，甲企业进口一辆小汽车自用，支付买价17万元，货物运抵我国关境内输入地点起卸后的运费和保险费共计2万元，另支付购货佣金1万元。已知关税税率为20%，消费税税率为25%，增值税税率为13%，城市维护建设税税率为7%，教育费附加征收率为3%。假设无其他纳税事项，则下列关于甲企业相关税金的计算中，正确的是（　　）。

A.应纳进口关税4.2万元

B.应纳进口环节消费税8万元

C.应纳进口环节增值税5.12万元

D.应纳城市维护建设税和教育费附加1.34万元

【答案】B。选项A：甲企业应纳关税=（17+3）×20%=4（万元）。选项B：甲企业应纳进口环节消费税=（17+3+4）÷（1-25%）×25%=8（万元）。选项C：甲企业应纳进口环节增值税=（17+3+4+8）×13%=4.16（万元）。选项D：纳税人进口货物不计算缴纳城市维护建设税和教育费附加。

六、关税税收优惠

（一）免征关税的进出口货物和进境物品

1.国务院规定的免征额度（人民币50元）内的一票货物；

2.无商业价值的广告品和货样；

3.进出境运输工具装载的途中必需的燃料、物料和饮食用品；

4.在海关放行前损毁或者灭失的货物、进境物品；

5.外国政府、国际组织无偿赠送的物资；

6.中国缔结或者共同参加的国际条约、协定规定免征关税的货物、进境物品；

7.依照有关法律规定免征关税的其他货物、进境物品。

8.自2024年5月1日至2027年12月31日，国有公益性收藏单位以从事永久收藏、展示和研究等公益性活动为目的，通过接受境外捐赠、归还、追索和购买等方式进口的藏品，以及外交部、国家文物局进口的藏品，免征进口关税、进口环节增值税和消费税。【摘自：财政部 海关总署 税务总局 文化和旅游部 国家文物局关于国有公益性收藏单位进口藏品免税规定的公告2024年第4号】

中方迅速推出对美反制措施：对部分美国商品加税，在世贸组织提起诉讼

（二）减征关税的进出口货物和进境物品

1.在海关放行前遭受损坏的货物、进境物品；

2.中国缔结或者共同参加的国际条约、协定规定减征关税的货物、进境物品；

3.依照有关法律规定减征关税的其他货物、进境物品。

【即问即答】（2023年多选题）下列各项中，属于关税法定性减免税的有（　　）。

A.无商业价值的广告品及货样

B.进出境运输工具装载的途中必需的燃料

C.国际组织无偿赠送的物资

D.一票货物关税税额在人民币 50 元以下的

【答案】ABCD。

七、关税的征收管理

(一)纳税申报

进出口货物的纳税人、扣缴义务人可以按照规定选择海关办理申报纳税。

纳税人、扣缴义务人应当按照规定的期限和要求如实向海关申报税额，并提供相关资料。必要时，海关可以要求纳税人、扣缴义务人补充申报。

(二)纳税期限

进出口货物的纳税人、扣缴义务人应当自完成申报之日起 15 日内缴纳税款；符合海关规定条件并提供担保的，可以于次月第 5 个工作日结束前汇总缴纳税款。因不可抗力或者国家税收政策调整，不能按期缴纳的，经向海关申请并提供担保，可以延期缴纳，但最长不得超过 6 个月。

任务实施

针对"任务布置"中的经济业务，相关解析如下：

（1）计算化妆品进口时关税的应纳税额。

进口关税完税价格 = 300 + 5 + 30 + 15 = 350（万元）

进口关税应纳税额 = 350 × 10% = 35（万元）

（2）计算山羊板皮出口时关税的应纳税额。

出口关税完税价格 = 240 ÷ (1 + 20%) = 200（万元）

出口关税应纳税额 = 200 × 20% = 40（万元）

任务二 认识船舶吨税

任务布置

有一艘泰国国籍净吨位为 1 800 吨的非机动驳船，停靠在我国某港口装卸货物。驳船负责人已向我国海关领取了吨税执照，在港口停留的期限为 30 天，泰国已与我国签订含有相互给予船舶税费最惠国待遇条款的条约。假定 2 000 吨以下的船舶，普通税率 30 天期的税率为 2.1 元/净吨，优惠税率为 1.5 元/净吨。

任务：请计算泰国非机动驳船应纳的船舶吨税税额。

知识准备

船舶吨税，是指对自中国境外港口进入境内港口船舶征收的一种税。2017年12月27日，第十二届全国人民代表大会常务委员会第三十一次会议通过了《中华人民共和国船舶吨税法》，自2018年7月1日起施行。

一、船舶吨税纳税人

对自中国境外港口进入中国境内港口的船舶（以下简称应税船舶）征收船舶吨税（以下简称吨税），以应税船舶负责人为纳税人。

【注意】并非仅仅针对外国船只。

【即问即答】船舶吨税只针对自中国境外港口进入中国境内港口的外国船舶征收。
（ ）

【答案】×。

二、船舶吨税税目税率

吨税税目按船舶净吨位的大小分等级，设置为4个税目。税率采用定额税率，分为30日、90日和1年3种不同的税率，**具体分为两类：普通税率和优惠税率。**我国国籍的应税船舶、船籍国（地区）与我国签订含有互相给予船舶税费最惠国待遇条款的条约或者协定的应税船舶，适用优惠税率；其他应税船舶适用普通税率。我国现行吨税税目税率见表9-2。

表9-2　　　　　　　　　　　吨税税目税率表

税目 （按船舶净吨位划分）	税率（元/净吨）						备注
	普通税率 （按执照期限划分）			优惠税率 （按执照期限划分）			
	1年	90日	30日	1年	90日	30日	
不超过2 000净吨	12.6	4.2	2.1	9.0	3.0	1.5	拖船和非机动驳船分别按相同净吨位船舶税率的50%计征税款
超过2 000净吨，但不超过10 000净吨	24.0	8.0	4.0	17.4	5.8	2.9	
超过10 000净吨，但不超过50 000净吨	27.6	9.2	4.6	19.8	6.6	3.3	
超过50 000净吨	31.8	10.6	5.3	22.8	7.6	3.8	

三、船舶吨税计税依据

吨税以"船舶净吨位"为计税依据。拖船按照发动机功率每千瓦折合净吨位0.67吨，无法提供净吨位证明文件的游艇按照发动机功率每千瓦折合净吨位0.05吨，拖船和非机动驳船分别按相同净吨位船舶税率的50%计征。

四、船舶吨税应纳税额的计算

吨税按照船舶净吨位和吨税执照期限征收，应税船舶负责人在每次申报纳税时，可以按照"吨税税目税率表"选择申领一种期限的吨税执照。应纳税额的计算公式为：

应纳税额 = 应税船舶净吨位 × 适用税率

海关根据船舶负责人的申报，审核其申报吨位与其提供的船舶吨位证明和船舶国籍证书或者海事部门签发的船舶国籍证书收存证明相符后，按其申报执照的期限计征吨税，并填发缴款凭证交船舶负责人缴纳税款。

【业务举例9-1】甲国某货轮停靠我国上海港装卸货物，该货轮净吨位为9 000吨，停留期限为30天的普通税率为4.0元/净吨，优惠税率为2.9元/净吨。两国订有含有互相给予船舶税费最惠国待遇条款的条约。

要求：请计算该货轮应纳的船舶吨税。

【解析】由于两国订有含有互相给予船舶税费最惠国待遇条款的条约，其应适用优惠税率，该货轮应纳船舶吨税 = 9 000 × 2.9 = 26 100（元）。

五、船舶吨税税收优惠

下列船舶免征吨税：

1. 应纳税额在人民币50元以下的船舶；

2. 自境外以购买、受赠、继承等方式取得船舶所有权的初次进口到港的空载船舶；

3. 吨税执照期满后24小时内不上下客货的船舶；

4. 非机动船舶（不包括非机动驳船）；

5. 捕捞、养殖渔船；

6. 避难、防疫隔离、修理、终止运营或者拆解，并不上下客货的船舶；

7. 军队、武装警察部队专用或者征用的船舶；

8. 警用船舶；

9. 依照法律规定应当予以免税的外国驻华使领馆、国际组织驻华代表机构及其有关人员的船舶；

10. 国务院规定的其他船舶。

【即问即答】（2022年判断题）船舶吨税执照期满后24小时内不上下客货的船舶，免征船舶吨税。（　　）

【答案】√。

六、船舶吨税征收管理

（一）纳税义务发生时间

吨税纳税义务发生时间为应税船舶进入境内港口的当日，应税船舶在吨税执照期满后尚未离开港口的，应当申领新的吨税执照，自"上一执照期满的次日"起续缴吨税。

应税船舶在进入港口办理入境手续时，应当向海关申报纳税领取吨税执照，或者交验吨税执照（或者申请核验吨税执照电子信息）。应税船舶在离开港口办理出境手续时，应当交验吨税执照（或者申请核验吨税执照电子信息）。

应税船舶负责人申领吨税执照时，应当向海关提供下列文件：①船舶国籍证书或者海事部门签发的船舶国籍证书收存证明；②船舶吨位证明。

（二）纳税期限

应税船舶负责人应当自海关填发吨税缴款凭证之日起15日内向指定银行缴清税款。未按期缴清税款的，自滞纳税款之日起至缴清税款之日止，按日加收占滞纳税款万分之五的税款滞纳金。

应税船舶到达港口前，经海关核准现行申报并办结出入境手续的，应税船舶负责人应当向海关提供与其依法履行吨税缴纳义务相适应的担保；应税船舶到达港口后，应按规定向海关申报纳税。

（三）其他相关规定

船舶吨税由海关负责征收。海关征收吨税应当制发缴款凭证。

海关发现少征或者漏征税款的，应自应税船舶应当缴纳税款之日起1年内，补征税款。但因应税船舶违反规定造成少征或者漏征税款的，海关可以自应当缴纳税款之日起3年内追征税款，并自应当缴纳税款之日起按日加征占少征或者漏征税款万分之五的税款滞纳金。

海关发现多征税款的，应当在24小时内通知应税船舶办理退还手续，并加算银行同期活期存款利息。

应税船舶发现多缴税款的，可以自缴纳税款之日起3年内以书面形式要求海关退还多缴的税款，并加算银行同期活期存款利息；海关应当自受理退税申请之日起30日内，查实并通知应税船舶办理退还手续。

任务实施

针对"任务布置"中的经济业务，相关解析如下：

本案例中，泰国已与我国签订含有相互给予船舶税费最惠国待遇条款的条约，该非机动驳船适用征收船舶吨税的优惠税率，优惠税率为1.5元/净吨，同时非机动驳船按相同净吨位船舶税率的50%计征吨税，则其应纳船舶吨税税额 = 1 800 × 1.5 × 50% = 1 350（元）。

项目十

解读财产税类法律制度

知识目标	1. 掌握房产税纳税人和征税范围
	2. 掌握契税纳税人和征税范围
	3. 掌握车船税纳税人和征税范围
	4. 熟悉房产税计税依据和应纳税额的计算
	5. 熟悉契税计税依据和应纳税额的计算
	6. 熟悉车船税计税依据和应纳税额的计算
	7. 了解房产税税率、税收优惠和征收管理
	8. 了解契税税率、税收优惠和征收管理
	9. 了解车船税税率、税目、税收优惠和征收管理

能力目标	1. 学会房产交易全流程税收计算
	2. 能进行财产税申报表填制
	3. 能识别财产税征收管理中的常见风险点，并能提出合规管理建议

素质目标	1. 培养财产登记和交易的合规意识，学会维护自身合法权益
	2. 深悟财产税调分配的功能，强固依法申报纳税意识
	3. 洞察财产税政策民生影响机理，把握改革惠民生核心导向

价值引领

国家税务总局：房地产税收新政实施首月减免税116.9亿元

国家税务总局最新数据显示，房地产税新政实施首月运行平稳，新增减免税116.9亿元，减税红利释放，促进房地产市场平稳健康发展。

财政部、税务总局、住房城乡建设部发布了《关于促进房地产市场平稳健康发展有关税收政策的公告》，出台一系列税收减免新政策，自2024年12月1日起落地实施。

据国家税务总局财产和行为税司有关负责人介绍，新政包括三个方面的内容：

一是将个人购买住房契税享受1%较低优惠政策的住房面积标准由原来的90平方米提高到140平方米，这一政策新增减税65亿元。住房面积标准扩围后，个人购买住房享受1%契税最低优惠税率的家庭达到140.7万户，占全部享受契税优惠政策家庭的89.4%，较政策实施前提高了14.4个百分点。其中，个人购买家庭唯一或第二套住房在90平方米至140平方米之间的家庭占比62.9%，这些购房群众缴纳契税的税率从1.5%或2%一律降至1%，享受到了政策红利。

二是将北京、上海、广州和深圳购买第二套住房纳入契税优惠政策范围，新增减税25.8亿元。4个城市符合二套房条件的纳税人分别减税8亿元、9.4亿元、2.5亿元和5.9亿元，分别相应惠及9 677户、15 572户、5 998户、4 727户家庭。

三是调整了北上广深个人转让住房增值税政策，对北上广深个人转让购买满2年的住房，不再区分普通住宅和非普通住宅，统一免征增值税。新政实施首月，个人转让原非普通住宅新增免税26.1亿元，北上广深4个城市个人转让住房套数较上月增长71%。

国家税务总局税收科学研究所所长黄立新介绍，随着包括税收优惠在内的各项促进房地产发展的政策持续落地见效，市场潜在需求将进一步得到释放。

资料来源：樊瑞. 国家税务总局：房地产税收新政实施首月减免税116.9亿元［EB/OL］.［2025-01-26］. https://baijiahao.baidu.com/s?id=1822294641156634696&wfr=spider&for=pc.

请思考：房地产税收新政的实施，会给我们带来哪些影响？

任务一　认识房产税

任务布置

2024年，浙江汇邦物流公司房产原值合计8 000万元，其中该公司所属学校和幼儿园用房原值分别为300万元和600万元，浙江省政府确定计算房产税余值的扣除比例为30%。自2024年7月1日起，该公司将原值200万元的仓库出租给另一家企业使用，租期1年，每月租金为1.5万元。根据房产税有关规定，依照房产余值缴纳房产税的，按年计算、分月缴纳，征期为月份终了后15日内；依照房产租金缴纳房产税的，按次或按月计算，于月份终了后15日内或开具发票时缴纳。

任务：请计算该公司2024年应纳房产税。

知识准备 ●●●

房产税，是指以房产为征税对象，按照房产的计税价值或房产租金收入向房产所有人或经营管理人等征收的一种税。

一、房产税纳税人

（一）房产税纳税人的一般规定

房产税的纳税人，是指在我国城市、县城、建制镇和工矿区内拥有房屋产权的单位和个人。单位，包括国有企业、集体企业、私营企业、股份制企业、外商投资企业、外国企业、其他企事业单位、社会团体、国家机关、军队及其他单位。个人，包括个体工商户及其他个人。

（二）房产税纳税人的具体规定

房产税的纳税人具体包括产权所有人、承典人、房产代管人或者使用人。

1.产权属于国家所有的，其经营管理的单位为纳税人；产权属于集体和个人的，集体单位和个人为纳税人。

2.产权"出典"的，承典人为纳税人。产权出典，是指将自己房屋的产权，在一定期限内转让（出典）给他人使用而取得出典价款的一种融资行为。产权所有人（房主）称为房屋出典人；支付现金或实物取得房屋支配权的人称为房屋承典人。

3.产权所有人、承典人均不在房产所在地的，房产代管人或者使用人为纳税人。

4.产权未确定及租典纠纷未解决的，房产代管人或者使用人为纳税人。

5.纳税单位和个人无租使用房产管理部门、免税单位及纳税单位的房产，由使用人代为缴纳房产税。

【即问即答】（2021年判断题）房屋产权出典的，应以出典人为房产税纳税人。
（　　）

【答案】×。

二、房产税的征税对象和征税范围

（一）房产税的征税对象

房产税的征税对象是房屋。所谓房屋，是指有屋面和围护结构（有墙或两边有柱），能够遮风避雨，可供人们在其中生产、工作、学习、娱乐、居住或储藏物资的场所。独立于房屋之外的建筑物，如围墙、烟囱、水塔、菜窖、室外游泳池等不属于房产税的征税范围。

房地产开发企业建造的商品房，在出售前，不征收房产税，但对出售前房地产开发企业已使用或出租、出借的商品房应按规定征收房产税。

（二）房产税的征税范围

房产税的征税范围为城市、县城、建制镇和工矿区的房屋，不包括农村。其中，城市是指国务院批准设立的市，其征税范围为市区、郊区和市辖县城，不包括农村；县城是指未设立建制镇的县人民政府所在地；建制镇是指经省、自治区、直辖市人民政府批准设立的建制镇；工矿区是指工商业比较发达、人口比较集中、符合国务院规定的建制镇的标准，但尚未设立建制镇的大中型工矿企业所在地。在工矿区开征房产税，必须经省、自治区、直辖市人民政府批准。

【即问即答】（2023年多选题）根据房产税法律制度的规定，下列房产中，不属于房产税征税范围的是（　　）。

A.坐落于县城的酒店大楼　　　　　B.坐落于市区的办公大楼

C.坐落于建制镇的生产厂房　　　　D.坐落于农村的仓储用房

【答案】D。

房屋建成未投入使用前是否需要缴纳房产税？

三、房产税税率

我国现行房产税采用比例税率。从价计征和从租计征实行不同标准的比例税率。

1.从价计征的，税率为1.2%。

2.从租计征的，税率为12%。

四、房产税计税依据

房产税以房产余值或房产租金收入为计税依据。按房产余值征税的，称为从价计征；按房产租金收入征税的，称为从租计征。

（一）从价计征房产税的计税依据

1.房产余值

从价计征的房产税，以房产余值为计税依据。房产余值，是指房产的原值减除规定比例后的剩余价值。房产税依照房产原值一次减10%～30%后的余值计算缴纳，其具体扣减比例由省、自治区、直辖市人民政府确定。

2.房产原值

房产原值是指纳税人按照会计制度的规定，在账簿固定资产科目中记载的房屋原价。自2009年1月1日起，对依照房产原值计税的房产，不论是否记载在会计账簿固定资产科目中，均应按照房屋原价计算缴纳房产税。房屋原价应根据国家有关会计制度的规定进行核算。对纳税人未按国家会计制度核算并记载的，应按规定予以调整或重新评估。

3.房屋附属设备和配套设施的计税规定

（1）房产原值应包括与房屋不可分割的各种附属设备或一般不单独计算价值的配套设施（如暖气、卫生、通风、照明、煤气等设备；各种管线；电梯、升降机、过道、晒台等）。

（2）凡以房屋为载体，不可随意移动的附属设施和配套设施，如给排水、采暖、消防、中央空调、电气及智能化楼宇设备等，无论在会计核算中是否单独记账与核算，都应计入房产原值，计征房产税。

（3）纳税人对原有房屋进行改建、扩建的，要相应增加房屋的原值。对更换房屋附属设备和配套设施的，在将其价值计入房产原值时，可扣减原来相应设备和设施的价值；对附属设备和配套设施中易损坏、需要经常更换的零配件，更新后不再计入房产原值。

装修费是否计入房产原值征收房产税？

4.投资联营房产的计税规定

（1）真投资：由被投资方缴纳。对以房产投资联营、投资者参与投资利润分红、共担风险的，按房产余值作为计税依据计缴房产税。

（2）假投资：由投资方或产权人缴纳。对以房产投资收取固定收入、不承担经营风险的，其实际上是以联营名义取得房屋租金，应以出租方取得的租金收入为计税依据计缴房产税。

5.融资租赁房产计税规定

融资租赁费包括购进房屋的价款、手续费、借款利息等，与一般房屋出租的"租金"内涵不同，租赁期满后，当承租方偿还最后一笔租赁费时，房屋产权要转移到承租方。这实际上是一种变相的分期付款购买固定资产的形式，所以在计征房产税时，应以房产余值计算征收。由承租人自融资租赁合同约定开始日的次月起依照房产余值缴纳房产税。合同未约定开始日的，由承租人自合同签订的次月起依照房产余值缴纳房产税。

6.居民住宅区内业主共有的经营性房产的计税规定

自2007年1月1日起，对居民住宅区内业主共有的经营性房产，由实际经营（包括自营和出租）的代管人或使用人缴纳房产税。其中，自营的依照房产原值减除10%~30%后的余值计征，没有房产原值或不能将业主共有房产与其他房产的原值准确划分开的，由房产所在地地方税务机关参照同类房产核定房产原值；出租房产的，按照租金收入计征。

【即问即答】（2023年多选题）根据房产税法律制度的规定，下列有关房产税计税依据的表述中，正确的有（　　）。

A.融资租赁的房屋，以房产余值计算征收房产税

B.对附属设备和配套设施中易损坏、需要经常更换的零配件，更新后不再计入房产原值

C.纳税人对原有房屋进行改建、扩建的，要相应增加房屋的原值

D.对更换房屋附属设备和配套设施的，在将其价值计入房产原值时，不得扣减原来相应设备和设施的价值

【答案】ABC。

（二）从租计征房产税的计税依据

1.租金收入

房产出租的，以房屋出租取得的租金收入为计税依据，计缴房产税。**计征房产税的租金收入不含增值税。**免征增值税的，确定计税依据时，租金收入不扣减增值税额。

房产的租金收入，是指房屋产权所有人出租房产使用权所取得的报酬，包括货币收入和实物收入。对以劳务或其他形式为报酬抵付房租收入的，应根据当地同类房产的租金水平，确定一个标准租金额从租计征。

2.核定应纳税额

纳税人对个人出租房屋的租金收入申报不实或申报数与同一地段同类房屋的租金收入相比明显不合理的，税务部门可以按照税收征收管理法的有关规定，采取科学合理的方法核定其应纳税额。

五、房产税应纳税额的计算

房产税计税方法和计税依据见表10-1。

表10-1 房产税计税方法和计税依据

计税方法	计税依据	税率	计税公式
从价计征	以房产原值一次减除10%～30%后的余值为计税依据（具体扣除比例由省、自治区、直辖市人民政府确定）	1.2%	应纳税额＝应税房产原值×（1－扣除比例）×1.2%
从租计征	以房屋出租取得的租金收入为计税依据	12%	应纳税额＝租金收入×12%或4%
	个人按市场价格出租的居民住房	4%	

【即问即答】（2023年单选题）甲公司为增值税一般纳税人，拥有一处原值3 000万元的房产。2023年5月甲公司将该自用房产对外出租，取得当年不含增值税租金收入20万元。已知房产税从价计征税率为1.2%，从租计征税率为12%，当地规定的房产原值扣除比例为30%。计算甲公司2023年度该处房产应缴纳房产税税额的下列算式中，正确的是（　　）。

A. 3 000×（1－30%）×1.2%－25.2（万元）

B. 3 000×（1－30%）×1.2%÷12×5＋20×（1－30%）×12%＝12.18（万元）

C. 3 000×1.2%÷12×5＋20×12%＝17.4（万元）

D. 3 000×（1－30%）×1.2%÷12×5＋20×12%＝12.9（万元）

【答案】D。

六、房产税税收优惠

1.国家机关、人民团体、军队"自用"的房产免征房产税，但上述免税单位的出租房产及非自身业务使用的生产、营业用房，不属于免税范围。自2004年8月1日起，对军队空余房产租赁收入暂免征收房产税。

2.由国家财政部门拨付事业经费（全额或差额）的单位（学校、医疗卫生单位、托儿所、幼儿园、敬老院，以及文化、体育、艺术类单位）所有的、本身业务范围内使用的房产免征房产税。

上述单位所属的附属工厂、商店、招待所等不属于单位公务、业务的用房，应照章纳税。

3.宗教寺庙、公园、名胜古迹"自用"的房产免征房产税。

宗教寺庙自用的房产，是指举行宗教仪式等的房屋和宗教人员使用的生活用房屋。公园、名胜古迹自用的房产，是指供公共参观游览的房屋及其管理单位的办公用房屋。宗教寺庙、公园、名胜古迹中附设的营业单位，如影剧院、饮食部、茶社、照相馆等所使用的房产及出租的房产，不属于免税范围，应照章征税。

4.个人所有非营业用房产免征房产税。

个人所有的非营业用房，主要是指居民住房，不论面积多少，一律免征房产税。对个人拥有的营业用房或者出租的房产，不属于免税房产，应照章征税。

5.其他减免税的房产。

（1）毁损不堪居住的房屋和危险房屋，经有关部门鉴定，在停止使用后，可免征房产税。

（2）纳税人因房屋大修导致连续停用半年以上的，在房屋大修期间免征房产税，免征税额由纳税人在申报缴纳房产税时自行计算扣除，并在申报表附表或备注栏中作相应说明。纳税人房屋大修停用半年以上需要免缴房产税的，应在房屋大修前向主管税务机关报送相关的证明材料，包括大修房屋的名称、坐落地点、产权证编号、房产原值、用途、房屋大修的原因、大修合同及大修的起止时间等信息和资料，以备税务机关查验。

（3）在基建工地为基建工地服务的各种工棚、材料棚、休息棚和办公室、食堂、茶炉房、汽车房等临时性房屋，施工期间，一律免征房产税。工程结束后，施工企业将这种临时性房屋交还或估价转让给基建单位的，应从基建单位接收的次月起，照章纳税。

（4）对房管部门经租的居民住房，在房租调整改革之前收取租金偏低的，可暂缓征收房产税。对房管部门经租的其他非营业用房，是否给予照顾，由各省、自治区、直辖市根据当地具体情况按税收管理体制的规定办理。

（5）对高校学生公寓免征房产税。

（6）对非营利性医疗机构、疾病控制机构和妇幼保健机构等卫生机构自用的房产，免征房产税。

（7）对老年服务机构自用的房产，免征房产税。老年服务机构，是指专门为老年人提供生活照料、文化、护理、健身等多方面服务的福利性、非营利性的机构，主要包括老年社会福利院、敬老院（养老院）、老年服务中心、老年公寓（含老年护理院、康复中心、托老所）等。

（8）对公租房免征房产税。公租房经营管理单位应单独核算公租房租金收入，未单独核算的，不得享受免征房产税优惠政策。对廉租住房经营管理单位按照政府规定价格向规定保障对象出租廉租住房的租金收入，免征房产税。对个人出租住房，不区分用途，按4%的税率征收房产税；对企事业单位、社会团体及其他组织按市场价格向个人出租用于居住的住房，减按4%的税率征收房产税。

（9）国家机关、军队、人民团体、财政补助事业单位、居民委员会、村民委员会拥有的体育场馆，用于体育活动的房产，免征房产税。对经费自理事业单位、体育社会团体、体育基金会、体育类民办非企业单位拥有并运营管理的体育场馆，符合相关条件的，用于体育活动的房产，免征房产税。对企业拥有并运营管理的大型体育场馆，用于体育活动的房产，减半征收房产税。享受上述税收优惠的体育场馆的运动场地，用于体育活动的天数不得少于全年自然天数的70%。

（10）至2027年12月31日，对农产品批发市场、农贸市场（包括自有和承租，下同）专门用于经营农产品的房产，暂免征收房产税。对同时经营其他产品的农产品批发市场和农贸市场使用的房产，按其他产品与农产品交易场地面积的比例确定征收房产税。对农产品批发市场、农贸市场的行政办公区、生活区，以及商业餐饮娱乐等非直接为农产品交易提供服务的房产、土地，应按规定征收房产税。【摘自：财政部 税务总局公告2023年第50号】

（11）自2024年1月1日至2027年12月31日，对国家级、省级科技企业孵化器、大学科技园和国家备案众创空间自用，以及无偿或通过出租等方式提供给在孵对象使用的房产、土地，免征房产税和城镇土地使用税。【摘自：财政部 税务总局 科技部 教育部公告2023年第42号】

（12）至2027年供暖期结束，对向居民供热收取采暖费的供热企业，为居民供热所使用的厂房及土地免征房产税；对供热企业其他厂房及土地，应当按照规定征收房产税。对专业供热企业，按其向居民供热取得的采暖费收入占全部采暖费收入的比例，计算免征的房产税。【摘自：财政部 税务总局公告2023年第56号】

（13）2021年6月18日国务院常务会议决定：从2021年10月1日起，对企事业单位等向个人、专业化规模化住房租赁企业出租住房的，减按4%的税率征收房产税。专业化规模化住房租赁企业的标准为：企业在开业报告或者备案城市内持有或者经营租赁住房1 000套（间）及以上或者建筑面积3万平方米及以上。各省、自治区、直辖市住房城乡建设部门会同同级财政、税务部门，可根据租赁市场发展情况，对本地区全部或者部分城市在50%的幅度内下调标准。【摘自：财政部 税务总局 住房城乡建设部公告2021年第24号】

（14）自2023年1月1日至2027年12月31日，对增值税小规模纳税人、小型微利企业和个体工商户减半征收房产税。已依法享受房产税其他优惠政策的，可叠加享受上述优惠政策。【摘自：财政部 税务总局公告2023年第12号】

（15）自2024年1月1日至2027年12月31日对商品储备管理公司及其直属库自用的承担商品储备业务的房产，免征房产税。【摘自：财政部 税务总局公告2023年第48号】

（16）至2027年12月31日，对饮水工程运营管理单位自用的生产、办公用房产，免征房产税。【摘自：财政部 税务总局公告2023年第58号】

（17）由财政部门拨付事业经费的文化单位于2022年12月31日前转制为企业的，自转制注册之日起至2027年12月31日对其自用房产免征房产税。【摘自：财政部 税务总局 中央宣传部公告2024年第20号】

【即问即答】（2023年单选题）根据房产税法律制度的规定，下列各项中，免征房产税的是（　　）。

A.廉租住房经营管理单位按照政府规定价格向规定保障对象出租廉租住房

B.事业单位向专业化规模化住房租赁企业出租住房

C.企业按市场价格向个人出租用于居住的住房

D.居民住宅区内业主共有的经营性房产

【答案】A。

七、房产税的征收管理

（一）纳税义务发生时间

1.纳税人将原有房产用于生产经营，从生产经营之月起，缴纳房产税。

2.纳税人自行新建房屋用于生产经营，从建成之次月起，缴纳房产税。

3.纳税人委托施工企业建设的房屋，从办理验收手续之次月起，缴纳房产税。

4.纳税人购置新建商品房，自房屋交付使用之次月起，缴纳房产税。

5.纳税人购置存量房，自办理房屋权属转移、变更登记手续，房地产权属登记机关签发房屋权属证书之次月起，缴纳房产税。

6.纳税人出租、出借房产，自交付出租、出借本企业房产之次月起，缴纳房产税。

7.房地产开发企业自用、出租、出借本企业建造的商品房，自房屋使用或交付之次月起，缴纳房产税。

8.纳税人因房产的实物或权利状态发生变化而依法终止房产税纳税义务的，其应纳税款的计算截至房产的实物或权利状态发生变化的当月月末。

纳税人一次性收取租金，增值税、房产税如何缴纳？

【即问即答】（2018年多选题）根据《中华人民共和国房产税暂行条例》的规定，下列各项中，不符合房产税纳税义务发生时间规定的有（　　）。

A.纳税人将原有房产用于生产经营，从生产经营之次月起，缴纳房产税

B.纳税人自行新建房屋用于生产经营，从建成之次月起，缴纳房产税

C.纳税人委托施工企业建设的房屋，从办理验收手续之月起，缴纳房产税

D.纳税人购置新建商品房，自房屋交付使用之次月起，缴纳房产税

【答案】AC。

（二）纳税地点

房产税在房产所在地缴纳。房产不在同一地方的纳税人，应按房产的坐落地点分别向房产所在地的税务机关申报纳税。

（三）纳税期限

房产税实行按年计算、分期缴纳的征收方法，具体纳税期限由省、自治区、直辖市人民政府确定。

任务实施

针对"任务布置"中的经济业务，相关解析如下：

2024年应纳房产税＝（8 000－300－600－200）×（1－30%）×1.2%＋200×（1－30%）×1.2%×6÷12＋6×1.5×12%＝57.96＋0.84＋1.08＝59.88（万元）

任务二　认识契税

任务布置

黄海地产公司（纳税人识别号：28063256543786545W）主要从事房地产开发、物业管理、房地产租赁等业务，法定代表人为王哲业，2024年10月其涉及契税的相关资料如下：

2024年2月10日，经黄海市人民政府批准，黄海地产公司取得了新城区2号商业地块，并与黄海市国土资源局签订了新城区2号土地受让合同，计划开发商品住宅，土地面积为35 000平方米，每平方米出让价格为3 000元，10月20日通过银行转账付清了土地价款合计10 500万元，10月25日支付了土地登记费38 000元，当地政府核定的契税税率为4%。

任务：请计算黄海地产公司2024年10月应纳契税税额。

知识准备

契税，是指国家在土地、房屋权属转移时，按照当事人双方签订的合同（契约），以及所确定价格的一定比例，向权属承受人征收的一种税。2020年8月11日第十三届全国人民代表大会常务委员会第二十一次会议通过《中华人民共和国契税法》，自2021年9月1日起施行。2021年6月30日财政部、税务总局联合发布了《财政部 税务总局关于贯彻实施契税法若干事项执行口径的公告》（财政部 税务总局公告2021年第23号）；2021年8月27日财政部、税务总局联合发布了《关于契税法实施后有关优惠政策衔接问题的公告》（财政部 税务总局公告2021年第29号）；2024年11月12日财政部、税务总局、住房城乡建设部发布《关于促进房地产市场平稳健康发展有关税收政策的公告》（财政部 税务总局 住房城乡建设部公告2024年第16号）等法律法规构成了我国契税法律制度。

一、契税纳税人

契税纳税人，是指在我国境内承受土地、房屋权属转移的单位和个人。

契税由土地、房屋权属的承受人缴纳。这里所说的"承受"，是指以受让、购买、受赠、互换等方式取得土地、房屋权属的行为。土地、房屋权属，是指土地使用权和房屋所有权；单位，是指企业单位、事业单位、国家机关、军事单位和社会团体及其他组织；个人，是指个体经营者和其他个人。

【即问即答】（2021年单选题）根据契税法律制度的规定，下列各项中，属于契税纳税人的是（　　）。

A.转让土地使用权的企业　　　　　B.出租自有住房的个人

C.受赠房屋权属的个体工商户　　　D.继承父母车辆的子女

【答案】C。

二、契税征税范围

契税以在我国境内转移土地、房屋权属的行为作为征税对象。征收契税的土地、房屋权属，具体为土地使用权、房屋所有权。契税的征税范围主要包括：

（一）土地使用权出让

土地使用权出让，是指土地使用者向国家交付土地使用权出让费用，国家将土地使用权在一定年限内让与土地使用者的行为。出让费用包括出让金等。

（二）土地使用权转让

土地使用权转让，是指土地使用者以出售、赠与、互换或者其他方式将土地使用权转移给其他单位和个人的行为。土地使用权的转让不包括土地承包经营权和土地经营权的转移。

（三）房屋买卖

房屋买卖，是指房屋所有者将其房屋出售，由承受者交付货币、实物、无形资产或其他经济利益的行为。

（四）房屋赠与

房屋赠与，是指房屋所有者将其房屋无偿转让给受赠者的行为。

（五）房屋互换

房屋互换，是指房屋所有者之间相互交换房屋的行为。

（六）以其他方式转移土地、房屋权属的征税规定

以作价投资（入股）、偿还债务、划转、奖励等方式转移土地、房屋权属的，应当依照税法规定征收契税。对于这些转移土地、房屋权属的形式，可以分别视同土地使用权转让、房屋买卖或者房屋赠与征收契税。

土地使用权受让人通过完成土地使用权转让方约定的投资额度或投资特定项目，以此获取低价转让或无偿赠与的土地使用权的，属于契税征收范围，其计税价格由征收机关参照纳税义务发生时当地的市场价格核定。

公司增资扩股中，对以土地、房屋权属作价入股或作为出资投入企业的，征收契税；企业破产清算期间，对非债权人承受破产企业土地、房屋权属的，征收契税。

下列情形发生土地、房屋权属转移的，承受方应当依法缴纳契税：①因共有不动产份额变化的；②因共有人增加或者减少的；③因人民法院、仲裁委员会的生效法律文书或者监察机关出具的监察文书等因素，发生土地、房屋权属转移的。

（七）不属于契税征税范围的行为

土地、房屋典当、分拆（分割）、抵押及出租等行为，不属于契税的征税范围。

【注意】"抵押"和"抵债"的不同：①以土地、房屋"抵押"并不发生权属转移，不属于契税的征税范围；②以土地、房屋"抵债"则发生权属转移，属于契税的征税

范围。

【即问即答】（2023年单选题）下列各项中，不属于契税征税范围的是（　　）。

A.法定继承人承受房屋权属　　　　　B.房屋买卖

C.房屋典当　　　　　　　　　　　　D.房屋互换

【答案】C。

三、契税税率

（一）契税幅度税率及其确定

契税采用比例税率，实行3%~5%的幅度税率。具体适用税率由各省、自治区、直辖市人民政府在幅度税率规定范围内，按照本地区的实际情况提出，报同级人民代表大会常务委员会决定，并报全国人大常委会和国务院备案。

（二）地方差别税率

省、自治区、直辖市可以依照税法规定的程序对不同主体、不同地区、不同类型住房的权属转移确定差别税率。

四、契税计税依据

按照土地、房屋权属转移的形式、定价方法的不同，契税的计税依据确定如下：

（一）成交价格

土地使用权出让、出售，房屋买卖，以成交价格作为计税依据。成交价格是指土地、房屋权属转移合同确定的价格，包括承受者应交付的货币、实物、无形资产或其他经济利益对应的价款。**计征契税的成交价格不含增值税。**

土地使用权及所附建筑物、构筑物等（包括在建的房屋、其他建筑物、构筑物和其他附着物）转让的，计税依据为承受方应交付的总价款。

土地使用权出让的，计税依据包括土地出让金、土地补偿费、安置补助费、地上附着物和青苗补偿费、征收补偿费、城市基础设施配套费、实物配建房屋等应交付的货币及实物、其他经济利益对应的价款。

房屋附属设施（包括停车位、机动车库、非机动车库、顶层阁楼、储藏室及其他房屋附属设施）与房屋为同一不动产单元的，计税依据为承受方应交付的总价款，并适用与房屋相同的税率；房屋附属设施与房屋为不同不动产单元的，计税依据为转移合同确定的成交价格，并按当地确定的适用税率计税。

承受已装修房屋的，应将包括装修费用在内的费用计入承受方应交付的总价款。

（二）核定价格

土地使用权赠与、房屋赠与及其他没有价格的转移土地、房屋权属行为，为税务机关参照土地使用权出售、房屋买卖的市场价格依法核定的价格。

（三）互换价格差额

土地使用权互换、房屋互换，以所互换的土地使用权、房屋价格的差额为计税依据。土地使用权互换、房屋互换，互换价格相等的，互换双方计税依据为零；互换价格不相等的，以其差额为计税依据，由支付差额的一方缴纳契税。土地使用权与房屋所有权之间相互交换，也应按照上述办法确定计税依据。

（四）土地出让价款与成交价格

以划拨方式取得的土地使用权，经批准改为出让方式重新取得该土地使用权的，应由该土地使用权人以补缴的土地出让价款为计税依据缴纳契税。

先以划拨方式取得土地使用权，后经批准转让房地产，划拨土地性质改为出让的，承受方应分别以补缴的土地出让价款和房地产权属转移合同确定的成交价格为计税依据缴纳契税。

先以划拨方式取得土地使用权，后经批准转让房地产，划拨土地性质未发生改变的，承受方应以房地产权属转移合同确定的成交价格为计税依据缴纳契税。

（五）核定价格与差额

为了防止纳税人隐瞒、虚报成交价格以偷、逃税款，对纳税人申报的成交价格、互换价格差额明显偏低且无正当理由的，由税务机关依照税收征收管理法的规定核定。

税务机关依法核定计税价格，应参照市场价格，采用房地产价格评估等方法合理确定。

（六）计税依据不含增值税

契税计税依据不包括增值税，具体情形为：

1. 土地使用权出售、房屋买卖，承受方计征契税的成交价格不含增值税。实际取得增值税发票的，成交价格以发票上注明的不含税价格确定。

2. 土地使用权互换、房屋互换，契税计税依据为不含增值税价格的差额。

3. 税务机关核定的契税计税价格为不含增值税价格。

【即问即答】（2023年单选题）王某将价值80万元的房屋与李某价值100万元的厂房进行互换，差额以现金支付。已知：当地契税税率为3%，则王某应缴纳契税税额的下列算式中，正确的是（   ）。

A.（100 + 80）× 3% = 5.4（万元）   B.（100 - 80）× 3% = 0.6（万元）

C.100 × 3% = 3（万元）   D.80 × 3% = 2.4（万元）

【答案】B。

五、契税应纳税额的计算

契税应纳税额依照省、自治区、直辖市人民政府确定的适用税率和税法规定的计税依据计算征收。其计算公式为：

$$应纳税额 = 计税依据 × 税率$$

以作价投资（入股）、偿还债务等应交付经济利益的方式转移土地、房屋权属的，参照土地使用权出让、出售或房屋买卖确定契税适用税率、计税依据等。

以划转、奖励等没有价格的方式转移土地、房屋权属的，参照土地使用权或房屋赠与确定契税适用税率、计税依据等。

【即问即答】（2022年判断题）以划拨方式取得的土地使用权，经批准改为出让方式重新取得该土地使用权的，应由该土地使用权人以补缴的土地出让价款为计税依据缴纳契税。（   ）

【答案】√。

六、契税税收优惠

（一）全国法定免税情形

有下列情形之一的，免征契税：

1.国家机关、事业单位、社会团体、军事单位承受土地、房屋权属用于办公、教学、医疗、科研、军事设施。

享受契税免税优惠的土地、房屋用途具体如下：

（1）用于办公的，限于办公室（楼）及其他直接用于办公的土地、房屋；

（2）用于教学的，限于教室（教学楼）及其他直接用于教学的土地、房屋；

（3）用于医疗的，限于门诊部及其他直接用于医疗的土地，房屋；

（4）用于科研的，限于科学试验的场所及其他直接用于科研的土地、房屋；

（5）用于军事设施的，限于直接用于《中华人民共和国军事设施保护法》规定的军事设施的土地、房屋。

2.非营利性的学校、医疗机构、社会福利机构承受土地、房屋权属用于办公、教学、医疗、科研、养老、救助。

享受契税免税优惠的非营利性的学校、医疗机构、社会福利机构，限于上述三类单位中依法登记为事业单位、社会团体、基金会、社会服务机构等的非营利法人和非营利组织。其中：（1）学校的具体范围为经县级以上人民政府或者其教育行政部门批准成立的大学、中学、小学、幼儿园，实施学历教育的职业教育学校、特殊教育学校、专门学校，以及经省级人民政府或者其人力资源社会保障行政部门批准成立的技工院校。（2）医疗机构的具体范围为经县级以上人民政府卫生健康行政部门批准或者备案设立的医疗机构。（3）社会福利机构的具体范围为依法登记的养老服务机构、残疾人服务机构、儿童福利机构、救助管理机构、未成年人救助保护机构。

3.承受荒山、荒地、荒滩土地使用权用于农、林、牧、渔业生产。

4.婚姻关系存续期间夫妻之间变更土地、房屋权属。

5.法定继承人通过继承承受土地、房屋权属。

6.依照法律规定应当予以免税的外国驻华使馆、领事馆和国际组织驻华代表机构承受土地、房屋权属。

（二）地方酌定减免税情形

省、自治区、直辖市可以决定对下列情形免征或者减征契税：

1.因土地、房屋被县级以上人民政府征收、征用，重新承受土地、房屋权属；

2.因不可抗力灭失住房，重新承受住房权属。

经批准减征、免征契税的纳税人，改变有关土地、房屋的用途，或者有其他不再属于税法规定的减征、免征契税情形的，就不再属于减征、免征契税范围，并且应当补缴已经减征、免征的税款。

纳税人符合减征或者免征契税规定的，应当按照规定进行申报。

（三）临时减免税情形

1. 夫妻因离婚分割共同财产发生土地、房屋权属变更的，免征契税。

2. 城镇职工按规定第一次购买公有住房的，免征契税。

3. 自 2021 年 1 月 1 日至 2027 年 12 月 31 日，企业、事业单位改制重组执行下列契税政策：

（1）企业改制。企业按照《中华人民共和国公司法》有关规定整体改制，包括非公司制企业改制为有限责任公司或股份有限公司，有限责任公司变更为股份有限公司，股份有限公司变更为有限责任公司，原企业投资主体存续并在改制（变更）后的公司中所持股权（股份）比例超过 75%，且改制（变更）后公司承继原企业权利、义务的，对改制（变更）后公司承受原企业土地、房屋权属，免征契税。

（2）事业单位改制。事业单位按照国家有关规定改制为企业，原投资主体存续并在改制后企业中出资（股权、股份）比例超过 50% 的，对改制后企业承受原事业单位土地、房屋权属，免征契税。

（3）公司合并。两个或两个以上的公司，依照法律规定、合同约定，合并为一个公司，且原投资主体存续的，对合并后公司承受原合并各方土地、房屋权属，免征契税。

（4）公司分立。公司依照法律规定、合同约定分立为两个或两个以上与原公司投资主体相同的公司，对分立后公司承受原公司土地、房屋权属，免征契税。

（5）企业破产。企业依照有关法律法规规定实施破产，对债权人（包括破产企业职工）承受破产企业抵偿债务的土地、房屋权属，免征契税。

（6）资产划转。对承受县级以上人民政府或国有资产管理部门按规定进行行政性调整、划转国有土地、房屋权属的单位，免征契税。对同一投资主体内部所属企业之间土地、房屋权属的划转，包括母公司与其全资子公司之间，同一公司所属全资子公司之间，同一自然人与其设立的个人独资企业、一人有限公司之间土地、房屋权属的划转，免征契税。母公司以土地、房屋权属向其全资子公司增资，视同划转，免征契税。

（7）债权转股权。经国务院批准实施债权转股权的企业，对债权转股权后新设立的公司承受原企业的土地、房屋权属，免征契税。

（8）划拨用地出让或作价出资。以出让方式或国家作价出资（入股）方式承受原改制重组企业、事业单位划拨用地的，不属于上述规定的免税范围，对承受方应按规定征收契税。

（9）公司股权（股份）转让。在股权（股份）转让中，单位、个人承受公司股权（股份），公司土地、房屋权属不发生转移，不征收契税。

上述所称企业、公司，是指依照我国有关法律法规设立并在中国境内注册的企业、公司。所称投资主体存续，是指原改制重组企业、事业单位的出资人必须存在于改制重组后的企业，出资人的出资比例可以发生变动。所称投资主体相同，是指公司分立前后出资人不发生变动，出资人的出资比例可以发生变动。【摘自：财政部 税务总局公告 2023 年第 49 号】

（四）公共租赁住房税收优惠政策

对公共租赁住房经营管理单位购买住房作为公共租赁住房，免征契税。【摘自：财政部　税务总局公告2023年第33号】

（五）实施银行业金融机构、金融资产管理公司不良债权以物抵债有关税收政策

对银行业金融机构、金融资产管理公司接收抵债资产免征契税。【摘自：财政部　税务总局公告2023年第35号】

（六）农村饮水安全工程税收优惠政策

至2027年12月31日，对饮水工程运营管理单位为建设饮水工程而承受土地使用权，免征契税。【摘自：财政部　税务总局公告2023年第58号】

（七）保障性住房有关税费政策

自2023年10月1日起，对保障性住房经营管理单位回购保障性住房继续作为保障性住房房源的，免征契税。对个人购买保障性住房，减按1%的税率征收契税。【摘自：财政部　税务总局　住房城乡建设部公告2023年第70号】

（八）关于住房交易契税政策

1. 对个人购买家庭唯一住房（家庭成员范围包括购房人、配偶及未成年子女，下同），面积为140平方米及以下的，减按1%的税率征收契税；面积为140平方米以上的，减按1.5%的税率征收契税。

2. 对个人购买家庭第二套住房，面积为140平方米及以下的，减按1%的税率征收契税；面积为140平方米以上的，减按2%的税率征收契税。

【摘自：财政部　税务总局　住房城乡建设部公告2024年第16号】

【即问即答】（2022年单选题）2019年陈某继承父母的一套住房，当年与王某结婚并在不动产权证书上增加王某的姓名。2022年陈某与王某将该套住房转让给李某，随后李某将该套住房出租给郑某。上述事项中，契税的纳税人是（　　）。

A.李某　　　　　　B.王某　　　　　　C.陈某　　　　　　D.郑某

【答案】A。

七、契税征收管理

（一）纳税义务发生时间

契税的纳税义务发生时间是纳税人签订土地、房屋权属转移合同的当日，或者纳税人取得其他具有土地、房屋权属转移合同性质凭证的当日。具有土地、房屋权属转移合同性质的凭证包括契约、协议、合约、单据、确认书及其他凭证。纳税人应当在依法办理土地、房屋权属登记手续前申报缴纳契税。契税申报以不动产单元为基本单位。

纳税义务发生时间的具体情形如下：

（1）因人民法院、仲裁委员会的生效法律文书或者监察机关出具的监察文书等发生土地、房屋权属转移的，纳税义务发生时间为法律文书等生效当日。

（2）因改变土地、房屋用途等情形应当缴纳已经减征、免征契税的，纳税义务发生时间为改变有关土地、房屋用途等情形的当日。

房产交易契税
何时缴纳?契税
有滞纳金吗?

（3）因改变土地性质、容积率等土地使用条件须补缴土地出让价款，应当缴纳契税的，纳税义务发生时间为改变土地使用条件当日。

发生上述情形，按规定不再需要办理土地、房屋权属登记的，纳税人应自纳税义务发生之日起90日内申报缴纳契税。

（二）纳税地点

契税实行属地征收管理。纳税人发生契税纳税义务时，应向土地、房屋所在地的税务机关申报纳税。

（三）纳税申报

契税纳税人依法纳税申报时，应填报《财产和行为税税源明细表》中的《契税税源明细表》，并根据具体情形提交下列资料：

1. 纳税人身份证件。具体是指：单位纳税人为营业执照，或者统一社会信用代码证书或者其他有效登记证书；个人纳税人中，自然人为居民身份证，或者居民户口簿或者入境的身份证件，个体工商户为营业执照。

2. 土地、房屋权属转移合同或其他具有土地、房屋权属转移合同性质的凭证。

3. 交付经济利益方式转移土地、房屋权属的，提交土地、房屋权属转移相关价款支付凭证。其中，土地使用权出让为财政票据，土地使用权出售、互换和房屋买卖、互换为增值税发票。

4. 因人民法院、仲裁委员会的生效法律文书或者监察机关出具的监察文书等因素发生土地、房屋权属转移的，提交生效法律文书或监察文书等。

符合减免税条件的，应按规定附送有关资料或将资料留存备查。

（四）完税凭证与权属登记

纳税人办理纳税事宜后，税务机关应当开具契税完税凭证。纳税人办理土地、房屋权属登记，不动产登记机构应当查验契税完税、减免税凭证或者有关信息。未按照规定缴纳契税的，不动产登记机构不予办理土地、房屋权属登记。

税务机关在契税足额征收或办理免税（不征税）手续后，应通过契税的完税凭证或契税信息联系单（以下简称联系单）等，将完税或免税（不征税）信息传递给不动产登记机构。能够通过信息共享即时传递信息的，税务机关可不再向不动产登记机构提供完税凭证或开具联系单。

（五）契税的退还

在依法办理土地、房屋权属登记前，权属转移合同或权属转移合同性质凭证不生效、无效、被撤销或者被解除的，纳税人可以向税务机关申请退还已缴纳的税款，税务机关应当依法办理。

纳税人缴纳契税后发生下列情形，可依照有关法律法规申请退税：

1. 因人民法院判决或者仲裁委员会裁决导致土地、房屋权属转移行为无效、被撤销或者被解除，且土地、房屋权属变更至原权利人的。

2. 在出让土地使用权交付时，因容积率调整或实际交付面积小于合同约定面积须退还土地出让价款的。

3. 在新建商品房交付时，因实际交付面积小于合同约定面积须返还房价款的。纳税人依照规定向税务机关申请退还已缴纳契税的，应提供纳税人身份证件、完税凭证复印件，并根据下列不同情形提交相关资料：

（1）在依法办理土地、房屋权属登记前，权属转移合同或合同性质凭证不生效、无效、被撤销或者被解除的，提交合同或合同性质凭证不生效、无效、被撤销或者被解除的证明材料；

（2）因人民法院判决或者仲裁委员会裁决导致土地、房屋权属转移行为无效、被撤销或者被解除，且土地、房屋权属变更至原权利人的，提交人民法院、仲裁委员会的生效法律文书；

（3）在出让土地使用权交付时，因容积率调整或实际交付面积小于合同约定面积需退还土地出让价款的，提交补充合同（协议）和退款凭证；

（4）在新建商品房交付时，因实际交付面积小于合同约定面积须返还房价款的，提交补充合同（协议）和退款凭证。

税务机关收取纳税人退税资料后，应向不动产登记机构核实有关土地、房屋权属登记情况。核实后符合条件的即时受理，不符合条件的一次性告知应补正资料或不予受理原因。

上述要求纳税人提交的资料，各省、自治区、直辖市和计划单列市税务局能够通过信息共享即时查验的，可公告明确不再要求纳税人提交。

【即问即答】（2021年单选题）根据契税法律制度的规定，下列情形中，应计算缴纳契税的是（　　）。

A.法定继承人通过继承承受房屋权属　　B.企业以自有房屋等价互换另一企业房屋

C.个人承受企业无偿赠与的房屋权属　　D.个人以自有房屋对外出租

【答案】C。

【即问即答】（2018年判断题）李某的住房在地震中灭失，在他重新购买住房时，税务机关可酌情准予减征或者免征契税。（　　）

【答案】√。

任务实施

针对"任务布置"中的经济业务，相关解析如下：

黄海地产公司承受新城区2号土地应纳契税税额 = 10 500 × 4% = 420（万元）。

任务三　认识车船税

任务布置

2024年，浙江汇邦物流公司有整备质量为10吨的2辆货车，原值合计90万元；大客车 1 辆；小汽车 3 辆，小汽车排量分别为 1.8 升、2.0 升和 2.4 升。浙江省车船税税率为：载货汽车的整备质量为每吨 60 元；大客车的整备质量为每辆 600 元；排量 1.6～2.0 升（含）的小汽车整备质量为每辆 360 元，排量 2.0～2.5 升（含）的小汽车整备质量为每辆 660 元。车船税按年申报，分月计算，一次性缴纳。保险机构代收车船税的，纳税人应当在购买机动车交通事故责任强制保险的同时缴纳车船税。

　　任务：请计算浙江汇邦物流公司 2024 年应纳车船税。

知识准备

　　车船税，是指对在中国境内车船管理部门登记的车辆、船舶，按照规定税目和税额计算征收的一种税。2011 年 2 月 25 日，第十一届全国人民代表大会常务委员会第十九次会议通过了《中华人民共和国车船税法》，自 2012 年 1 月 1 日起施行。2011 年 12 月 5 日国务院发布，2019 年 3 月 2 日修正《中华人民共和国车船税法实施条例》。这些法律法规构成了我国车船税法律制度的主要内容。

一、车船税纳税人

　　车船税纳税人，是指在中国境内属于《中华人民共和国车船税法》所附"车船税税目税额表"规定的车辆、船舶（以下简称车船）的所有人或者管理人。

　　从事机动车第三者责任强制保险业务的保险机构为机动车车船税的扣缴义务人。

二、车船税征收范围

　　车船税征税范围，是指在中国境内属于《中华人民共和国车船税法》所规定的应税车辆和船舶。其具体包括：

　　1. 依法应当在车船登记管理部门登记的机动车辆和船舶；

　　2. 依法不需要在车船登记管理部门登记的在单位内部场所行驶或者作业的机动车辆和船舶。

三、车船税税目

　　车船税的税目分为 6 大类，包括乘用车、商用车、挂车、其他车辆、摩托车和船舶，具体范围见表 10-2。

表10-2　　　　　　　　　　　　　　车船税征税税目

税目			具体表述
乘用车			在设计和技术特性上主要用于载运乘客及随身行李，核定载客人数 9 人（含）以下的车辆
商用车	客车		核定载客人数 9 人（含）以上的车辆（包括电车）
	货车	半挂牵引车	装备有特殊装置用于牵引半挂车的商用车
		三轮汽车	最高设计车速不超过每小时 50 千米，具有 3 个车轮的货车
		低速载货汽车	以柴油机为动力，最高设计车速不超过每小时 70 千米，具有 4 个车轮的货车

续表

税目		具体表述
挂车		就其设计和技术特性而言，需由汽车或者拖拉机牵引，才能正常使用的一种无动力的道路车辆
其他车辆（不含拖拉机）	专用作业车	在其设计和技术特性上用于特殊工作的车辆
	轮式专用机械车	有特殊结构和专门功能，装有橡胶车轮可以自行行驶，最高设计车速大于每小时20千米的轮式工程机械车
摩托车		无论采用何种驱动方式，最高设计车速大于每小时50千米，或者使用内燃机，其排量大于50毫升的两轮或者三轮车辆
船舶		各类机动、非机动船舶及其他水上移动装置，包括机动船舶和游艇，但是船舶上装备的救生艇筏和长度小于5米的艇筏除外。其中，机动船舶是指机器推进的船舶；拖船是指专门用于拖（推）动运输船舶的专业作业船舶；非机动驳船，是指在船舶登记管理部门登记为驳船的非机动船舶；游艇是指具备内置机械推进动力装置，长度在90米以下，主要用于游览观光、休闲娱乐、水上体育运动等活动，且应当具有船舶检验证书和适航证书的船舶

【即问即答】（2022年单选题）根据车船税法律制度的规定，下列车辆中，不属于车船税征税范围的是（　　）。

A.挂车　　　　　B.低速载货汽车　　　C.三轮汽车　　　　D.拖拉机

【答案】D。

四、车船税税率

（一）幅度定额税率

车船税采用定额税率，又称固定税额。根据《中华人民共和国车船税法》的规定，对应税车船实行有幅度的定额税率，即对各类车船分别规定一个最低到最高限度的年税额。车船的适用税额依照《车船税税目税额表》执行。

租赁外籍船舶是否需要缴纳车船税？

（二）具体适用税额的确定

车辆的具体适用税额由省、自治区、直辖市人民政府依照《中华人民共和国车船税法》所附《车船税税目税额表》规定的税额幅度和国务院的规定确定并报国务院备案。

船舶的具体适用税额由国务院在《中华人民共和国车船税法》所附《车船税税目税额表》规定的税额幅度内确定。车船税具体税目税额见表10-3。

表10-3　　　　　　　　　　　车船税税目税额表

税目		计税单位	年基准税额	备注
乘用车（按发动机汽缸容量排气量分档）	1.0升（含）以下的	每辆	60～360	核定载客人数9人（含）以下
	1.0升以上至1.6升（含）的		300～540	
	1.6升以上至2.0升（含）的		360～660	

税目		计税单位	年基准税额	备注
乘用车（按发动机汽缸容量排气量分档）	2.0升以上至2.5升（含）的	每辆	660～1 200	核定载客人数9人（含）以下
	2.5升以上至3.0升（含）的		1 200～2 400	
	3.0升以上至4.0升（含）的		2 400～3 600	
	4.0升以上的		3 600～5 400	
商用车	客车	每辆	480～1 440	核定载客人数9人以上（包括电车）
	货车	整备质量每吨	16～120	包括半挂牵引车、三轮汽车和低速载货汽车等
挂车	—	整备质量每吨	按照货车税额的50%计算	—
其他车辆	专用作业车	整备质量每吨	16～120	不包括拖拉机
	轮式专用机械车	整备质量每吨	16～120	
摩托车	—	每辆	36～180	—
船舶	机动船舶	净吨位每吨	3～6	拖船、非机动驳船分别按照机动船舶税额的50%计算
	游艇	艇身长度每米	600～2 000	—

1.机动船舶具体适用税额如下：

（1）净吨位不超过200吨的，每吨3元；

（2）净吨位超过200吨但不超过2 000吨的，每吨4元；

（3）净吨位超过2 000吨但不超过10 000吨的，每吨5元；

（4）净吨位超过10 000吨的，每吨6元。

拖船按照发动机功率每1千瓦折合净吨位0.67吨计算征收车船税。拖船、非机动驳船分别按照机动船舶税额的50%计算。

2.游艇具体适用税额如下：

（1）艇身长度不超过10米的，每米600元；

（2）艇身长度超过10米但不超过18米的，每米900元；

（3）艇身长度超过18米但不超过30米的，每米1 300元；

（4）艇身长度超过30米的，每米2 000元；

（5）辅助动力帆艇，每米600元。

3.排气量、整备质量、核定载客人数、净吨位、千瓦、艇身长度，以车船登记管理部门核发的车船登记证书或者行驶证所载数据为准。

依法不需要办理登记、依法应当登记而未办理登记或者不能提供车船登记证书、行驶证的，以车船出厂合格证明或者进口凭证相应项目标注的技术参数、所载数据为准；不能提供车船出厂合格证明或者进口凭证的，由主管税务机关参照国家相关标准核定，没有国家相关标准的，参照同类车船核定。

五、车船税应纳税额的计算

（一）车船税计税依据

车船税以车船的计税单位数量为计税依据。《中华人民共和国车船税法》按车船的种类和性能，分别确定每辆、整备质量每吨、净吨位每吨和艇身长度每米为计税单位，具体如下：

1.乘用车、商用客车和摩托车，以**辆数**为计税依据。

2.商用货车、专用作业车、挂车和轮式专用机械车，以**整备质量吨位数**为计税依据。

3.机动船舶、非机动驳船、拖船，以**净吨位数**为计税依据。

4.游艇以**艇身长度**为计税依据。

【即问即答】（2023年单选题）根据车船税法律制度的规定，下列应税车辆中，以辆数为车船税计税依据的是（　　）。

A.商用客车　　　　　B.挂车　　　　　　　C.商用货车　　　　　D.轮式专用机械车

【答案】A。

（二）车船税应纳税额的计算

1.应纳税额的计算公式

车船税各税目应纳税额的计算见表10-4。

表10-4　　　　　　　　　　　　车船税应纳税额计算

税目		计税单位	计税依据	应纳税额
乘用车、摩托车、商用客车		每辆	辆数	应纳税额＝辆数×适用年基准税额
商用货车	挂车	整备质量每吨	整备质量吨位数	应纳税额＝整备质量吨位数×适用年基准税额×50%
	半挂牵引车、三轮汽车和低速载货汽车	整备质量每吨	整备质量吨位数	应纳税额＝整备质量吨位数×适用年基准税额
其他车辆	专业作业车			
	轮式专用机械车			
船舶	机动船舶	净吨位每吨	净吨位数	应纳税额＝净吨位数×适用年基准税额
	拖船、非机动驳船	净吨位每吨	净吨位数	应纳税额＝净吨位数×适用年基准税额×50%
	游艇	艇身长度每米	艇身长度	应纳税额＝艇身长度×适用年基准税额

2. 购置的新车船税的纳税时间

购置的新车船，购置当年的应纳税额自纳税义务发生的当月起按月计算。其计算公式为：

应纳税额 = 适用年基准税额 ÷ 12 × 应纳税月份数

【即问即答】（2022年单选题）2022年4月甲公司购置了净吨位600吨的机动船舶和净吨位300吨的非机动驳船各2艘。已知机动船舶车船税适用年基准税额为净吨位每吨4元。计算甲公司2022年度上述船舶应缴纳车船税税额的下列算式中，正确的是（ ）。

A.（600 × 2 × 4 × 50% + 300 × 2 × 4）÷ 12 × 8 = 3 200（元）

B.（600 × 2 × 4 + 300 × 2 × 4 × 50%）÷ 12 × 9 = 4 500（元）

C.（600 × 2 × 4 + 300 × 2 × 4 × 50%）÷ 12 × 8 = 4 000（元）

D.（600 × 2 × 4 × 50% + 300 × 2 × 4）÷ 12 × 9 = 3 600（元）

【答案】B。

3. 保险机构代收代缴车船税和滞纳金的计算

（1）购买短期交强险的车辆。对于境外机动车临时入境、机动车临时上路行驶、机动车距规定的报废期限不足1年而购买短期交强险的车辆，保单中"当年应缴"项目的计算公式为：

当年应缴 = 计税单位 × 年单位税额 ÷ 12 × 应纳税月份数

式中：应纳税月份数为"交强险"有效期起始日期的当月至截止日期当月的月份数。

（2）已向税务机关缴税的车辆或税务机关已批准减免税的车辆。对于已向税务机关缴税或税务机关已经批准免税的车辆，保单中"当年应缴"项目应为零。对于税务机关已批准减税的机动车，保单中"当年应缴"项目应根据减税前的应纳税额扣除依据减税证明中注明的减税幅度计算的减税额确定，其计算公式为：

减税车辆应纳税额 = 减税前应纳税额 × (1 − 减税幅度)

（3）对于2007年1月1日前购置的车辆或者曾经缴纳过车船税的车辆，保单中"往年补缴"项目的计算公式为：

往年补缴 = 计税单位 × 年单位税额 × (本次缴税年度 − 前次缴税年度 − 1)

式中：对于2007年1月1日前购置的车辆，纳税人从未缴纳车船税的，前次缴税年度设定为2006年。

（4）对于2007年1月1日以后购置的车辆，纳税人从购置时起一直未缴纳车船税的，保单中"往年补缴"项目的计算公式为：

往年补缴 = 购置当年欠缴的税款 + 购置年度以后欠缴的税款

购置当年欠缴的税款 = 计税单位 × 年单位税额 ÷ 12 × 应纳税月份数

应纳税月份数为车辆登记日期的当月起至该年度终了的月份数。若车辆尚未到车船管理部门登记，则应纳税月份数为购置日期的当月起至该年度终了的月份数。

$$购置年度以后欠缴税款 = \frac{计税单位}{单位} \times \frac{年单位税额}{} \times \left(本次缴税年度 - 车辆登记年度 - 1\right)$$

（5）滞纳金的计算。对于纳税人在应购买"交强险"截止日期以后购买"交强险"的，或以前年度没有缴纳车船税的，保险机构在代收代缴税款的同时，还应代收代缴欠缴税款的滞纳金。保单中"滞纳金"项目为各年度欠税应加收滞纳金之和。

每一年度欠税应加收的滞纳金 = 欠税金额 × 滞纳天数 × 0.5‰

滞纳天数的计算自应购买"交强险"截止日期的次日起到纳税人购买"交强险"当日止。纳税人连续两年以上欠缴车船税的，应分别计算每一年度欠税应加收的滞纳金。

购买二手车前，应先检查原车是否漏车船税？

六、车船税税收优惠

（一）免征车船税的车船

1. 捕捞、养殖渔船，是指在渔业船舶管理部门登记为捕捞船或者养殖船的渔业船舶。

2. 军队、武装警察部队专用的车船，是指按照规定在军队、武装警察部队车船登记管理部门登记，并领取军队、武警牌照的车船。

3. 警用车船，是指公安机关、国家安全机关、监狱、劳动教养管理机关和人民法院、人民检察院领取警用牌照的车辆和执行警务的专用船舶。

4. 悬挂应急救援专用号牌的国家综合性消防救援车辆和国家综合性消防救援船舶。

5. 依照法律规定应当予以免税的外国驻华使领馆、国际组织驻华代表机构及其有关人员的车船。

（二）车船税其他税收优惠

1. 对使用新能源车船，免征车船税。免征车船税的使用新能源汽车，是指纯电动商用车、插电式（含增程式）混合动力汽车、燃料电池商用车。纯电动乘用车和燃料电池乘用车不属于车船税征税范围，对其不征收车船税。

2. 临时入境的外国车船和中国香港特别行政区、澳门特别行政区、台湾地区的车船，不征收车船税。

3. 按照规定缴纳船舶吨税的机动船舶，自《中华人民共和国车船税法》实施之日起5年内免征车船税。

4. 依法不需要在车船登记管理部门登记的机场、港口、铁路站场内部行驶或者作业的车船，自《中华人民共和国车船税法》实施之日起5年内免征车船税。

5. 对节约能源车船，减半征收车船税。

减半征收车船税的节约能源乘用车应同时符合以下标准：①获得许可在中国境内销售的排量为1.6升以下（含1.6升）的燃用汽油、柴油的节约能源乘用车（含非插电式混合动力乘用车和双燃料乘用车）；②综合工况燃料消耗量应符合标准。

减半征收车船税的节约能源商用车应同时符合以下标准：①获得许可在中国境内销售的燃用天然气、汽油、柴油的重型商用车（含非插电式混合动力和双燃料重型商用车）；②燃用汽油、柴油的重型商用车综合工况燃料消耗量应符合标准。

6.对受地震、洪涝等严重自然灾害影响纳税困难及其他特殊原因确需减免税的车船，可以在一定期限内减征或者免征车船税。具体减免期限和数额由省、自治区、直辖市人民政府确定，报国务院备案。

7.省、自治区、直辖市人民政府根据当地实际情况，可以对公共交通车船，农村居民拥有并主要在农村地区使用的摩托车、三轮汽车和低速载货汽车定期减征或者免征车船税。

七、车船税征收管理

（一）纳税义务发生时间

车船税纳税义务发生时间为取得车船所有权或者管理权的当月。以购买车船的发票或其他证明文件所载日期的当月为准。

（二）纳税地点

车船税的纳税地点为车船的登记地或者车船税扣缴义务人所在地。

扣缴义务人代收代缴车船税的，纳税地点为扣缴义务人所在地。

纳税人自行申报缴纳车船税的，纳税地点为车船登记地的主管税务机关所在地。

依法不需要办理登记的车船，其车船税的纳税地点为车船的所有人或者管理人所在地。

（三）纳税期限

车船税按年申报，分月计算，一次性缴纳。纳税年度为公历1月1日至12月31日。具体申报纳税期限由省、自治区、直辖市人民政府规定。

1.从事机动车第三者责任强制保险业务的保险机构为机动车车船税的扣缴义务人，应当在收取保险费时依法代收车船税，并出具代收税款凭证。

机动车车船税扣缴义务人在代收车船税时，应当在机动车交通事故责任强制保险的保险单及保费发票上注明已收税款的信息，作为代收税款凭证。

2.已完税或者依法减免税的车辆，纳税人应当向扣缴义务人提供登记地的主管税务机关出具的完税凭证或者减免税证明。

3.纳税人没有按照规定期限缴纳车船税的，扣缴义务人在代收代缴税款时，可以一并代收代缴欠缴税款的滞纳金。

4.扣缴义务人已代收代缴车船税的，纳税人不再向车辆登记地的主管税务机关申报缴纳车船税。没有扣缴义务人的，纳税人应当向主管税务机关自行申报缴纳车船税。

5.纳税人缴纳车船税时，应当提供反映排气量、整备质量、核定载客人数、净吨位、千瓦、艇身长度等与纳税相关信息的相应凭证，以及税务机关根据实际需要要求提供的其他资料。纳税人以前年度已经提供前述所列资料信息的，可以不再提供。

6.已缴纳车船税的车船在同一纳税年度内办理转让过户的，不另纳税，也不退税。

（四）其他管理规定

1.公安、交通运输、农业、渔业等车船登记管理部门，船舶检验机构和车船税扣缴义务人的行业主管部门应当在提供车船有关信息等方面，协助税务机关加强车船税的征收管理。车辆所有人或者管理人在申请办理车辆相关登记、定期检验手续时，应当向公安机关交通管理部门提交依法纳税或者免税证明。公安机关交通管理部门核查后办理相关手续。公安机关交通管理部门在办理车辆相关登记和定期检验手续时，经核查，对没有提供依法纳税或者免税证明的，不予办理相关手续。

2.扣缴义务人应当及时解缴代收代缴的税款和滞纳金，并向主管税务机关申报。扣缴义务人向税务机关解缴税款和滞纳金时，应当同时报送税款明细和滞纳金扣缴报告。扣缴义务人解缴税款和滞纳金的具体期限，由省、自治区、直辖市地方税务机关依照法律、行政法规的规定确定。

3.购置的新车船，购置当年的应纳税额自纳税义务发生的当月起按月计算。应纳税额为年应纳税额除以12再乘以应纳税月份数。

4.在一个纳税年度内，已完税的车船被盗抢、报废、灭失的，纳税人可以凭有关管理机关出具的证明和完税凭证，向纳税所在地的主管税务机关申请退还自被盗抢、报废、灭失月份起至该纳税年度终了期间的税款。已办理退税的被盗抢车船失而复得的，纳税人应当从公安机关出具相关证明的当月起计算缴纳车船税。

【即问即答】（经典例题－单选题）某企业2024年年初拥有小轿车2辆；当年4月，1辆小轿车被盗，已按照规定办理退税。通过公安机关的侦查，9月被盗车辆失而复得，并取得公安机关的相关证明。已知当地小轿车车船税年税额为500元/辆，该企业2024年实际应缴纳的车船税下列计算中，正确的是（　　　）。

A.500×1＝500（元）　　　　　B.500＋500×3÷12＝625（元）
C.500＋500×7÷12＝792（元）　　D.500×2＝1 000（元）

【答案】C。该企业两辆车中一辆丢失，未丢失车辆正常缴纳车船税，丢失车辆自丢失月份起可凭证明申报退还已纳车船税，其后又失而复得的，自公安机关出具相关证明的当月起计算缴纳车船税。该企业4月丢失车辆9月找回，可申报退还4~8月共计5个月的税款。

任务实施

针对"任务布置"中的经济业务，相关解析如下：
（1）载货汽车年应纳车船税＝10×2×60＝1 200（元）
（2）大客车年应纳车船税＝600×1＝600（元）
（3）小汽车年应纳车船税＝360×2＋660×1＝1 380（元）
　　2024年应纳车船税＝1 200＋600＋1 380＝3 180（元）

项目十一

解读资源税类法律制度

知识目标
1. 掌握资源税纳税人
2. 掌握土地增值税纳税人和征税范围
3. 掌握城镇土地使用税纳税人和征税范围
4. 掌握耕地占用税纳税人和征税范围
5. 熟悉资源税应纳税额的计算
6. 熟悉土地增值税计税依据和应纳税额的计算
7. 熟悉城镇土地使用税的计税依据和应纳税额的计算
8. 了解资源税征税范围、税率、计税依据、税收优惠和征收管理
9. 了解土地增值税率、税收优惠和征收管理
10. 了解城镇土地使用税税率、税收优惠和征收管理
11. 了解耕地占用税税率、税收优惠和征收管理
12. 了解耕地占用税计税依据和应纳税额的计算
13. 了解烟叶税法律制度

能力目标
1. 能解读和运用资源税优惠政策
2. 能处理资源税纳税申报实务问题
3. 能识别资源税征收管理中的常见风险点，并提出合规管理建议

素质目标
1. 结合"生态文明建设"理解资源税功能，树立绿色发展和可持续发展理念
2. 深刻认识资源税调节收益分配功能，加强依法申报缴纳意识
3. 把握资源税支撑地方财源核心，透视改革惠民生态双维价值

价值引领

中国水资源税改革效果逐步显现

中国全面实施水资源"费改税"改革后首个征期已顺利结束。2025年1月23日，记者从国家税务总局采访了解到，水资源税首个申报期平稳有序，企业普遍反映良好，水资源税改革的效应逐步显现。

自2024年12月1日起，水资源"费改税"试点在全国范围内全面实施。水资源税可以按月、按季度或者按次申报缴纳。目前，各地税务部门均已完成水资源税首个征期的各项工作。

水资源"费改税"改革后，水资源税的征收单位由原来的水行政主管部门变为税务部门。税务部门与水行政主管部门建立数据共享机制，减少企业手动输入工作量，提升办税便利度。

按照规定，水资源税改革后，对用水效率达到国家用水定额先进值的相关纳税人，减征水资源税。这样的政策导向已经在纳税人中产生正面引导效应。多数企业正常生产用水成本并未因改革而增加，但节约用水的意识和动力持续增强。

南宁一家制糖企业的会计叶先生告诉记者："在水资源税开征前，我们测算了税收成本，并调整了用水策略，现在正在努力提高水资源的利用效率。"

此次改革明确，对洗车、洗浴、高尔夫球场、滑雪场等特种行业取用水，从高确定税额。贵州省遵义市习水县一家加油站法定代表人黄其通说，现在申报的水资源税比之前缴费时明显增加。"为了降低成本，我们对洗车人员开展了节水培训，后续计划通过更新洗车设备来达到节水的目的。"

中央财经大学财政税务学院院长樊勇指出，水资源税改革通过税收杠杆调节用水方式，鼓励节水改造和技术创新，提高用水效率。

资料来源：刘育英. 中国水资源税改革效果逐步显现［EB/OL］.［2025-01-24］. https://www.chinanews.com.cn/cj/2025/01-23/10358894.shtml.

请思考：我国为什么要在全国范围内开征水资源税？

任务一　认识资源税

任务布置

小张是山西省大同市华图矿产公司的财务人员。该公司以生产煤炭、原煤、铁矿原矿和精矿为主，同时小规模生产洗煤和选煤。2024年11月3日下午，该公司会计主管嘱咐小张核算缴纳2024年10月的资源税。山西省原煤和铁矿精矿资源税分别适用税率为8%和6%，小张整理该公司上月发生的各项业务如下：

（1）销售原煤6 000吨，销售价为800元/吨；

（2）移送铁矿原矿1 500吨加工成精矿1 000吨，每吨售价为2 800元，10月全部销售完毕；

（3）移送加工煤制品用原煤2 000吨，市场售价为620元/吨；

（4）出售选煤90吨，原煤售价为840元/吨，该选煤的折算率为1.1；

（5）销售铁矿原矿2 000吨，精矿每吨售价为2 800元，原矿与精矿的折算率为0.67。

任务：请计算2024年10月该公司应缴纳的资源税税额。

知识准备

资源税，是指对在我国领域或管辖的其他海域开发应税资源的单位和个人征收的一种税。2019年8月26日第十三届全国人民代表大会常务委员会第十二次会议通过了《中华人民共和国资源税法》，自2020年9月1日起施行，资源税由原来国务院制定的行政法规上升为全国人大制定的法律。

资源税法是贯彻习近平生态文明思想、落实税收法定原则、完善地方税体系的重要举措，是绿色税制建设的重要组成部分。资源税法吸收了近年来税收征管与服务的有效做法，践行了以纳税人为中心的服务理念，体现了深化"放管服"改革的要求。

国务院根据国民经济和社会发展需要，依照资源税法的原则，对取用地表水或者地下水的单位和个人试点征收水资源税。征收水资源税的，停止征收水资源费。【详见：财政部 税务总局 水利部关于印发《水资源税改革试点实施办法》的通知（财税〔2024〕28号）】

一、资源税纳税人

在中国领域和中国管辖的其他海域开发应税资源的单位和个人，为资源税的纳税人，其应当依照规定缴纳资源税。

中外合作开采陆上、海上石油资源的企业依法缴纳资源税。

2011年11月1日前已依法订立中外合作开采陆上、海上石油资源合同的，在该合同有效期内，继续依照国家有关规定缴纳矿区使用费，不缴纳资源税；合同期满后，依法缴纳资源税。

【注意】（1）"进口"应税资源不征收资源税。（2）资源税对生产者或开采者征收，并且于其"销售或自用"时一次性征收，批发、零售等环节不征收资源税。（3）**水资源税纳税人为在中国领域直接取用地表水或者地下水的单位和个人。**

【即问即答】（2021年单选题）根据资源税法律制度的规定，下列情形中，应缴纳资源税的是（　　）。

A.火电厂使用煤炭发电　　　　　　B.石材厂购进大理岩加工瓷砖

C.油田销售所开采的原油　　　　　　D.钢铁厂进口铁矿石

【答案】C。

二、资源税征税范围

应税资源的具体范围，由所附的《资源税税目税率表》确定。包括：能源矿产、金属矿产、非金属矿产、水气矿产、盐，共计5大类，各税目的征税对象包括原矿或选矿。水资源税的征税对象为地表水和地下水，不包括再生水、集蓄雨水、海水及海水淡化水、微咸水等非常规水。资源税税目税率表见表11-1。

表11-1　　　　　　　　　　　　资源税税目税率表

税目			征税对象	税率
能源矿产	原油		原矿	6%
	天然气、页岩气、天然气水合物		原矿	6%
	煤		原矿或者选矿	2%～10%
	煤成（层）气		原矿	1%～2%
	铀、钍		原矿	4%
	油页岩、油砂、天然沥青、石煤		原矿或者选矿	1%～4%
	地热		原矿	1%～20%或者每立方米1～30元
金属矿产	黑色金属	铁、锰、铬、钒、钛	原矿或者选矿	1%～9%
	有色金属	铜、铅、锌、锡、镍、锑、镁、钴、铋、汞	原矿或者选矿	2%～10%
		铝土矿	原矿或者选矿	2%～9%
		钨	选矿	6.5%
		钼	选矿	8%
		金、银	原矿或者选矿	2%～6%
		铂、钯、钌、锇、铱、铑	原矿或者选矿	5%～10%
		轻稀土	选矿	7%～12%
		中重稀土	选矿	20%
		铍、锂、锆、锶、镓、铯、铌、钽、锗、镓、铟、铊、铪、铼、镉、硒、碲	原矿或者选矿	2%～10%

续表

税目			征税对象	税率
非金属矿产	矿物类	高岭土	原矿或者选矿	1%~6%
		石灰岩	原矿或者选矿	1%~6%或者每吨（或者每立方米）1~10元
		磷	原矿或者选矿	3%~8%
		石墨	原矿或者选矿	3%~12%
		萤石、硫铁矿、自然硫	原矿或者选矿	1%~8%
		天然石英砂、脉石英、粉石英、水晶、工业用金刚石、冰洲石、蓝晶石、硅线石（矽线石）、长石、滑石、刚玉、菱镁矿、颜料矿物、天然碱、芒硝、钠硝石、明矾石、砷、硼、碘、溴、膨润土、硅藻土、陶瓷土、耐火粘土、铁矾土、凹凸棒石粘土、海泡石粘土、伊利石粘土、累托石粘土	原矿或者选矿	1%~12%
		叶蜡石、硅灰石、透辉石、珍珠岩、云母、沸石、重晶石、毒重石、方解石、蛭石、透闪石、工业用电气石、白垩、石棉、蓝石棉、红柱石、石榴子石、石膏	原矿或者选矿	2%~12%
		其他粘土（铸型用粘土、砖瓦用粘土、陶粒用粘土、水泥配料用粘土、水泥配料用红土、水泥配料用黄土、水泥配料用泥岩、保温材料用粘土）	原矿或者选矿	1%~5%或者每吨（或者每立方米）0.1~5元
	岩石类	大理岩、花岗岩、白云岩、石英岩、砂岩、辉绿岩、安山岩、闪长岩、板岩、玄武岩、片麻岩、角闪岩、页岩、浮石、凝灰岩、黑曜岩、霞石正长岩、蛇纹岩、麦饭石、泥灰岩、含钾岩石、含钾砂页岩、天然油石、橄榄岩、松脂岩、粗面岩、辉长岩、辉石岩、正长岩、火山灰、火山渣、泥炭	原矿或者选矿	1%~10%
		砂石（天然砂、卵石、机制砂石）	原矿或者选矿	1%~5%或者每吨（或者每立方米）0.1~5元
	宝玉石类	宝石、玉石、宝石级金刚石、玛瑙、黄玉、碧玺	原矿或者选矿	4%~20%

续表

税目		征税对象	税率
水气矿产	二氧化碳气、硫化氢气、氦气、氡气	原矿	2%～5%
	矿泉水	原矿	1%～20%或者每立方米1～30元
盐	钠盐、钾盐、镁盐、锂盐	选矿	3%～15%
	天然卤水	原矿	3%～15%或者每吨（或者每立方米）1～10元
	海盐		2%～5%

纳税人开采或者生产应税产品自用的，视同销售，应当依照规定缴纳资源税；但是，自用于连续生产应税产品的，不缴纳资源税。纳税人自用应税产品应当缴纳资源税的情形，包括纳税人将应税产品用于非货币性资产交换、捐赠、偿债、赞助、集资、投资、广告、样品、职工福利、利润分配或者连续生产非应税产品等。

水资源"费改税"试点将全面实施

【即问即答】（2021年判断题）采石厂将自采的花岗岩用于抵偿债务的，应当按规定缴纳资源税。（　　　）

【答案】√。

三、资源税税率

资源税采用比例税率和定额税率两种形式。税目、税率，按照《资源税税目税率表》执行。其中地热、石灰岩、其他粘土、砂石、矿泉水和天然卤水等6种应税资源采用比例税率或者定额税率，其他应税资源均采用比例税率。

《资源税税目税率表》中规定**实行幅度税率的，其具体适用税率由省、自治区、直辖市人民政府统筹考虑**该应税资源的品位、开采条件及对生态环境的影响等情况，在规定的税率幅度内提出，报同级人民代表大会常务委员会决定，并报全国人民代表大会常务委员会和国务院备案。《资源税税目税率表》中规定**征税对象为原矿或者选矿的，应当分别确定具体适用税率。**

水资源税的适用税额由各省、自治区、直辖市人民政府统筹考虑本地区水资源状况、经济社会发展水平和水资源节约保护要求，按照有关规定，在《各省、自治区、直辖市水资源税最低平均税额表》规定的最低平均税额基础上，**分类确定具体适用税额。**

四、资源税计税依据

资源税按照《资源税税目税率表》**实行从价计征或者从量计征。水资源税实行从量计征。**以纳税人开发应税资源产品的销售额或者销售数量为计税依据。

《资源税税目税率表》中规定可以选择实行从价计征或者从量计征的，具体计征方

式由省、自治区、直辖市人民政府提出，报同级人民代表大会常务委员会决定，并报全国人民代表大会常务委员会和国务院备案。

实行从价计征的，应纳税额按照资源税应税产品（以下简称应税产品）的销售额乘以具体适用税率计算。实行从量计征的，应纳税额按照应税产品的销售数量乘以具体适用税率计算。应税产品为矿产品的，包括原矿和选矿产品。

【注意】纳税人开采或者生产不同税目应税产品的，应当分别核算不同税目应税产品的销售额或者销售数量；未分别核算或者不能准确提供不同税目应税产品的销售额或者销售数量的，从高适用税率。

（一）销售额

1.销售额的认定

资源税应税产品的销售额，按照纳税人销售应税产品向购买方收取的全部价款确定，不包括增值税税款。计入销售额中的相关运杂费用，凡取得增值税发票或者其他合法有效凭据的，准予从销售额中扣除。相关运杂费用是指应税产品从坑口或者洗选（加工）地到车站、码头或者购买方指定地点的运输费用、建设基金及随运销产生的装卸、仓储、港杂费用。

2.核定销售额

纳税人申报的应税产品销售额明显偏低且无正当理由的，或者有自用应税产品行为而无销售额的，主管税务机关可以按下列方法和顺序确定其应税产品销售额：

（1）按纳税人最近时期同类产品的平均销售价格确定。

（2）按其他纳税人最近时期同类产品的平均销售价格确定。

（3）按后续加工非应税产品销售价格，减去后续加工环节的成本利润后确定。

（4）按应税产品组成计税价格确定。

$$组成计税价格 = 成本 \times (1 + 成本利润率) \div (1 - 资源税税率)$$

式中：成本利润率由省、自治区、直辖市税务机关确定。

（5）按其他合理方法确定。

（二）销售数量

应税产品的销售数量，包括纳税人开采或者生产应税产品的实际销售数量和自用于应当缴纳资源税情形的应税产品数量。

（三）计税依据的特殊规定

1.纳税人外购应税产品与自采应税产品混合销售或者混合加工为应税产品销售的，在计算应税产品销售额或者销售数量时，准予扣减外购应税产品的购进金额或者购进数量；当期不足扣减的，可结转下期扣减。纳税人应当准确核算外购应税产品的购进金额或者购进数量，未准确核算的，一并计算缴纳资源税。

纳税人核算并扣减当期外购应税产品购进金额、购进数量，应当依据外购应税产品的增值税发票、海关进口增值税专用缴款书或者其他合法有效凭据。

2.纳税人以外购原矿与自采原矿混合为原矿销售，或者以外购选矿产品与自产选矿产品混合为选矿产品销售的，在计算应税产品销售额或者销售数量时，直接扣减外购原矿或者外购选矿产品的购进金额或者购进数量。

纳税人以外购原矿与自采原矿混合洗选加工为选矿产品销售的，在计算应税产品销售额或者销售数量时，按照下列公式进行扣减：

$$准予扣减的外购应税产品购进金额(数量) = 外购原矿购进金额(数量) × \left(\frac{本地区原矿适用税率}{本地区选矿产品适用税率}\right)$$

不能按照上述公式计算扣减的，按照主管税务机关确定的其他合理方法进行扣减。

3.纳税人开采或者生产同一税目下适用不同税率应税产品的，应当分别核算不同税率应税产品的销售额或者销售数量；未分别核算或者不能准确提供不同税率应税产品的销售额或者销售数量的，从高适用税率。

4.纳税人以自采原矿（经过采矿过程采出后未进行选矿或者加工的矿石）直接销售，或者自用于应当缴纳资源税情形的，按照原矿计征资源税。

纳税人以自采原矿洗选加工为选矿产品（通过破碎、切割、洗选、筛分、磨矿、分级、提纯、脱水、干燥等过程形成的产品，包括富集的精矿和研磨成粉、粒级成型、切割成型的原矿加工品）销售，或者将选矿产品自用于应当缴纳资源税情形的，按照选矿产品计征资源税，在原矿移送环节不缴纳资源税。对于无法区分原生岩石矿种的粒级成型砂石颗粒，按照砂石税目征收资源税。

5.纳税人开采或者生产同一应税产品，其中既有享受减免税政策的，又有不享受减免税政策的，按照免税、减税项目的产量占比等方法分别核算确定免税、减税项目的销售额或者销售数量。

五、资源税应纳税额的计算

资源税的应纳税额，按照从价定率或者从量定额的办法，分别以应税产品的销售额乘以纳税人具体适用的比例税率或者以应税产品的销售数量乘以纳税人具体适用的定额税率计算。

（一）从价定率计征

实行从价定率计征办法的应税产品，资源税应纳税额按销售额和比例税率计算，其计算公式为：

$$应纳税额 = 应税产品的销售额 × 适用的比例税率$$

（二）从量定额计征

实行从量定额计征办法的应税产品，资源税应纳税额按销售数量和定额税率计算，其计算公式为：

$$应纳税额 = 应税产品的销售数量 × 适用的定额税率$$

（三）扣缴义务人代扣代缴资源税应纳税额的计算

$$代扣代缴应纳税额 = 收购未税产品的数量 × 适用定额税率$$

【即问即答】（2021年单选题）甲煤矿为增值税一般纳税人，2021年8月销售原煤取得不含增值税价款435万元，其中包含从坑口到码头的运输费用10万元、随运销产生的装卸费用5万元，均取得增值税发票。已知原煤的资源税税率为2%。甲煤矿当月应缴纳资源税税额为（　　）万元。

A.8.4　　　　　　　B.8.9　　　　　　　C.9　　　　　　　D.8.7

【答案】A。甲煤矿当月应缴纳资源税税额＝（435－10－5）×2%＝8.4（万元）。

【业务举例11-1】甲公司（一般纳税人）2025年2月将其开采的天然气销售给乙公司，取得销售额100万元（含增值税），另外向乙公司收取9万元的逾期付款违约金（价外收入）。已知甲公司开采的天然气适用的资源税税率为6%，增值税税率为9%。

要求：请计算该公司增值税销项税额和应纳资源税。

【解析】增值税销项税额＝（100＋9）÷（1＋9%）×9%＝9（万元）

应纳资源税＝（100＋9）÷（1＋9%）×6%＝6（万元）

六、资源税税收优惠

（一）免征资源税的情形

1. 开采原油及在油田范围内运输原油过程中用于加热的原油、天然气；

2. 煤炭开采企业因安全生产需要抽采的煤成（层）气。

（二）减征资源税的情形

1. 从低丰度油气田开采的原油、天然气，减征20%的资源税；

2. 高含硫天然气、三次采油和从深水油气田开采的原油、天然气，减征30%的资源税；

3. 稠油、高凝油减征40%的资源税；

4. 从衰竭期矿山开采的矿产品，减征30%的资源税。

5. 自2023年1月1日至2027年12月31日，对增值税小规模纳税人、小型微利企业和个体工商户减半征收资源税（不含水资源税），已依法享受资源税其他优惠政策的，可叠加享受上述优惠政策。【摘自：财政部 税务总局公告2023年第12号】

6. 自2023年9月1日至2027年12月31日，对充填开采置换出来的煤炭，资源税减征50%。【摘自：财政部 税务总局公告2023年第36号】

7. 为促进页岩气开发利用，有效增加天然气供给，在2027年12月31日之前，继续对页岩气资源税（按6%的规定税率）减征30%。【摘自：财政部 税务总局公告2023年第46号】

（三）地方减免资源税的情形

有下列情形之一的，省、自治区、直辖市可以决定免征或者减征资源税：

1. 纳税人开采或者生产应税产品过程中，因意外事故或者自然灾害等原因遭受重大损失。

2. 纳税人开采共伴生矿、低品位矿、尾矿。

上述规定的免征或者减征资源税的具体办法，由省、自治区、直辖市人民政府提出，报同级人民代表大会常务委员会决定，并报全国人民代表大会常务委员会和国务院备案。

【提示】纳税人开采或者生产同一应税产品同时符合两项或者两项以上减征资源税优惠政策的，除另有规定外，只能选择其中一项执行。

【注意】纳税人的减税、免税项目，应当单独核算销售额和销售数量；未单独核算或者不能准确提供销售额和销售数量的，不予减税或者免税。

【即问即答】（2022年多选题）根据资源税法律制度的规定，下列各项中，免征资源税的有（　　）。

A.在油田范围内运输原油过程中用于加热的原油

B.煤炭开采企业因安全生产需要抽采的煤成气

C.从低丰度油气田开采的原油

D.从深水油气田开采的天然气

【答案】AB。

七、资源税征收管理

（一）纳税义务发生时间

纳税人销售应税产品，纳税义务发生时间为收讫销售款或者取得索取销售款凭据的当日；自用应税产品的，纳税义务发生时间为移送应税产品的当日。

资源税由税务机关征收管理。海上开采的原油和天然气资源税由海洋石油税务管理机构征收管理。

（二）纳税地点

纳税人应当向矿产品的开采地或者海盐的生产地缴纳资源税。

（三）纳税期限

资源税按月或者按季申报缴纳；不能按固定期限计算缴纳的，可以按次申报缴纳。纳税人申报资源税时，应当填报《财产和行为税税源明细表》中的《资源税税源明细表》。纳税人享受资源税优惠政策，实行"自行判别、申报享受、有关资料留存备查"的办理方式，另有规定的除外。纳税人对资源税优惠事项留存材料的真实性和合法性承担法律责任。

纳税人按月或者按季申报缴纳的，应当自月度或者季度终了之日起15日内，向税务机关办理纳税申报并缴纳税款；按次申报缴纳的，应当自纳税义务发生之日起15日内，向税务机关办理纳税申报并缴纳税款。

【即问即答】（2018年单选题）根据资源税法律制度的规定，纳税人以1个月为一期纳税的，自期满之日起一定期限内申报纳税，该期限为（　　）。

A.10日　　　　　　B.15日　　　　　　C.20日　　　　　　D.25日

【答案】B。

任务实施

针对"任务布置"中的经济业务，相关解析如下：

（1）销售原煤应纳资源税 = 6 000 × 800 × 8% = 4 800 000 × 8% = 384 000（元）

（2）销售铁矿精矿应纳资源税 = 1 000 × 2 800 × 6% = 2 800 000 × 6% = 168 000（元）

（3）移送加工的原煤应纳资源税 = 2 000 × 620 × 8% = 1 240 000 × 8% = 99 200（元）

（4）出售选煤应纳资源税 = 90 ÷ 1.1 × 840 × 8% = 81.82 × 840 × 8% = 5 498.30（元）

（5）销售铁矿原矿应纳资源税 = 2 000 × 0.67 × 2 800 × 6% = 1 340 × 2 800 × 6% = 225 120（元）

任务二　认识土地增值税

🍃 任务布置 ◖◗◗

浙江广盛房地产开发公司于2025年2月将一座新建办公楼转让给甲企业，甲企业以1 500万元和一批价值500万元的货物支付；该公司按规定缴纳转让办公楼的增值税100万元；该公司为取得土地使用权而支付的地价款和按国家统一规定缴纳的有关税费合计为300万元；投入的房地产开发成本为400万元；房地产开发费用中的利息支出为120万元。已知该公司发生的利息支出不高于同期银行贷款利率且能够合理分摊并能够提供金融机构的证明，该公司所在地适用的房地产开发费用计算扣除比例为5%。

任务：

（1）请确定浙江广盛房地产开发公司转让新建办公楼的扣除项目金额和增值额；

（2）请计算浙江广盛房地产开发公司转让新建办公楼应纳土地增值税。

🍃 知识准备 ◖◗◗

土地增值税，是指对转让国有土地使用权、地上建筑物及其附着物并取得收入的单位和个人，就其转让房地产所取得的增值额征收的一种税。

1993年12月13日国务院颁布了《中华人民共和国土地增值税暂行条例》，并于1994年1月1日起施行。1995年1月财政部印发了《中华人民共和国土地增值税暂行条例实施细则》，从1995年1月27日起施行。之后，财政部、国家税务总局又陆续发布了一些有关土地增值税的规定、办法。这些共同构成了我国土地增值税法律制度。

目前，《中华人民共和国土地增值税法》正在制定过程中。财政部、国家税务总局2019年7月16日就《中华人民共和国土地增值税法（征求意见稿）》（以下简称《征求意见稿》）向社会公开征求意见。本任务按照《征求意见稿》相关内容进行了部分修订。

一、土地增值税纳税人

在中国境内转移房地产并取得收入的单位和个人，为土地增值税的纳税人，应当依法缴纳土地增值税。这里所称单位，包括各类企业单位、事业单位、国家机关和社会团体及其他组织；这里所称个人，包括个体经营者；此外，还包括外商投资企业、外国企业、外国驻华机构及海外华侨、港澳台同胞和外国公民。

【注意】《征求意见稿》规定：所称转移房地产，是指下列行为：（1）转让土地使用权、地上的建筑物及其附着物；（2）出让集体土地使用权、地上的建筑物及其附着物，或以集体土地使用权、地上的建筑物及其附着物作价出资、入股。土地承包经营权流转，不征收土地增值税。

二、土地增值税征税范围

（一）征税范围的一般规定

1.土地增值税只对转让国有土地使用权的行为征税，对出让国有土地的行为不征税

国有土地使用权，是指土地使用人根据国家法律、合同等规定，对国家所有的土地享有的使用权利。土地增值税只对企业、单位和个人转让国有土地使用权的行为征税。

国有土地出让由于土地使用权的出让方是国家，出让收入在性质上属于政府凭借所有权在土地一级市场上收取的租金，所以政府出让土地的行为及取得的收入不在土地增值税的征税之列。

2.土地增值税既对转让国有土地使用权的行为征税，也对转让地上建筑物及其他附着物产权的行为征税

地上建筑物，是指建于土地上的一切建筑物，包括地上、地下的各种附属设施，如厂房、仓库、商店、医院、住宅、地下室、围墙、烟囱、电梯、中央空调、管道等。所谓附着物，是指附着于土地上、不能移动，一经移动即遭损坏的种植物、养殖物及其他物品。上述建筑物和附着物的所有者对自己的财产依法享有占有、使用、收益和处置的权利，即拥有排他性的全部产权。

纳税人转让地上建筑物和其他附着物的产权，取得的增值性收入，也应计算缴纳土地增值税。换言之，纳入土地增值税征税范围的增值额，是纳税人转让房地产所取得的全部增值额，而非仅仅是转让土地使用权的增值额。

3.土地增值税只对有偿转让的房地产征税，对以继承、赠与等方式无偿转让的房地产，不予征税

不征土地增值税的房地产赠与行为包括以下两种情况：（1）房产所有人、土地使用权所有人将房屋产权、土地使用权赠与直系亲属或承担直接赡养义务人的行为。（2）房产所有人、土地使用权所有人通过中国境内非营利的社会团体、国家机关将房屋产权、土地使用权赠与教育、民政和其他社会福利、公益事业的行为。社会团体，是指中国青少年发展基金会、希望工程基金会、宋庆龄基金会、减灾委员会、中国红十字会、中国残疾人联合会、全国老年基金会、老区促进会，以及经民政部门批准成立的其他非营利的公益性组织。

（二）征税范围的特殊规定

1.房地产转为自用或出租

房地产开发企业将开发的部分房地产转为企业自用或用于出租等商业用途时，如果产权未发生转移，不征收土地增值税。

2.房地产交换

房地产交换，是指一方以房地产与另一方的房地产进行交换的行为。由于这种行为既发生了房产产权、土地使用权的转移，交换双方又取得了实物形态的收入，故属于土地增值税的征税范围。但对个人之间互换自有居住用房地产，经当地税务机关核实，可以免征土地增值税。

3.合作建房

对于一方出地，另一方出资金，双方合作建房，建成后按比例分房自用的，暂免征收土地增值税；建成后转让的，应征收土地增值税。

4.房地产出租

房地产出租，是指房产所有者或土地使用者，将房产或土地使用权租赁给承租人使用，由承租人向出租人支付租金的行为。房地产出租，出租人虽取得了收入，但没有发生房产产权、土地使用权的转让，因此不属于土地增值税的征税范围。

5.房地产抵押

房地产抵押，是指房产所有者或土地使用者作为债务人或第三人向债权人提供不动产作为清偿债务的担保而不转移权属的法律行为。这种情况下，房产产权、土地使用权在抵押期间并没有发生权属的变更，因此，对房地产的抵押，在抵押期间不征收土地增值税。待抵押期满后，视该房地产是否转移占有而确定是否征收土地增值税。对以房地产抵债而发生房地产权属转让的，应列入土地增值税的征税范围。

6.房地产代建行为

代建行为，是指房地产开发公司代客户进行房地产的开发，开发完成后向客户收取代建收入的行为。对房地产开发公司而言，虽然取得了收入，但没有发生房地产权属的转移，其收入属于劳务收入性质，故不属于土地增值税的征税范围。

7.房地产重新评估

国有企业在清产核资时对房地产进行重新评估而产生的评估增值，因其既没有发生房地产权属的转移，房产产权、土地使用权人也未取得收入，所以不属于土地增值税的征税范围。

8.土地使用者处置土地使用权

土地使用者转让、抵押或置换土地，无论其是否取得了该土地的使用权属证书，无论其在转让、抵押或置换土地过程中是否与对方当事人办理了土地使用权属证书变更登记手续，只要土地使用者享有占有、使用、收益或处分该土地的权利，且有合同等证据表明其实质转让、抵押或置换了土地并取得了相应的经济利益，土地使用者及其对方当事人就应依照税法规定缴纳增值税、土地增值税和契税等。

【即问即答】（2023年单选题）根据土地增值税法律制度的规定，下列各项中，属于土地增值税征税范围的是（　　）。

A.甲服装公司将厂房转让

B.王某将住房对外出租

C.乙房地产公司将开发的商品房转为办公自用

D.夏某将商铺用于抵押

【答案】A。

【即问即答】（2021年判断题）双方合作建商品房，建成后转让的，应征收土地增值税。（　　）

【答案】√。

土地增值税
征税范围归纳

三、土地增值税税率

土地增值税实行四级超率累进税率，见表11-2。

表11-2　　　　　　　　　　　土地增值税四级超率累进税率

级数	增值额与扣除项目金额的比率	适用税率	速算扣除率
1	不超过50%的部分	30%	0
2	超过50%至100%的部分	40%	5%
3	超过100%至200%的部分	50%	15%
4	超过200%的部分	60%	35%

四、土地增值税应纳税额的计算

（一）土地增值税计税依据

土地增值税的计税依据，是纳税人转让房地产所取得的增值额。转让房地产的增值额，是纳税人转让房地产的收入减除税法规定的扣除项目金额后的余额。

1.应税收入的确定

纳税人转让房地产取得的应税收入，应包括转让房地产的全部价款及有关的经济收益。纳税人转让房地产所取得的收入，包括货币收入、非货币收入。**纳税人转让房地产取得的应税收入为不含增值税收入。**

（1）货币收入。货币收入，是指纳税人转让房地产而取得的现金、银行存款，以及国库券、金融债券、企业债券、股票等有价证券。

（2）实物收入。实物收入，是指纳税人转让房地产而取得的各种实物形态的收入，如钢材、水泥等建材，房屋、土地等不动产。对于这些实物收入一般要按照公允价值确认应税收入。

（3）其他收入。其他收入，是指纳税人转让房地产而取得的无形资产收入或具有财产价值的权利，如专利权、商标权、著作权、专有技术使用权、土地使用权、商誉权等。对于这些无形资产收入一般要进行专门的评估，按照评估价确认应税收入。

（4）外币的折算。纳税人取得的收入为外国货币的，应当以取得收入当天或当月1日国家公布的市场汇价折合成人民币，据以计算土地增值税税额。当月以分期收款方式取得的外币收入，也应按实际收款日或收款当月1日国家公布的市场汇价折合成人民币。

【即问即答】某工业企业利用一块闲置的土地使用权换取某房地产公司的新建商品房，作为本单位职工的居住用房，由于没有取得收入，所以该企业不需要缴纳土地增值税。这种说法是否正确？

【答案】不正确。

2.扣除项目金额的确定

准予纳税人从房地产转让收入额减除的扣除项目金额具体包括以下内容：

（1）**取得土地使用权所支付的金额**。包括以下两方面的内容：

① 纳税人为取得土地使用权所支付的**地价款**。地价款的确定有下列三种方式：一是如果以协议、招标、拍卖等出让方式取得土地使用权，地价款为纳税人所支付的土地出让金；二是如果以行政划拨方式取得土地使用权，地价款为按照国家有关规定补交的土地出让金；三是如果以转让方式取得土地使用权，地价款为向原土地使用权人实际支付的地价款。

② 纳税人在取得土地使用权时按国家统一规定缴纳的有关费用和税金，是指纳税人在取得土地使用权过程中为办理有关手续，必须按国家统一规定缴纳的有关**登记**、**过户手续费和契税**。

（2）**房地产开发成本**。房地产开发成本，是指纳税人开发房地产项目实际发生的成本，包括土地征用及拆迁补偿费、前期工程费、建筑安装工程费、基础设施费、公共配套设施费、开发间接费用等。

（3）**房地产开发费用**。房地产开发费用，是指与房地产开发项目有关的销售费用、管理费用和财务费用。根据现行财务会计制度的规定，这三项费用作为期间费用，按照实际发生额直接计入当期损益。但在计算土地增值税时，**房地产开发费用并不是按照纳税人实际发生额进行扣除的，应分别按以下两种情况扣除：**

①财务费用中的利息支出，凡能够按转让房地产项目计算分摊并提供金融机构证明的，允许据实扣除的，但最高不能超过按商业银行同类同期贷款利率计算的金额。其他房地产开发费用，在按规定（取得土地使用权所支付的金额和房地产开发成本，下同）计算的金额之和的**5%**以内计算扣除。计算扣除的具体比例，由各省、自治区、直辖市人民政府确定。其计算公式为：

$$\begin{array}{l}\text{允许扣除的}\\\text{房地产开发费用}\end{array} = \text{利息} + (\begin{array}{c}\text{取得土地使用权}\\\text{所支付的金额}\end{array} + \begin{array}{c}\text{房地产}\\\text{开发成本}\end{array}) \times \begin{array}{c}\text{省级人民政府}\\\text{确定的比例}\end{array}$$

②财务费用中的利息支出，凡不能按转让房地产项目计算分摊利息支出或不能提供金融机构证明的，房地产开发费用在按规定计算的金额之和的**10%**以内计算扣除。计算扣除的具体比例，由各省、自治区、直辖市人民政府确定。其计算公式为：

$$\begin{array}{l}\text{允许扣除的}\\\text{房地产开发费用}\end{array} = (\begin{array}{c}\text{取得土地使用权}\\\text{所支付的金额}\end{array} + \begin{array}{c}\text{房地产开发}\\\text{成本}\end{array}) \times \begin{array}{c}\text{省级人民政府}\\\text{确定的比例}\end{array}$$

财政部、国家税务总局对扣除项目金额中利息支出的计算问题作了两点专门规定：一是利息的上浮幅度按国家的有关规定执行，超过上浮幅度的部分不允许扣除；二是对于超过贷款期限的利息部分和加罚的利息不允许扣除。

（4）**与转让房地产有关的税金**。与转让房地产有关的税金，是指在转让房地产时缴纳的**城市维护建设税**、**印花税**。因转让房地产缴纳的**教育费附加**，也可视同税金予以扣除。土地增值税扣除项目涉及的增值税进项税额，允许在销项税额中计算抵扣的，不计入扣除项目；不允许在销项税额中计算抵扣的，可以计入扣除项目。

房地产开发企业按照有关规定，其在转让时缴纳的**印花税已列入管理费用中，故不允许单独在此扣除。**其他纳税人缴纳的印花税允许在此扣除。

（5）**国务院确定的其他扣除项目。**对从事房地产开发的纳税人可按规定计算的金额之和，加计20%扣除。此条优惠只适用于从事房地产开发的纳税人，不适用于除此之外的其他纳税人。其计算公式为：

加计扣除金额 =（取得土地使用权所支付的金额 + 房地产开发成本）× 10%

（6）**旧房及建筑物的扣除金额。**

①按评估价格扣除。旧房及建筑物的评估价格，是指在转让已使用的房屋及建筑物时，由政府批准设立的房地产评估机构评定的重置成本价乘以成新度折扣率后的价格。评估价格须经当地税务机关确认。其计算公式为：

旧房及建筑物的评估价格 = 重置成本价 × 成新度

重置成本价，是指对旧房及建筑物，按转让时的建材价格及人工费用计算建造同样面积、同样层次、同样结构、同样建设标准的新房及建筑物所需花费的成本费用。成新度折扣率，是指按旧房的新旧程度作一定比例的折扣。

转让旧房应按房屋及建筑物的评估价格、取得土地使用权所支付的地价款和按国家统一规定缴纳的有关费用，以及在转让环节缴纳的税金作为扣除项目金额计征土地增值税。对取得土地使用权时未支付地价款或不能提供已支付的地价款凭据的，不允许扣除取得土地使用权所支付的金额。

②按购房发票金额计算扣除。纳税人转让旧房及建筑物，凡不能取得评估价格，但能提供购房发票的，经当地税务部门确认，**扣除项目的金额，可按发票所载金额并从购买年度起至转让年度止每年加计5%计算。**对于纳税人购房时缴纳的契税，凡能够提供契税完税凭证的，准予作为"与转让房地产有关的税金"予以扣除，但不作为加计5%的基数。

【即问即答】（2022年单选题）根据土地增值税法律制度的规定，纳税人开发房地产项目发生的下列支出中，不计入房地产开发成本的是（　　）。

A.建筑安装工程费　　　　　　　B.取得土地使用权时缴纳的契税

C.拆迁补偿费　　　　　　　　　D.基础设施费

【答案】B。

【注意】不同情况下扣除项目汇总见表11-3。

表11-3　　　　　　　　　　　　不同情况下扣除项目汇总

扣除项目	新建房地产		存量房地产	
	非房地产企业	房地产企业	旧房及建筑物	土地使用权
取得土地使用权所支付的金额	√	√	√	√
房地产开发成本	√	√		
房地产开发费用	√	√		
与转让房地产有关的税金	√	√	√	√
其他扣除项目（加计扣除）		√		√
旧房及建筑物的评估价格			√	

（二）计税依据的特殊规定

1.隐瞒、虚报房地产成交价格的

对于纳税人隐瞒、虚报房地产成交价格的，应由评估机构参照同类房地产的市场交易价格进行评估，税务机关根据评估价格确定转让房地产的收入。

2.提供扣除项目金额不实的

对于纳税人申报扣除项目金额不实的，应由评估机构按照房屋重置成本价乘以房屋的成新度折扣率计算的房屋成本价和取得土地使用权时的基准地价进行评估。税务机关根据评估价格确定房产的扣除项目金额，并用该房产所坐落土地取得时的基准地价或标准地价来确定土地的扣除项目金额，房产和土地的扣除项目金额之和即为该房地产的扣除项目金额。

3.转让房地产的成交价格明显偏低，又无正当理由的

转让房地产的成交价格明显偏低，又无正当理由的，是指纳税人申报的转让房地产的成交价明显低于正常的市场交易价，纳税人又不能提供有效凭据或无正当理由进行解释的行为。对于这种情况，应按评估的市场交易价确定其实际成交价，并以此作为转让房地产的收入计算征收土地增值税。

4.非直接销售和自用房地产收入的

房地产开发企业将开发产品用于职工福利、奖励、对外投资、分配给股东或投资人、抵偿债务、换取其他单位和个人的非货币性资产等，发生所有权转移时，应视同销售房地产，其收入按下列方法和顺序确认：一是按本企业在同一地区、同一年度销售的同类房地产的平均价格确定；二是由主管税务机关参照当地当年、同类房地产的市场价格或评估价值确定。

（三）土地增值税应纳税额的计算

1.应纳税额的计算公式

土地增值税按照纳税人转让房地产所取得的增值额和规定的税率计算征收。土地增值税的计算公式为：

$$应纳税额 = \sum (每级距的增值额 \times 适用税率)$$

由于分步计算比较烦琐，一般可以采用速算扣除法计算，即土地增值税税额，可按增值额乘以适用的税率减去扣除项目金额乘以速算扣除系数的简便方法计算。

2.应纳税额的计算步骤

根据上述计算公式，土地增值税应纳税额的计算可分为以下四步：

（1）计算增值额。

$$增值额 = 房地产转让收入 - 扣除项目金额$$

（2）计算增值率。

$$增值率 = 增值额 \div 扣除项目金额 \times 100\%$$

（3）确定适用税率。按照计算出的增值率，从土地增值税税率表中确定适用税率。

（4）计算应纳税额。

$$土地增值税应纳税额 = 增值额 \times 适用税率 - 扣除项目金额 \times 速算扣除率$$

【即问即答】（2023年单选题）2023年7月甲公司销售自行开发的房地产项目，取得不含增值税销售收入9 000万元，准予从房地产转让收入中扣减的扣除项目金额为5 900万元。已知增值额超过扣除项目金额50%、未超过扣除项目金额100%的部分，土地增值税税率为40%，速算扣除系数为5%。甲公司该笔业务应缴纳土地增值税税额的下列算式中，正确的是（　　）。

A.（9 000 − 5 900）×40% + 5 900×5% = 1 535（万元）

B.9 000×40% = 3 600（万元）

C.（9 000 − 5 900）×40% − 5 900×5% = 945（万元）

D.9 000×40% − 5 900×5% = 3 305（万元）

【答案】C。

【业务举例11-2】2025年某国有商业企业利用库房空地进行住宅商品房开发，按照国家有关规定补交土地出让金2 840万元，缴纳相关税费160万元；住宅开发成本为2 800万元。其中，装修费用为500万元。房地产开发费用中的利息支出为300万元（不能提供金融机构证明）。当年住宅全部销售完毕，取得销售收入共计9 000万元；缴纳转让相关税金499.5万元。已知该企业所在省人民政府规定的房地产开发费用的计算扣除比例为10%。

要求：请计算该企业销售住宅应缴纳的土地增值税税额。

【解析】非房地产开发企业缴纳的印花税允许作为税金扣除；非房地产开发企业不允许按照取得土地使用权所支付金额和房地产开发成本合计数的20%加计扣除。

（1）住宅销售收入为9 000万元。

（2）转让房地产的扣除项目金额包括：

①取得土地使用权所支付的金额 = 2 840 + 160 = 3 000（万元）

②住宅开发成本2 800万元。

③房地产开发费用 =（3 000 + 2 800）×10% = 580（万元）

④与转让房地产有关的税金为499.5万元。

⑤转让房地产的扣除项目金额 = 3 000 + 2 800 + 580 + 499.5 = 6 879.5（万元）

（3）转让房地产的增值额 = 9 000 − 6 879.5 = 2 120.5（万元）

（4）增值额与扣除项目金额的比率 = 2 120.5÷6 879.5×100% = 31%

（5）应纳土地增值税税额 = 2 120.5×30% = 636.15（万元）

五、土地增值税税收优惠

1.纳税人建造普通标准住宅出售，增值额未超过扣除项目金额20%的，免征土地增值税；增值额超过扣除项目金额20%的，应就其全部增值额按规定计税。

对纳税人既建普通标准住宅又搞其他房地产开发的，应分别核算增值额。不分别核算增值额或不能准确核算增值额的，其建造的普通标准住宅不能适用这一免税规定。

2.因国家建设需要依法征用、收回的房地产，免征土地增值税。

因国家建设需要依法征用、收回的房地产，是指因城市实施规划、国家建设的需要而被政府批准征用的房产或收回的土地使用权。

因城市实施规划、国家建设的需要而搬迁，由纳税人自行转让原房地产的，免征土地增值税。

3.企事业单位、社会团体及其他组织转让旧房作为公共租赁住房房源且增值额未超过扣除项目金额20%的，免征土地增值税。

4.自2008年11月1日起，对居民个人转让住房一律免征土地增值税。

5.自2021年1月1日至2027年12月31日，执行下列企业改制重组有关土地增值税政策：

（1）企业按照《中华人民共和国公司法》有关规定整体改制，包括非公司制企业改制为有限责任公司或股份有限公司，有限责任公司变更为股份有限公司，股份有限公司变更为有限责任公司，对改制前的企业将国有土地使用权、地上的建筑物及其附着物（以下称房地产）转移、变更到改制后的企业，暂不征收土地增值税。所称整体改制是指不改变原企业的投资主体，并承继原企业权利、义务的行为。

（2）按照法律的规定或者合同的约定，两个或两个以上企业合并为一个企业，且原企业投资主体存续的，对原企业将国有土地、房屋权属转移、变更到合并后的企业，暂不征收土地增值税。

（3）按照法律的规定或者合同的约定，企业分设为两个或两个以上与原企业投资主体相同的企业，对原企业将国有土地、房屋权属转移、变更到分立后的企业，暂不征收土地增值税。

（4）单位、个人在改制重组时以国有土地、房屋进行投资，对其将国有土地、房屋权属转移、变更到被投资的企业，暂不征收土地增值税。

（5）上述改制重组有关土地增值税政策不适用于房地产转移任意一方为房地产开发企业的情形。

【摘自：财政部 税务总局公告2023年第51号】

【即问即答】（2023年判断题）因国家建设需要搬迁，企业自行转让原房地产，应缴纳土地增值税。（   ）

【答案】×。

六、土地增值税征收管理

（一）纳税申报

纳税人应先在转让房地产合同签订后7日内，到房地产所在地主管税务机关办理纳税申报，并向税务机关提交房屋及建筑物产权、土地使用权证书，土地使用权转让、房产买卖合同、房地产评估报告及其他与转让房地产有关的资料，然后在税务机关规定的期限内缴纳土地增值税。

纳税人因经常发生房地产转让而难以在每次转让后申报的，经税务机关审核同意后，可以定期进行纳税申报，具体期限由主管税务机关根据情况确定。

纳税人采取预售方式销售房地产的，对在项目全部竣工结算前转让房地产取得的收入，税务机关可以预征土地增值税。具体办法由各省、自治区、直辖市税务局根据当地情况制定。

对于纳税人预售房地产所取得的收入，凡当地税务机关规定预征土地增值税的，纳税人应当到主管税务机关办理纳税申报，并按规定比例预缴，待办理完纳税清算后，多退少补。

（二）纳税清算

1.土地增值税的清算单位

土地增值税以国家有关部门审批的房地产开发项目为单位进行清算，对于分期开发的项目，以分期项目为单位清算。

开发项目中同时包含普通住宅和非普通住宅的，应分别计算增值额。

2.土地增值税的清算条件

（1）符合下列情形之一的，纳税人应进行土地增值税的清算：

① 房地产开发项目全部竣工、完成销售的；

② 整体转让未竣工决算房地产开发项目的；

③ 直接转让土地使用权的。

（2）符合下列情形之一的，主管税务机关可要求纳税人进行土地增值税清算：

① 已竣工验收的房地产开发项目，已转让的房地产建筑面积占整个项目可售建筑面积的比例在85%以上，或该比例虽未超过85%，但剩余的可售建筑面积已经出租或自用的；

② 取得销售（预售）许可证满3年仍未销售完毕的；

③ 纳税人申请注销税务登记但未办理土地增值税清算手续的；

④ 省级税务机关规定的其他情况。

3.土地增值税清算应报送的资料

纳税人办理土地增值税清算应报送下列资料：

（1）房地产开发企业清算土地增值税书面申请、土地增值税纳税申报表。

（2）项目竣工决算报表、取得土地使用权所支付的地价款凭证、国有土地使用权出让合同、银行贷款利息结算通知单、项目工程合同结算单、商品房购销合同统计表等与转让房地产的收入、成本和费用有关的证明资料。

（3）主管税务机关要求报送的其他与土地增值税清算有关的证明资料等。

纳税人委托税务中介机构审核鉴证的清算项目，还应报送中介机构出具的土地增值税清算税款鉴证报告。

4.清算后再转让房地产的处理

在土地增值税清算时未转让的房地产，清算后销售或有偿转让的，纳税人应按规定进行土地增值税的纳税申报，扣除项目金额按清算时的单位建筑面积成本费用乘以销售或转让面积计算。

单位建筑面积成本费用＝清算时的扣除项目总金额÷清算的总建筑面积

5.土地增值税的核定征收

房地产开发企业有下列情形之一的，税务机关可以实行核定征收土地增值税：

（1）依照法律、行政法规的规定应当设置但未设置账簿的。

（2）擅自销毁账簿或者拒不提供纳税资料的。

（3）虽设置账簿，但账目混乱或者成本资料、收入凭证、费用凭证残缺不全，难以确定转让收入或扣除项目金额的。

（4）符合土地增值税清算条件，未按照规定的期限办理清算手续，经税务机关责令限期清算，逾期仍不清算的。

（5）申报的计税依据明显偏低，又无正当理由的。

（三）纳税地点

土地增值税纳税人发生应税行为应向房地产所在地主管税务机关缴纳税款。这里所称的房地产所在地，是指房地产的坐落地。纳税人转让的房地产坐落在两个或两个以上地区的，应按房地产所在地分别申报纳税。

【即问即答】（2022年判断题）土地增值税纳税人发生应税行为，应向纳税人登记注册地主管税务机关缴纳土地增值税。（　　）

【答案】×。

任务实施

针对"任务布置"中的经济业务，相关解析如下：

第一步：确定浙江广盛房地产开发公司转让新建办公楼的扣除项目金额和增值额。

由于该公司属于房地产企业新建项目，其税前扣除项目有以下5项：

（1）取得土地使用权所支付的金额300万元。

（2）房地产开发成本400万元。

（3）由于财务费用中的利息支出"能分摊且能证明"，可扣除的房地产开发费用 = 120 + （300 + 400）× 5% = 155（万元）。

（4）与转让房地产有关的税金 = 100 × （7% + 3%）= 10（万元）

（5）房地产企业允许加计扣除费用 = （300 + 400）× 20% = 140（万元）

允许扣除项目金额 = 300 + 400 + 155 + 10 + 140 = 1 005（万元）

增值额 = 转让收入 − 扣除项目金额 = （1 500 + 500）− 1 005 = 995（万元）

第二步：计算浙江广盛房地产开发公司转让新建办公楼应纳土地增值税。

（1）增值率 = 995 ÷ 1 005 × 100% = 99%，故其所适用的税率为40%，速算扣除率为5%。

（2）应纳土地增值税 = 995 × 40% − 1 005 × 5% = 347.75（万元）

任务三　认识城镇土地使用税

任务布置

荣昌百货公司坐落在黄海市繁华地段南海路45号。2024年，该公司土地使用权证书上记载其占地面积为 6 400 平方米，土地使用证号为国用（2010）字第 12 号，经确认属一级地段，适用税率为 27 元/平方米。该公司另设一个统一核算的分店坐落在黄海市南山街 67 号，占地 5 400 平方米，土地使用证号为国用（2012）字第 88 号，经确认属三级地段，适用税率为 10 元/平方米。该公司有一座仓库位于黄海市市郊常新镇 222 号，占地面积为 1 200 平方米，土地使用证号为国用（2010）字第 23 号，经确认属五级地段，适用税率为 4 元/平方米。另外，该公司在市区还自办了一家幼儿园，占地面积为 2 000 平方米，土地使用证号为国用（2014）字第 20 号，经确认属三级地段，适用税率为 10 元/平方米，且该幼儿园用地能与企业其他用地明确区分开来。

任务：请计算荣昌百货公司 2024 年应纳城镇土地使用税税额。

知识准备

城镇土地使用税，是指国家在城市、县城、建制镇和工矿区范围内，对使用土地的单位和个人，以其实际占用的土地面积为计税依据，按照规定的税额计算征收的一种税。

一、城镇土地使用税纳税人

（一）城镇土地使用税纳税人的一般规定

城镇土地使用税纳税人，是指在税法规定的征税范围内使用土地的单位和个人。单位，包括国有企业、集体企业、私营企业、股份制企业、外商投资企业、外国企业以及其他企业和事业单位、社会团体、国家机关、军队以及其他单位；个人，包括个体工商户以及其他个人。

（二）城镇土地使用税纳税人的具体规定

城镇土地使用税的纳税人，根据用地者的不同情况分别确定为：

1. 城镇土地使用税由拥有土地使用权的单位或个人缴纳。

2. 拥有土地使用权的纳税人不在土地所在地的，由代管人或实际使用人缴纳。

3. **土地使用权未确定或权属纠纷未解决的，由实际使用人纳税。**

4. 土地使用权共有的，共有各方均为纳税人，由共有各方分别纳税。

土地使用权共有的，以共有各方实际使用土地的面积占总面积的比重，分别计算缴纳城镇土地使用税。

【即问即答】（2022 年单选题）根据城镇土地使用税法律制度的规定，下列关于城镇土地使用税纳税人的表述中，不正确的是（　　）。

A. 土地使用权未确定或权属纠纷未解决的，由实际使用人缴纳

B. 拥有土地使用权的纳税人不在土地所在地的，暂不缴纳

C. 土地使用权共有的，共有各方均为纳税人，由共有各方分别缴纳

D. 城镇土地使用税由拥有土地使用权的单位或个人缴纳

【答案】B。

二、城镇土地使用税征税范围

(一) 城镇土地使用税征税范围的一般规定

城镇土地使用税的征税范围，是税法规定的纳税区域内的土地。**凡在城市、县城、建制镇、工矿区范围内的土地，不论是属于国家所有的土地，还是属于集体所有的土地，都属于城镇土地使用税的征税范围。**

(二) 城镇土地使用税征税范围的具体规定

城市，是指国务院批准设立的市，城市的征税范围包括市区和郊区。

县城，是指县人民政府所在地，县城的征税范围为县人民政府所在地的城镇。

建制镇，是指经省级人民政府批准设立的建制镇，建制镇的征税范围为镇人民政府所在地的地区，但不包括镇政府所在地所辖行政村。

工矿区，是指工商业比较发达，人口比较集中，符合国务院规定的建制镇标准，但尚未设立建制镇的大中型工矿企业所在地，工矿区的设立必须经省级人民政府批准。

城市、县城、建制镇和工矿区虽然有行政区域和城建区域之分，但区域中的不同地方，其自然条件和经济繁荣程度各不相同，情况非常复杂，各省级人民政府可根据税法的规定，具体划定本地城市、县城、建制镇和工矿区的具体征税范围。

【注意】(1) 房产税的征税范围是城市、县城、建制镇和工矿区内的房屋，不包括农村。(2) 建立在城市、县城、建制镇和工矿区以外的工矿企业，不缴纳城镇土地使用税。(3) 公园、名胜古迹内的索道公司经营用地，应按规定缴纳城镇土地使用税。

【即问即答】(2017年多选题) 根据城镇土地使用税法律制度的相关规定，下列各项中属于城镇土地使用税征收范围的有 (　　)。

A. 集体所有的建制镇土地　　　　　　B. 集体所有的城市土地

C. 集体所有的农村土地　　　　　　　D. 国家所有的工矿区土地

【答案】ABD。

三、城镇土地使用税税率

(一) 定额税率

城镇土地使用税采用定额税率，即采用有幅度的差别税额。按大、中、小城市和县城、建制镇、工矿区分别规定每平方米城镇土地使用税年应纳税额。大、中、小城市以公安部门登记在册的非农业正式户口人数为依据，按照国务院颁布的《城市规划条例》中规定的标准划分。人口在50万人以上的为大城市；人口在20万人～50万人之间的为中等城市；人口在20万人以下的为小城市。

(二) 每平方米年税额标准

城镇土地使用税每平方米年税额标准具体规定见表11-4。

表11-4　城镇土地使用税税率表

级别	非农业人口（人）	每平方米税额（元）
大城市	50万以上	1.5 ~ 30
中等城市	20万 ~ 50万	1.2 ~ 24
小城市	20万以下	0.9 ~ 18
县城、建制镇、工矿区	—	0.6 ~ 12

城镇土地使用税规定幅度税额，并且每个幅度税额的差距为20倍。这主要考虑我国各地存在着悬殊的土地级差收益，同一地区内不同地段的市政建设情况和经济发展程度也有较大的差别。

（三）各地具体适用税额的规定

省、自治区、直辖市人民政府，在上述规定的税额幅度内，根据市政建设情况、经济繁荣程度等条件，确定所辖地区的适用税额幅度。经济落后地区，城镇土地使用税的适用税额标准可适当降低，但降低幅度不得超过上述规定最低税额的30%。经济发达地区，城镇土地使用税的适用税额可以适当提高，但须报经财政部批准。这样，各地在确定不同地段的等级和适用税额时，就有选择余地，以尽可能平衡税负。

四、城镇土地使用税应纳税额计算

（一）城镇土地使用税计税依据

城镇土地使用税的计税依据是纳税人实际占用的土地面积。土地面积以平方米为计量标准，具体按下列办法确定：

1. 凡由省级人民政府确定的单位组织测定土地面积的，以测定的土地面积为准。

2. 尚未组织测定，但纳税人持有政府部门核发的土地使用证书的，以证书确定的土地面积为准。

3. 尚未核发土地使用证书的，应由纳税人据实申报土地面积，并据以纳税，待核发土地使用证书后再作调整。

【即问即答】（2022年单选题）甲公司购入一宗土地，取得政府部门核发的土地使用证书注明的该宗土地面积为1 800平方米。甲公司在该土地上建造办公楼，楼座占地面积为1 200平方米，建筑面积5 000平方米。甲公司该宗土地应缴纳城镇土地使用税的土地面积为（　　）平方米。

A.5 000　　　　B.1 200　　　　C.8 000　　　　D.1 800

【答案】D。

（二）城镇土地使用税应纳税额的计算

城镇土地使用税以纳税人实际占用的土地面积为计税依据，按照规定的适用税额计算征收。其应纳税额计算公式为：

年应纳税额 = 实际占用应税土地面积（平方米）× 适用税额

【即问即答】（2023年单选题）甲公司2023年实际占地面积30 000平方米，其中位于市区的办公区占地 27 000 平方米、职工生活区占地 2 000 平方米，位于农村的仓库占地 1 000 平方米。已知城镇土地使用税税率每平方米年税额为 5 元。计算甲公司 2023 年度应缴纳城镇土地使用税税额的下列算式中，正确的是（　　）。

A.27 000 × 5 = 135 000（元）

B.（27 000 + 1 000）× 5 = 140 000（元）

C.（27 000 + 2 000）× 5 = 145 000（元）

D.30 000 × 5 = 150 000（元）

【答案】C。

【业务举例11-3】某企业实际占地面积为 25 000 平方米，经税务机关核定，该企业所在地段适用的城镇土地使用税每平方米税额为 2 元。

要求：请计算该企业全年应缴纳的城镇土地使用税税额。

【解析】该企业全年应纳城镇土地使用税 = 25 000 × 2 = 50 000（元）。

五、城镇土地使用税税收优惠

（一）下列用地免征城镇土地使用税

1. 国家机关、人民团体、军队自用的土地；

2. 由国家财政部门拨付事业经费的单位自用的土地；

3. 宗教寺庙、公园、名胜古迹自用的土地；

4. 市政街道、广场、绿化地带等公共用地；

5. 直接用于农、林、牧、渔业的生产用地；

6. 经批准开山填海整治的土地和改造的废弃土地，从使用的月份起免缴城镇土地使用税 5～10 年；

7. 由财政部另行规定免税的能源、交通、水利设施用地和其他用地。

（二）城镇土地使用税税收优惠的特殊规定

1.城镇土地使用税与耕地占用税的征税范围衔接

（1）凡是缴纳了耕地占用税的，从批准征用之日起满 1 年后征收城镇土地使用税。

（2）征用非耕地因不需要缴纳耕地占用税，应从批准征用之次月起征收城镇土地使用税。

2.免税单位与纳税单位之间无偿使用的土地

（1）对免税单位无偿使用纳税单位的土地（如公安、海关等单位使用铁路、民航等单位的土地），免征城镇土地使用税。

（2）对纳税单位无偿使用免税单位的土地，纳税单位应照章缴纳城镇土地使用税。

3.房地产开发公司开发建造商品房的用地

房地产开发公司开发建造商品房的用地，除经批准开发建设经济适用房的用地外，对各类房地产开发用地一律不得减免城镇土地使用税。

4.防火、防爆、防毒等安全防范用地

对各类危险品仓库、厂房所需的防火、防爆、防毒等安全防范用地，可由各省、自治区、直辖市税务局确定，暂免征收城镇土地使用税；对仓库库区、厂房本身用地，应

依法征收城镇土地使用税。

5.企业的铁路专用线、公路等用地

对企业的铁路专用线、公路等用地除另有规定外，在企业厂区（包括生产、办公及生活区）以内的，应照章征收城镇土地使用税；在厂区以外、与社会公用地段未加隔离的，暂免征收城镇土地使用税。

6.石油天然气（含页岩气、煤层气）生产企业用地

（1）下列石油天然气生产建设用地暂免征收城镇土地使用税：

① 石油地质勘探、钻井、井下作业、油田地面工程等施工临时用地；

② 企业产区以外的铁路专用线、公路及输油（气、水）管道用地；

③ 石油长输管线用地。

（2）在城市、县城、建制镇以外工矿区内的消防、防洪排涝、防风、防沙设施用地，暂免征收城镇土地使用税。

（3）除上述列举免税的土地外，其他油气生产及办公、生活区用地，依照规定征收城镇土地使用税。享受上述税收优惠的用地，用于非税收优惠用途的，不得享受税收优惠。

7.林业系统用地

（1）对林区的育林地、运材道、防火道、防火设施用地，免征城镇土地使用税。

（2）林业系统的森林公园、自然保护区可比照公园免征城镇土地使用税。

（3）除上述列举免税的土地外，对林业系统的其他生产用地及办公、生活区用地，均应征收城镇土地使用税。

8.盐场、盐矿用地

（1）对盐场、盐矿的生产厂房、办公、生活区用地，应照章征收城镇土地使用税。

（2）对盐场的盐滩、盐矿的矿井用地，暂免征收城镇土地使用税。

（3）对盐场、盐矿的其他用地，由各省、自治区、直辖市税务局根据实际情况，确定征收城镇土地使用税或给予定期减征、免征的照顾。

9.矿山企业用地

矿山的采矿场、排土场、尾矿库、炸药库的安全区，以及运矿运岩公路、尾矿输送管道及回水系统用地，免征城镇土地使用税。

10.电力行业用地

（1）火电厂厂区围墙内的用地，均应征收城镇土地使用税。对厂区围墙外的灰场、输灰管、输油（气）管道、铁路专用线用地，免征城镇土地使用税；厂区围墙外的其他用地，应照章征税。

（2）水电站的发电厂房用地（包括坝内、坝外式厂房），生产、办公、生活用地，应征收城镇土地使用税；对其他用地，给予免税照顾。

（3）对供电部门的输电线路用地、变电站用地，免征城镇土地使用税。

11.水利设施用地

（1）水利设施及其管护用地（如水库库区、大坝、堤防、灌渠、泵站等用地），免征城镇土地使用税；其他用地，如生产、办公、生活用地，应照章征税。

（2）对兼有发电的水利设施用地城镇土地使用税的征免，具体办法比照电力行业征免城镇土地使用税的有关规定办理。

12. 交通部门港口用地

对港口的码头（泊位，包括岸边码头、伸入水中的浮码头、堤岸、堤坝、栈桥等）用地，免征城镇土地使用税。

13. 民航机场用地

（1）机场飞行区（包括跑道、滑行道、停机坪、安全带、夜航灯光区）用地、场内外通信导航设施用地和飞行区四周排水防洪设施用地，免征城镇土地使用税。

（2）在机场道路中，场外道路用地免征城镇土地使用税；场内道路用地依照规定征收城镇土地使用税。

（3）机场工作区（包括办公、生产和维修用地及候机楼、停车场）用地、生活区用地、绿化用地，均须依照规定征收城镇土地使用税。

14. 老年服务机构自用的土地

老年服务机构，是指专门为老年人提供生活照料、文化、护理、健身等多方面服务的福利性、非营利性的机构，主要包括老年社会福利院、敬老院（养老院）、老年服务中心、老年公寓（含老年护理院、康复中心、托老所）等老年服务机构自用土地，免征城镇土地使用税。

15. 用于体育活动的土地

国家机关、军队、人民团体、财政补助事业单位、居民委员会、村民委员会拥有的体育场馆，用于体育活动的土地，免征城镇土地使用税。

经费自理事业单位、体育社会团体、体育基金会、体育类民办非企业单位拥有并运营管理的体育场馆，符合相关条件的，用于体育活动的土地，免征城镇土地使用税。企业拥有并运营管理的大型体育场馆，用于体育活动的土地，减半征收城镇土地使用税。

享受上述税收优惠体育场馆的运动场地，用于体育活动的天数不得低于全年自然天数的70%。

16. 农产品批发市场、农贸市场专用的土地

至2027年12月31日，对农产品批发市场、农贸市场（包括自有和承租，下同）专门用于经营农产品的房产、土地，暂免征收城镇土地使用税。对同时经营其他产品的农产品批发市场和农贸市场使用的房产、土地，按其他产品与农产品交易场地面积的比例确定征收城镇土地使用税。

农产品批发市场、农贸市场的行政办公区、生活区，以及商业餐饮娱乐等非直接为农产品交易提供服务的房产、土地，应按规定征收城镇土地使用税。【摘自：财政部 税务总局公告2023年第50号】

17. 科技企业孵化器、大学科技园和众创空间供在孵对象使用的土地

自2024年1月1日至2027年12月31日，对国家级、省级科技企业孵化器、大学科技园和国家备案众创空间自用以及无偿或通过出租等方式提供给在孵对象使用的房产、土地，免征城镇土地使用税。【摘自：财政部 税务总局 科技部 教育部公告2023年第42号】

18.延续供热企业城镇土地使用税优惠政策

自2019年1月1日起至2027年供暖期结束，对向居民供热收取采暖费的供热企业，为居民供热所使用的土地免征城镇土地使用税；对供热企业其他土地，应当按照规定征收城镇土地使用税。【摘自：财政部 税务总局公告2023年第56号】

19.物流企业大宗商品仓储设施用地城镇土地使用税优惠政策

自2020年1月1日起至2027年12月31日止，对物流企业自有（包括自用和出租）或承租的大宗商品仓储设施用地，减按所属土地等级适用税额标准的50%计征城镇土地使用税。

物流企业的办公、生活区用地及其他非直接用于大宗商品仓储的土地，不属于减税范围，应按规定征收城镇土地使用税。【摘自：财政部 税务总局公告2023年第5号】

【即问即答】（2022年单选题）甲物流公司位于郊区，2022年度实际占地3 000平方米，其中大宗商品仓储设施用地2 000平方米，办公生活区用地1 000平方米。已知城镇土地使用税每平方米年税额为3元。计算甲物流公司2022年度应缴纳城镇土地使用税税额的下列算式中，正确的是（　　）。

A.3 000×3＝9 000（元）

B.3 000×3×50%＝4 500（元）

C.2 000×3×50%＋1 000×3＝6 000（元）

D.1 000×3＝3 000（元）

【答案】C。

【解析】物流企业自有（包括自用和出租）或承租的大宗商品仓储设施用地，减半征收城镇土地使用税。

20.继续实施公共租赁住房税收优惠政策

至2025年12月31日，对公租房建设期间用地及公租房建成后占地，免征城镇土地使用税。在其他住房项目中配套建设公租房，按公租房建筑面积占总建筑面积的比例免征建设、管理公租房涉及的城镇土地使用税。【摘自：财政部 税务总局公告2023年第33号】

21.对公交站场、客运站场、轨道交通系统减免优惠政策

至2027年12月31日，对城市公交站场、道路客运站场、城市轨道交通系统运营用地，免征城镇土地使用税。【摘自：财政部 税务总局公告2023年第52号】

22.继续实施国家商品储备税收优惠政策

自2024年1月1日至2027年12月31日，对商品储备管理公司及其直属库自用的承担商品储备业务的土地，免征城镇土地使用税。【摘自：财政部 税务总局公告2023年第48号】

23.农村饮水安全工程税收优惠政策

至2027年12月31日，对饮水工程运营管理单位自用的生产、办公用土地，免征城镇土地使用税。【摘自：财政部 税务总局公告2023年第58号】

24.关于保障性住房有关税费政策

自2023年10月1日起，对保障性住房项目建设用地免征城镇土地使用税。在商品

住房等开发项目中配套建造保障性住房的，依据政府部门出具的相关材料，可按保障性住房建筑面积占总建筑面积的比例免征城镇土地使用税。【摘自：财政部 税务总局 住房城乡建设部公告2023年第70号】

25. 关于叠加优惠政策的规定

自2023年1月1日至2027年12月31日，对增值税小规模纳税人、小型微利企业和个体工商户减半征收城镇土地使用税，已依法享受城镇土地使用税其他优惠政策的，可叠加享受上述优惠政策。【摘自：财政部 税务总局公告2023年第12号】

【即问即答】（2023年单选题）甲林场为增值税一般纳税人，2022年占用土地中，育林地150 000平方米，林场内森林公园用地100 000平方米，办公用地30 000平方米。已知城镇土地使用税每平方米年税额为2元，计算甲林场2022年度应缴纳城镇土地使用税税额的下列算式中，正确的是（   ）。

A. 100 000 × 2 = 200 000（元）　　B.（150 000 + 30 000）× 2 = 360 000（元）

C. 30 000 × 2 = 60 000（元）　　D.（150 000 + 100 000）× 2 = 500 000（元）

【答案】B。

六、城镇土地使用税征收管理

（一）纳税义务发生时间

城镇土地使用税具体纳税义务发生时间见表11-5。

表11-5　　　　　　　　　城镇土地使用税纳税义务发生时间

情形	纳税义务发生时间
1. 纳税人购置新建商品房	自房屋交付使用之次月起
2. 纳税人购置存量房	自办理房屋权属转移、变更登记手续，房地产权属登记机关签发房屋权属证书之次月起
3. 纳税人出租、出借房产	自交付出租、出借房产之次月起
4. 以出让或转让方式有偿取得土地使用权	应由受让方从合同约定交付土地时间的次月起缴纳城镇土地使用税；合同未约定交付土地时间的，由受让方从合同签订的次月起缴纳城镇土地使用税
5. 纳税人新征用的耕地	自批准征用之日起满1年时
6. 纳税人新征用的非耕地	自批准征用之次月起

【即问即答】（2023年判断题）经批准新征用的耕地，城镇土地使用税纳税义务发生时间为批准征用的次月。（　　）

【答案】×。

房产税VS城镇土地使用税

（二）纳税地点

城镇土地使用税在土地所在地缴纳。 纳税人使用的土地不属于同一省、自治区、直辖市管辖的，由纳税人分别向土地所在地税务机关缴纳城镇土地使用税；在同一省、自治区、直辖市管辖范围内，纳税人跨地区使用的土地，其纳税地点由各省、自治区、直辖市地方税务局确定。

（三）纳税期限

城镇土地使用税按年计算、分期缴纳，具体纳税期限由省、自治区、直辖市人民政府确定。

任务实施

针对"任务布置"中的经济业务，相关解析如下：

本案例中，荣昌百货公司在市区、市郊均拥有土地，按纳税规定：坐落在南海路45号的经营点、南山街67号分店经营点、市郊常新镇222号仓库，均属于城镇土地使用税征税范围；其自办的幼儿园，属于城镇土地使用税规定的免税用地，免征城镇土地使用税。

因此，2024年荣昌百货公司应纳城镇土地使用税税额 = 6 400 × 27 + 5 400 × 10 + 1 200 × 4 = 172 800 + 54 000 + 4 800 = 231 600（元）。

任务四　认识耕地占用税和烟叶税

任务布置

东海市新丰高山土猪养殖企业占用耕地3亩、牧草地6亩建办公楼，占用园地12亩、林地2亩建猪舍；另外，该企业经批准占用耕地36亩，其中含代征道路2.6亩，企业在实际建设过程中，擅自将土地西侧的山坡地4亩占用。（1亩 = 666.67平方米，其适用的耕地占用税税率为22元/平方米）

任务：请计算东海市新丰高山土猪养殖企业占用耕地应纳耕地占用税税额。

知识准备

一、耕地占用税

耕地占用税，是指对境内占用耕地建设建筑物、构筑物或者从事非农业建设的单位和个人征收的一种税。

2018年12月29日，第十三届全国人民代表大会常务委员会第七次会议通过了《中华人民共和国耕地占用税法》，自2019年9月1日起施行，耕地占用税实现了由规升法。《中华人民共和国耕地占用税法实施办法》（财政部公告2019年第81号）于2019年8月

29日发布；2019年8月30日，国家税务总局还发布了《国家税务总局关于耕地占用税征收管理有关事项的公告》（国家税务总局公告2019年第30号）。

（一）耕地占用税纳税人

耕地占用税的纳税人为在中国境内占用耕地建设建筑物、构筑物或者从事非农业建设的单位和个人。 单位，包括企业、事业单位、社会团体、国家机关、部队以及其他单位；个人，包括个体工商户、农村承包经营户以及其他个人。

经批准占用耕地的，纳税人为农用地转用审批文件中标明的建设用地人；农用地转用审批文件中未标明建设用地人的，纳税人为用地申请人，其中用地申请人为各级人民政府的，由同级土地储备中心、自然资源主管部门或政府委托的其他部门、单位履行耕地占用税申报纳税义务。未经批准占用耕地的，纳税人为实际用地人。

（二）耕地占用税征税范围

1.征税范围的一般规定

耕地占用税的征税范围包括占用耕地建设建筑物、构筑物或者从事非农业建设占用的国家所有和集体所有的耕地。

耕地，是指用于种植农作物的土地。占用园地、林地、草地、农田水利用地、养殖水面、渔业水域滩涂，以及其他农用地建设建筑物、构筑物或者从事非农业建设的，依照规定缴纳耕地占用税。

园地，包括果园、茶园、橡胶园，以及种植桑树、可可、咖啡、油棕、胡椒、药材等其他多年生作物的园地。

林地，包括乔木林地、竹林地、红树林地、森林沼泽、灌木林地、灌丛沼泽以及疏林地、未成林地、迹地、苗圃等林地。不包括城镇村庄范围内的绿化林木用地，铁路、公路征地范围内的林木用地，以及河流、沟渠的护堤林用地。

草地，包括天然牧草地、沼泽草地、人工牧草地，以及用于农业生产并已由相关行政主管部门发放使用权证的草地。

农田水利用地，包括农田排灌沟渠及相应附属设施用地。

养殖水面，包括人工开挖或者天然形成的用于水产养殖的河流水面、湖泊水面、水库水面、坑塘水面及相应附属设施用地。

渔业水域滩涂，包括专门用于种植或者养殖水生动植物的海水潮浸地带和滩地，以及用于种植芦苇并定期进行人工养护管理的苇田。

2.征税范围的特殊规定

建设直接为农业生产服务的生产设施占用上述农用地的，不缴纳耕地占用税。 直接为农业生产服务的生产设施，是指直接为农业生产服务而建设的建筑物和构筑物。其具体包括：储存农用机具和种子、苗木、木材等农业产品的仓储设施；培育、生产种子、种苗的设施；畜禽养殖设施；木材集材道、运材道；农业科研、试验、示范基地；野生动植物保护、护林、森林病虫害防治、森林防火、木材检疫的设施；专为农业生产服务的灌溉排水、供水、供电、供热、供气、通信基础设施；农业生产者从事农业生产必需的食宿和管理设施；其他直接为农业生产服务的生产设施。

【即问即答】（2023年单选题）根据耕地占用税法律制度的规定，下列情形中，应征收耕地占用税的是（　　）。

A.医疗机构内职工住房占用耕地　　B.鸡鸭养殖设施占用耕地

C.森林防火设施占用耕地　　D.储存种子的仓储设施占用耕地

【答案】A。

（三）耕地占用税税率

1.耕地占用税的税率形式及标准

耕地占用税实行定额税率。根据不同地区的人均耕地面积和经济发展情况适用不同的税率，具体标准如下：

（1）人均耕地不超过1亩的地区（以县、自治县、不设区的市、市辖区为单位，下同），每平方米为10元至50元；

（2）人均耕地超过1亩但不超过2亩的地区，每平方米为8元至40元；

（3）人均耕地超过2亩但不超过3亩的地区，每平方米为6元至30元；

（4）人均耕地超过3亩的地区，每平方米为5元至25元。

2.耕地占用税具体适用税率的确定

各地区耕地占用税的适用税额，由省、自治区、直辖市人民政府根据人均耕地面积和经济发展等情况，在规定税额幅度内提出，报同级人民代表大会常务委员会决定，并报全国人民代表大会常务委员会和国务院备案。各省、自治区、直辖市耕地占用税适用税额的平均水平，不得低于"各省、自治区、直辖市耕地占用税平均税额表"（见表11-6）规定的平均税额。

表11-6　　　　各省、自治区、直辖市耕地占用税平均税额表

省、自治区、直辖市	平均税额（元/平方米）
上海	45
北京	40
天津	35
江苏、浙江、福建、广东	30
辽宁、湖北、湖南	25
河北、安徽、江西、山东、河南、重庆、四川	22.5
广西、海南、贵州、云南、陕西	20
山西、吉林、黑龙江	17.5
内蒙古、西藏、甘肃、青海、宁夏、新疆	12.5

在人均耕地低于0.5亩的地区，省、自治区、直辖市可以根据当地经济发展情况，适当提高耕地占用税的适用税额，但提高的部分不得超过上述规定的适用税额的50%。

占用基本农田的，应当按照当地适用税额，加按150%征收。

占用规定的农用地的，适用税额可以适当低于本地区确定的适用税额，但降低的部

分不得超过50%。其具体适用税额由省、自治区、直辖市人民政府提出，报同级人民代表大会常务委员会决定，并报全国人民代表大会常务委员会和国务院备案。

【即问即答】（2022年判断题）占用基本农田的，应当按照法定的当地适用税额，加按150%征收。（   ）

【答案】√。

（四）应纳税额的计算

1.计税依据

耕地占用税以纳税人实际占用的属于耕地占用税征税范围的土地（以下简称应税土地）面积为计税依据，按应税土地当地适用税额计税，实行一次性征收。实际占用的耕地面积，包括经批准占用的耕地面积和未经批准占用的耕地面积。

纳税人实际占用耕地面积的核定以农用地转用审批文件为主要依据，必要的时候应当实地勘测。

2.应纳税额的计算

耕地占用税应纳税额的计算公式为：

$$应纳税额 = 实际占用耕地面积（平方米）\times 适用税率$$

（五）税收优惠

1.军事设施、学校、幼儿园、社会福利机构、医疗机构占用耕地，免征耕地占用税。

（1）免税的军事设施，是指《中华人民共和国军事设施保护法》规定所列建筑物、场地和设备。

（2）免税的学校，具体范围包括县级以上人民政府教育行政部门批准成立的大学、中学、小学，学历性职业教育学校和特殊教育学校，以及经省级人民政府或其人力资源社会保障行政部门批准成立的技工院校。学校内经营性场所和教职工住房占用耕地的，按照当地适用税额缴纳耕地占用税。

（3）免税的幼儿园，具体范围限于县级以上人民政府教育行政部门批准成立的幼儿园内专门用于幼儿保育、教育的场所。

（4）免税的社会福利机构，是指依法登记的养老服务机构、残疾人服务机构、儿童福利机构及救助管理机构、未成年人救助保护机构内专门为老年人、残疾人、未成年人及生活无着的流浪乞讨人员提供养护、康复、托管等服务的场所。

（5）免税的医疗机构，具体范围限于县级以上人民政府卫生健康行政部门批准设立的医疗机构内专门从事疾病诊断、治疗活动的场所及其配套设施。医疗机构内职工住房占用耕地的，按照当地适用税额缴纳耕地占用税。

2.农村居民在规定用地标准以内占用耕地新建自用住宅，按照当地适用税额减半征收耕地占用税。其中，农村居民经批准搬迁，新建自用住宅占用耕地不超过原宅基地面积的部分，免征耕地占用税。

3.农村烈士遗属、因公牺牲军人遗属、残疾军人以及符合农村最低生活保障条件的农村居民，在规定用地标准以内新建自用住宅，免征耕地占用税。

4.铁路线路、公路线路、飞机场跑道、停机坪、港口、航道、水利工程占用耕地，减按每平方米2元的税额征收耕地占用税。

（1）减税的铁路线路，具体范围限于铁路路基、桥梁、涵洞、隧道及其按照规定两侧留地、防火隔离带。专用铁路和铁路专用线占用耕地的，按照当地适用税额缴纳耕地占用税。

（2）减税的公路线路，是指经批准建设的国道、省道、县道、乡道和属于农村公路的村道的主体工程以及两侧边沟或者截水沟。专用公路和城区内机动车道占用耕地的，按照当地适用税额缴纳耕地占用税。

（3）减税的飞机场跑道、停机坪，具体范围限于经批准建设的民用机场专门用于民用航空器起降、滑行、停放的场所。

（4）减税的港口，具体范围限于经批准建设的港口内供船舶进出、停靠，以及旅客上下、货物装卸的场所。

（5）减税的航道，具体范围限于在江、河、湖泊、港湾等水域内供船舶安全航行的通道。

（6）减税的水利工程，具体范围限于经县级以上人民政府水行政主管部门批准建设的防洪、排涝、灌溉、引（供）水、滩涂治理、水土保持、水资源保护等各类工程及其配套和附属工程的建筑物、构筑物占压地和经批准的管理范围用地。

在农用地转用环节，用地申请人能证明建设用地人符合上述规定的免税情形的，免征用地申请人的耕地占用税；在供地环节，建设用地人使用耕地用途符合上述规定的免税情形的，由用地申请人和建设用地人共同申请，按退税管理的规定退还用地申请人已经缴纳的耕地占用税。

5.自2023年1月1日至2027年12月31日，对增值税小规模纳税人、小型微利企业和个体工商户减半征收耕地占用税，已依法享受印花税其他优惠政策的，可叠加享受上述规定的优惠政策。【摘自：财政部 税务总局公告2023年第12号】

按规定免征或者减征耕地占用税后，纳税人改变原占地用途，不再属于免征或者减征耕地占用税情形的，应补缴耕地占用税。

【即问即答】（2022年多选题）根据耕地占用税法律制度的规定，下列占用耕地的建设项目中，减征耕地占用税的有（　　　）。

A.经批准建设的国道的主体工程　　　B.经批准建设的城区内机动车道

C.经批准建设的民用机场跑道　　　D.经批准建设的港口内供船舶停靠的场所

【答案】ACD。

（六）征收管理

1.纳税义务发生时间

耕地占用税的纳税义务发生时间为纳税人收到自然资源主管部门办理占用耕地手续的书面通知的当日。纳税人应当自纳税义务发生之日起30日内申报缴纳耕地占用税。

自然资源主管部门凭耕地占用税完税凭证或者免税凭证和其他有关文件发放建设用地批准书。

未经批准占用耕地的，耕地占用税纳税义务发生时间为纳税人实际占用耕地的当日。

因挖损、采矿塌陷、压占、污染等损毁、占用耕地的纳税义务发生时间为自然资源、生态环境等相关部门认定损毁、占用耕地的当日。

纳税人占地类型、占地面积和占地时间等纳税申报数据材料以自然资源等相关部门提供的相关材料为准；未提供相关材料或者材料信息不完整的，经主管税务机关提出申请，由自然资源等相关部门自收到申请之日起30日内出具认定意见。

2.纳税申报

纳税人占用耕地或者其他农用地，应当在耕地或者其他农业地所在地申报纳税。

纳税人因建设项目施工或者地质勘查临时占用耕地，应当依照规定缴纳耕地占用税。纳税人在批准临时占用耕地期满之日起1年内依法复垦，恢复种植条件的，全额退还已经缴纳的耕地占用税。临时占用耕地，是指经自然资源主管部门批准，在一般不超过2年的时间内临时使用耕地并且没有修建永久性建筑物的行为。依法复垦应由自然资源主管部门会同有关行业管理部门认定并出具验收合格确认书。

因挖损、采矿塌陷、压占、污染等损毁耕地属于税法所称的非农业建设，应依照税法规定缴纳耕地占用税；自自然资源、农业农村等相关部门认定损毁耕地之日起3年内依法复垦或修复，恢复种植条件的，按规定办理退税。

纳税人改变原占地用途，不再属于免征或减征情形的，应自改变用途之日起30日内申报补缴税款，补缴税款按改变用途的实际占用耕地面积和改变用途时当地适用税额计算。

纳税人占地类型和面积以自然资源等相关部门提供的相关材料为准；未提供相关材料或者材料信息不完整的，经主管税务机关提出申请，由自然资源等相关部门出具认定意见。

3.征收机关与部门配合

耕地占用税由税务机关负责征收。税务机关应当与相关部门建立耕地占用税涉税信息共享机制和工作配合机制。县级以上地方人民政府自然资源、农业农村、水利等相关部门应当定期向税务机关提供农用地转用、临时占地等信息，协助税务机关加强耕地占用税的征收管理。

税务机关发现纳税人的纳税申报数据资料异常或者纳税人未按照规定期限申报纳税的，可以提请相关部门进行复核，相关部门应当自收到税务机关复核申请之日起30日内向税务机关出具复核意见。

【即问即答】（2021年单选题）根据耕地占用税法律制度的规定，纳税人应当自纳税义务发生之日起一定期限内申报缴纳耕地占用税。该期限为（   ）。

A.90 日   B.60 日   C.180 日   D.30 日

【答案】D。

二、烟叶税

烟叶税，是指向收购烟叶的单位征收的一种税。2017年12月27日第十二届全国人民代表大会常务委员会第三十一次会议通过《中华人民共和国烟叶税法》，自2018年7月1日起施行。

（一）烟叶税纳税人

烟叶税的纳税人为在中国境内，依照《中华人民共和国烟草专卖法》的规定收购烟叶的单位。由于我国实行烟草专卖制度，因此烟叶税的纳税人具有特定性，一般是有权收购烟叶的烟草公司或者受其委托收购烟叶的单位。

【即问即答】（2018年单选题）根据烟叶税法律制度的规定，下列各项中，属于烟叶税纳税人的是（　　）。

A.销售香烟的单位　　　　　　　　B.生产烟叶的个人

C.收购烟叶的单位　　　　　　　　D.消费香烟的个人

【答案】C。

（二）烟叶税征税范围

烟叶税的征税范围包括晾晒烟叶、烤烟叶。

【即问即答】（2022年多选题）根据烟叶税法律制度的规定，下列各项中，属于烟叶税征收范围的有（　　）。

A.晾晒烟叶　　　　B.烟丝　　　　C.卷烟　　　　D.烤烟叶

【答案】AD。

（三）烟叶税税率

烟叶税实行比例税率，税率为20%。

（四）烟叶税应纳税额的计算

1.计税依据

烟叶税的计税依据为纳税人收购烟叶实际支付的价款总额，包括纳税人支付给烟叶生产销售单位和个人的烟叶收购价款和价外补贴。其中，价外补贴统一按烟叶收购价款的10%计算。

价款总额的计算公式为：

$$价款总额 = 收购价款 \times (1 + 10\%)$$

2.应纳税额的计算公式

$$应纳税额 = 价款总额 \times 税率$$
$$= 收购价款 \times (1 + 10\%) \times 税率$$

（五）征收管理

烟叶税的纳税义务发生时间为纳税人收购烟叶的当天。烟叶税在烟叶收购环节征收。纳税人收购烟叶即发生纳税义务。

烟叶税按月计征，纳税人应当于纳税义务发生月终了之日起15日内申报并缴纳税款。

纳税人收购烟叶，应当向烟叶收购地的主管税务机关申报纳税。

【即问即答】（2021年多选题）根据烟叶税法律制度的规定，纳税人支付的下列款项中，应计入烟叶税计税依据的有（　　）。

A.支付给物流公司的烟叶运输费用

B.向税务机关缴纳的烟叶税

C.支付给烟叶生产销售单位的烟叶收购价款

D.支付给烟叶生产销售单位的价外补贴

【答案】CD。

【业务举例11-4】某卷烟厂是增值税一般纳税人，2025年3月收购烟叶生产卷烟，取得的合法收购凭证上注明的买价为50万元；该卷烟厂按照规定的方式向烟叶生产者支付价外补贴，并与烟叶收购价格在同一收购凭证上分别注明。

要求：请计算该卷烟厂收购烟叶时应纳烟叶税和可以抵扣的进项税额。

【解析】收购烟叶应纳烟叶税 $= 50 \times (1 + 10\%) \times 20\% = 11$（万元）；

本月该卷烟厂收购烟叶可以抵扣的进项税额 $= [50 \times (1 + 10\%) + 11] \times 10\% = 6.6$（万元）。（注：用于生产13%的购进农产品可以抵扣10%）

任务实施

针对"任务布置"中的经济业务，相关解析如下：

本案例中，按照规定，占用耕地、牧草地建办公楼，应属于耕地占用税的征税范围，应按规定缴纳耕地占用税；该企业建设猪舍属于建设"直接为农业生产服务的生产设施"的范围，占用园地、林地不征收耕地占用税；另外，占用的耕地和擅自占用的山坡地也应缴纳耕地占有税。应纳耕地占用税税额 $= (3 + 6 + 36 + 4) \times 666.67 \times 22 = 718\,670.26$（元）。

项目十二

解读行为税类法律制度

知识目标
1. 掌握印花税纳税人、征税范围、计税依据和应纳税额的计算
2. 掌握城市维护建设税纳税人、计税依据和应纳税额的计算
3. 掌握车辆购置税纳税人和征税范围
4. 掌握环境保护税纳税人
5. 熟悉教育费附加与地方教育附加
6. 熟悉车辆购置税计税依据和应纳税额的计算
7. 了解印花税税率、税收优惠和征收管理
8. 了解城市维护建设税税率、税收优惠和征收管理
9. 了解车辆购置税税率、税收优惠和征收管理
10. 了解环境保护税税率、征税范围、计税依据、税收优惠和征收管理
11. 了解环境保护税应纳税额的计算

能力目标
1. 能处理合同签订、车辆购置等环节的税收实务问题
2. 能识别行为税征收管理中的常见风险点，并提出合规管理建议
3. 培养依法申报纳税的能力

素质目标
1. 深刻领悟环境税倒逼治污机理，内化"污染担责"规制价值
2. 通过对印花税的学习，强化合同法律意识，培养诚信守约的商业道德
3. 深刻认识行为税定向调控的本质，筑牢税法遵从申报自觉

价值引领

中央研究开征"地方附加税"：增强地方财力与自主权

党的二十届三中全会通过的《中共中央关于进一步全面深化改革 推进中国式现代化的决定》中提出，研究把城市维护建设税、教育费附加、地方教育附加合并为地方附加税。这一举措的核心思路在于增加地方自主财力，适当扩大地方税收管理权限。

（1）城市维护建设税。

开征时间：1985年。

征收对象：实际缴纳增值税和消费税的单位和个人。

计税依据：实际缴纳的增值税和消费税。

税率：7%、5%、1%不等。

2023年收入为5 223亿元，占地方一般公共预算本级收入比重约4.5%。

（2）教育费附加与地方教育附加。

教育费附加开征时间：1986年。

地方教育附加开征情况：1995年开始部分省份开征，2010年后全面开征。

征收对象：实际缴纳增值税和消费税的单位和个人。

计税依据：实际缴纳的增值税和消费税。

费率：教育费附加为3%，地方教育附加为2%。

2023年理论收入估算：根据2023年国内增值税和国内消费税收入合计约85 450亿元，两者理论上收入大概为4 273亿元。

（3）将上述三项税费合并后，理论上的总收入估算约为9 496亿元（5 223亿元城市维护建设税＋4 273亿元教育费附加及地方教育附加估算收入）。需要注意的是，这一估算值是基于上述教育费附加和地方教育附加粗略估算收入，实际收入会受到征收管理、优惠政策等多种因素的影响而有所出入。

当然，上述三项税费合并为地方附加税仍处于研究阶段。

早在2017年财政部回应一位全国政协委员关于将教育费附加"费改税"建议时称，教育费附加"费改税"在理论和操作上还需要进一步论证研究。

财政部在上述回复中称，有必要组织对教育费附加"费改税"一系列问题作进一步研究论证。例如：是改为目的税，还是改为一般税；是继续以附加方式征收，还是以新的方式征收等。新设立一个税种需要对纳税人、征税范围、税率、计税依据等税制要素进行科学设计和充分论证，需要经过严格的法定程序。

资料来源：佚名. 中央研究开征"地方附加税"：增强地方财力与自主权［EB/OL］.［2024-07-24］. https://mp.weixin.qq.com/s?__biz=Mzk0MjAxMTcwNw==&mid=2247536534&idx=1&sn=b21697ec825c6462609a044f5aa8878a&chksm=c31a0f1c416b78f123225bdf0905e32a78594bd6536955d7671b2bf5d7b44729e0e6aead2f61&scene=27.

请思考：国家为什么要推进地方附加税改革？

任务一 认识印花税

任务布置

黄海信息科技有限公司2024年第三季度涉及印花税的相关资料如下：

（1）黄海信息科技有限公司于2024年7月在天城路开业，到黄海市市场监督管理局办理"五证合一"后，取得营业执照正副本各一件。

（2）7月23日，因受让天城路某一商业地块，办理土地使用证一件。

（3）7月开业时，注册资金为3 000万元，实收资本为2 600万元，建账时共设4个营业账簿、1个资金账簿。

（4）8月，正式签订购销合同25份，共载金额60万元。由于销货方违约，其中1份金额为12万元的购货合同没有按期履行。

（5）8月，向银行借款，签订借款合同4份，借款金额共计180万元，利率为8%。

（6）8月，开发一项省级重点项目，获得银行无息贷款65万元，并签订无息贷款合同。

（7）9月，与某公司签订一份技术转让合同，金额为60万元。

（8）9月，假定公司资金账簿中实收资本为3 000万元，资本公积为600万元。

任务：请计算2024年第三季度黄海信息科技有限公司应纳印花税税额。

知识准备

印花税，是指对经济活动和经济交往中书立、领受、使用的应税经济凭证征收的一种税。2021年6月10日，十三届全国人大常委会第二十九次会议通过了《中华人民共和国印花税法》，自2022年7月1日起施行，印花税实现了由规升法。2022年6月12日，财政部、税务总局发布了《关于印花税若干事项政策执行口径的公告》（财政部 税务总局公告2022年第22号），2022年6月27日，财政部、税务总局发布了《关于印花税法实施后有关优惠政策衔接问题的公告》（财政部 税务总局公告2022年第23号）。这些法律法规构成了我国印花税法律制度。

一、印花税纳税人

（一）印花税纳税人的一般规定

在中国境内书立应税凭证、进行证券交易的单位和个人，为印花税的纳税人，应当依照《中华人民共和国印花税法》的规定缴纳印花税。在中国境外书立在境内使用的应税凭证的单位和个人，应当依照《中华人民共和国印花税法》规定缴纳印花税。

应税凭证，是指《中华人民共和国印花税法》所附《印花税税目税率表》列明的合同、产权转移书据和营业账簿。

单位，是指企业、行政单位、事业单位、军事单位、社会团体及其他单位；个人，是指个体工商户和其他个人。

如果一份合同或应税凭证由两方或两方以上当事人共同签订，签订合同或应税凭证的各方都是纳税人，应各就其所持合同或应税凭证的计税金额履行纳税义务。

书立应税凭证的纳税人，为对应税凭证有直接权利义务关系的单位和个人。采用委托贷款方式书立的借款合同纳税人，为受托人和借款人，不包括委托人。按买卖合同或者产权转移书据税目缴纳印花税的拍卖成交确认书纳税人，为拍卖标的的产权人和买受人，不包括拍卖人。

在中国境外书立在境内使用的应税凭证，应当按规定缴纳印花税。包括以下几种情形：

1.应税凭证的标的为不动产的，该不动产在境内；

2.应税凭证的标的为股权的，该股权为中国居民企业的股权；

3.应税凭证的标的为动产或者商标专用权、著作权、专利权、专有技术使用权的，其销售方或者购买方在境内，但不包括境外单位或者个人向境内单位或者个人销售完全在境外使用的动产或者商标专用权、著作权、专利权、专有技术使用权；

4.应税凭证的标的为服务的，其提供方或者接受方在境内，但不包括境外单位或者个人向境内单位或者个人提供完全在境外发生的服务。

（二）印花税纳税人的具体规定

根据书立、使用应税凭证的不同，纳税人可分为立合同人、立账簿人、立据人和使用人等。

1.立合同人，是指合同的当事人，即对凭证有直接权利义务关系的单位和个人，但不包括合同的担保人、证人、鉴定人。所谓合同，是指根据《中华人民共和国民法典》的规定订立的各类合同，包括买卖、借款、融资租赁、租赁、承揽、建设工程、运输、技术、保管、仓储、财产保险共11类合同。当事人的代理人有代理纳税义务。

2.立账簿人，是指开立并使用营业账簿的单位和个人，如某企业因生产需要，设立了若干营业账簿，该企业即为印花税的纳税人。

3.立据人，是指书立产权转移书据的单位和个人。

4.使用人，是指在国外书立、领受，但在国内使用应税凭证的单位和个人。

同一应税凭证由两方以上当事人书立的，按照各自涉及的金额分别计算应纳税额。

【即问即答】（2022年单选题）甲公司与乙公司签订购销合同，合同约定丙为担保人，丁为鉴定人。下列关于该合同印花税纳税人的表述中，正确的是（   ）。

A.甲、乙、丙和丁为纳税人　　　　B.甲、乙和丁为纳税人

C.甲、乙为纳税人　　　　　　　　D.甲、乙和丙为纳税人

【答案】C。

二、印花税征税范围

我国经济活动中发生的经济凭证种类繁多，数量巨大，现行印花税采取正列举形式，只对《中华人民共和国印花税法》列举的凭证征收，没有列举的凭证不征税。列举的凭证分为四类，即合同、产权转移书据、营业账簿和证券交易。

（一）合同

合同是指平等主体的自然人、法人、其他组织之间设立、变更、终止民事权利义务关系的协议。印花税税目中的合同按照《中华人民共和国民法典》合同编的规定进行分类，在税目税率表中列举了下列11大类合同，具体如下：

1.买卖合同

买卖合同包括供应、预购、采购、购销结合及协作、调剂、补偿、易货等合同，还包括各出版单位与发行单位（不包括订阅单位和个人）之间订立的图书、报刊、音像征订凭证。

对工业、商业、物资、外贸等部门经销和调拨商品、物资供应的调拨单（或其他名称的单、卡、书、表等），应当区分其性质和用途，即看其是作为部门内执行计划使用的，还是代替合同使用的，以确定是否贴花。凡属于明确双方供需关系，据以供货和结算，具有合同性质的凭证，应按规定缴纳印花税。

对纳税人以电子形式签订的各类应税凭证，按规定征收印花税。

企业之间书立的确定买卖关系、明确买卖双方权利义务的订单、要货单等单据，且未另外书立买卖合同的，应当按规定缴纳印花税。

发电厂与电网之间、电网与电网之间书立的购售电合同，应当按买卖合同税目缴纳印花税。

2.借款合同

借款合同包括银行及其他金融组织和借款人（不包括银行同业拆借）所签订的借款合同。

3.融资租赁合同

4.租赁合同

租赁合同包括租赁房屋、船舶、飞机、机动车辆、机械、器具、设备等合同，还包括企业、个人出租门店、柜台等所签订的合同，但不包括企业与主管部门签订的租赁承包合同。

5.承揽合同

承揽合同包括加工、定做、修缮、修理、印刷、广告、测绘、测试等合同。

6.建设工程合同

建设工程合同包括勘察、设计、建筑、安装工程承包合同的总包合同、分包合同和转包合同。

7.运输合同

运输合同包括民用航空运输、铁路运输、海上运输、内河运输、公路运输和联运合同。

8.技术合同

技术合同包括技术开发、转让、咨询、服务等合同。其中，技术转让合同包括专利申请转让、非专利技术转让所书立的合同，但不包括专利权转让、专利实施许可所书立的合同。后者适用于"产权转移书据"合同。

技术咨询合同是合同当事人就有关项目的分析、论证、评价、预测和调查订立的技术合同，而一般的法律、会计、审计等方面的咨询不属于技术咨询，其所立合同不贴印花。

技术服务合同的征税范围包括技术服务合同、技术培训合同和技术中介合同。

9.保管合同

保管合同包括保管合同或作为合同使用的仓单、栈单（或称入库单）。对某些使用不规范的凭证不便计税的，可将其结算单据作为计税贴花的凭证。

10.仓储合同

11.财产保险合同

财产保险合同包括财产、责任、保证、信用等保险合同。

【注意】在确定应税经济合同的范围时，特别需要注意以下两个问题：

（1）**未按期兑现合同亦应贴花**。印花税既是凭证税，又具有行为税性质。纳税人签订应税合同，就发生了应税经济行为，必须依法贴花，履行完税手续。所以，不论合同是否兑现或能否按期兑现，都应当缴纳印花税。

（2）**同时书立合同和开立单据的贴花方法**。办理一项业务（如货物运输、仓储保管、财产保险、银行借款等），如果既书立合同，又开立单据，只就合同贴花；凡不书立合同，只开立单据，以单据作为合同适用的，其使用的单据应按规定贴花。

（二）产权转移书据

产权转移即财产权利关系的变更行为，表现为产权主体发生变更。产权转移书据是在产权的买卖、交换、继承、赠与、分割等产权主体变更过程中，产权出让人与受让人之间所订立的民事法律文书。

我国印花税税目中的产权转移书据包括土地使用权出让书据；土地使用权、房屋等建筑物和构筑物所有权转让书据（不包括土地承包经营权和土地经营权转移）；**股权转移（不包括应缴纳证券交易印花税的）；商标专用权、著作权、专利权、专有技术使用权转让书据。**

（三）营业账簿

印花税税目中的营业账簿归属于财务会计账簿，是按照财务会计制度的要求设置的，反映生产经营活动的账册。**新印花税法取消了其他营业账簿每本5元的印花税，仅对营业账簿中的资金账簿征税。**

1.资金账簿

资金账簿是反映生产经营单位"实收资本"和"资本公积"金额增减变动的账簿。

2.其他营业账簿

其他营业账簿是反映除资金资产以外的其他生产经营活动内容的账簿，即除资金账簿以外的，归属于财务会计体系的其他生产经营用账册。

（四）证券交易

证券交易是指在依法设立的证券交易所上市交易或者在国务院批准的其他证券交易场所转让公司股票和以股票为基础发行的存托凭证。

【提示】下列情形的凭证，不属于印花税征收范围：（1）人民法院的生效法律文书、仲裁机构的仲裁文书、监察机关的监察文书；（2）县级以上人民政府及其所属部门按照行政管理权限征收、收回或者补偿安置房地产书立的合同、协议或者行政类文书；（3）总公司与分公司、分公司与分公司之间书立的作为执行计划使用的凭证。

【即问即答】（2023年单选题）根据印花税法律制度的规定，下列凭证中，不属于印花税征税范围的是（　　）。

A.建设工程合同的分包合同　　　　B.股权转让书据
C.发电厂与电网之间书立的购售电合同　　D.仲裁机构的仲裁文书

【答案】D。

三、印花税税率

印花税采用比例税率。《印花税税目税率表》见表12-1。

表12-1　　　　　　　　　　印花税税目税率表

税目		税率	纳税人	备注
合同	买卖合同	支付价款的0.3‰	立合同人	指动产买卖合同（不包括个人书立的动产买卖合同）
	借款合同	借款金额的0.05‰	立合同人	指银行业金融机构、经国务院银行业监督管理机构批准设立的其他金融机构与借款人（不包括银行同业拆借）的借款合同
	融资租赁合同	租金的0.05‰	立合同人	
	租赁合同	租金的1‰	立合同人	
	承揽合同	支付报酬的0.3‰	立合同人	
	建设工程合同	支付价款的0.3‰	立合同人	
	运输合同	运输费用的0.3‰	立合同人	指货运合同和多式联运合同（不包括管道运输合同）
	技术合同	支付价款、报酬或者使用费的0.3‰	立合同人	不包括专利权、专有技术使用权转让书据
	保管合同	保管费的1‰	立合同人	
	仓储合同	仓储费的1‰	立合同人	
	财产保险合同	保险费的1‰	立合同人	不包括再保险合同

续表

税目		税率	纳税人	备注
产权转移书据	土地使用权出让书据	价款的0.5‰	立据人	转让包括买卖（出售）、继承、赠与、互换、分割
	土地使用权、房屋等建筑物和构筑物所有权转让书据（不包括土地承包经营权和土地经营权转移）	价款的0.5‰	立据人	
	股权转让书据（不包括应缴纳证券交易印花税的）	价款的0.5‰	立据人	
	商标专用权、著作权、专利权、专有技术使用权转让书据	价款的0.3‰	立据人	
营业账簿		实收资本（股本）、资本公积合计金额的0.25‰	立账簿人	
证券交易		成交金额的1‰	出让方	受让方不纳税

四、印花税应纳税额计算

（一）印花税计税依据

1.**应税合同的计税依据，为合同列明的价款或者报酬，不包括增值税税款。**其具体包括买卖合同和建设工程合同中的支付价款、承揽合同中的支付报酬、租赁合同和融资租赁合同中的租金、运输合同中的运输费用、保管合同中的保管费、仓储合同中的仓储费、借款合同中的借款金额、财产保险合同中的保险费，以及技术合同中的支付价款、报酬或者使用费等。

2.**应税产权转移书据的计税依据，为产权转移书据列明的价款，不包括增值税税款；**产权转移书据中价款与增值税税款未分开列明的，按照合计金额确定。

同一应税合同、应税产权转移书据中涉及两方以上纳税人，且未列明纳税人各自涉及金额的，以纳税人平均分摊的应税凭证所列金额（不包括列明的增值税税款）确定计税依据。

应税合同、应税产权转移书据所列的金额与实际结算金额不一致，不变更应税凭证所列金额的，以所列金额为计税依据；变更应税凭证所列金额的，以变更后的所列金额为计税依据。已缴纳印花税的应税凭证，变更后所列金额增加的，纳税人应当就增加部分的金额补缴印花税；变更后所列金额减少的，纳税人可以就减少部分的金额向税务机关申请退还或者抵缴印花税。

纳税人因应税凭证列明的增值税税款计算错误导致应税凭证的计税依据减少或者增加的，纳税人应当按规定调整应税凭证列明的增值税税款，重新确定应税凭证计税依据。已缴纳印花税的应税凭证，调整后计税依据增加的，纳税人应当就增加部分的金额补缴印花税；调整后计税依据减少的，纳税人可以就减少部分的金额向税务机关申请退还或者抵缴印花税。

纳税人转让股权的印花税计税依据，按照产权转移书据所列的金额（不包括列明的认缴后尚未实际出资权益部分）确定。

应税凭证金额为人民币以外的货币的，应当按照凭证书立当日的人民币汇率中间价折合人民币确定计税依据。

境内的货物多式联运，采用在起运地统一结算全程运费的，以全程运费作为运输合同的计税依据，由起运地运费结算双方缴纳印花税；采用分程结算运费的，以分程的运费作为计税依据，分别由办理运费结算的各方缴纳印花税。

未履行的应税合同、产权转移书据，已缴纳的印花税不予退还及抵缴税款。

纳税人多贴的印花税票，不予退税及抵缴税款。

3.**应税营业账簿的计税依据，为营业账簿记载的实收资本（股本）、资本公积合计金额。**已缴纳印花税的营业账簿，以后年度记载的实收资本（股本）、资本公积合计金额比已缴纳印花税的实收资本（股本）、资本公积合计金额**增加的，按照增加部分计算**应纳税额。

4.**证券交易的计税依据，为成交金额。**证券交易无转让价格的，按照办理过户登记手续时该证券前一个交易日收盘价计算确定计税依据；无收盘价的，按照证券面值计算确定计税依据。

5.未列明金额时的计税依据。应税合同、产权转移书据未列明金额的，印花税的计税依据按照实际结算的金额确定。计税依据按照上述规定仍不能确定的，按照书立合同、产权转移书据时的市场价格确定；依法应当执行政府定价或者政府指导价的，按照国家有关规定确定。

6.核定印花税的计税依据。纳税人有下列情形的，税务机关可以核定纳税人印花税计税依据：

（1）未按规定建立印花税应税凭证登记簿，或未如实登记和完整保存应税凭证的。

（2）拒不提供应税凭证或不如实提供应税凭证致使计税依据明显偏低的。

（3）采用按期汇总缴纳办法的，未按税务机关规定的期限报送汇总缴纳印花税情况报告，经税务机关责令限期报告，逾期仍不报告的或者税务机关在检查中发现纳税人有未按规定汇总缴纳印花税情况的。

7.同一应税凭证载有两个或者两个以上经济事项并分别列明价款或者报酬的，按照各自适用税目税率计算应纳税额；未分别列明价款或者报酬的，按税率高的计算应纳税额。

（二）印花税应纳税额的计算

印花税应纳税额按照下列方法计算：

1.应税合同的应纳税额的计算公式如下：

$$应纳税额 = 价款或者报酬 \times 适用税率$$

2.应税产权转移书据的应纳税额的计算公式如下：

$$应纳税额 = 价款 × 适用税率$$

3.应税营业账簿的应纳税额的计算公式如下：

$$应纳税额 = 实收资本（股本）、资本公积合计金额 × 适用税率$$

4.证券交易的应纳税额的计算公式如下：

$$应纳税额 = 成交金额或者依法确定的计税依据 × 适用税率$$

【即问即答】（2021年单选题改）某企业当月签订两份合同：（1）承揽合同，合同载明材料金额为30万元，加工费为10万元；（2）财产保险合同，合同载明被保险财产价值1 000万元，保险费为1万元。已知承揽合同印花税税率为0.3‰，财产保险合同印花税税率为1‰，则应缴纳的印花税为（　　　）。

A. $30 × 0.3‰ + 1 000 × 1‰ = 1.009$（万元）

B. $10 × 0.3‰ + 1 000 × 1‰ = 1.003$（万元）

C. $30 × 0.3‰ + 1 × 1‰ = 0.01$（万元）

D. $10 × 0.3‰ + 1 × 1‰ = 0.004$（万元）

【答案】D。

五、印花税税收优惠

（一）法定免税凭证

下列凭证，免征印花税：

1.应税凭证的副本或者抄本。

2.依照法律规定应当予以免税的外国驻华使馆、领事馆和国际组织驻华代表机构为获得馆舍书立的应税凭证。

3.中国人民解放军、中国人民武装警察部队书立的应税凭证。

4.农民、家庭农场、农民专业合作社、农村集体经济组织、村民委员会购买农业生产资料或者销售农产品书立的买卖合同和农业保险合同。其中享受印花税免税优惠的家庭农场，具体范围为以家庭为基本经营单元，以农场生产经营为主业，以农场经营收入为家庭主要收入来源，从事农业规模化、标准化、集约化生产经营，纳入全国家庭农场名录系统的家庭农场。

5.无息或者贴息借款合同、国际金融组织向中国提供优惠贷款书立的借款合同。

6.财产所有权人将财产赠与政府、学校、社会福利机构、慈善组织书立的产权转移书据。

7.非营利性医疗卫生机构采购药品或者卫生材料书立的买卖合同，其中享受印花税免税优惠的非营利性医疗卫生机构，具体范围为经县级以上人民政府卫生健康行政部门批准或者备案设立的非营利性医疗卫生机构。

8.个人与电子商务经营者订立的电子订单。享受印花税免税优惠的电子商务经营者，具体范围按《中华人民共和国电子商务法》有关规定执行。

对应税凭证适用印花税减免优惠的，书立该应税凭证的纳税人均可享受印花税减免政策，明确特定纳税人适用印花税减免优惠的除外。

根据国民经济和社会发展的需要，国务院对居民住房需求保障、企业改制重组、破产、支持小型微型企业发展等情形可以规定减征或者免征印花税，报全国人民代表大会常务委员会备案。

（二）临时性减免税优惠

1.对铁路、公路、航运、水路承运快件行李、包裹开具的托运单据，暂免贴花。

2.各类发行单位之间，以及发行单位与订阅单位或个人之间书立的征订凭证，暂免征印花税。

3.军事物资运输，凡附有军事运输命令或使用专用的军事物资运费结算凭证，免纳印花税。

4.抢险救灾物资运输，凡附有县级以上（含县级）人民政府抢险救灾物资运输证明文件的运费结算凭证，免纳印花税。

5.对资产公司成立时设立的资金账簿免征印花税。对资产公司收购、承接和处置不良资产，免征购销合同和产权转移书据应缴纳的印花税。

6.金融资产管理公司按财政部核定的资本金数额，接收国有商业银行的资产，在办理过户手续时，免征印花税。

7.国有商业银行按财政部核定的数额，划转给金融资产管理公司的资产，在办理过户手续时，免征印花税。

8.对社保理事会委托社保基金投资管理人运用社保基金买卖证券应缴纳的印花税实行先征后返。

9.对社保基金持有的证券，在社保基金证券账户之间的划拨过户，不属于印花税的征税范围，不征收印花税。

10.对被撤销金融机构接收债权、清偿债务过程中签订的产权转移书据，免征印花税。

11.对发电厂与电网之间、电网与电网之间（国家电网公司系统、南方电网公司系统内部各级电网互供电量除外）签订的购售电合同按购销合同征收印花税。电网与用户之间签订的供用电合同不属于印花税列举征税的凭证，不征收印花税。

12.外国银行分行改制为外商独资银行（或其分行）后，其在外国银行分行已经贴花的资金账簿、应税合同，在改制后的外商独资银行（或其分行）不再重新贴花。

13.对经济适用住房经营管理单位与经济适用住房相关的印花税以及经济适用住房购买人涉及的印花税予以免征。开发商在商品住房项目中配套建造经济适用住房，如能提供政府部门出具的相关材料，可按经济适用住房建筑面积占总建筑面积的比例免征开发商应缴纳的印花税。

14.对个人出租、承租住房签订的租赁合同，免征印花税。

15.对个人销售或购买住房暂免征收印花税。

16.对有关国有股东按照《境内证券市场转持部分国有股充实全国社会保障基金实施办法》向全国社会保障基金理事会转持国有股，免征证券（股票）交易印花税。

17.在融资性售后回租业务中，对承租人、出租人因出售租赁资产及购回租赁资产所签订的合同，不征收印花税。

18.对香港市场投资者通过沪股通和深股通参与股票担保卖空涉及的股票借入、归还，暂免征收证券（股票）交易印花税。

19.对因农村集体经济组织以及代行集体经济组织职能的村民委员会、村民小组进行清产核资收回集体资产而签订的产权转移书据，免征印花税。

20.自2023年1月1日至2027年12月31日，对金融机构与小型企业、微型企业签订的借款合同免征印花税。

21.对保险保障基金公司下列应税凭证，免征印花税：新设立的资金账簿；在对保险公司进行风险处置和破产救助过程中签订的产权转移书据；在对保险公司进行风险处置过程中与中国人民银行签订的再贷款合同；以保险保障基金自有财产和接收的受偿资产与保险公司签订的财产保险合同；对与保险保障基金公司签订上述产权转移书据或应税合同的其他当事人照章征收印花税。

22.对与高校学生签订的高校学生公寓租赁合同，免征印花税。

23.在国有股权划转和接收过程中，划转非上市公司股份的，对划出方与划入方签订的产权转移书据免征印花税；划转上市公司股份和全国中小企业股份转让系统挂牌公司股份的，免征证券交易印花税；对划入方因承接划转股权而增加的实收资本和资本公积，免征印花税。

24.对公租房经营管理单位免征建设、管理公租房涉及的印花税。在其他住房项目中配套建设公租房，按公租房建筑面积占总建筑面积的比例免征建设、管理公租房涉及的印花税。对公租房经营管理单位购买住房作为公租房，免征契税、印花税；对公租房租赁双方免征签订租赁协议涉及的印花税。

25.对饮水工程运营管理单位为建设饮水工程取得土地使用权而签订的产权转移书据，以及与施工单位签订的建设工程承包合同，免征印花税。

26.对商品储备管理公司及其直属库资金账簿免征印花税；对其承担商品储备业务过程中书立的购销合同免征印花税，对合同其他各方当事人应缴纳的印花税照章征收。

27.自2023年8月28日起，证券交易印花税实施减半征收。

28.企业改制重组及事业单位改制有关印花税政策。

（1）关于营业账簿的印花税。

企业改制重组以及事业单位改制过程中成立的新企业，其新启用营业账簿记载的实收资本（股本）、资本公积合计金额，原已缴纳印花税的部分不再缴纳印花税，未缴纳印花税的部分和以后新增加的部分应当按规定缴纳印花税。

企业债权转股权新增加的实收资本（股本）、资本公积合计金额，应当按规定缴纳印花税。对经国务院批准实施的重组项目中发生的债权转股权，债务人因债务转为资本而增加的实收资本（股本）、资本公积合计金额，免征印花税。

企业改制重组以及事业单位改制过程中，经评估增加的实收资本（股本）、资本公积合计金额，应当按规定缴纳印花税。

企业其他会计科目记载的资金转为实收资本（股本）或者资本公积的，应当按规定缴纳印花税。

（2）关于各类应税合同的印花税。

企业改制重组以及事业单位改制前书立但尚未履行完毕的各类应税合同，由改制重组后的主体承继原合同权利和义务且未变更原合同计税依据的，改制重组前已缴纳印花税的，不再缴纳印花税。

（3）关于产权转移书据的印花税。

对企业改制、合并、分立、破产清算以及事业单位改制书立的产权转移书据，免征印花税。

对县级以上人民政府或者其所属具有国有资产管理职责的部门按规定对土地使用权、房屋等建筑物和构筑物所有权、股权进行行政性调整书立的产权转移书据，免征印花税。

对同一投资主体内部划转土地使用权、房屋等建筑物和构筑物所有权、股权书立的产权转移书据，免征印花税。【摘自：财政部 税务总局公告2024年第14号】

29.对经国务院和省级人民政府决定或批准进行的国有（含国有控股）企业改组改制而发生的上市公司国有股权无偿转让行为，暂不征收证券（股票）交易印花税。对不属于上述情况的上市公司国有股权无偿转让行为，仍应征收证券（股票）交易印花税。

30.股权分置改革过程中因非流通股股东向流通股股东支付对价而发生的股权转让，暂免征收印花税。

31.对改造安置住房建设用地免征城镇土地使用税。对改造安置住房经营管理单位、开发商与改造安置住房相关的印花税以及购买安置住房的个人涉及的印花税予以免征。在商品住房等开发项目中配套建造安置住房的，依据政府部门出具的相关材料、房屋征收（拆迁）补偿协议或棚户区改造合同（拆迁），按改造安置住房建筑面积占总建筑面积的比例免征印花税。

32.对易地扶贫搬迁项目实施主体（以下简称项目实施主体）取得用于建设易地扶贫搬迁安置住房（以下简称安置住房）的土地，免征印花税。对安置住房建设和分配过程中应由项目实施主体、项目单位缴纳的印花税，予以免征。在商品住房等开发项目中配套建设安置住房的，按安置住房建筑面积占总建筑面积的比例，计算应予免征的项目实施主体、项目单位相关的印花税。对项目实施主体购买商品住房或者回购保障性住房作为安置住房房源的，免征契税、印花税。

33.自2023年1月1日至2027年12月31日，对增值税小规模纳税人、小型微利企业和个体工商户减半征收印花税（不含证券交易印花税），已依法享受印花税其他优惠政策的，可叠加享受上述规定的优惠政策。

【注意】印花税法实施后，纳税人享受印花税优惠政策，继续实行"自行判别、申报享受、有关资料留存备查"的办理方式。纳税人对留存备查资料的真实性、完整性和合法性承担法律责任。

【即问即答】（2021年单选题）根据印花税法律制度的规定，下列各项中，应缴纳印花税的是（   ）。

A.技术服务合同

B.出版合同

C.国库业务账簿

D.企业与主管部门签订的租赁承包经营合同

【答案】A。

六、印花税征收管理

（一）纳税义务发生时间

印花税的纳税义务发生时间为纳税人书立应税凭证或者完成证券交易的当日。证券交易印花税扣缴义务发生时间为证券交易完成的当日。

（二）纳税地点

纳税人为单位的，应当向其机构所在地的主管税务机关申报缴纳印花税；纳税人为个人的，应当向应税凭证书立地或者纳税人居住地的主管税务机关申报缴纳印花税。

不动产产权发生转移的，纳税人应当向不动产所在地的主管税务机关申报缴纳印花税。

纳税人为境外单位或者个人，在境内有代理人的，以其境内代理人为扣缴义务人；在境内没有代理人的，由纳税人自行申报缴纳印花税，具体办法由国务院税务主管部门规定。

证券登记结算机构为证券交易印花税的扣缴义务人，应当向其机构所在地的主管税务机关申报解缴税款以及银行结算的利息。

（三）纳税期限

印花税按季、按年或者按次计征。实行按季、按年计征的，纳税人应当自季度、年度终了之日起15日内申报缴纳税款；实行按次计征的，纳税人应当自纳税义务发生之日起15日内申报缴纳税款。

证券交易印花税按周解缴。证券交易印花税扣缴义务人应当自每周终了之日起5日内申报解缴税款以及银行结算的利息。

（四）申报方式

纳税人应当根据书立印花税应税合同、产权转移书据和营业账簿情况，填写《财产和行动税税源明细表》中的《印花税税源明细表》，进行财产行为税综合申报。印花税可以采用粘贴印花税票或者由税务机关依法开具其他完税凭证的方式缴纳。印花税票粘贴在应税凭证上的，由纳税人在每枚税票的骑缝处盖戳注销或者画销。印花税票由国务院税务主管部门监制。

【即问即答】（经典例题–单选题）根据印花税法律制度的规定，在下列各项中，印花税应当按周解缴的是（   ）。

A.买卖合同印花税   B.产权转移书据印花税

C.证券交易印花税   D.营业账簿印花税

【答案】C。

任务实施

针对"任务布置"中的经济业务，相关解析如下：

（1）7月取得营业执照不纳印花税。

（2）7月23日取得土地使用证不纳印花税。

（3）8月资金账簿应纳印花税 = 26 000 000 × 0.25‰ = 6 500（元）

（4）8月购销合同应纳印花税 = 600 000 × 0.3‰ = 180（元）

（5）8月借款合同应纳印花税 = 1 800 000 × 0.05‰ = 90（元）

（6）8月银行无息贷款合同享受印花税税收优惠，免征印花税。

（7）9月技术转让合同应纳印花税 = 600 000 × 0.3‰ = 180（元）

（8）9月资金账簿增加应纳印花税 = [（30 000 000 − 26 000 000）+ 6 000 000] × 0.25‰ = 2 500（元）

该公司2024年第三季度应纳印花税 = 6 500 + 180 + 90 + 180 + 2 500 = 9 450（元）

任务二　认识城市维护建设税和教育费附加

任务布置

浙江省富荣酒业有限公司（纳税人识别号：28063258474412772M）属于增值税一般纳税人，地处市区，主要经营各类酒及相关制品。

2025年2月，其涉税资料如下：

（1）2月12日，分别缴纳1月的城市维护建设税8 400元、教育费附加3 600元和地方教育附加2 400元（浙江省征收地方教育附加），银行已代扣税款。

（2）2月底计提并实际已纳消费税100 000元，计提并实际已纳增值税31 000元，月末计提城市维护建设税、教育费附加和地方教育附加。

任务：请根据以上业务进行账务处理，并计提2025年2月应纳城市维护建设税、教育费附加和地方教育附加。

知识准备

城市维护建设税是以纳税人实际缴纳的增值税、消费税税额为计税依据所征收的一种税，主要目的是筹集城镇设施建设和维护资金。1985年2月8日国务院发布了《中华人民共和国城市维护建设税暂行条例》，2020年8月11日第十三届全国人民代表大会常务委员会第二十一次会议通过的《中华人民共和国城市维护建设税法》，自2021年9月1日起施行，城市维护建设税实现了由规升法。

教育费附加和地方教育附加是以各单位和个人实际缴纳的增值税、消费税税额为计征依据而征收的一种费用，其目的是加快发展教育事业，扩大教育经费资金来源。1986年4月28日，国务院发布了《征收教育费附加的暂行规定》，自1986年7月1日起施行。

2005年8月20日国务院公布《国务院关于修改〈征收教育费附加的暂行规定〉的决定》，自2005年10月1日起施行。

一、城市维护建设税

（一）城市维护建设税纳税人

在中国境内缴纳增值税、消费税的单位和个人，为城市维护建设税的纳税人。单位是指包括各类企业（含外商投资企业、外国企业）、行政单位、事业单位、军事单位、社会团体及其他单位。个人是指个体工商户和其他个人（含外籍个人）。

城市维护建设税扣缴义务人为负有增值税、消费税扣缴义务的单位和个人，在扣缴增值税、消费税的同时扣缴城市维护建设税。

【即问即答】（2015年多选题改）根据城市维护建设税法律制度的规定，下列各项中，属于城市维护建设税纳税人的有（　　　）。

A.实际缴纳消费税的合资企业　　　　B.实际缴纳消费税的私营企业

C.实际缴纳增值税的个体工商户　　　D.实际缴纳增值税的国有银行

【答案】ABCD。

（二）城市维护建设税税率

1.税率的具体规定

城市维护建设税实行差别比例税率。按照纳税人所在地区的不同，设置了3档比例税率：

（1）纳税人所在地在市区的，税率为7%；

（2）纳税人所在地在县城、镇的，税率为5%；

（3）纳税人所在地不在市区、县城或者镇的，税率为1%。

纳税人所在地，是指纳税人住所地或者与纳税人生产经营活动相关的其他地点，具体地点由省、自治区、直辖市确定。

2.适用税率的确定

（1）**由受托方代扣代缴、代收代缴增值税、消费税的单位和个人，其代扣代缴、代收代缴的城市维护建设税按受托方所在地适用税率执行。**

（2）流动经营等无固定纳税地点的单位和个人，在经营地缴纳增值税、消费税的，其城市维护建设税的缴纳按经营地适用税率执行。

（3）行政区划变更的，自变更完成当月起适用新行政区划对应的城市维护建设税税率，纳税人在变更完成当月的下一个纳税申报期按新税率申报缴纳。

（三）城市维护建设税计税依据

城市维护建设税的计税依据为纳税人依法实际缴纳的增值税、消费税税额。在计算计税依据时，应当按照规定扣除期末留抵退税退还的增值税税额。

（四）城市维护建设税应纳税额的计算

城市维护建设税应纳税额的计算比较简单，其计算公式为：

应纳税额 =（实缴增值税 + 实缴消费税 − 期末留抵退税退还的增值税）× 适用税率

【即问即答】（2023年单选题）2023年10月甲公司向税务机关实际缴纳增值税500万元；向海关缴纳进口环节增值税200万元、消费税260万元。已知城市维护建设税适用税率为7%，计算甲公司当月应缴纳城市维护建设税税额的下列算式中，正确的是（　　）。

A. $500 \times 7\% = 35$（万元）

B. $(500 + 200 + 260) \times 7\% = 67.2$（万元）

C. $(500 + 200) \times 7\% = 49$（万元）

D. $(500 + 260) \times 7\% = 53.2$（万元）

【答案】A。

【业务举例12-1】甲公司为国有企业，位于北京市西城区，2025年3月应缴纳增值税90 000元，实际缴纳增值税80 000元；应缴纳消费税70 000元，实际缴纳消费税60 000元。已知适用的城市维护建设税税率为7%。

要求：计算该公司当月应纳城市维护建设税税额。

【解析】根据城市维护建设税法律制度的规定，城市维护建设税以纳税人实际缴纳的"两税"为计税依据，该公司应纳城市维护建设税税额 = $(80\,000 + 60\,000) \times 7\% = 9\,800$（元）。

（五）城市维护建设税税收优惠

城市维护建设税属于增值税、消费税的一种附加税，原则上不单独规定税收减免条款。如果税法规定减免增值税、消费税，也就相应地减免了城市维护建设税。现行城市维护建设税的减免规定主要有：

1. 对进口货物或者境外单位和个人向境内销售劳务、服务、无形资产缴纳的增值税、消费税税额，不征收城市维护建设税（"进口不征"）。

2. 对出口货物、劳务和跨境销售服务、无形资产以及因优惠政策退还增值税、消费税的，不退还已缴纳的城市维护建设税（"出口不退"）。

3. 对增值税、消费税实行先征后返、先征后退、即征即退办法的，除另有规定外，对随增值税、消费税附征的城市维护建设税，一律不予退（返）还。

4. 对黄金交易所会员单位通过黄金交易所销售且发生实物交割的标准黄金，免征城市维护建设税。

5. 对上海期货交易所会员和客户通过上海期货交易所销售且发生实物交割并已出库的标准黄金，免征城市维护建设税。

6. 对国家重大水利工程建设基金免征城市维护建设税。

7. 自2023年1月1日至2027年12月31日，对增值税小规模纳税人、小型微利企业和个体工商户减半征收城市维护建设税和教育费附加、地方教育附加。已依法享受城市维护建设税、教育费附加、地方教育附加等其他优惠政策的，可叠加享受上述优惠政策。【摘自：财政部 税务总局公告2023年第12号】

8. 根据国民经济和社会发展的需要，国务院对重大公共基础设施建设、特殊产业和群体以及重大突发事件应对等情形可以规定减征或者免征城市维护建设税，报全国人民代表大会常务委员会备案。

【即问即答】（2021年判断题）对出口产品退还增值税、消费税的，应同时退还已缴纳的城市维护建设税。（　　）

【答案】×。

（六）城市维护建设税征收管理

1.纳税义务发生时间

城市维护建设税的纳税义务发生时间与增值税、消费税的纳税义务发生时间一致，分别与增值税、消费税同时缴纳。

采用委托代征、代扣代缴、代收代缴、预缴、补缴等方式缴纳增值税、消费税的，应当同时缴纳城市维护建设税。

2.纳税地点

城市维护建设税纳税地点为实际缴纳增值税、消费税的地点。扣缴义务人应当向其机构所在地或者居住地的主管税务机关申报缴纳其扣缴的税款。特殊规定如下：

（1）代扣代缴、代收代缴增值税、消费税的单位和个人，同时也是城市维护建设税代扣代缴、代收代缴义务人的，其纳税地点为代扣代收地。

（2）流动经营等无固定纳税地点的单位和个人，应随同增值税、消费税在经营地纳税。

3.纳税期限

城市维护建设税的纳税期限与增值税、消费税的纳税期限一致。纳税人的具体纳税期限，由税务机关根据纳税人应纳税额的大小分别核定；不能按照固定期限纳税的，可以按次纳税。

二、教育费附加与地方教育附加

（一）征收范围

教育费附加与地方教育附加的征收范围为税法规定征收增值税、消费税的单位和个人。包括外商投资企业、外国企业及外籍个人。

（二）计征依据

教育费附加与地方教育附加以纳税人依法实际缴纳的增值税、消费税税额为计税依据。

（三）征收比率

现行教育费附加征收比率为3%；地方教育附加征收比率为2%。

（四）计算与缴纳

1.计算公式

应纳教育费附加 = 实际缴纳增值税、消费税税额之和 × 征收比率

应纳地方教育附加 = 实际缴纳增值税、消费税税额之和 × 征收比率

2.费用缴纳

教育费附加与地方教育附加分别与增值税、消费税税款同时缴纳。

（五）减免规定

教育费附加的减免，原则上比照增值税、消费税的减免规定。如果税法规定增值

税、消费税减免，则教育费附加也就相应地减免。其主要的减免规定有：

1.对海关进口产品征收的增值税、消费税，不征收教育费附加（"进口不征"）。

2.对由于减免增值税、消费税而发生退税的，可同时退还已征收的教育费附加。但对出口产品退还增值税、消费税的，不退还已征的教育费附加（"出口不退"）。

【即问即答】（2022年单选题）根据教育费附加法律制度的规定，下列关于教育费附加减免的表述中，正确的是（　　）。

A.对出口产品退还增值税的，应同时退还全部已征的教育费附加

B.对出口产品退还消费税的，应同时退还已征教育费附加的50%

C.对海关进口产品征收的增值税，不征收教育费附加

D.对外商投资企业在境内实际缴纳的增值税，不征收教育费附加

【答案】C。

【业务举例12-2】某企业2025年3月销售应税货物实际缴纳增值税34万元、消费税12万元，出售房产实际缴纳土地增值税4万元。已知该企业适用的城市维护建设税税率为7%，教育费附加征收比率为3%。

要求：计算该企业2025年3月应纳城市维护建设税和教育费附加。

【解析】城市维护建设税和教育费附加以实际缴纳的增值税、消费税税额为计税依据，则该企业应纳城市维护建设税和教育费附加 =（34 + 12）×（7% + 3%）= 4.6（万元）。

任务实施

针对"任务布置"中的经济业务，相关解析如下：

（1）支付浙江省富荣酒业有限公司2025年1月应纳城市维护建设税、教育费附加和地方教育附加，并进行账务处理如下：

借：应交税费——应交城市维护建设税　　　　　　　　　　　　8 400

　　　　　　　——应交教育费附加　　　　　　　　　　　　　3 600

　　　　　　　——应交地方教育附加　　　　　　　　　　　　2 400

　　贷：银行存款　　　　　　　　　　　　　　　　　　　　　14 400

（2）计算浙江省富荣酒业有限公司应计提的2025年2月的城市维护建设税 =（100 000 + 31 000）× 7% = 9 170（元），应计提教育费附加 =（100 000 + 31 000）× 3% = 3 930（元），应计提地方教育附加 =（100 000 + 31 000）× 2% = 2 620（元），并进行账务处理如下：

借：税金及附加　　　　　　　　　　　　　　　　　　　　　15 720

　　贷：应交税费——应交城市维护建设税　　　　　　　　　　9 170

　　　　　　　　　——应交教育费附加　　　　　　　　　　　3 930

　　　　　　　　　——应交地方教育附加　　　　　　　　　　2 620

任务三　认识车辆购置税

任务布置 ◖◗◗◗

东海市淮海区环保局2025年3月从江南汽车贸易中心（增值税一般纳税人）购买日本本田汽车公司生产的5座极品ACVRA轿车一辆，该车型号为ACVRA2.5TL，排量为2 488毫升。该环保局按江南汽车贸易中心开具的机动车销售统一发票金额支付价款371 000元，支付行政管理部门控购费44 520元，并取得收款收据。江南汽车贸易中心开展"一条龙"销售服务，代环保局办理车辆上牌等事宜，并向环保局开票收取新车登记费、上牌办证费、代办手续费、仓储保管费、送车费等共计36 000元。

任务：请计算东海市淮海区环保局购置车辆应纳车辆购置税税额。

知识准备 ◖◗◗◗

车辆购置税，是指对在中国境内购置应税车辆的单位和个人征收的一种税。它由车辆购置附加费演变而来。现行《中华人民共和国车辆购置税法》于2018年12月29日审议通过，自2019年7月1日起施行，车辆购置税实现了由规升法。

一、车辆购置税纳税人

在中国境内购置汽车、有轨电车、汽车挂车、排气量超过150毫升的摩托车（以下统称应税车辆）的单位和个人，为车辆购置税的纳税人。

购置，是指以购买、进口、自产、受赠、获奖或者其他方式取得并自用应税车辆的行为。

二、车辆购置税征收范围

车辆购置税征收范围，包括汽车、有轨电车、汽车挂车、排气量超过150毫升的摩托车。

【即问即答】（2023年单选题）根据车辆购置税法律制度的规定，下列各项中，不属于车辆购置税征收范围的是（　　）。

A.汽车　　　　　　B.汽车挂车　　　　C.电动自行车　　　D.有轨电车

【答案】C。

三、车辆购置税税率

车辆购置税采用比例税率，税率为10%。

四、车辆购置税应纳税额计算

（一）车辆购置税计税依据

车辆购置税的计税依据为应税车辆的计税价格。计税价格根据不同情况，按照下列规定确定：

1.纳税人购买自用应税车辆的计税价格，为纳税人实际支付给销售者的全部价款，不包括增值税税款。自2020年6月1日起，纳税人购置应税车辆，以电子发票信息中的不含增值税价格作为计税价格。纳税人依据规定提供其他有效价格凭证的情形除外。

2.纳税人进口自用应税车辆的计税价格，为关税完税价格加上关税和消费税。计算公式为：

$$计税价格 = 关税完税价格 + 关税 + 消费税$$

3.纳税人自产自用应税车辆的计税价格，按照纳税人生产的同类应税车辆的销售价格确定，不包括增值税税款。没有同类价格的，按组成计税价格确定，计算公式为：

$$组成计税价格 = 成本 × （1 + 成本利润率）$$

属于应征消费税的应税车辆，其组成计税价格中包括消费税税额。

4.纳税人以受赠、获奖或者其他方式取得自用应税车辆的计税价格，按照购置应税车辆时相关凭证载明的价格确定，不包括增值税税款。

5.纳税人申报的应税车辆计税价格明显偏低，又无正当理由的，由税务机关依照税收征收管理法的规定核定其应纳税额。

纳税人以外汇结算应税车辆价款的，按照申报纳税之日的人民币汇率中间价折合成人民币计算缴纳税款。

【即问即答】（2021年多选题）根据车辆购置税法律制度的规定，下列情形中，应缴纳车辆购置税的有（　　　）。

A.自产应税车辆并自用　　　　　　　B.受赠应税车辆并自用

C.购买应税车辆并自用　　　　　　　D.进口应税车辆并自用

【答案】ABCD。

（二）车辆购置税应纳税额的计算

车辆购置税实行从价定率的方法计算应纳税额，其计算公式为：

$$应纳税额 = 计税依据 × 税率$$

【即问即答】（2022年单选题）2022年11月甲企业进口3辆小汽车用于日常经营活动，关税完税价格为285万元，缴纳进口关税85.5万元、消费税18.75万元。计算甲企业当月车辆购置税计税价格的下列算式中，正确的是（　　　）。

A.285 − 85.5 + 18.75 = 218.25（万元）　　　B.285 + 85.5 + 18.75 = 389.25（万元）

C.285 − 85.5 − 18.75 = 180.75（万元）　　　D.285 + 85.5 − 18.75 = 351.75（万元）

【答案】B。

五、车辆购置税税收优惠

下列车辆免征车辆购置税：

1.依照法律规定应当予以免税的外国驻华使馆、领事馆和国际组织驻华机构及其有关人员自用的车辆。

2.中国人民解放军和中国人民武装警察部队列入装备订货计划的车辆。

3.悬挂应急救援专用号牌的国家综合性消防救援车辆。

4.设有固定装置的非运输专用作业车辆。

5.城市公交企业购置的公共汽电车辆。

6.对购置日期在2024年1月1日至2025年12月31日期间的新能源汽车免征车辆购置税,其中,每辆新能源乘用车免税额不超过3万元;对购置日期在2026年1月1日至2027年12月31日期间的新能源汽车减半征收车辆购置税,其中,每辆新能源乘用车减税额不超过1.5万元。【摘自:财政部 税务总局工业和信息化部公告2023年第10号】

7.至2027年12月31日,对购置挂车减半征收车辆购置税。挂车,是指由汽车牵引才能正常使用且用于载运货物的无动力车辆。【摘自:财政部 税务总局 工业和信息化部公告2023年第47号】

根据国民经济和社会发展的需要,国务院可以规定减征或者其他免征车辆购置税的情形,报全国人民代表大会常务委员会备案。

【即问即答】(2022年多选题)根据车辆购置税法律制度的规定,下列车辆中,免征车辆购置税的有(　　)。

A.贸易公司进口自用的商务汽车

B.城市公交公司购买的公共汽车

C.中国人民武装警察部队列入装备订货计划的小汽车

D.设有固定装置的非运输专用作业车辆

【答案】BCD。

六、车辆购置税征收管理

(一)纳税申报

车辆购置税实行一次征收制度。购置已征车辆购置税的车辆,不再征收车辆购置税。

车辆购置税由税务机关负责征收。车辆购置税的纳税义务发生时间为纳税人购置应税车辆的当日。纳税人应当自纳税义务发生之日起60日内申报缴纳车辆购置税。

(二)纳税环节

纳税人应当在向公安机关交通管理部门办理车辆注册登记前,缴纳车辆购置税。

纳税人应当持主管税务机关出具的完税证明或者免税证明,向公安机关车辆管理机构办理车辆登记注册手续;没有完税证明或者免税证明的,公安机关车辆管理机构不得办理车辆登记注册手续。

免税、减税车辆因转让、改变用途等原因不再属于免税、减税范围的,纳税人应当在办理车辆转移登记或者变更登记前缴纳车辆购置税。计税价格以免税、减税车辆初次办理纳税申报时确定的计税价格为基准,每满1年扣减10%。

纳税人将已征车辆购置税的车辆退回车辆生产企业或者销售企业的，可以向主管税务机关申请退还车辆购置税。退税额以已缴税款为基准，自缴纳税款之日至申请退税之日，每满1年扣减10%。

（三）纳税地点

纳税人购置应税车辆，应当向车辆登记地的主管税务机关申报缴纳车辆购置税；购置不需要办理车辆登记的应税车辆的，应当向纳税人所在地的主管税务机关申报缴纳车辆购置税。

已足额缴过购销合同印花税了，为什么还要补缴？

任务实施

针对"任务布置"中的经济业务，相关解析如下：

（1）支付的控购费，是政府部门的行政性收费，不属于销售者的价外费用范围，不应并入计税价格计税。

（2）销售单位开展优质销售活动所开票收取的有关费用，应属经营性收入，企业在代理过程中按规定支付给有关部门的费用，按现行税法的规定，应视作价外收入计算征税。

该环保局购置车辆应纳车辆购置税 =（371 000 + 36 000）÷（1 + 13%）× 10% = 360 176.99 × 10% = 36 017.70（元）

任务四　认识环境保护税

任务布置

甲建筑公司2025年第一季度因施工作业导致产生的工业噪声超标16分贝以上，其中2月超标天数为12天，3月超标天数为22天，已知工业噪声超标16分贝以上时，每月税额为11 200元。

任务：请计算甲公司第一季度应缴纳的环境保护税。

知识准备

环境保护税是为了保护和改善环境，减少污染物排放，推进生态文明建设而征收的一种税。2016年12月25日，第十二届全国人民代表大会常务委员会第二十五次会议通过《中华人民共和国环境保护税法》，自2018年1月1日起施行；国务院于2017年12月25日颁布了《中华人民共和国环境保护税法实施条例》，自2018年1月1日起施行。

一、环境保护税纳税人

环境保护税的纳税人，是指在中国领域和中国管辖的其他海域，直接向环境排放应税污染物的企事业单位和其他生产经营者。按照规定征收环境保护税，不再征收排污费。

【提示】不包括不从事生产经营的其他个人。

二、环境保护税征税范围

环境保护税的征税范围是《中华人民共和国环境保护税法》所附《环境保护税税目税额表》《应税污染物和当量值表》规定的**大气污染物、水污染物、固体废物和噪声等应税污染物**。

有下列情形之一的，不属于直接向环境排放污染物，不缴纳相应污染物的环境保护税：

1. 企事业单位和其他生产经营者向依法设立的污水集中处理、生活垃圾集中处理场所排放应税污染物的；

2. 企事业单位和其他生产经营者在符合国家和地方环境保护标准的设施、场所贮存或者处置固体废物的。

【注意】（1）依法设立的城乡污水集中处理、生活垃圾集中处理场所超过国家和地方规定的排放标准向环境排放应税污染物的，应当缴纳环境保护税；（2）企事业单位和其他生产经营者贮存或处置固体废物不符合国家和地方环保标准的，应当缴纳环境保护税。

【即问即答】（2018年单选题）下列各项中，不征收环境保护税的是（　　　）。

A.光源污染　　　　　　B.噪声污染　　　　　　C.水污染　　　　　　D.大气污染

【答案】A。

三、环境保护税税率

环境保护税实行定额税率。税目、税额依照《环境保护税税目税额表》执行，具体见表12-2。

表12-2　　　　　　　　　　　　环境保护税税目税额表

税目		计税单位	税额
大气污染物		每污染当量	1.2元至12元
水污染物		每污染当量	1.4元至14元
固体废物	煤矸石	每吨	5元
	尾矿	每吨	15元
	危险废物	每吨	1 000元
	冶炼渣、粉煤灰、炉渣、其他固体废物（含半固态、液态废物）	每吨	25元

续表

税目		计税单位	税额
噪声	工业噪声	超标1~3分贝	每月350元
		超标4~6分贝	每月700元
		超标7~9分贝	每月1 400元
		超标10~12分贝	每月2 800元
		超标13~15分贝	每月5 600元
		超标16分贝以上	每月11 200元

应税大气污染物和水污染物的具体适用税额的确定和调整，由省、自治区、直辖市人民政府统筹考虑本地区环境承载能力、污染物排放现状和经济社会生态发展目标要求，在《环境保护税税目税额表》规定的税额幅度内提出，报同级人民代表大会常务委员会决定，并报全国人民代表大会常务委员会和国务院备案。

【注意】（1）一个单位边界上有多处噪声超标，根据最高一处超标声级计算应纳税额；当沿边界长度超过100米有两处以上噪声超标时，按照两个单位计算应纳税额；（2）一个单位有不同地点作业场所的，应当分别计算应纳税额，合并计征；（3）昼、夜均超标的环境噪声，昼、夜分别计算应纳税额，累计计征；（4）声源1个月内超标不足15天的，减半计算应纳税额；（5）夜间频繁突发和夜间偶然突发厂界超标噪声，按等效声级和峰值噪声两种指标中超标分贝值高的一项计算应纳税额。

四、环境保护税计税依据

应税污染物的计税依据，按照下列方法确定：

1.应税大气污染物按照污染物排放量折合的污染当量数确定；

2.应税水污染物按照污染物排放量折合的污染当量数确定；

3.应税固体废物按照固体废物的排放量确定；

4.应税噪声按照超过国家规定标准的分贝数确定。

【即问即答】（2021年多选题）根据环境保护税法律制度的规定，下列关于环境保护税计税依据的表述中，正确的有（　　）。

A.应税固体废物按照固体废物的排放量确定

B.应税大气污染物按照污染物排放量折合的污染当量数确定

C.应税噪声按照超过国家规定标准的分贝数确定

D.应税水污染物按照污染物排放量折合的污染当量数确定

【答案】ABCD。

五、环境保护税应纳税额计算

（一）环境保护税应纳税额的计算公式

环境保护税应纳税额按照下列公式计算：

$$应税大气污染物的应纳税额 = 污染当量数 \times 适用税额$$
$$应税水污染物的应纳税额 = 污染当量数 \times 适用税额$$
$$应税固体废物的应纳税额 = 固体废物排放量 \times 适用税额$$
$$应税噪声的应纳税额 = 超过国家规定标准的分贝数 \times 适用税额$$

（二）排放量和噪声的分贝数的计算

应税大气污染物、水污染物、固体废物的排放量和噪声的分贝数，按照下列方法和顺序计算：

1.纳税人安装使用符合国家规定和监测规范的污染物自动监测设备的，按照污染物自动监测数据计算；

2.纳税人未安装使用污染物自动监测设备的，按照监测机构出具的符合国家有关规定和监测规范的监测数据计算；

3.因排放污染物种类多等原因不具备监测条件的，按照国务院环境保护主管部门规定的排污系数、物料衡算方法计算；

4.不能按照上述第1至第3项规定的方法计算的，按照省、自治区、直辖市人民政府环境保护主管部门规定的抽样测算的方法核定计算。

【即问即答】（2023年单选题）2023年7月甲公司产生炉渣400吨，其中80吨储存在符合国家和地方环境保护标准的设施中，100吨综合利用且符合国家和地方环境保护标准，其余的直接倒弃于周边空地。已知，炉渣环境保护税税率为25元/吨。计算甲公司当月所产生炉渣应缴纳环境保护税税额的下列算式中，正确的是（ ）。

A.（400 − 80 − 100）× 25 = 5 500（元）　　B.400 × 25 = 10 000（元）

C.（400 − 100）× 25 = 7 500（元）　　　　D.（400 − 80）× 25 = 8 000（元）

【答案】A。

六、环境保护税税收减免

（一）下列情形暂予免征环境保护税

1.农业生产（不包括规模化养殖）排放应税污染物的；

2.机动车、铁路机车、非道路移动机械、船舶和航空器等流动污染源排放应税污染物的；

3.依法设立的城乡污水集中处理、生活垃圾集中处理场所排放相应应税污染物，不超过国家和地方规定的排放标准的；

4.纳税人综合利用的固体废物，符合国家和地方环境保护标准的；

5.国务院批准免税的其他情形。

（二）减征环境保护税的情形

1.纳税人排放应税大气污染物或者水污染物的浓度值低于国家和地方规定的污染物排放标准30%的，减按75%征收环境保护税。

2.纳税人排放应税大气污染物或者水污染物的浓度值低于国家和地方规定的污染物排放标准50%的，减按50%征收环境保护税。

【即问即答】（2023年判断题）机动车排放应税污染物的，应当缴纳环境保护税。

（　　）

【答案】×。

七、环境保护税征收管理

（一）征收机关

环境保护税由税务机关依照《中华人民共和国税收征收管理法》和《中华人民共和国环境保护税法》的有关规定征收管理。

生态环境主管部门应当将排污单位的排污许可、污染物排放数据、环境违法和受行政处罚情况等环境保护相关信息，定期交送税务机关。税务机关应当将纳税人的纳税申报、税款入库、减免税额、欠缴税款以及风险疑点等环境保护税涉税信息，定期交送生态环境主管部门。

（二）纳税义务发生时间与纳税地点

纳税义务发生时间为纳税人排放应税污染物的当日。

纳税人应当向应税污染物排放地的税务机关申报缴纳环境保护税。

【即问即答】（2022年判断题）企业直接向环境排放应税污染物，应当向其机构所在地的税务机关申报缴纳环境保护税。（　　）

【答案】√。

（三）纳税申报

环境保护税按月计算，按季申报缴纳。不能按固定期限计算缴纳的，可以按次申报缴纳。

纳税人按季申报缴纳的，应当自季度终了之日起15日内，向税务机关办理纳税申报并缴纳税款。纳税人按次申报缴纳的，应当自纳税义务发生之日起15日内，向税务机关办理纳税申报并缴纳税款。

🍃 任务实施 🍃🍃🍃

针对"任务布置"中的经济业务，相关解析如下：

甲建筑公司第一季度应纳环境保护税 $= 11\,200 \times 50\% + 11\,200 = 16\,800$（元）

项目十三

解读劳动合同法与社会保险法

知识目标
1. 掌握劳动合同订立的规定
2. 掌握劳动合同的主要内容
3. 掌握劳动合同履行和变更的规定
4. 掌握劳动合同解除和终止的规定
5. 掌握基本养老保险法律制度、基本医疗保险法律制度、工伤保险法律制定、失业保险法律制度
6. 掌握社会保险费征缴与管理的规定
7. 熟悉集体合同与劳务派遣的规定
8. 熟悉劳动争议的解决
9. 熟悉违反劳动合同法律制度的法律责任
10. 熟悉社会保险经办与管理
11. 了解劳动关系与劳动合同
12. 了解违反社会保险法律制度的法律责任

能力目标
1. 能识别劳动合同中的违法条款
2. 能发现社会保险缴纳中的常见问题
3. 能预防和化解常见的劳动争议

素质目标
1. 树立诚实守信的劳动合同履行意识，培养尊重契约的职业道德
2. 深刻认识社保民生保障链，恪守依法参保法定责任
3. 厚植理性维权素养，增强证据保存及法律程序能力

价值引领

延迟退休改革正式启动　弹性原则进一步落实

2024年12月31日，人力资源社会保障部、中共中央组织部、财政部联合发布《实施弹性退休制度暂行办法》（以下简称《暂行办法》），明确了弹性退休的办理程序、基本养老金领取、权益保障等内容，对优化社保经办服务提出了要求。

根据《全国人民代表大会常务委员会关于实施渐进式延迟法定退休年龄的决定》，从2025年1月1日起，我国将用15年时间，逐步将男职工的法定退休年龄从原60周岁延迟到63周岁，将女职工的法定退休年龄从原50周岁、55周岁，分别延迟到55周岁、58周岁。

《暂行办法》提出，自2025年1月1日起，职工达到国家规定的按月领取基本养老金最低缴费年限，可以自愿选择弹性提前退休，提前时间距法定退休年龄最长不超过3年，且退休年龄不得低于女职工50周岁、55周岁及男职工60周岁的原法定退休年龄。

"实施弹性退休，是我国渐进式延迟法定退休年龄改革的一项重要内容，有利于适应劳动者多样化需求，满足不同的工作生活安排需要。改革实施后，职工的退休年龄由原来的一个刚性节点，拓展成为一个弹性区间，增加了职工对退休年龄的选择权。"人力资源社会保障部相关司局负责人表示。

《暂行办法》规定，职工自愿选择弹性提前退休的，至少在本人选择的退休时间前3个月，以书面形式告知所在单位。

上述负责人表示，这一规定主要基于两点考虑：一是明确告知形式为"书面"，以确保弹性提前退休为职工本人真实意愿；二是明确提前告知的时间，便于用人单位在人员安排上有所准备。

此外，在弹性延迟退休办理方面，《暂行办法》提出，职工达到法定退休年龄时，所在单位与职工协商一致的，可以弹性延迟退休，延迟时间距法定退休年龄最长不超过3年，所在单位与职工应提前1个月，以书面形式明确延迟退休时间等事项。弹性延迟退休期间，所在单位与职工协商一致，可以终止弹性延迟退休，按规定办理退休手续。

"这些规定体现了双方协商一致，保障了弹性延迟退休期间的劳动者权益，也有利于稳定用人单位和职工预期。"上述负责人说。

对于职工选择弹性退休时最低缴费年限如何确定，上述负责人表示，职工按月领取基本养老金要达到国家规定的最低缴费年限。考虑到改革实施过程中，在不同年度退休，最低缴费年限会有差异，办法根据弹性退休政策对此规定进一步明确、细化，选择弹性提前退休的职工，申请按月领取基本养老金，应达到所选择退休时间对应年份最低缴费年限；选择弹性延迟退休的职工，申请按月领取基本养老金，应达到其法定退休年龄对应年份最低缴费年限。

资料来源：陈涵旸. 延迟退休改革正式启动 弹性原则进一步落实［EB/OL］.［2025-01-02］. http://www.xinhuanet.com/20250102/56f806b29c5c4d9dad4249cf201bde1c/c.html.

请思考：我国为什么要出台延迟退休政策？

任务一　认识劳动合同法律制度

● 任务布置 ●●●

申请人王某于 2024 年 5 月 9 日进入被申请人江苏某公司任副总经理，为公司投资的"××建设项目"提供技术方面、可行性研究报告、项目的各项报批和评审工作，双方未签订劳动合同。双方口头约定，该公司每月向其发放工资 9 255 元（代扣代缴个人所得税前应发工资为 10 000 元）；另外，王某每月可以发票报销形式从公司领取现金 10 000 元。2025 年 2 月 13 日，王某离职。王某离职后申请仲裁，请求按照月工资 20 000 元的标准支付 2024 年 6 月至离职时的未签订劳动合同的双倍工资。公司为证明王某月工资标准，提交了银行转账明细及其书面劳动合同。王某坚称大部分工资是以现金形式发放的，但未能提供任何证据。

任务：请问你认为劳动仲裁部门应该如何裁决？

● 知识准备 ●●●

一、劳动关系与劳动合同法

（一）劳动关系与劳动合同

劳动关系，是指劳动者与用人单位依法签订劳动合同而在劳动者与用人单位之间产生的法律关系。劳动者接受用人单位的管理，从事用人单位安排的工作，成为用人单位的成员，从用人单位领取劳动报酬，受劳动保护。

劳动合同是劳动者和用人单位之间依法确立劳动关系，明确双方权利义务的书面协议。

我国陆续颁布了一系列相关法律、法规和规章，如《中华人民共和国劳动法》、《中华人民共和国劳动合同法》（以下简称《劳动合同法》）、《中华人民共和国劳动争议调解仲裁法》、《中华人民共和国劳动合同法实施条例》和《职工带薪年休假条例》等。这些法律法规构成了我国劳动法或称劳动合同法律制度的主要内容。

（二）《劳动合同法》的适用范围

1.适用《劳动合同法》的劳动关系

中国境内的企业、个体经济组织、民办非企业单位、依法成立的会计师事务所、律师事务所等合伙组织和基金会等与劳动者建立劳动关系，订立、履行、变更、解除或者终止劳动合同，适用《劳动合同法》。

2.依照《劳动合同法》执行的劳动关系

国家机关、事业单位、社会团体和与其建立劳动关系的劳动者，订立、履行、变更、解除或者终止劳动合同，依照《劳动合同法》执行。

3.部分适用《劳动合同法》的劳动关系

地方各级人民政府及县级以上地方人民政府有关部门为安置就业困难人员提供的给予岗位补贴和社会保险补贴的**公益性岗位**，其劳动合同**不适用《劳动合同法》有关无固定期限劳动合同的规定以及支付经济补偿的规定。**

二、劳动合同的订立

（一）订立的概念和原则

劳动合同的订立，是指劳动者和用人单位经过相互选择与平等协商，就劳动合同的各项条款达成一致意见，并以**书面形式**明确规定双方权利、义务的内容，从而确立劳动关系的法律行为。

订立劳动合同，应当**遵循合法、公平、平等自愿、协商一致、诚实信用的原则。**

（二）订立的主体

1.订立主体的资格要求

（1）劳动者有劳动权利能力和行为能力。

根据《中华人民共和国劳动法》的规定，**禁止用人单位招用未满16周岁的未成年人。**文艺、体育和特种工艺单位招用未满16周岁的未成年人，必须依照国家有关规定，履行审批手续，并保障其接受义务教育的权利。

【提示】*①劳动者就业，不因民族种族、性别、宗教信仰不同而受歧视。②妇女享有与男子"平等"的就业权利。除国家规定的不适合妇女的工种或岗位外，不得以性别为由拒绝或提高对妇女的录用标准。③残疾人、少数民族人员、退役军人就业，法律、法规有特别规定的，从其规定。*

（2）用人单位有用人权利能力和行为能力。

用人单位是指具有用人权利能力和用人行为能力，运用劳动力组织生产劳动，且向劳动者支付工资等劳动报酬的单位。

用人单位设立的分支机构，依法取得营业执照或者登记证书的，可以作为用人单位与劳动者订立劳动合同；未依法取得营业执照或者登记证书的，受用人单位委托可以与劳动者订立劳动合同。

2.订立主体的义务

（1）用人单位的义务和责任。

用人单位招用劳动者时，应当如实告知劳动者工作内容、工作条件、工作地点、职业危害、安全生产状况、劳动报酬，以及劳动者要求了解的其他情况。

用人单位招用劳动者，不得扣押劳动者的居民身份证和其他证件，不得要求劳动者提供担保或者以其他名义向劳动者收取财物。

用人单位以担保或者其他名义向劳动者收取财物的，由劳动行政部门责令限期退还劳动者本人，并以每人500元以上2 000元以下的标准处以罚款；给劳动者造成损害的，应当承担赔偿责任。

（2）劳动者的义务。

用人单位有权了解劳动者与劳动合同直接相关的基本情况，劳动者应当如实说明。

【即问即答】（2021年单选题）下列情形中，用人单位招用劳动者符合法律规定的是（　　）。

A.甲公司设立的分公司已领取营业执照，该分公司与张某订立劳动合同

B.乙公司以只招男性为由拒绝录用应聘者李女士从事会计工作

C.丙超市与刚满15周岁的初中毕业生赵某签订劳动合同

D.丁公司要求王某提供2 000元保证金后才与其订立劳动合同

【答案】A。

（三）劳动关系建立的时间

用人单位自用工之日起即与劳动者建立劳动关系。用人单位与劳动者在用工前订立劳动合同的，劳动关系自用工之日起建立。

用人单位应当建立职工名册备查。职工名册应当包括劳动者姓名、性别、居民身份证号码、户籍地址及现住址、联系方式、用工形式、用工起始时间、劳动合同期限等内容。

【即问即答】（2024年单选题）2023年7月1日，黄某收到甲公司的录取通知书，7月5日与甲公司订立书面劳动合同，7月15日上岗工作，8月15日试用期满。甲公司与黄某劳动关系的建立时间为（　　）。

A.2023年7月1日　　　　　　　　　B.2023年7月15日

C.2023年8月16日　　　　　　　　　D.2023年7月5日

【答案】B。用人单位自用工之日起即与劳动者建立劳动关系。

（四）劳动合同订立的形式

1.书面形式

建立劳动关系，应当订立书面劳动合同。已建立劳动关系，未同时订立书面劳动合同的，应当自用工之日起1个月内订立书面劳动合同。

未订立书面劳动合同的处理

2.口头形式

（1）非全日制用工的概念。非全日制用工双方当事人可以订立口头协议。非全日制用工，是指以小时计酬为主，劳动者在同一用人单位一般平均每日工作时间不超过4小时，每周工作时间累计不超过24小时的用工形式。

（2）非全日制用工双方权利义务的特殊规定。从事非全日制用工的劳动者可以与一个或者一个以上用人单位订立劳动合同，但是，后订立的劳动合同不得影响先订立的劳动合同的履行。

非全日制用工双方当事人不得约定试用期。

非全日制用工双方当事人任何一方都可以随时通知对方终止用工。终止用工的，用人单位不向劳动者支付经济补偿。

非全日制用工小时计酬标准不得低于用人单位所在地人民政府规定的最低小时工资标准。用人单位可以按小时、日或周为单位结算工资，但非全日制用工劳动报酬结算支

付周期最长不得超过 15 日。

（五）劳动合同的效力

1. 劳动合同的生效

劳动合同由用人单位与劳动者协商一致，并经用人单位与劳动者在劳动合同文本上签字或者盖章生效。劳动合同文本由用人单位和劳动者各执一份。

【注意】劳动合同的生效不等同于劳动关系的建立。劳动关系的建立以实际用工为标志；劳动合同生效，若没有发生实际用工，则劳动关系并没有建立。如果因一方不履行劳动合同，造成另一方损失，违约方还要赔偿对方相应的损失。

2. 无效劳动合同

无效劳动合同指由用人单位和劳动者签订成立，而国家不予承认其法律效力的劳动合同。劳动合同虽然已经成立，但因违反了平等自愿、协商一致、诚实信用、公平等原则和法律、行政法规的强制性规定，可使其全部或者部分条款归于无效。

下列劳动合同无效或者部分无效：

（1）以欺诈、胁迫的手段或者乘人之危，使对方在违背真实意思的情况下订立或者变更劳动合同的；

（2）用人单位免除自己的法定责任、排除劳动者权利的；

（3）违反法律、行政法规强制性规定的。

对劳动合同的无效或者部分无效有争议的，由劳动争议仲裁机构或者人民法院确认。

3. 无效劳动合同的法律后果

无效劳动合同，从订立时起就没有法律约束力。劳动合同部分无效，不影响其他部分效力的，其他部分仍然有效。

劳动合同被确认无效，劳动者已付出劳动的，用人单位应当向劳动者支付劳动报酬。

劳动合同的订立

劳动合同被确认无效，给对方造成损害的，有过错的一方应当承担赔偿责任。

三、劳动合同的主要内容

（一）劳动合同必备条款

1. 用人单位的名称、住所和法定代表人或者主要负责人

用人单位的名称是指用人单位注册登记时所登记的名称，是代表用人单位的符号。用人单位的住所是用人单位发生法律关系的中心区域。劳动合同文本中要标明用人单位的具体地址。具有法人资格的用人单位，要注明单位的法定代表人；不具有法人资格的用人单位，要注明该单位的主要负责人。

2. 劳动者的姓名、住址和居民身份证或者其他有效身份证件号码

劳动者的姓名以户籍登记，也即身份证上所载为准。劳动者的住址，以其户籍所在的居住地为住址，其经常居住地与户籍所在地不一致的，以经常居住地为住址。

3. 劳动合同期限

劳动合同分为固定期限劳动合同、以完成一定工作任务为期限的劳动合同和无固定

期限劳动合同。

（1）固定期限劳动合同。它是指用人单位与劳动者明确约定合同终止时间的劳动合同。劳动合同期限届满，劳动关系即告终止。如果双方协商一致，还可以续订劳动合同。

（2）以完成一定工作任务为期限的劳动合同。它是指用人单位与劳动者约定以某项工作的完成为合同期限的劳动合同。一般在下列情况下，用人单位与劳动者可以签订以完成一定工作任务为期限的劳动合同：①以完成单项工作任务为期限的劳动合同；②以项目承包方式完成承包任务的劳动合同；③因季节原因用工的劳动合同；④其他双方约定的以完成一定工作任务为期限的劳动合同。

（3）无固定期限劳动合同。它是指用人单位与劳动者约定无确定终止时间的劳动合同。无确定终止时间，是指劳动合同没有一个确切的终止时间，劳动合同的期限长短不能确定，只要没有出现法定解除情形或者双方协商一致予以解除，双方当事人就要继续履行劳动合同。

订立无固定期限劳动合同的情形

连续订立固定期限劳动合同的次数，应当自2008年1月1日《劳动合同法》施行后续订固定期限劳动合同时开始计算。

另外，用人单位自用工之日起满1年不与劳动者订立书面劳动合同的，视为用人单位自用工之日起满1年的当日已经与劳动者订立无固定期限劳动合同。

4.工作内容和工作地点

工作内容包括劳动者从事劳动的工种、岗位和劳动定额、产品质量标准的要求等。这是劳动者判断自己是否胜任该工作、是否愿意从事该工作的关键信息。

工作地点是指劳动者可能从事工作的具体地理位置。工作地点决定着劳动者上下班所需时间，进而影响劳动者的生活，以及劳动者的切身利益。这也是劳动者判断是否订立劳动合同必不可少的信息，是用人单位必须告知劳动者的内容。

5.工作时间和休息休假

（1）工作时间。

工作时间是劳动者每天应工作的时数或每周应工作的天数。目前，我国实行的工时制度主要有标准工时制、不定时工作制和综合计算工时制三种类型（见表13-1）。

表13-1 　　　　　　　　　　　　工时制度

工时制度	基本规定（H）	加班（H）
标准工时制	8/40（D/W）	【注意】单位与工会和劳动者协商后可延长工作时间：
不定时工作制	8≤T≤40（D/W）每周至少休息1天	（1）一般：D≤1H；
综合计算工时制	以周、月、季、年为周期总和计算，但平均工时同标准工时制	（2）特殊：D≤3H，M≤36H

【说明】H为小时；D为天；W为周；M为月

注：下列情形延长工作时间不受上述规定的限制：①对于发生自然灾害、事故或者因其他原因，威胁劳动者生命健康和财产安全，需要紧急处理的；②生产设备、交通运输线路、公共设施发生故障，影响生产和公众利益，必须及时抢修的；③法律、行政法规规定的其他情形。

（2）休息、休假。

休息，是指劳动者在任职期间，在国家规定的法定工作时间以外，无须履行劳动义务而自行支配的时间，包括工作日内的间歇时间、工作日之间的休息时间和公休假日（周休息日，是职工工作满一个工作周以后的休息时间）。

休假，是指劳动者无须履行劳动义务且一般有工资保障的法定休息时间，主要包括：①法定假日，是指由国家法律统一规定的用以开展纪念、庆祝活动的休息时间，包括元旦、春节、清明节、劳动节、端午节、中秋节、国庆节等；②年休假，是指职工工作满一定年限，每年可享有的保留工作岗位、带薪连续休息的时间。

《职工带薪年休假条例》规定，机关、团体、企业、事业单位、民办非企业单位、有雇工的个体工商户等单位的职工连续工作1年以上的，享受带薪年休假（以下简称年休假）。职工在年休假期间享受与正常工作期间相同的工资收入，具体见表13-2。

表13-2　　　　　　　　　　　　　　带薪年休假

工作年限	年休天数	备注	不享受年休假的情形
满1年不满10年	5天	病假累计2个月以上不享受	①职工依法享受寒暑假，其休假天数多于年休假天数的；②职工请事假累计20天以上且单位按照规定不扣工资的
满10年不满20年	10天	病假累计3个月以上不享受	
满20年	15天	病假累计4个月以上不享受	
【注意】国家法定休假日、休息日不计入年休假假期；累计工作年限（1年起步，10年分界），与"在现单位的工作年限"无关			

年休假在1个年度内可以集中安排，也可以分段安排，一般不跨年度安排。单位因生产、工作特点确有必要跨年度安排职工年休假的，可以跨1个年度安排。

根据《企业职工带薪年休假实施办法》，职工新进用人单位且符合享受带薪年休假条件的，当年度年休假天数按照在本单位剩余日历天数折算确定，折算后不足1整天的部分不享受年休假。

【即问即答】（2023年单选题）下列关于职工带薪年休假的表述中，不正确的是（　　　）。

A.职工累计工作已满10年不满20年的，年休假15天

B.职工连续工作1年以上的，可以享受带薪年休假

C.职工在年休假期间享受与正常工作期间相同的工资收入

D.国家法定休假日、休息日不计入年休假的假期

【答案】A。

6.劳动报酬

（1）劳动报酬与支付。

劳动报酬是指用人单位根据劳动者劳动的数量和质量，以货币形式支付给劳动者的工资。

工资应当以法定货币支付，不得以实物及有价证券替代货币支付。工资必须在约定的日期支付。**如遇节假日或休息日，则应提前在最近的工作日支付**。工资至少每月支付

一次，实行周、日、小时工资制的可按周、日、小时支付工资。特殊情况下的工资支付见表13-3。

表13-3   **特殊情况下的工资支付**

特殊情况	工资支付
部分人放假节日（妇女节、青年节、儿童节等）	有工资无加班费
平时加班	150%
周末加班	200%（或调休）
法定假日加班	300%
不支付加班费的罚则	先责令限期支付，逾期仍不支付的，按应付金额的50%至100%加付赔偿金
扣工资（出于劳动者本人原因给单位造成损失的）	每月扣除部分不得超过劳动者当月工资的20%，剩余工资部分不得低于当地月最低工资标准

【注意】①法定假日仅限于元旦、春节、清明节、劳动节、端午节、中秋节和国庆节。②经劳动行政部门批准实行综合计算工时工作制的，其综合计算工作时间超过法定标准工作时间的部分，应视为延长工作时间，按上述规定支付劳动者延长工作时间的工资。③实行计件工资的劳动者，在完成计件定额任务后，由用人单位安排延长工作时间的，根据上述原则，分别按照不低于其本人法定工作时间计件单价的150%、200%、300%支付其工资。④实行不定时工时制度的劳动者，不执行上述规定。

（2）最低工资制度。

《中华人民共和国劳动法》规定，**国家实行最低工资保障制度**。最低工资的具体标准由省、自治区、直辖市人民政府规定，报国务院备案。用人单位支付劳动者的工资不得低于当地最低工资标准。

最低工资标准是指劳动者在法定工作时间或依法签订的劳动合同约定的工作时间内提供了正常劳动的前提下，用人单位依法应支付的最低劳动报酬。**最低工资不包括延长工作时间的工资报酬，以货币形式支付的住房和用人单位支付的伙食补贴，中班、夜班、高温、低温、井下、有毒、有害等特殊工作环境和劳动条件下的津贴，国家法律、法规、规章规定的社会保险福利待遇。**

劳动合同履行地与用人单位注册地不一致的，有关劳动者的最低工资标准、劳动保护、劳动条件、职业危害防护和本地区上年度职工月平均工资标准等事项，按照劳动合同履行地的有关规定执行；用人单位注册地的有关标准高于劳动合同履行地的有关标准，且用人单位与劳动者约定按照用人单位注册地的有关规定执行的，从其约定。

因劳动者本人原因给用人单位造成经济损失的，用人单位可要求其赔偿经济损失，具体赔偿见表13-3。

【即问即答】（2023年单选题）甲公司实行标准工时制。从事部件加工的职工刘某实行计件工资，每件工资0.5元。2022年9月20日，刘某在下班前已完成当日计件定额任务500件。因工作任务紧急，甲公司安排刘某延长工作时间，刘某又完成加工部件

100件。刘某当天依法可以获得的加班工资最低为（　　）元。

A.50　　　　　　　　B.75　　　　　　　　C.0　　　　　　　　D.100

【答案】B。

【解析】用人单位依法安排劳动者在日标准工作时间以外延长工作时间的，按照不低于劳动者本人法定工作时间计件单价的150%支付其工资，因此加班工资最低为0.5×100×150% = 75（元）。

7.社会保险

社会保险包括基本养老保险、基本医疗保险、失业保险、工伤保险等。**参加社会保险、缴纳社会保险费是用人单位与劳动者的法定义务，双方都必须履行。**其具体内容在本项目任务二中具体介绍。

8.劳动保护、劳动条件和职业危害防护

劳动保护是指用人单位保护劳动者在工作过程中不受伤害的具体措施。劳动条件是指用人单位为劳动者提供正常工作所必需的条件，包括劳动场所和劳动工具。职业危害防护是用人单位对工作过程中可能产生的影响劳动者身体健康的危害的防护措施。劳动保护、劳动条件和职业危害防护，是劳动合同中保护劳动者身体健康和安全的重要条款。

9.法律、法规规定应当纳入劳动合同的其他事项

用人单位提供的劳动合同文本未载明《劳动合同法》规定的劳动合同必备条款或者**用人单位未将劳动合同文本交付劳动者的**，由劳动行政部门责令改正；给劳动者造成损害的，应当承担赔偿责任。

（二）劳动合同可备条款

除必备条款外，用人单位与劳动者还可以在劳动合同中约定试用期、培训、保守秘密、补充保险和福利待遇等其他事项，但约定事项不能违反法律、行政法规的强制性规定，否则该约定无效。

1.试用期

试用期是指用人单位和劳动者双方为相互了解、确定对方是否符合自己的招聘条件或求职意愿而约定的考察期间。试用期属于劳动合同的约定条款，双方可以约定，也可以不约定试用期。**同一用人单位与同一劳动者只能约定一次试用期。试用期包含在劳动合同期限内。**劳动合同仅约定试用期的，试用期不成立，该期限为劳动合同期限。

（1）试用期期限见表13-4。

表13-4　　　　　　　　　　　　　　　　试用期期限

劳动合同期限	试用期
以完成一定工作任务为期限	不得约定
不满3个月	不得约定
3个月以上（含3个月），不满1年	不得超过1个月
1年以上（含1年），不满3年	不得超过2个月
3年以上固定期限（含无固定期限）	不得超过6个月

用人单位违反规定与劳动者约定试用期的，由劳动行政部门责令改正；违法约定的试用期已经履行的，由用人单位以劳动者试用期满月工资为标准，按已经履行的超过法定试用期的期间向劳动者支付赔偿金。

（2）试用期工资。劳动者在试用期的工资**不得低于本单位相同岗位最低档工资或者劳动合同约定工资的80%，并不得低于用人单位所在地的最低工资标准。**

【即问即答】（2023年单选题）赵某于2023年9月入职甲公司，与甲公司签订2年期限劳动合同，约定转正后月工资5 000元，3个月试用期，试用期工资4 200元。2024年5月，赵某发现试用期不符合规定，甲公司应向劳动者补偿金额为（   ）元。

A.4 200   B.5 000   C.4 000   D.3 360

【答案】B。

2.服务期

（1）适用范围。

根据《劳动合同法》的规定，用人单位为劳动者提供专项培训费用，对其进行专业技术培训（包括专业知识和职业技能培训）的，可以与该劳动者订立协议，约定服务期。服务期的年限可以由双方当事人协议确定。

约定服务期，不影响按照正常的工资调整机制提高劳动者在服务期期间的劳动报酬。

劳动合同期满，但是约定的服务期尚未到期的，劳动合同应当续延至服务期满；双方另有约定的，从其约定。

（2）违约责任。

劳动者违反服务期约定的，应当按照约定向用人单位支付违约金。违约金的数额不得超过用人单位提供的培训费用。用人单位要求劳动者支付的**违约金不得超过服务期尚未履行部分所应分摊的培训费用。**

培训费用包括用人单位为了对劳动者进行专业技术培训而支付的有凭证的培训费用、培训期间的差旅费用以及因培训产生的用于该劳动者的其他直接费用。

如果劳动者因下列**违纪等重大过错行为**而被用人单位解除劳动关系，用人单位仍**有权要求其支付违约金：**

①劳动者严重违反用人单位的规章制度的；

②劳动者严重失职，营私舞弊，给用人单位造成重大损害的；

③劳动者同时与其他用人单位建立劳动关系，对完成本单位的工作任务造成严重影响，或者经用人单位提出，拒不改正的；

④劳动者以欺诈、胁迫的手段或者乘人之危，使用人单位在违背真实意思的情况下订立或者变更劳动合同的；

⑤劳动者被依法追究刑事责任的。

（3）劳动者解除劳动合同**不属于违反服务期约定**的情形。

用人单位与劳动者约定了服务期，劳动者依照规定解除劳动合同的，不属于违反服务期的约定，用人单位**不得要求劳动者支付违约金。**

劳动者解除劳动合同不属于违反服务期约定的情形

3.保守商业秘密和竞业限制

商业秘密，是指不为公众所知悉、能为权利人带来经济利益，具有实用性并经权利人采取保密措施的技术信息和经营信息，包括非专利技术和经营信息两部分。用人单位与劳动者可以在劳动合同中约定保守用人单位的商业秘密和与知识产权相关的保密事项。

竞业限制又称竞业禁止，是对与权利人有特定关系的义务人的特定竞争行为的禁止。在用人单位和劳动者之间的劳动关系解除和终止后，限制劳动者一定时期的择业权，对因此约定给劳动者造成的损害，用人单位给予劳动者相应的经济补偿。

对负有保密义务的劳动者，用人单位可以在劳动合同或者保密协议中与劳动者约定竞业限制条款，并约定**在解除或者终止劳动合同后，在竞业限制期限内按月给予劳动者经济补偿**。劳动者违反竞业限制约定的，应当按照约定向用人单位支付违约金。劳动者违反合同中约定的保密义务或竞业限制，给用人单位造成损失的，应当承担赔偿责任。

【注意】（1）竞业限制的人员限于用人单位的高级管理人员、高级技术人员和其他负有保密义务的人员，而不是所有的劳动者。（2）竞业限制的范围、地域、期限由用人单位与劳动者约定，竞业限制的约定不得违反法律、法规的规定。（3）**竞业限制期限，不得超过2年**。（4）竞业限制补偿金不能包含在工资中，只能在劳动关系结束（终止或解除）后，在竞业限制期内，由用人单位按月支付，数额由双方约定。

对竞业限制的
司法解释

劳动合同的
约定条款

【即问即答】（2023年单选题）根据劳动合同与社会保险法律制度的规定，劳动合同解除或者终止后，因用人单位的原因导致一定期限未支付经济补偿，劳动者请求解除竞业限制约定的，人民法院应予支持。该期限为（　　）。

A.1个月　　　　　　B.2个月　　　　　C.3个月　　　　　D.6个月

【答案】C。

四、劳动合同的履行和变更

（一）劳动合同的履行

1.用人单位与劳动者应当按照劳动合同的约定，全面履行各自的义务

（1）用人单位应当按照劳动合同的约定和国家规定，向劳动者及时足额支付劳动报酬。**用人单位拖欠或者未足额支付劳动报酬的，劳动者可以依法向当地人民法院申请支付令**，人民法院应当依法发出支付令。

【注意】用人单位未按照劳动合同的约定或者国家规定及时足额支付劳动者劳动报酬的，由劳动行政部门责令限期支付；逾期不支付的，责令用人单位按应付金额50%以上100%以下的标准向劳动者加付赔偿金。

（2）用人单位应当严格执行劳动定额标准，不得强迫或者变相强迫劳动者加班。用人单位安排加班的，应当按照国家有关规定向劳动者支付加班费。

（3）劳动者拒绝用人单位管理人员违章指挥、强令冒险作业的，不视为违反劳动合同。劳动者对危害生命安全和身体健康的劳动条件，有权对用人单位提出批评、检举和

控告。

（4）用人单位变更名称、法定代表人、主要负责人或者投资人等事项，不影响劳动合同的履行。

（5）用人单位发生合并或者分立等情况，原劳动合同继续有效，劳动合同由承继其权利和义务的用人单位继续履行。

2.用人单位应当依法建立和完善劳动规章制度，保障劳动者享有劳动权利、履行劳动义务

合法有效的劳动规章制度对用人单位和劳动者均具有法律约束力。**用人单位在制定、修改或者决定有关涉及劳动者切身利益的规章制度和重大事项时，应当经职工代表大会或者全体职工讨论，提出方案和意见，与工会或者职工代表平等协商确定。**

在规章制度和重大事项决定实施过程中，工会或者职工认为不适当的，有权向用人单位提出，通过协商予以修改完善。

用人单位应当将直接涉及劳动者切身利益的规章制度和重大事项决定予以公示，或者告知劳动者。公示或告知可以采用张贴通告、员工手册送达、会议精神传达等方式。**如果用人单位的规章制度未经公示或者未对劳动者告知，该规章制度对劳动者不生效。**

用人单位制定的直接涉及劳动者切身利益的规章制度违反法律、法规规定的，由劳动行政部门责令改正，给予警告；给劳动者造成损害的，应当承担赔偿责任。

（二）劳动合同的变更

劳动合同的变更，是指劳动合同依法订立后，在合同尚未履行或者尚未履行完毕之前，经用人单位和劳动者双方当事人协商同意，对劳动合同内容作部分修改、补充或者删减的法律行为。

用人单位与劳动者**协商一致，可以变更劳动合同约定的内容。变更劳动合同，应当采用书面形式。**

变更劳动合同未采用书面形式，但已经实际履行了口头变更的劳动合同超过1个月，且变更后的劳动合同内容不违反法律、行政法规、国家政策以及公序良俗，当事人以未采用书面形式为由主张劳动合同变更无效的，人民法院不予支持。

五、劳动合同的解除和终止

（一）劳动合同的解除

1.劳动合同解除的概念与分类

（1）劳动合同解除的概念。劳动合同解除，是指在劳动合同订立后，劳动合同期限届满之前，因双方协商提前结束劳动关系，或因出现法定的情形，一方单方通知对方结束劳动关系的法律行为。

（2）劳动合同解除的分类。劳动合同解除分为协商解除和法定解除。

①协商解除。协商解除，又称合意解除、意定解除，是指劳动合同订立后，双方当事人因某种原因，在完全自愿的基础上协商一致，提前终止劳动合同，结束劳动关系。用人单位与劳动者协商一致，可以解除劳动合同。**由用人单位提出解除劳动合同而与劳动者协商一致的，必须依法向劳动者支付经济补偿；由劳动者主动辞职而与用人单位协**

商一致解除劳动合同的，**用人单位无须向劳动者支付经济补偿**。

②法定解除。法定解除，是指在出现国家法律、法规或劳动合同规定的可以解除劳动合同的情形时，无须当事人协商一致，一方当事人即可决定解除劳动合同，劳动合同效力可以自然终止或由单方提前终止。这种情况下，主动解除劳动合同的一方一般负有主动通知对方的义务。**法定解除又可分为劳动者的单方解除和用人单位的单方解除**。

2.劳动者可单方面解除劳动合同的情形

（1）劳动者提前通知解除劳动合同的情形。

①劳动者**提前30日以书面形式通知**用人单位解除劳动合同；

②劳动者在试用期内**提前3日通知**用人单位解除劳动合同。

在这两种情形下，劳动者不能获得经济补偿，而且劳动者必须履行法定的通知程序。如果没有履行通知程序对用人单位造成损失，劳动者应承担赔偿责任。

（2）劳动者**可随时通知解除**劳动合同的情形。

①用人单位未按照劳动合同约定提供劳动保护或者劳动条件的；

②用人单位未及时足额支付劳动报酬的；

③用人单位未依法为劳动者缴纳社会保险费的；

④用人单位的规章制度违反法律、法规的规定，损害劳动者权益的；

⑤用人单位以欺诈、胁迫的手段或者乘人之危，使劳动者在违背真实意思的情况下订立或者变更劳动合同的；

⑥用人单位在劳动合同中免除自己的法定责任、排除劳动者权利的；

⑦用人单位违反法律、行政法规强制性规定的；

⑧法律、行政法规规定劳动者可以解除劳动合同的其他情形。

用人单位有上述情形的，劳动者可随时通知用人单位解除劳动合同。**用人单位需向劳动者支付经济补偿**。

（3）劳动者不需事先告知用人单位**即可解除**劳动合同的情形。

①用人单位以暴力、威胁或者非法限制人身自由的手段强迫劳动者劳动的；

②用人单位违章指挥、强令冒险作业危及劳动者人身安全的。

用人单位有上述两种情形的，劳动者可以立即解除劳动合同，无须事先告知用人单位，**用人单位需向劳动者支付经济补偿**。

3.用人单位可单方面解除劳动合同的情形

（1）因**劳动者过错**解除劳动合同的情形（随时通知解除）。

①劳动者在试用期内被证明不符合录用条件的；

②劳动者严重违反劳动纪律或用人单位规章制度的；

③劳动者严重失职，给用人单位造成重大损害的；

④劳动者同时与其他用人单位建立劳动关系，对完成本单位的工作任务造成严重影响，或者经用人单位提出，拒不改正的；

⑤劳动者以欺诈、胁迫的手段或者乘人之危，使用人单位在违背真实意思的情况下订立或者变更劳动合同的；

⑥劳动者被依法追究刑事责任的。

在上述情形下，用人单位有权随时通知劳动者解除劳动关系，**无须向劳动者支付经济补偿**。

（2）**无过失性辞退**的情形（预告解除）。

① 劳动者患病或者非因工负伤，在规定的医疗期满后不能从事原工作，也不能从事由用人单位另行安排的工作的；

② 劳动者不能胜任工作，经过培训或者调整工作岗位，仍不能胜任工作的；

③ 劳动合同订立时所依据的客观情况发生重大变化，致使劳动合同无法履行，经用人单位与劳动者协商，未能就变更劳动合同内容达成协议的。

在上述情形下，用人单位提前30日以书面形式通知劳动者本人或者额外支付劳动者1个月工资后，可以解除劳动合同。用人单位选择额外支付劳动者1个月工资解除劳动合同的，其额外支付的工资应当按照该劳动者上1个月的工资标准确定。**用人单位还应当向劳动者支付经济补偿。**

【即问即答】（2023年单选题）根据劳动合同法律制度的规定，劳动者单方解除劳动合同，不需事先告知用人单位即可解除的是（　　）。

A.用人单位非法限制人身自由，强迫劳动者劳动的

B.用人单位在劳动合同中免除自己的法定责任，排除劳动者权利的

C.在试用期内

D.用人单位的规章制度违反法律、法规的规定，损害劳动者权益的

【答案】A。

（3）**经济性裁员**的情形（裁员解除）。

经济性裁员是指用人单位由于经营不善等经济性原因，解雇多个劳动者。用人单位有下列情形之一，**需要裁减人员20人以上或者裁减不足20人但占企业职工总数10%以上的，用人单位提前30日向工会或者全体职工说明情况**，听取工会或者职工的意见后，裁减人员方案经向劳动行政部门报告，可以裁减人员：

① 依照企业破产法的规定进行重整的；

② 生产经营发生严重困难的；

③ 企业转产、重大技术革新或经营方式调整，经变更劳动合同后，仍需裁减人员的；

④ 其他因劳动合同订立时所依据的客观经济情况发生重大变化，致使劳动合同无法履行的。

在上述情形下解除劳动合同，用人单位应当向劳动者支付经济补偿。

裁减人员时，应当优先留用下列人员：①与本单位订立较长期限的固定期限劳动合同的；②与本单位订立无固定期限劳动合同的；③家庭无其他就业人员，有需要扶养的老人或者未成年人的。

用人单位裁减人员后，在6个月内重新招用人员的，应当通知被裁减的人员，并在同等条件下优先招用被裁减的人员。

（4）工会在解除劳动合同中的监督作用。

用人单位单方解除劳动合同，应当事先将理由通知工会。用人单位违反法律、行政

法规规定或者劳动合同约定的，工会有权要求用人单位纠正。

（二）劳动合同的终止

1.劳动合同终止的概念

劳动合同终止，是指用人单位与劳动者之间的劳动关系因某种法律事实的出现而自动归于消灭，或导致劳动关系的继续履行成为不可能而不得不消灭的情形。**劳动合同终止一般不涉及用人单位与劳动者的意思表示，只要法定事实出现，一般情况下都会导致**双方劳动关系的消灭。

2.劳动合同终止的情形

（1）劳动合同期满的；

（2）劳动者开始依法享受基本养老保险待遇的；

（3）劳动者达到法定退休年龄的；

（4）劳动者死亡，或者被人民法院宣告死亡或者宣告失踪的；

（5）用人单位被依法宣告破产的；

（6）用人单位被吊销营业执照、责令关闭、撤销或者用人单位决定提前解散的；

（7）法律、行政法规规定的其他情形。

用人单位与劳动者不得约定上述情形之外的其他劳动合同终止条件。

（三）对劳动合同解除和终止的限制性规定

一般劳动合同期满，劳动合同就终止，但也有例外。根据《劳动合同法》的规定，对劳动合同解除和终止的限制性规定，有以下情形之一的，**用人单位既不得解除劳动合同，也不得终止劳动合同**，劳动合同应当续延至相应的情形消失时终止：

（1）从事接触职业病危害作业的劳动者未进行离岗前职业健康检查，或者疑似职业病病人在诊断或者医学观察期间的；

（2）在本单位患职业病或者因工负伤并被确认丧失或者部分丧失劳动能力的；

（3）患病或者非因工负伤，在规定的医疗期内的；

（4）女职工在孕期、产期、哺乳期的；

（5）在本单位连续工作满15年，且距法定退休年龄不足5年的；

（6）法律、行政法规规定的其他情形。

上述第（2）项"丧失或者部分丧失劳动能力"劳动者的劳动合同的终止，按照国家有关工伤保险的规定执行。但若**符合因劳动者过错解除劳动合同的情形，则不受上述限制性规定的影响**。

（四）劳动合同解除和终止的经济补偿

1.经济补偿的概念

劳动合同法律关系中的经济补偿，是指按照劳动合同法律制度的规定，在劳动者无过错的情况下，用人单位与劳动者解除或者终止劳动合同时，应给予劳动者经济上的补助，也称经济补偿金。

【注意】区分经济补偿金与违约金、赔偿金的不同：（1）**经济补偿金是法定的**，主要是针对劳动关系的解除和终止，如果劳动者无过错，用人单位应给予劳动者一定数额的经济上的补偿。（2）**违约金是约定的**，是指劳动者违反了服务期和竞业限制的约定而向用人单位支付的违约补偿。《劳动合同法》规定，禁止用人单位对劳动合同服务期和竞业限制之外的其他事项与劳动者约定由劳动者承担违约金。（3）**赔偿金**，是指用人单位和劳动者**由于自己的过错给对方造成损害时**所应承担的不利的法律后果。经济补偿金的支付主体只能是用人单位，而违约金的支付主体只能是劳动者，赔偿金的支付主体可能是用人单位，也可能是劳动者。

2.用人单位应当向劳动者支付经济补偿的情形

经济补偿知识

用人单位应当向劳动者
支付经济补偿的情形

3.经济补偿的支付

经济补偿的计算公式为（以货币形式支付给劳动者）：

$$\frac{经济}{补偿} = \frac{劳动合同解除或终止前劳动者}{在本单位的工作年限} \times \frac{每工作1年}{应得的经济补偿}$$

简写为：　　　　　经济补偿 = 工作年限 × 月工资

经济补偿按劳动者在本单位工作的年限，**每满1年以支付1个月工资的标准向劳动者支付。工作6个月以上不满1年的，按1年计算；不满6个月的，向劳动者支付半个月工资。**

【注意】（1）月工资，是指劳动者在劳动合同解除或者终止前12个月的平均工资。不满12个月的，按照实际工作的月数计算平均工资。（2）平均工资低于当地最低工资标准的，按照当地最低工资标准计算。其计算公式为：经济补偿 = 工作年限 × 月最低工资标准。（3）劳动者月工资高于用人单位所在市（直辖市、设区的市）级人民政府公布的本地区上年度职工月平均工资3倍的，按职工月平均工资3倍的数额支付，**向其支付经济补偿的年限最高不超过12年。**其计算公式为：经济补偿 = 工作年限（最高不超过12年）× 当地上年度职工月平均工资的3倍。（4）经济补偿的计发办法分两段计算：2008年1月1日之前的，按当时的有关规定执行；2008年1月1日以后的，按新法执行。两段补偿合并计算。

（五）劳动合同解除和终止的法律后果和双方义务

1.劳动合同解除和终止后，双方不再履行劳动合同，劳动关系消灭。劳动者应当按照双方约定，办理工作交接。

2.劳动合同解除或终止的，**用人单位应当同时出具解除或者终止劳动合同的证明，并在15日内为劳动者办理档案和社会保险关系转移手续。**用人单位出具的解除、终止劳动合同的证明，应当写明劳动合同期限、解除或者终止劳动合同的日期、工作岗位、在本单位的工作年限。用人单位对已经解除或者终止的劳动合同的文本，至少保存2年备查。用人单位未向劳动者出具解除或者终止劳动合同的书面证明，由劳动行政部门责令改正；给劳动者造成损害的，应当承担赔偿责任。

劳动者依法解除或者终止劳动合同，用人单位扣押劳动者档案或者其他物品的，由劳动行政部门责令限期退还劳动者本人，并以每人500元以上2 000元以下的标准处以罚款；给劳动者造成损害的，应当承担赔偿责任。

3.**用人单位应当在解除或者终止劳动合同时向劳动者支付经济补偿的，在办结工作交接时支付。**解除或者终止劳动合同，用人单位未依照《劳动合同法》的规定向劳动者支付经济补偿的，由劳动行政部门责令限期支付经济补偿；逾期不支付的，责令用人单位按应付金额50%以上100%以下的标准向劳动者加付赔偿金。

4.用人单位违反规定解除或者终止劳动合同，劳动者要求继续履行劳动合同的，用人单位应当继续履行；劳动者不要求继续履行劳动合同或者劳动合同已经不能继续履行的，用人单位应当依照《劳动合同法》规定的经济补偿标准的2倍向劳动者支付赔偿金。**用人单位支付了赔偿金的，不再支付经济补偿。**赔偿金的计算年限自用工之日起计算。

解除
劳动合同案例

5.劳动者违反《劳动合同法》的规定解除劳动合同，给用人单位造成损失的，应当承担赔偿责任。

【即问即答】（2023年单选题）2023年11月30日，甲公司不再与刘某续订劳动合同，劳动合同期满终止，已知刘某在甲公司的工作年限为13年，劳动合同终止前12个月刘某的月平均工资为16 000元，当地上年度职工月平均工资为6 000元。计算劳动合同终止时刘某可以得到的经济补偿的下列算式中，正确的是（　　　）。

A.6 000 × 3 × 13 = 234 000（元）　　　B.16 000 × 12 = 192 000（元）

C.16 000 × 13 = 208 000（元）　　　D.6 000 × 3 × 12 = 216 000（元）

【答案】C。

六、集体合同与劳务派遣

（一）集体合同

1.集体合同的概念和种类

（1）集体合同的概念。

集体合同，是指工会代表企业职工一方与企业签订的以劳动报酬、工作时间、休息休假、劳动安全卫生、保险福利等为主要内容的书面协议。尚未建立工会的用人单位，可以由上级工会指导劳动者推举的代表与用人单位订立集体合同。

（2）集体合同的种类。

① 专项集体合同。企业职工一方与用人单位可以订立劳动安全卫生、女职工权益保护、工资调整机制等专项集体合同。

② 行业性集体合同、区域性集体合同。在县级以下区域内，建筑业、采矿业、餐饮服务业等行业可以由工会与企业方面代表订立行业性集体合同，或者订立区域性集体合同。

2.集体合同的订立程序

（1）合同内容由双方派代表协商。双方的代表人数应当**对等**，每方至少3人，并各确定1名首席代表。

（2）协商一致的合同草案应当提交职工代表大会或者全体职工讨论。

（3）讨论会议应当有2/3以上职工代表或者职工出席，且需经全体职工代表半数以上或者全体职工半数以上同意，方获通过。

（4）通过后，由双方首席代表签字。

3.集体合同的生效

集体合同订立后，应当报送劳动行政部门；**劳动行政部门自收到集体合同文本之日起15日内未提出异议的，集体合同即行生效。**

（1）集体合同中劳动报酬和劳动条件等标准不得低于当地的最低标准；用人单位与劳动者订立的劳动合同中劳动报酬和劳动条件等标准不得低于集体合同规定的标准。

（2）依法订立的集体合同对用人单位和劳动者具有约束力；行业性、区域性集体合同对当地本行业、本区域的用人单位和劳动者具有约束力。

4.集体合同纠纷和法律救济

用人单位违反集体合同，侵犯职工劳动权益的，工会可以依法要求用人单位承担责任；因履行集体合同发生争议，经协商解决不成的，工会可以依法申请仲裁、提起诉讼。

（二）劳务派遣

1.劳务派遣概念和特征

劳务派遣，是指由劳务派遣单位与劳动者订立劳动合同，与用工单位订立劳务派遣协议，将被派遣劳动者派往用工单位给付劳务。

被派遣劳动者不与用工单位签订劳动合同、发生劳动关系，而是与派遣单位存在劳动关系，这是劳务派遣最显著的特征。

2.劳务派遣的适用范围

劳动合同用工是我国企业基本的用工形式。**劳务派遣用工是补充形式，只能在临时性、辅助性或者替代性的工作岗位上实施。**

【注意】（1）临时性工作岗位，是指存续时间不超过6个月的岗位；（2）辅助性工作岗位是指为主营业务岗位提供服务的非主营业务岗位；（3）替代性工作岗位，是指用工单位的劳动者因脱产学习、休假等原因无法工作的一定期间，可以由其他劳动者替代工作的岗位。

用工单位使用的被派遣劳动者数量不得超过其用工总量的10%，该用工总量是指用工单位订立劳动合同人数与使用的被派遣劳动者人数之和。

用工单位不得设立劳务派遣单位向本单位或者所属单位派遣劳动者，用工单位将被派遣劳动者再派遣到其他用人单位。

3.劳务派遣单位、用工单位与劳动者的权利和义务

劳务派遣单位应当与被派遣劳动者订立2年以上的固定期限劳动合同，按月支付劳动报酬。劳务派遣单位应当将劳务派遣协议的内容告知被派遣劳动者，不得克扣用工单位按协议支付给劳动者的劳动报酬。劳务派遣单位不得以非全日制用工形式招用被派遣劳动者。

被派遣劳动者在无工作期间，劳务派遣单位应当按照所在地人民政府规定的最低工资标准，向其按月支付报酬。劳务派遣单位和用工单位均不得向被派遣劳动者收取

费用。

被派遣劳动者享有与用工单位的劳动者同工同酬的权利。被派遣劳动者有权在劳务派遣单位或者用工单位依法参加或者组织工会。用工单位和劳务派遣单位违反有关规定，给被派遣劳动者造成损害的，劳务派遣单位和用工单位承担连带赔偿责任。

【即问即答】（2023年单选题）被派遣劳动者在无工作期间，劳务派遣单位应当按照一定的标准，向其按月支付报酬。该标准是（　　）。

A.所在地上年度月平均工资　　　　　　B.本单位职工上年度月平均工资

C.本单位职工上月工资收入　　　　　　D.所在地人民政府规定的最低工资标准

【答案】D。

七、劳动争议的解决

（一）劳动争议及解决方法

1.劳动争议的适用范围

（1）劳动争议是指劳动关系当事人之间因实现劳动权利、履行劳动义务发生分歧而引起的争议，也称劳动纠纷、劳资争议。其包括：

①因确认劳动关系发生的争议；

②因订立、履行、变更、解除和终止劳动合同发生的争议；

③因除名、辞退和辞职、离职发生的争议；

④因工作时间、休息休假、社会保险、福利、培训以及劳动保护发生的争议；

⑤因劳动报酬、工伤医疗费、经济补偿或者赔偿金等发生的争议；

⑥法律、法规规定的其他劳动争议。

（2）劳动者与用人单位之间发生的**下列纠纷，属于劳动争议**，当事人不服劳动争议仲裁机构作出的裁决，依法提起诉讼的，人民法院应予受理：

①劳动者与用人单位在履行劳动合同过程中发生的纠纷；

②劳动者与用人单位之间没有订立书面劳动合同，但已形成劳动关系后发生的纠纷；

③劳动者与用人单位因劳动关系是否已经解除或者终止，以及应否支付解除或者终止劳动关系经济补偿金发生的纠纷；

④劳动者与用人单位解除或者终止劳动关系后，请求用人单位返还其收取的劳动合同定金、保证金、抵押金、抵押物发生的纠纷，或者办理劳动者的人事档案、社会保险关系等移转手续发生的纠纷；

⑤劳动者以用人单位未为其办理社会保险手续，且社会保险经办机构不能补办导致其无法享受社会保险待遇为由，要求用人单位赔偿损失发生的纠纷；

⑥劳动者退休后，与尚未参加社会保险统筹的原用人单位因追索养老金、医疗费、工伤保险待遇和其他社会保险待遇而发生的纠纷；

⑦劳动者因为工伤、职业病，请求用人单位依法给予工伤保险待遇发生的纠纷；

⑧劳动者依法要求用人单位就未依法支付劳动报酬、加班工资等加付赔偿金发生的纠纷；

⑨ 因企业自主进行改制发生的纠纷。

（3）下列纠纷不属于劳动争议范围：

① 劳动者请求社会保险经办机构发放社会保险金的纠纷；

② 劳动者与用人单位因住房制度改革产生的公有住房转让纠纷；

③ 劳动者对劳动能力鉴定委员会的伤残等级鉴定结论或对职业病诊断鉴定委员会的职业病诊断鉴定结论的异议纠纷；

④ 家庭或个人与家政服务人员之间的纠纷；

⑤ 个体工匠与帮工、学徒之间的纠纷；

⑥ 农村承包经营户与受雇人之间的纠纷。

2.劳动争议的解决原则和方法

（1）基本原则。应当根据事实，遵循合法、公正、及时、着重调解的原则，依法保护当事人的合法权益。

（2）基本方法。劳动争议解决的方法有**协商**、**调解**、**仲裁和诉讼**。

① 用人单位与劳动者发生劳动争议，劳动者可以与用人单位协商，也可以请工会或者第三方共同与用人单位协商，达成和解协议。

② 当事人不愿协商、协商不成或者达成和解协议后不履行的，可以向调解组织申请调解。

③ 不愿调解、调解不成或者达成调解协议后不履行的，可以向劳动争议仲裁委员会申请仲裁。

（3）劳动仲裁、劳动诉讼的适用——先裁后诉。

① 劳动者对劳动争议的终局裁决不服的，可以自收到仲裁裁决书之日起15日内向人民法院提起诉讼。

② 当事人对终局裁决情形之外的其他劳动争议案件的仲裁裁决不服的，可以自收到仲裁裁决书之日起15日内提起诉讼。

③ 对劳动争议仲裁委员会不予受理或者逾期未作出决定的，申请人可以就该劳动争议事项向人民法院提起诉讼。

④ 终局仲裁裁决被人民法院裁定撤销的，当事人可以自收到裁定书之日起15日内就该劳动争议事项向人民法院提起诉讼。

劳动仲裁是劳动争议当事人向人民法院提起诉讼的必经程序。

【注意】①用人单位违反国家规定，拖欠或者未足额支付劳动报酬，或者拖欠工伤医疗费、经济补偿或者赔偿金的，劳动者可以向劳动行政部门投诉，劳动行政部门应当依法处理。②发生劳动争议，当事人对自己的主张，有责任提供证据。与争议事项有关的证据属于用人单位掌握管理的，用人单位应当提供；用人单位不提供的，应当承担不利后果。

（二）劳动调解

1.劳动争议的调解组织

（1）企业劳动争议调解委员会。企业劳动争议调解委员会由职工代表和企业代表组成。职工代表由工会成员担任或者由全体职工推举产生，企业代表由企业负责人指定。

企业劳动争议调解委员会主任由工会成员或者双方推举的人员担任。

（2）依法设立的基层人民调解组织。

（3）在乡镇、街道设立的具有劳动争议调解职能的组织。

2.劳动调解程序

（1）当事人申请劳动争议**调解可以书面申请，也可以口头申请**。

（2）应当充分听取双方当事人对事实和理由的陈述，耐心疏导，帮助其达成协议。

（3）经调解达成协议的，应当制作**调解协议书**。调解协议书由双方当事人签名或者盖章，经调解员签名并加盖调解组织印章后生效，**对双方当事人具有约束力**，当事人应当履行。自劳动争议调解组织收到调解申请之日起15日内未达成调解协议的，当事人可以依法申请仲裁。

（4）达成调解协议后，一方当事人在协议约定期限内不履行调解协议的，另一方当事人可以依法申请仲裁。因支付拖欠劳动报酬、工伤医疗费、经济补偿或者赔偿金事项达成调解协议，用人单位在协议约定期限内不履行的，劳动者可以持调解协议书依法向人民法院申请支付令。人民法院应当依法发出支付令。

（三）劳动仲裁

1.劳动仲裁机构

劳动仲裁机构是劳动争议仲裁委员会。**劳动争议仲裁委员会按照统筹规划、合理布局和适应实际需要的原则设立，不按行政区划层层设立**。劳动争议仲裁委员会下设的实体化的办事机构，称为劳动人事争议仲裁院。**劳动争议仲裁不收费**，劳动争议仲裁委员会的经费由财政予以保障。

2.劳动仲裁参加人

（1）当事人。

发生劳动争议的劳动者和用人单位为劳动争议仲裁案件的双方当事人。**劳务派遣单位或者用工单位与劳动者发生劳动争议的，劳务派遣单位和用工单位为共同当事人**。劳动者与个人承包经营者发生争议，依法向仲裁委员会申请仲裁的，应当将发包的组织和个人承包经营者作为共同当事人。

发生争议的用人单位被吊销营业执照、责令关闭、撤销，以及用人单位决定提前解散、歇业，不能承担相关责任的，依法将其出资人、开办单位或主管部门作为共同当事人。

（2）当事人代表。

发生争议的劳动者一方在10人以上，并有共同请求的，劳动者可以推举3至5名代表人参加仲裁活动。

因履行集体合同发生的劳动争议，经协商解决不成的，工会可以依法申请仲裁；尚未建立工会的，由上级工会指导劳动者推举产生的代表依法申请仲裁。

劳动仲裁与经济仲裁的不同

代表人参加仲裁的行为对其所代表的当事人发生效力，但代表人变更、放弃仲裁请求或者承认对方当事人的仲裁请求进行和解的，必须经被代表的当事人同意。

（3）第三人。

与劳动争议案件的处理结果有利害关系的第三人，可以申请参加仲裁活动或者由劳动争议仲裁委员会通知其参加仲裁活动。

（4）代理人。

当事人可以委托代理人参加仲裁活动。委托他人应当向劳动争议仲裁委员会提交有委托人签名或者盖章的委托书，委托书应当载明委托事项和权限。

丧失或者部分丧失民事行为能力的劳动者，由其法定代理人代为参加仲裁活动；无法定代理人的，由劳动争议仲裁委员会为其指定代理人。

3.劳动争议仲裁案件的管辖

劳动争议仲裁委员会负责管辖本区域内发生的劳动争议。**劳动争议由劳动合同履行地或者用人单位所在地的劳动争议仲裁委员会管辖**。双方当事人分别向两地申请仲裁的，由劳动合同履行地的劳动争议仲裁委员会管辖。多个仲裁委员会都有管辖权的，由先受理的仲裁委员会管辖。劳动合同履行地不明确的，由用人单位所在地的仲裁委员会管辖。

【即问即答】（2021年判断题）劳动合同履行地不明确的，劳动争议由用人单位所在地的劳动争议仲裁委员会管辖。（　　　）。

【答案】√。

4.劳动仲裁申请和受理

（1）仲裁时效。

① **劳动争议申请仲裁的时效期间为1年**。仲裁时效期间从当事人知道或者应当知道其权利被侵害之日起计算。劳动关系存续期间因拖欠劳动报酬发生争议的，劳动者申请仲裁不受1年仲裁时效期间的限制；但是，劳动关系终止的，应当自劳动关系终止之日起1年内提出。

② 仲裁时效的中断。劳动仲裁时效，因当事人一方向对方当事人主张权利（一方当事人通过协商、申请调解等方式向对方当事人主张权利的）；或者向有关部门请求权利救济（一方当事人通过向有关部门投诉，向仲裁委员会申请仲裁，向人民法院起诉或者申请支付令等方式请求权利救济的）；或者对方当事人同意履行义务而中断。**从中断时起，仲裁时效期间重新计算**。

③ 仲裁时效的中止。因不可抗力或者有其他正当理由（无民事行为能力或者限制民事行为能力劳动者的法定代理人未确定等），当事人不能在仲裁时效期间申请仲裁的，仲裁时效中止。**从中止时效的原因消除之日起，仲裁时效期间继续计算**。

（2）仲裁申请。

申请人申请仲裁应当提交**书面仲裁申请**。书写仲裁申请确有困难的，可以口头申请，由劳动争议仲裁委员会记入笔录，并告知对方当事人。

（3）仲裁受理。

劳动争议仲裁委员会**收到仲裁申请之日起5日内**，认为符合受理条件的，应当受理，并通知申请人；认为不符合受理条件的，应当书面通知申请人不予受理，并说明理由。

【注意】对劳动争议仲裁委员会不予受理或者逾期未作出决定的，申请人可以就该劳动争议事项向人民法院提起诉讼。

劳动争议仲裁委员会受理仲裁申请后，应当在5日内将仲裁申请书副本送达被申请人。被申请人未提交答辩书的，不影响仲裁程序的进行。

5.劳动仲裁开庭

（1）仲裁基本制度。

① 先行调解原则。仲裁庭在作出裁决前，应当先行调解。调解达成协议的，仲裁庭应当制作调解书。调解书经双方当事人签收后，发生法律效力。

② 仲裁公开原则及例外。**劳动争议仲裁公开进行，但当事人协议不公开进行或者涉及国家秘密、商业秘密和个人隐私的除外。**

③ 仲裁庭制度。劳动争议仲裁委员会裁决劳动争议案件实行仲裁庭制。**仲裁庭由3名仲裁员组成，设首席仲裁员。**简单劳动争议案件可以由1名仲裁员独任仲裁。

④ 回避制度。仲裁员有下列情形的，应当回避，当事人也有权以口头或者书面方式提出回避申请：a.是本案当事人或者当事人、代理人的近亲属的；b.与本案有利害关系的；c.与本案当事人、代理人有其他关系，可能影响公正裁决的；d.私自会见当事人、代理人，或者接受当事人、代理人请客送礼的。

（2）仲裁开庭程序。

劳动争议仲裁委员会应当在受理仲裁申请之日起5日内将仲裁庭的组成情况书面通知当事人。仲裁庭应当在开庭5日前，将开庭日期、地点书面通知双方当事人。当事人有正当理由的，可以在开庭3日前请求延期开庭，是否延期由劳动争议仲裁委员会决定。

申请人收到书面开庭通知，无正当理由拒不到庭或者未经仲裁庭同意中途退庭的，可以按撤回仲裁申请处理；申请人重新申请仲裁的，仲裁委员会不予受理。被申请人收到书面开庭通知，无正当理由拒不到庭或者未经仲裁庭同意中途退庭的，仲裁庭可以继续开庭审理，并缺席裁决。

开庭审理中，仲裁员应当听取申请人的陈述和被申请人的答辩，主持庭审调查、质证和辩论，征询当事人最后意见，并进行调解。

仲裁庭裁决劳动争议案件，应当自仲裁委员会受理仲裁申请之日起45日内结束。案情复杂需要延期的，经仲裁委员会主任批准，可以延期并书面通知当事人，但是延长期限不得超过15日。逾期未作出仲裁裁决的，当事人可以就该劳动争议事项向人民法院提起诉讼。

劳动争议仲裁中的"3日""5日""10日"指工作日，"15日""45日"指自然日。

6.劳动仲裁裁决

（1）裁决的规则。

裁决应当按照多数仲裁员的意见作出，少数仲裁员的不同意见应当记入笔录。仲裁庭不能形成多数意见时，裁决应当按照首席仲裁员的意见作出。裁决书应当载明仲裁请求、争议事实、裁决理由、裁决结果、当事人权利和裁决日期。裁决书由仲裁员签名，加盖劳动争议仲裁委员会印章。对裁决持不同意见的仲裁员，可以签名，也可以不签名。

仲裁庭裁决劳动争议案件时，若其中一部分事实已经清楚，则可以就该部分先行裁决。

（2）一裁终局的案件。

下列劳动争议，除另有规定外，仲裁裁决为终局裁决，裁决书自作出之日起发生法律效力：

① 追索劳动报酬、工伤医疗费、经济补偿或者赔偿金，不超过当地月最低工资标准12个月金额的争议；如果仲裁裁决涉及数项，对单项裁决数额不超过当地最低工资标准12个月金额的事项，应当适用终局裁决。

② 因执行国家的劳动标准在工作时间、休息休假、社会保险等方面发生的争议。

仲裁庭裁决案件时，裁决内容同时涉及终局裁决和非终局裁决的，应当分别制作裁决书，并告知当事人相应的救济权利。

（3）仲裁裁决的撤销（见左侧二维码）。

申请撤销裁决
的情形

7.劳动仲裁执行

（1）仲裁庭对追索劳动报酬、工伤医疗费、经济补偿或者赔偿金的案件，根据当事人的申请，可以裁决先予执行，并移送人民法院执行。

仲裁庭裁决先予执行的，应当符合下列条件：①当事人之间权利义务关系明确；②不先予执行将严重影响申请人的生活。劳动者申请先予执行的，可以不提供担保。

（2）当事人对发生法律效力的调解书、裁决书，应当依照规定的期限履行。一方当事人逾期不履行的，另一方当事人可以依照《中华人民共和国民事诉讼法》的有关规定向人民法院申请执行。受理申请的人民法院应当依法执行。

（3）当事人申请人民法院执行劳动争议仲裁机构作出的发生法律效力的裁决书、调解书，被申请人提出证据证明劳动争议仲裁裁决书、调解书有下列情形之一，并经审查核实的，人民法院可以**裁定不予执行**：①裁决的事项不属于劳动争议仲裁范围，或者劳动争议仲裁机构无权仲裁的；②适用法律、法规确有错误的；③违反法定程序的；④裁决所根据的证据是伪造的；⑤对方当事人隐瞒了足以影响公正裁决证据的；⑥仲裁员在仲裁该案时有索贿受贿、徇私舞弊、枉法裁决行为的；⑦人民法院认定执行该劳动争议仲裁裁决违背社会公共利益的。

人民法院在不予执行的裁定书中，应当告知当事人在收到裁定书之次日起30日内，可以就该劳动争议事项向人民法院提起诉讼。

（四）劳动诉讼

1.劳动诉讼的提起

（1）对劳动争议仲裁委员会不予受理或者逾期未作出决定的，申请人可以就该劳动争议事项向人民法院提起诉讼。

（2）**劳动者对劳动争议的终局裁决不服的，可以自收到仲裁裁决书之日起15日内向人民法院提起诉讼。**

（3）当事人对终局裁决情形之外的其他劳动争议案件的仲裁裁决不服的，可以自收到仲裁裁决书之日起15日内提起诉讼。

（4）终局裁决被人民法院裁定撤销的，当事人可以自收到裁定书之日起15日内就该劳动争议事项向人民法院提起诉讼。

【提示】对终局裁决不服，"用人单位"不能提起劳动诉讼，但"劳动者"可以提起劳动诉讼；对非终局裁决不服，"用人单位和劳动者"均可以提起劳动诉讼。

2.劳动诉讼程序

劳动诉讼依照《中华人民共和国民事诉讼法》的规定执行。

【即问即答】（2021年单选题）根据劳动争议调解仲裁法律制度的规定，下列关于劳动争议解决方式的表述中，正确的是（　　　）。

A.应先向劳动争议调解组织申请调解，调解不成的，再申请劳动争议仲裁

B.应先向劳动行政部门申请行政复议，对复议决定不服的，再申请劳动争议仲裁

C.可直接向劳动争议仲裁机构申请劳动仲裁

D.可直接向人民法院提起行政诉讼

【答案】C。

八、违反劳动合同法律制度的法律责任

（一）用人单位违反《劳动合同法》的法律责任

1.用人单位规章制度违反法律规定的法律责任

（1）用人单位直接涉及劳动者切身利益的规章制度违反法律、法规规定的，由劳动行政部门责令改正，给予警告；给劳动者造成损害的，应当承担赔偿责任。

（2）用人单位违反《劳动合同法》有关建立职工名册规定的，由劳动行政部门责令限期改正；逾期不改正的，由劳动行政部门处2 000元以上2万元以下的罚款。

2.用人单位订立劳动合同违反法律规定的法律责任

（1）用人单位提供的劳动合同文本未载明劳动合同必备条款或者用人单位未将劳动合同文本交付劳动者的，由劳动行政部门责令改正；给劳动者造成损害的，应当承担赔偿责任。

（2）用人单位自用工之日起超过1个月不满1年未与劳动者订立书面劳动合同的，应当向劳动者每月支付2倍的工资。

（3）用人单位违反《劳动合同法》规定不与劳动者订立无固定期限劳动合同的，自应当订立无固定期限劳动合同之日起向劳动者每月支付2倍的工资。

（4）用人单位违反《劳动合同法》规定与劳动者约定试用期的，由劳动行政部门责令改正；违法约定的试用期已经履行的，由用人单位以劳动者试用期满月工资为标准，按已经履行的超过法定试用期的期间向劳动者支付赔偿金。

（5）用人单位违反《劳动合同法》规定扣押劳动者居民身份证等证件的，由劳动行政部门责令限期退还劳动者本人，并依照有关法律规定给予处罚。

（6）用人单位违反《劳动合同法》规定以担保或者其他名义向劳动者收取财物的，由劳动行政部门责令限期退还劳动者本人，并以每人500元以上2 000元以下的标准处以罚款；给劳动者造成损害的，应当承担赔偿责任。

（7）劳动合同依照法律规定被确认无效，给劳动者造成损害的，用人单位应当承担

赔偿责任。

3.用人单位履行劳动合同违反法律规定的法律责任

（1）用人单位有下列情形之一的，依法给予行政处罚；构成犯罪的，依法追究刑事责任；给劳动者造成损害的，应当承担赔偿责任：

① 以暴力、威胁或者非法限制人身自由的手段强迫劳动的；

② 违章指挥或者强令冒险作业危及劳动者人身安全的；

③ 侮辱、体罚、殴打、非法搜查或者拘禁劳动者的；

④ 劳动条件恶劣、环境污染严重，给劳动者身心健康造成严重损害的。

（2）用人单位有下列情形之一的，由劳动行政部门责令限期支付劳动报酬、加班费；劳动报酬低于当地最低工资标准的，应当支付其差额部分；逾期不支付的，责令用人单位按应付金额50%以上100%以下的标准向劳动者加付赔偿金：

① 未按照劳动合同的约定或者国家规定及时足额支付劳动者劳动报酬的；

② 低于当地最低工资标准支付劳动者工资的；

③ 安排加班不支付加班费的。

（3）用人单位依照《劳动合同法》的规定应当向劳动者每月支付2倍的工资或者应当向劳动者支付赔偿金而未支付的，劳动行政部门应当责令用人单位支付。

4.用人单位违反法律规定解除和终止劳动合同的法律责任

（1）用人单位违反《劳动合同法》的规定解除或者终止劳动合同的，应当依照《劳动合同法》规定的经济补偿标准的2倍向劳动者支付赔偿金。

（2）用人单位解除或者终止劳动合同，未依照《劳动合同法》的规定向劳动者支付经济补偿的，由劳动行政部门责令限期支付经济补偿；逾期不支付的，责令用人单位按应付金额50%以上100%以下的标准向劳动者加付赔偿金。

（3）用人单位违反《劳动合同法》的规定未向劳动者出具解除或者终止劳动合同的书面证明，由劳动行政部门责令改正；给劳动者造成损害的，应当承担赔偿责任。

（4）劳动者依法解除或者终止劳动合同，用人单位扣押劳动者档案或者其他物品的，由劳动行政部门责令限期退还劳动者本人，并以每人500元以上2 000元以下的标准处以罚款；给劳动者造成损害的，应当承担赔偿责任。

5.其他法律责任

（1）用人单位招用与其他用人单位尚未解除或者终止劳动合同的劳动者，给其他用人单位造成损失的，应当承担连带赔偿责任。

（2）用工单位和劳务派遣单位违反《劳动合同法》有关劳务派遣规定的，由劳动行政部门和其他有关主管部门责令改正；情节严重的，以每位被派遣劳动者1 000元以上5 000元以下的标准处以罚款（劳务派遣单位并由市场监督管理部门吊销营业执照）；给被派遣劳动者造成损害的，劳务派遣单位和用工单位承担连带赔偿责任。

（3）对不具备合法经营资格的用人单位的违法犯罪行为，依法追究法律责任；劳动者已经付出劳动的，该单位或者其出资人应当依照《劳动合同法》有关规定向劳动者支付劳动报酬、经济补偿、赔偿金；给劳动者造成损害的，应当承担赔偿责任。

（4）个人承包经营违反《劳动合同法》规定招用劳动者，给劳动者造成损害的，发包的组织与个人承包经营者承担连带赔偿责任。

（二）劳动者违反劳动合同法律制度的法律责任

1.劳动合同被确认无效，给用人单位造成损失的，有过错的劳动者应当承担赔偿责任。

2.劳动者违反《劳动合同法》规定解除劳动合同，给用人单位造成损失的，应当承担赔偿责任。

3.劳动者违反劳动合同中约定的保密义务或者竞业限制，劳动者应当按照劳动合同的约定，向用人单位支付违约金给用人单位造成损失的，应当承担赔偿责任。

4.劳动者违反培训协议，未满服务期解除或者终止劳动合同的，或者因劳动者严重违纪，用人单位与劳动者解除约定服务期的劳动合同的，劳动者应当按照劳动合同的约定，向用人单位支付违约金。

任务实施

针对"任务布置"中的经济业务，相关解析如下：

本案例中，仲裁委员会认为，报销费用不属于工资范畴，所涉及的"报销款"是用人单位与劳动者出于规避国家税收法律规定的纳税义务而产生的，双方的约定违反了法律规定且损害了国家利益，其不应认定为工资，故裁决按月工资10 000元的标准支持了申请人双倍工资的请求。为规避相关法律规定的义务，劳动者和用人单位约定以发票报销等形式领取的费用，违反了法律的规定，损害了国家利益，不应认定为劳动报酬。

任务二　认识社会保险法律制度

任务布置

职工吴某在定点医院做外科手术，共发生医疗费用18万元，其中在规定医疗目录内的费用为15万元，目录以外费用为3万元。已知当地职工平均工资水平为2 000元/月，起付标准为当地职工年平均工资的10%，最高支付限额为当地职工年平均工资的6倍，报销比例为90%。

任务：请你计算一下，哪些费用可以从统筹账户中报销，哪些费用需由吴某自理？

🌱 **知识准备** 🍃🍃🍃

一、社会保险概述

社会保险，是指国家依法建立的，由国家、用人单位和个人共同筹集资金、建立基金，使个人在年老（退休）、患病、工伤（因工伤残或者患职业病）、失业、生育等情况下获得物质帮助和补偿的一种社会保障制度。这种保障是依靠国家立法强制实行的社会化保险。所谓社会化保险，一是指资金来源的社会化，社会保险基金中既有用人单位和个人缴纳的保险费，也有国家财政给予的补助；二是指管理的社会化，国家设置专门机构，由其实行统一规划和管理，统一承担保险金的发放职能等。

目前，**我国的社会保险项目主要有基本养老保险、基本医疗保险（生育保险于2019年并入基本医疗保险）、工伤保险、失业保险。**

二、基本养老保险

（一）基本养老保险的含义

基本养老保险，是指缴费达到法定期限并且个人达到法定退休年龄后，国家和社会提供物质帮助以保证因年老而退出劳动领域者稳定、可靠的生活来源的社会保险制度。基本养老保险是社会保险体系中最重要、实施最广泛的一项制度。

（二）基本养老保险的覆盖范围

1.基本养老保险制度的组成

基本养老保险制度由三个部分组成：职工基本养老保险制度、新型农村社会养老保险制度（以下简称新农保）、城镇居民社会养老保险制度（以下简称城居保）。

根据国务院于2014年2月26日发布的《国务院关于建立统一的城乡居民基本养老保险制度的意见》，新农保和城居保两项制度合并实施，在全国范围内建立统一的城乡居民基本养老保险制度。**年满16周岁（不含在校学生）、非国家机关和事业单位工作人员及不属于职工基本养老保险制度覆盖范围的城乡居民，可以在户籍地参加城乡居民基本养老保险。**本任务除特别说明外，基本养老保险均指职工基本养老保险。

2.职工基本养老保险

职工基本养老保险费的征缴范围包括：国有企业、城镇集体企业、外商投资企业、城镇私营企业和其他城镇企业及其职工，实行企业化管理的事业单位及其职工。这是基本养老保险的主体部分。**基本养老保险费由用人单位和职工共同缴纳。**

无雇工的个体工商户、未在用人单位参加基本养老保险的非全日制从业人员以及其他灵活就业人员可以参加基本养老保险，由个人缴纳基本养老保险费。

公务员和参照公务员管理的工作人员养老保险的办法由国务院规定。国务院于2015年1月14日发布了《国务院关于机关事业单位工作人员养老保险制度改革的决定》（国发〔2015〕2号），改革现行机关事业单位工作人员退休保障制度，逐步建立独立于机关事业单位之外、资金来源多渠道、保障方式多层次、管理服务社会化的养老保险体系。对于按照《中华人民共和国公务员法》管理的单位、参照《中华人民共和国公务员法》管理的机关（单位）、事业单位及其编制内的工作人员，实行社会统筹与个人账户相结合的基本养老保险制度。

（三）职工基本养老保险基金的组成和来源

基本养老保险基金由用人单位和个人缴费以及政府补贴等组成。基本养老保险实行社会统筹与个人账户相结合。基本养老金由统筹养老金和个人账户养老金组成。

养老保险社会统筹，是指统收养老保险缴费和统支养老金，确保收支平衡的公共财务系统。**用人单位应当按照国家规定的本单位职工工资总额的比例缴纳基本养老保险费，记入基本养老保险统筹基金。职工按照国家规定的本人工资的比例缴纳基本养老保险费，记入个人账户。基本养老保险基金出现支付不足时，政府给予补贴。**

无雇工的个体工商户、未在用人单位参加基本养老保险的非全日制从业人员以及其他灵活就业人员参加基本养老保险的，应当按照国家规定缴纳基本养老保险费，分别记入基本养老保险统筹基金和个人账户。

个人账户不得提前支取，记账利率不得低于银行定期存款利率，免征利息税。**参加职工基本养老保险的个人死亡后，其个人账户中的余额可以全部依法继承。**

个人跨统筹地区就业的，其基本养老保险关系随本人转移，缴费年限累计计算。个人达到法定退休年龄时，基本养老金分段计算、统一支付。

（四）职工基本养老保险费的缴纳

1.单位缴费

自2019年5月1日起，降低城镇职工基本养老保险（包括企业和机关事业单位基本养老保险）**单位缴费比例**。各省、自治区、直辖市及新疆生产建设兵团养老保险单位缴费比例高于**16%**的，可降至16%；目前比例低于16%的，要研究提出过渡办法。

2.个人缴费

按照现行政策，**职工个人按照本人缴费工资的8%缴费**，记入个人账户。**缴费工资**，也称缴费工资基数，一般为职工本人上一年度月平均工资（有条件的地区，以本人上月工资收入为个人缴费工资基数）。月平均工资按照国家统计局规定列入工资总额统计的项目计算，包括工资、奖金、津贴、补贴等收入，不包括用人单位承担或者支付给员工的社会保险费、劳动保护费、福利费、用人单位与员工解除劳动关系时支付的一次性补偿以及计划生育费用等其他不属于工资的费用。新招职工（包括研究生、大学生、大中专毕业生等）以起薪当月工资收入作为缴费工资基数；从第二年起，按上一年实发工资的月平均工资作为缴费工资基数。即：个人养老账户月存储额＝本人月缴费工资×8%。

【注意】（1）过低：低于当地职工月平均工资60%的，按当地职工月平均工资的60%作为缴费基数。过高：高于当地职工月平均工资300%的，按当地职工月平均工资的300%作为缴费基数。（2）各省应以本省非私营单位就业人员平均工资和城镇私营单位就业人员平均工资加权计算的全口径城镇单位就业人员平均工资，核定社保个人缴费基数上下限。（3）个人缴费不计征个人所得税，在计算个人所得税的应税收入时，应扣除个人缴纳的养老保险费。（4）城镇个体工商户和灵活就业人员按照上述口径计算的本地全口径城镇单位就业人员平均工资核定社保个人缴费基数上下限，允许缴费人在60%至300%之间选择适当的缴费基数。缴费比例为20%，其中8%计入个人账户。

国家健全养老保险激励机制。鼓励职工长缴多得、多缴多得、晚退多得。基础养老金计发比例与个人累计缴费年限挂钩，基础养老金计发基数与个人实际缴费挂钩，个人账户养老金根据个人退休年龄、个人账户储存额等因素确定。

（五）职工基本养老保险享受条件与待遇

1.职工基本养老保险享受条件

（1）年龄条件：达到法定退休年龄，具体见表13-5。

表13-5　　　　　　　　　　　　　　法定退休年龄表

适用范围	性别	退休年龄
一般情况	男	旧60，新63
	女	旧50，新55
	女干部	旧55，新58

2024年9月13日，第十四届全国人民代表大会常务委员会第十一次会议通过《国务院关于渐进式延迟法定退休年龄的办法》，自2025年1月1日起施行。从2025年1月1日起，男职工和原法定退休年龄为55周岁的女职工，法定退休年龄每4个月延迟1个月，分别逐步延迟至63周岁和58周岁；原法定退休年龄为50周岁的女职工，法定退休年龄每2个月延迟1个月，逐步延迟至55周岁。

国家规范完善特殊工种等提前退休政策。从事井下、高空、高温、特别繁重体力劳动等国家规定的特殊工种，以及在高海拔地区工作的职工，符合条件的可以申请提前退休。

（2）缴费条件：累计缴费满15年。参加职工基本养老保险的个人，达到法定退休年龄时累计缴费满15年的，按月领取基本养老金。

从2030年1月1日起，将职工按月领取基本养老金最低缴费年限由15年逐步提高至20年，每年提高六个月。职工达到法定退休年龄但不满最低缴费年限的，可以按照规定通过延长缴费或者一次性缴费的办法达到最低缴费年限，按月领取基本养老金。

职工达到最低缴费年限，可以自愿选择弹性提前退休，提前时间最长不超过三年，且退休年龄不得低于女职工五十周岁、五十五周岁及男职工六十周岁的原法定退休年龄。职工达到法定退休年龄，所在单位与职工协商一致的，可以弹性延迟退休，延迟时间最长不超过三年。国家另有规定的，从其规定。实施中不得违背职工意愿，违法强制或者变相强制职工选择退休年龄。

2.职工基本养老保险待遇

（1）职工基本养老金。对符合基本养老保险享受条件的人员，国家按月支付基本养老金。

（2）丧葬补助金和遗属抚恤金。参加基本养老保险的个人因病或者非因工死亡的，其遗属可领取丧葬补助金和抚恤金，所需资金从基本养老保险基金中支付。

【注意】如果个人死亡同时符合领取基本养老保险丧葬补助金、工伤保险丧葬补助金和失业保险丧葬补助金条件的，其遗属只能选择领取其中的一项。

（3）病残津贴。参加基本养老保险的个人，在未达到法定退休年龄时因病或者非因工致残完全丧失劳动能力的，可以领取病残津贴，所需资金从基本养老保险基金中支付。

【即问即答】（2023年多选题）参加基本养老保险的个人，因病在家中去世，下列各项中，其遗属可以领取的所需资金是从基本养老保险基金中支付的有（　　）。

A.丧葬补助金　　　　　　　　　　　B.遗属抚恤金

C.一次性工伤医疗补助金　　　　　　D.一次性工亡补助金

【答案】AB。

三、基本医疗保险

（一）基本医疗保险的含义

基本医疗保险，是指按照国家规定缴纳一定比例的医疗保险费，在参保人因患病和意外伤害而就医诊疗时，由医疗保险基金支付其一定医疗费用的社会保险制度。

（二）基本医疗保险的覆盖范围

1.职工基本医疗保险

职工应当参加职工基本医疗保险，**由用人单位和职工按照国家规定共同缴纳基本医疗保险费**。职工基本医疗保险费的征缴范围包括：国有企业、城镇集体企业、外商投资企业、城镇私营企业和其他城镇企业及其职工，国家机关及其工作人员，事业单位及其职工，民办非企业单位及其职工，社会团体及其专职人员。

无雇工的个体工商户、未在用人单位参加基本医疗保险的非全日制从业人员以及其他灵活就业人员可以参加职工基本医疗保险，由个人按照规定缴纳基本医疗保险费。

2.城乡居民基本医疗保险

国务院于2016年整合城镇居民基本医疗保险和新型农村合作医疗两项制度，建立**统一的城乡居民基本医疗保险制度**。城乡居民基本医疗保险制度覆盖范围包括现有城镇居民基本医疗保险和新型农村合作医疗所有应参保（合）人员，即覆盖除职工基本医疗保险应参保人员以外的其他所有城乡居民，统一保障待遇。

（三）全面推进生育保险和职工基本医疗保险合并实施

根据国务院办公厅2019年3月25日印发的《国务院办公厅关于全面推进生育保险和职工基本医疗保险合并实施的意见》，推进两项保险合并实施，统一参保登记，即参加职工基本医疗保险的在职职工同步参加生育保险。统一基金征缴和管理，**生育保险基金并入职工基本医疗保险基金**，按照用人单位参加生育保险和职工基本医疗保险的缴费比例之和确定新的用人单位职工基本医疗保险费率，**个人不缴纳生育保险费**。两项保险合并实施后，实行统一定点医疗服务管理，统一经办和信息服务。**确保职工生育期间的生育保险待遇不变。**

（四）职工基本医疗保险的缴纳

基本医疗保险采用"统账结合"模式，即分别设立社会统筹基金和个人账户基金，基本医疗保险基金由统筹基金和个人账户构成。

1.单位缴费

由统筹地区确定适合当地的单位缴费率，一般为职工工资总额的6%左右。用人单位缴纳的基本医疗保险费分为两部分：一部分用于建立统筹基金；另一部分划入个人账户（一般为30%左右）。

2.基本医疗保险个人账户的资金来源

基本医疗保险个人账户的资金来源如图13-1所示。

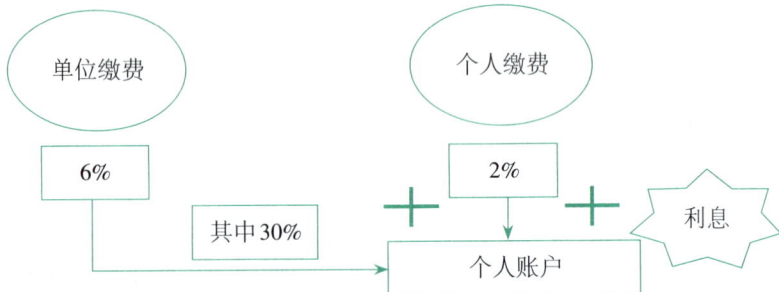

图13-1   基本医疗保险个人账户的资金来源

【注意】个人跨统筹地区就业的，其基本医疗保险关系随本人转移，缴费年限累计计算。

3.退休人员基本医疗保险费的缴纳

参加职工基本医疗保险的个人，达到法定退休年龄时累计缴费达到国家规定年限的，退休后不再缴纳基本医疗保险费，按照国家规定享受基本医疗保险待遇；未达到国家规定缴费年限的，可以缴费至国家规定年限。目前，对最低缴费年限没有全国统一的规定，由各统筹地区根据本地情况确定。

（五）职工基本医疗费用的结算

参保人员在协议医疗机构发生的医疗费用，符合基本医疗保险药品目录、诊疗项目、医疗服务设施标准的，按照国家规定从基本医疗保险基金中支付。参保人员医疗费用中应当由基本医疗保险基金支付的部分，由社会保险经办机构与医疗机构、药品经营单位直接结算。目前，各地对职工基本医疗保险费用结算的方式并不一致。享受基本医疗保险待遇一般要符合以下条件：

1.参保人员必须到基本医疗保险的定点医疗机构就医、购药或定点零售药店购买药品；

2.参保人员在看病就医过程中所发生的医疗费用必须符合基本医疗保险药品目录、诊疗项目、医疗服务设施标准的范围和给付标准。

参保人员符合基本医疗保险支付范围的医疗费用中，在社会医疗统筹基金起付标准以上与最高支付限额以下的费用部分，由社会医疗统筹基金按一定比例支付。

起付标准，又称起付线，一般为当地职工年平均工资的10%左右。最高支付限额，又称封顶线，一般为当地职工年平均工资的6倍左右。支付比例一般为90%。

【注意】（1）自付费部分由四块组成（如图13-2所示）：①起付线以下的部分；②区间内自己负担的比例部分；③封顶线以上的部分；④非"定点""定围"部分。（2）参保人员在封顶线以上的医疗费用部分，可以通过单位补充医疗保险或参加商业保险等途径解决。

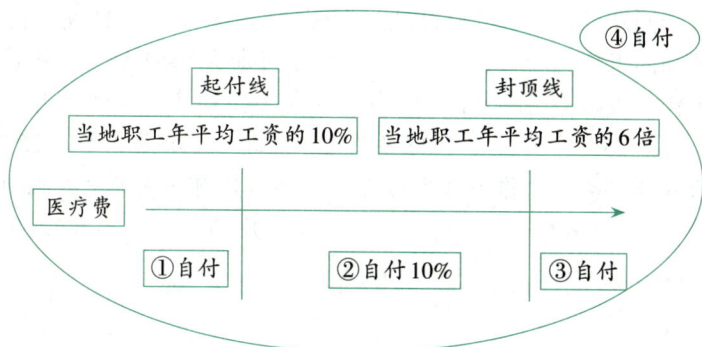

图13-2　自付费部分

（六）下列医疗费用不纳入基本医疗保险基金支付范围

1. 应当从工伤保险基金中支付的。

2. 应当由第三人负担的。医疗费应当由第三人负担，第三人不支付或者无法确定第三人的，由基本医疗保险基金先行支付，然后向第三人追偿。

3. 应当由公共卫生负担的（如疫苗接种）。

4. 在境外就医的（非定点）。

（七）医疗期

医疗期，是指企业职工因患病或非因工负伤停止工作，治病休息，但不得解除劳动合同的期限。

1. 医疗期的规定

企业职工因患病或非因工负伤，需要停止工作进行医疗时，根据本人实际参加工作年限和在本单位工作年限，给予3个月到24个月的医疗期，具体见表13-6。

表13-6　　　　　　　　　　　　医疗期的规定

实际工作年限（年）	本单位工作年限（年）	享受医疗期（月）	累计计算期（月）	
<10	<5	3	6	医疗期×2
	≥5	6	12	
≥10	<5	6	12	医疗期＋6
	≥5<10	9	15	
	≥10<15	12	18	
	≥15<20	18	24	
	≥20	24	30	

2.医疗期的待遇

企业职工在医疗期的病假工资、疾病救济费和医疗待遇按照有关规定执行。**病假工资或疾病救济费可以低于当地最低工资标准支付，但最低不能低于最低工资标准的80%**。医疗期不得解除或终止劳动合同，用人单位符合随时通知解除劳动合同的除外。

如医疗期遇合同期满，则合同必须续延至医疗期满，职工在此期间仍然享受医疗期待遇。对医疗期满尚未痊愈者，或者医疗期满后，不能从事原工作，也不能从事用人单位另行安排的工作，被解除劳动合同的，用人单位需按经济补偿规定给予其经济补偿。

【即问即答】（2023年单选题）2018年7月陈某进入甲公司工作，2022年10月患病后住院治疗，已知陈某实际工作年限为12年。陈某依法可享受的医疗期为（   ）。

A.9个月　　　　　　B.6个月　　　　　　C.3个月　　　　　　D.12个月

【答案】B。

四、工伤保险

（一）工伤保险的含义

工伤保险，是指劳动者在职业工作中或规定的特殊情况下遭遇意外伤害或职业病，导致暂时或永久丧失劳动能力以及死亡时，劳动者或其遗属能够从国家和社会获得物质帮助的社会保险制度。

（二）工伤保险费的缴纳

职工应当参加工伤保险，**由用人单位缴纳工伤保险费，职工不缴纳工伤保险费**。

境内的企业、事业单位、社会团体、民办非企业单位、基金会、律师事务所、会计师事务所等组织和有雇工的个体工商户（以下简称用人单位）应当依照《工伤保险条例》的规定参加工伤保险，为本单位全部职工或者雇工（以下简称职工）缴纳工伤保险费。中国境内的企业、事业单位、社会团体、民办非企业单位、基金会、律师事务所、会计师事务所等组织的职工和个体工商户的雇工，均有依照规定享受工伤保险待遇的权利。

用人单位应当按照本单位职工工资总额，根据社会保险经办机构确定的费率按时足额缴纳工伤保险费。用人单位缴纳工伤保险费的数额为本单位职工工资总额乘以单位缴费费率之积。工资总额，是指用人单位直接支付给本单位全部职工的劳动报酬总额。

对难以按照工资总额缴纳工伤保险费的行业，其缴纳工伤保险费的具体方式，由国务院社会保险行政部门规定。

（三）工伤认定与劳动能力鉴定

1.工伤认定

（1）应当认定为工伤的情形（注："与工作有直接因果关系"）：

① 在工作时间和工作场所内，因工作原因受到事故伤害的；

② 工作时间前后在工作场所内，从事与工作有关的预备性或收尾性工作受到事故伤害的；

③ 在工作时间和工作场所内，因履行工作职责受到暴力等意外伤害的；

④ 患职业病的；

⑤ 因工外出期间，由于工作原因受到伤害或者发生事故下落不明的；

⑥ 在上下班途中，受到非本人主要责任的交通事故或者城市轨道交通、客运轮渡、火车事故伤害的；

⑦ 法律、行政法规规定应当认定为工伤的其他情形。

（2）视同工伤的情形（注："与工作有间接因果关系"）：

① 在工作时间和工作岗位，突发疾病死亡或者在48小时内经抢救无效死亡的；

② 在抢险救灾等维护国家利益、公共利益活动中受到伤害的；

③ 原在军队服役，因战、因公负伤致残，已取得革命伤残军人证，到用人单位后旧伤复发的。

（3）不认定为工伤的情形（注："与工作无因果关系"）：

职工因下列情形之一导致本人在工作中伤亡的，不认定为工伤：

① 故意犯罪；

② 醉酒或者吸毒；

③ 自残或者自杀。

2.劳动能力鉴定

职工发生工伤，经治疗伤情相对稳定后存在残疾、影响劳动能力的，应当进行劳动能力鉴定。劳动能力鉴定，是指劳动功能障碍程度和生活自理障碍程度的等级鉴定。

劳动功能障碍分为十个伤残等级，最重的为一级，最轻的为十级。生活自理障碍分为三个等级：生活完全不能自理、生活大部分不能自理和生活部分不能自理。劳动能力鉴定标准由国务院社会保险行政部门会同国务院卫生行政部门等部门制定。

自劳动能力鉴定结论作出之日起1年后，工伤职工或者其近亲属、所在单位或者经办机构认为伤残情况发生变化的，可以申请劳动能力复查鉴定。

（四）工伤保险待遇

职工因工作原因受到事故伤害或者患职业病且经工伤认定的，享受工伤保险待遇。其中，经劳动能力鉴定丧失劳动能力的，享受伤残待遇。

1.工伤医疗待遇

职工因工作遭受事故伤害或者患职业病进行治疗，享受工伤医疗待遇，其包括：

（1）治疗工伤的医疗费用（诊疗费、药费、住院费）。职工治疗工伤应当在签订服务协议的医疗机构就医，情况紧急时可以先到就近的医疗机构急救。治疗工伤所需费用符合工伤保险诊疗项目目录、工伤保险药品目录、工伤保险住院服务标准的，从工伤保险基金中支付。

（2）住院伙食补助费、交通食宿费。

（3）康复性治疗费。

（4）停工留薪期工资福利待遇。工伤职工评定伤残等级后，停止享受停工留薪期待遇，按照规定享受伤残待遇。工伤职工在停工留薪期满后仍需治疗的，继续享受工伤医疗待遇。生活不能自理的工伤职工在停工留薪期需要护理的，由所在单位负责。

【注意】①停工留薪期内，原工资福利待遇不变，由所在单位按月支付。停工留薪期一般不超过12个月。伤情严重或者情况特殊，经设区的市级劳动能力鉴定委员会确认，可以适当延长，但延长不得超过12个月。②工伤职工治疗非因工伤引发的疾病，不享受工伤医疗待遇，按照基本医疗保险办法处理。

2.辅助器具装配费

工伤职工因日常生活或者就业需要，经劳动能力鉴定委员会确认，可以安装假肢、矫形器、假眼、假牙和配置轮椅等辅助器具，所需费用按照国家规定的标准从工伤保险基金中支付。

3.伤残待遇

经劳动能力鉴定委员会鉴定，评定伤残等级的工伤职工，享受伤残待遇，包括：

（1）生活护理费。工伤职工已经评定伤残等级并经劳动能力鉴定委员会确认需要生活护理的，从工伤保险基金中按月支付生活护理费。

（2）一次性伤残补助金。职工因工致残被鉴定为一级至十级伤残的，从工伤保险基金中按伤残等级支付一次性伤残补助金。

（3）伤残津贴。**职工因工致残被鉴定为一级至四级伤残的，保留劳动关系，退出工作岗位，从工伤保险基金中按月支付伤残津贴**，伤残津贴实际金额低于当地最低工资标准的，由工伤保险基金补足差额。职工因工致残被鉴定为五级、六级伤残的，**保留与用人单位的劳动关系，由用人单位安排适当工作。难以安排工作的，由用人单位按月发放伤残津贴**。伤残津贴实际金额低于当地最低工资标准的，由用人单位补足差额。

（4）一次性工伤医疗补助金和一次性伤残就业补助金。**五级、六级伤残，经工伤职工本人提出，可以与用人单位解除或者终止劳动关系**；七级至十级伤残，劳动、聘用合同期满终止，或者职工本人提出解除劳动、聘用合同的，由工伤保险基金支付一次性工伤医疗补助金，由用人单位支付一次性伤残就业补助金。一次性工伤医疗补助金和一次性伤残就业补助金的具体标准由省、自治区、直辖市人民政府确定。

4.工亡待遇

职工因工死亡，或者伤残职工在停工留薪期内因工伤导致死亡的，其近亲属按照规定从工伤保险基金领取丧葬补助金、供养亲属抚恤金和一次性工亡补助金。

（1）丧葬补助金，为6个月的统筹地区上年度职工月平均工资。

（2）供养亲属抚恤金，按照职工本人工资的一定比例发给由因工死亡职工生前提供主要生活来源、无劳动能力的亲属。

（3）**一次性工亡补助金，标准为上一年度全国城镇居民人均可支配收入的20倍。**

一级至四级伤残职工在停工留薪期满后死亡的，其近亲属可以享受丧葬补助金、供养亲属抚恤金待遇，不享受一次性工亡补助金待遇。

（五）工伤保险待遇负担

1.由工伤保险基金支付的费用

（1）治疗工伤的医疗费用和康复费用；

（2）住院伙食补助费；

（3）到统筹地区以外就医的交通食宿费；

（4）安装配置伤残辅助器具所需费用；

（5）生活不能自理的，经劳动能力鉴定委员会确认的生活护理费；

（6）一次性伤残补助金和一至四级伤残职工按月领取的伤残津贴；

（7）终止或者解除劳动合同时，应当享受的一次性医疗补助金；

（8）因工死亡的，其遗属领取的丧葬补助金、供养亲属抚恤金和因工死亡补助金；

（9）劳动能力鉴定费。

2.由用人单位支付的费用

（1）治疗工伤期间的工资福利；

（2）五级、六级伤残职工按月领取的伤残津贴；

（3）终止或者解除劳动合同时，应当享受的一次性伤残就业补助金。

【注意】工伤职工有下列情形之一的，停止享受工伤保险待遇：①丧失享受待遇条件的；②拒不接受劳动能力鉴定的；③拒绝治疗的。

（六）特别规定

1.工伤保险中所称的本人工资，是指工伤职工因工作遭受事故伤害或者患职业病前12个月平均月缴费工资。本人工资高于统筹地区职工平均工资300%的，按照统筹地区职工平均工资的300%计算；本人工资低于统筹地区职工平均工资60%的，按照统筹地区职工平均工资的60%计算。

2.工伤职工符合领取基本养老金条件的，停发伤残津贴，享受基本养老保险待遇。基本养老保险待遇低于伤残津贴的，由工伤保险基金补足差额。

3.**职工所在用人单位未依法缴纳工伤保险费，发生工伤事故的，由用人单位支付工伤保险待遇**。用人单位不支付的，从工伤保险基金中先行支付，由用人单位偿还。用人单位不偿还的，社会保险经办机构可以追偿。

4.**由于第三人的原因造成工伤，第三人不支付工伤医疗费用或者无法确定第三人的，由工伤保险基金先行支付**。工伤保险基金先行支付后，有权向第三人追偿。

5.职工（包括非全日制从业人员）在两个或者两个以上用人单位同时就业的，各用人单位应当分别为职工缴纳工伤保险费。**职工发生工伤，由职工受到伤害时工作的单位依法承担工伤保险责任**。

【即问即答】（2023年多选题）甲公司职工钱某在上班期间因操作失误致使手臂损伤而住院治疗。下列关于钱某住院治疗期间享受工资福利待遇的表述中，正确的有（　　）。

A.钱某应享受停工留薪期待遇

B.钱某应享受医疗期待遇

C.甲公司可以按照当地最低工资标准的80%按月向其支付工资

D.甲公司应当按照原工资福利待遇按月向其支付工资

【答案】AD。

五、失业保险

（一）失业保险的含义

失业保险，是指国家通过立法强制实行的，由社会集中建立基金，保障因失业而暂时中断生活来源的劳动者的基本生活，并通过职业培训、职业介绍等措施促进其再就业的社会保险制度。

（二）失业保险费的缴纳

职工应当参加失业保险，**由用人单位和职工按照国家的规定共同缴纳失业保险费。**

失业保险费的征缴范围包括：国有企业、城镇集体企业、外商投资企业、城镇私营企业和其他城镇企业（以下统称城镇企业）及其职工，事业单位及其职工。

城镇企业、事业单位按照本单位工资总额的2%缴纳失业保险费，职工按照本人工资的1%缴纳失业保险费。

【注意】（1）职工跨统筹地区就业的，其失业保险关系随本人转移，缴费年限累计计算。（2）为减轻企业负担，促进扩大就业，人力资源和社会保障部、财政部数次发文降低失业保险费率，将用人单位和职工失业保险缴费比例总和从3%阶段性降至1%，个人费率不得超过单位费率。

（三）失业保险待遇

1.失业保险待遇的享受条件

（1）失业前用人单位和本人已经缴纳失业保险费满1年的。

（2）非因本人意愿中断就业的，包括：①劳动合同终止；②用人单位解除劳动合同；③被用人单位开除、除名和辞退；④用人单位以暴力、威胁或者非法限制人身自由的手段强迫劳动，劳动者解除劳动合同的；⑤用人单位未按照劳动合同约定支付劳动报酬或者提供劳动条件，劳动者解除劳动合同的；⑥法律、法规、规章规定的其他情形。

（3）已经进行失业登记，并有求职要求的。

2.失业保险金的领取期限

用人单位应当及时为失业人员出具终止或者解除劳动关系的证明，并将失业人员的名单自终止或者解除劳动关系之日起7日内报受理其失业保险业务的经办机构备案，并按要求提供终止或者解除劳动关系的证明等材料。

失业人员在失业期间，可凭社会保障卡或身份证件到现场或通过网上申报的方式，向参保地经办失业保险业务的公共就业服务机构或者社会保险经办机构（以下简称经办机构）申领失业保险金。经办机构认定失业人员失业状态时，应通过内部经办信息系统比对及信息共享，核实用人单位已停止为失业人员缴纳社会保险费即可确认，不得要求失业人员出具终止或者解除劳动关系证明、失业登记证明等其他证明材料。失业人员申领失业保险金，经办机构应当同时为其办理失业登记和失业保险金发放。**失业保险金自办理失业登记之日起计算，** 具体期限见表13-7。

表13-7　　　　　　　　　　失业保险金的领取期限

缴费期限（年）	最长领取期限（月）
≥1<5	12
≥5<10	18
≥10	24

重新就业后，再次失业的，缴费时间重新计算，领取失业保险金的期限与前次失业

应当领取而尚未领取的失业保险金的期限合并计算，最长不超过24个月。失业人员因当期不符合失业保险金领取条件的，原有缴费时间予以保留，重新就业并参保的，缴费时间累计计算。对领取失业保险金且距法定退休年龄不足1年的人员，领取失业保险金年限延长至法定退休年龄，在实施渐进式延迟法定退休年龄期间，由失业保险基金按照规定为其缴纳养老保险费。

3.失业保险金的发放标准

失业保险金的标准，不得低于城市居民最低生活保障标准，一般也不高于当地最低工资标准，具体数额由省、自治区、直辖市人民政府确定。

4.其他失业保险待遇

（1）领取失业保险金期间享受基本医疗保险待遇。失业人员在领取失业保险金期间，参加职工基本医疗保险，享受基本医疗保险待遇。失业人员应当缴纳的基本医疗保险费从失业保险基金中支付，个人不缴纳基本医疗保险费。

（2）领取失业保险金期间的死亡补助。失业人员在领取失业保险金期间死亡的，参照当地对在职职工死亡的规定，向其遗属发放一次性丧葬补助金和抚恤金，所需资金从失业保险基金中支付。

（3）职业介绍与职业培训补贴。失业人员在领取失业保险金期间，应当积极求职，接受职业介绍和职业培训。失业人员接受职业介绍、职业培训的补贴由失业保险基金按照规定支付。补贴的办法和标准由省、自治区、直辖市人民政府规定。

（4）国务院规定或者批准的与失业保险有关的其他费用。

（四）停止领取失业保险金的情形

失业人员在领取失业保险金期间有下列情形之一的，停止领取失业保险金，并同时停止享受其他失业保险待遇：

1.重新就业的；

2.应征服兵役的；

3.移居境外的；

4.享受基本养老保险待遇的；

5.被判刑收监执行的；

6.无正当理由，拒不接受当地人民政府指定部门或者机构介绍的适当工作或者提供培训的；

7.有法律、行政法规规定的其他情形的。

【即问即答】（2023年单选题）赵某在领取失业保险金期间，顺利就业后又失业，赵某最长可以领取失业保险金的期限是（　　　）。

A.12个月　　　　　B.18个月　　　　　C.24个月　　　　　D.36个月

【答案】C。

【即问即答】（2023年多选题）下列社会保险中应由用人单位和职工共同缴纳的有（　　　）。

A.基本养老保险　　B.基本医疗保险　　C.工伤保险　　　　D.失业保险

【答案】ABD。

六、社会保险费征缴与管理

（一）社会保险经办机构

国务院人力资源和社会保障行政部门主管全国基本养老保险、工伤保险、失业保险等社会保险经办工作。国务院医疗保障行政部门主管全国基本医疗保险、生育保险等社会保险经办工作。**县级以上地方人民政府人力资源和社会保障行政部门按照统筹层次主管基本养老保险、工伤保险、失业保险等社会保险经办工作。县级以上地方人民政府医疗保障行政部门**按照统筹层次主管基本医疗保险、生育保险等社会保险经办工作。社会保险经办机构是人力资源社会保险行政部门所属的经办基本养老保险、工伤保险、失业保险等社会保险的机构和医疗保障行政部门所属的经办基本医疗保险、生育保险等社会保险的机构。

（二）社会保险登记

1.用人单位的社会保险登记

根据《社会保险经办条例》的规定，用人单位在登记管理机关办理登记时同步办理社会保险登记。

2.个人的社会保险登记

用人单位应当自用工之日起30日内为其职工向社会保险经办机构申请办理社会保险登记。未办理社会保险登记的，由社会保险经办机构核定其应当缴纳的社会保险费。

自愿参加社会保险的无雇工的个体工商户、未在用人单位参加社会保险的非全日制从业人员以及其他灵活就业人员，应当向社会保险经办机构申请办理社会保险登记。个人申请办理社会保险登记，以公民身份证号码作为社会保障号码，取得社会保障卡和医保电子凭证。社会保险经办机构应当自收到申请之日起10个工作日内办理完毕。

（三）社会保险转移、变更和注销

1.社会保险关系转移

参加职工基本养老保险、职工基本医疗保险、失业保险的个人跨统筹地区就业，其职工基本养老保险、职工基本医疗保险、失业保险关系随同转移。

参加职工基本养老保险的个人在机关事业单位与企业等不同性质用人单位之间流动就业，其职工基本养老保险关系随同转移。

参加工伤保险、生育保险的个人跨统筹地区就业，在新就业地参加工伤保险、生育保险。

2.社会保险变更和注销

用人单位的性质、银行账户、用工等参保信息发生变化，以及个人参保信息发生变化的，用人单位和个人应当及时告知社会保险经办机构。社会保险经办机构应当对用人单位和个人提供的参保信息进行比对核实。

用人单位和个人申请变更、注销社会保险登记，社会保险经办机构应当自收到申请之日起10个工作日内办理完毕。用人单位注销社会保险登记的，应当先结清欠缴的社会保险费、滞纳金、罚款。

（四）社会保险待遇核定和支付

1.用人单位和个人向社会保险经办机构提出领取基本养老金的申请，社会保险经办机构应当自收到申请之日起20个工作日内办理完毕。

2.个人医疗费用、生育医疗费用中应当由基本医疗保险（含生育保险）基金支付的部分，由社会保险经办机构审核后与医疗机构、药品经营单位直接结算。

3.个人治疗工伤的医疗费用、康复费用、安装配置辅助器具费用中应当由工伤保险基金支付的部分，由社会保险经办机构审核后与医疗机构、辅助器具配置机构直接结算。

4.个人申领失业保险金，社会保险经办机构应当自收到申请之日起10个工作日内办理完毕。个人在领取失业保险金期间，社会保险经办机构应当从失业保险基金中支付其应当缴纳的基本医疗保险（含生育保险）费。

个人申领职业培训等补贴，应当提供职业资格证书或者职业技能等级证书。社会保险经办机构应当对职业资格证书或者职业技能等级证书进行审核，并自收到申请之日起10个工作日内办理完毕。

5.个人出现国家规定的停止享受社会保险待遇的情形，用人单位、待遇享受人员或者其亲属应当自相关情形发生之日起20个工作日内告知社会保险经办机构，社会保险经办机构核实后应当停止发放相应的社会保险待遇。

对涉嫌丧失社会保险待遇享受资格后继续享受待遇的，社会保险经办机构调查核实后，停止发放相应的社会保险待遇。

七、社会保险费征缴与社会保险基金管理

（一）社会保险费征缴

根据中共中央发布的《深化党和国家机构改革方案》，为提高社会保险资金征管效率，将基本养老保险费、基本医疗保险费、失业保险费等各项社会保险费交由税务部门统一征收。按照改革相关部署，自2019年1月1日起由**税务部门统一征收各项社会保险费和先行划转的非税收入**。

用人单位应当自行申报、按时足额缴纳社会保险费，非因不可抗力等法定事由不得缓缴、减免。

职工应当缴纳的社会保险费由用人单位代扣代缴，用人单位应当按月将缴纳社会保险费的明细情况告知本人。

无雇工的个体工商户、未在用人单位参加社会保险的非全日制从业人员以及其他灵活就业人员，可以直接向社会保险费征收机构缴纳社会保险费。

（二）社会保险基金管理

除基本医疗保险基金与生育保险基金合并建账及核算以外，其他各项社会保险基金按照社会保险险种分别建账、分账核算，执行国家统一的会计制度。社会保险基金专款专用，任何组织和个人不得侵占或者挪用。

社会保险基金存入财政专户，按照统筹层次设立预算，通过预算实现收支平衡。除基本医疗保险基金与生育保险基金预算合并编制以外，其他社会保险基金预算按照社会

保险项目分别编制。县级以上人民政府在社会保险基金出现支付不足时，给予补贴。社会保险经办机构应当定期向社会公布参加社会保险情况以及社会保险基金的收入、支出、结余和收益情况。

社会保险基金在保证安全的前提下，按照国务院的规定投资运营实现保值增值。

【注意】社会保险基金不得用于下列用途：（1）不得违规投资运营；（2）不得用于平衡其他政府预算；（3）不得用于兴建、改建办公场所和支付人员经费、运行费用、管理费用；（4）不得违反法律、行政法规规定挪作其他用途。

【即问即答】（2023年单选题）根据社会保险法律制度的规定，下列关于社会保险费征缴与管理的表述中，不正确的是（ ）。

A.用人单位和个人向社会保险经办机构提出领取基本养老金的申请，社会保险经办机构应当自收到申请之日起10个工作日内办理完毕

B.用人单位应当自用工之日起30日内为其职工向社会保险经办机构申请办理社会保险登记

C.社会保险基金专款专用，任何组织和个人不得侵占或者挪用

D.社会保险基金不得用于平衡其他政府预算

【答案】A。

八、违反社会保险法律制度的法律责任

（一）用人单位违反《中华人民共和国社会保险法》的法律责任

1.用人单位不办理社会保险登记的，由社会保险行政部门责令限期改正；逾期不改正的，对用人单位处应缴社会保险费数额1倍以上3倍以下的罚款，对其直接负责的主管人员和其他直接责任人员处500元以上3000元以下的罚款。

2.用人单位未按时足额缴纳社会保险费的，由社会保险费征收机构责令限期缴纳或者补足，并自欠缴之日起，按日加收0.05%的滞纳金；逾期仍不缴纳的，由有关行政部门处欠缴数额1倍以上3倍以下的罚款。

3.用人单位拒不出具终止或者解除劳动关系证明的，由劳动行政部门责令改正；给劳动者造成损害的，应当承担赔偿责任。

（二）骗保行为的法律责任

1.以欺诈、伪造证明材料或者其他手段骗取社会保险待遇的，由社会保险行政部门责令退回骗取的社会保险金，处骗取金额2倍以上5倍以下的罚款。

2.社会保险经办机构以及医疗机构、药品经营单位等社会保险服务机构以欺诈、伪造证明材料或者其他手段骗取社会保险基金支出的，由社会保险行政部门责令退回骗取的社会保险金，处骗取金额2倍以上5倍以下的罚款；属于社会保险服务机构的，解除服务协议；直接负责的主管人员和其他直接责任人员有执业资格的，依法吊销其执业资格。

（三）社会保险经办机构、社会保险费征收机构、社会保险服务机构等的法律责任

1.社会保险经办机构及其工作人员有下列行为之一的，由社会保险行政部门责令改正；给社会保险基金、用人单位或者个人造成损失的，依法承担赔偿责任；对直接负责

的主管人员和其他直接责任人员依法给予处分：

（1）未履行社会保险法定职责的；

（2）未将社会保险基金存入财政专户的；

（3）克扣或者拒不按时支付社会保险待遇的；

（4）丢失或者篡改缴费记录、享受社会保险待遇记录等社会保险数据、个人权益记录的；

（5）有违反社会保险法律、法规的其他行为的。

2.社会保险费征收机构擅自更改社会保险费缴费基数、费率，导致少收或者多收社会保险费的，由有关行政部门责令其追缴应当缴纳的社会保险费或者退还不应当缴纳的社会保险费；对直接负责的主管人员和其他直接责任人员依法给予处分。

3.违反《中华人民共和国社会保险法》的规定，隐匿、转移、侵占、挪用社会保险基金或者违规投资运营的，由社会保险行政部门、财政部门、审计机关责令追回；有违法所得的，没收违法所得；对直接负责的主管人员和其他直接责任人员依法给予处分。

4.社会保险行政部门和其他有关行政部门、社会保险经办机构、社会保险费征收机构及其工作人员泄露用人单位和个人信息的，对直接负责的主管人员和其他直接责任人员依法给予处分；给用人单位或者个人造成损失的，应当承担赔偿责任。

5.国家工作人员在社会保险管理、监督工作中滥用职权、玩忽职守、徇私舞弊的，依法给予处分。

6.违反《中华人民共和国社会保险法》规定，构成犯罪的，依法追究刑事责任。

任务实施

针对"任务布置"中的经济业务，相关解析如下：

本案例中，按照规定，医疗报销起付标准（起付线）为 $2\,000 \times 12 \times 10\% = 2\,400$（元）；最高支付限额（封顶线）为 $2\,000 \times 12 \times 6 = 144\,000$（元）。吴某医疗费用中在 $2\,400$ 元以上、$144\,000$ 元以下的部分可以从统筹账户中报销，报销比例为90%。吴某可以报销的费用为 $(144\,000 - 2\,400) \times 90\% = 127\,440$（元）。本人负担的费用为 $180\,000 - 127\,440 = 52\,560$（元）。其中，起付线以下的部分为 $2\,400$ 元；起付线以上封顶线以下的自费部分为 $(144\,000 - 2\,400) \times 10\% = 14\,160$（元）；目录内封顶线以上的部分为 $150\,000 - 144\,000 = 6\,000$（元）；目录外的部分为 $30\,000$ 元。

参考文献

［1］财政部会计资格评价中心．经济法基础［M］．北京：经济科学出版社，2024．

［2］东奥会计在线．经济法基础［M］．北京：北京大学出版社，2024．

［3］费琳琪，徐艳．企业纳税实务［M］．5版．北京：中国人民大学出版社，2022．

［4］梁文涛．中国税收：税费计算与申报［M］．6版．北京：中国人民大学出版社，2024．

［5］中国注册会计师协会．税法［M］．北京：中国财政经济出版社，2023．

［6］全国税务师职业资格考试教材编写组．税法一［M］．北京：中国税务出版社，2023．

［7］全国税务师职业资格考试教材编写组．税法二［M］．北京：中国税务出版社，2023．